高等职业教育十二五规划教材

高职高专公共基础课规划教材

现代企业管理教程
(第二版)

王丹 主编　　陈捷 副主编

清华大学出版社

北京

内容简介

本书以企业的申请、运作、管理全过程为脉络，以应知、应会的现代企业管理理论与技能为重点，在讲述基本理论的基础上，突出管理技能的训练，注重学生能力的培养。充分考虑到高职高专学生可参加“全国经营师执业资格证书”的考试和高职高专层次的特点，按照全国经营师执业资格认证培训教材和高职高专学生可操作性的要求，本书的第二版在章节上做了一定的增减。

本书共九章，每章均有开篇引导案例、章节中课堂案例讨论和章末经典案例并配有启发式的思考题，具有较好的互动性和实用性。章末设计有工作导向标，它是以该章中涉及的某个基础岗位或针对某一内容作为背景详细叙述工作的流程，能帮助读者对这一章的最基本的管理流程有一定的感性认识。文中穿插内容丰富、形式活泼的小贴士，增强了知识的趣味性和通俗性。

本书适合作为高职高专工商、管理、经济等专业的教学用书与教学参考用书，也可作为非管理类专业选修、辅修教学用书与教师参考书，还可以作为创业者与企业管理者的指导用书。

图书在版编目（CIP）数据

现代企业管理教程/王丹主编. —2 版. —北京：清华大学出版社，2011.12 （2015.10 重印）
（高职高专公共基础课规划教材）
ISBN 978-7-302-27317-2

Ⅰ. ①现… Ⅱ. ①王… Ⅲ. ①企业管理－高等职业教育－教材 Ⅳ. ①F270

中国版本图书馆 CIP 数据核字(2011)第 237523 号

责任编辑：束传政
责任校对：李 梅
责任印制：何 芊

出版发行：清华大学出版社
网 址：http://www.tup.com.cn，http://www.wqbook.com
地 址：北京清华大学学研大厦 A 座 **邮 编**：100084
社 总 机：010-62770175 **邮 购**：010-62786544
投稿与读者服务：010-62776969，c-service@tup.tsinghua.edu.cn
质 量 反 馈：010-62772015，zhiliang@tup.tsinghua.edu.cn
印 刷 者：北京市人民文学印刷厂
装 订 者：三河市金元印装有限公司
经 销：全国新华书店
开 本：185mm×260mm **印 张**：19 **字 数**：435 千字
版 次：2011 年 12 月第 2 版 **印 次**：2015 年 10 月第 7 次印刷
印 数：13001～14000
定 价：32.00 元

产品编号：041061-01

第二版前言

教育部要求，在高职教学中，须全面渗透岗位技术教育的相关技能，压缩过多、过深的理论知识，将相关知识集成，形成独具高职特色的教材。《现代企业管理教程》作为高职教材，严格遵照其要求，适用于高职高专院校各类专业。同时对高校教师企业管理知识的普及和企业管理者的管理知识补充及脉络的梳理有一定的帮助。

好的管理首先需要科学的理念，进而选择恰当的方式实现它。现代企业是随着社会环境的发展变化的，管理理念也应与时俱进。因此，现代企业管理方式也应针对其变化而随之变化。鉴于此，本书需要在各方面吻合它的变化。本书从第一版第一次印刷至今两年多，为更好地服务市场，在知识结构、知识内容、编体形式等方面进行了改进。

第二版秉承了第一版的编写理念，打破了传统的以管理学理论为基本体系的编写形式，而以现代企业管理理论与技能为切入点，重点突出管理各环节技能的掌握，兼顾基本理论的学习。同时充分考虑到高职高专学生可参加"全国经营师执业资格证书"的考试和高职高专层次的特点，按照全国经营师执业资格认证培训教材和高职高专学生可操作性的要求，本书的第二版在章节上做了一定的增减。去掉了第一版的管理心理学基础、现代企业跨文化管理及流程和精细化管理这三章，增加了现代企业生产管理、现代企业物流管理这两章全国经营师执业资格认证必考的内容；并且在每章后面设计了工作导向标的环节，增强了实效性。第二版全书共分九章，分别介绍企业管理的相关知识，包括现代企业管理概论、现代企业制度、现代企业战略管理、现代企业市场营销管理、现代企业生产管理、现代企业物流管理、现代企业质量管理、现代企业财务管理、现代企业人力资源管理。

编者试图用轻松的方式，辅以管理的思维，来解构企业管理的原理，避免教条式的讲解。力求通过简洁通俗的文字、生动有趣的小贴士，诠释烦琐、生涩的企业管理知识。通过本书的学习，力图使学生掌握企业管理必备的实用知识，以及创办、管理企业的基本能力，使管理者对于如何申请、管理企业有一个清晰的思路，掌握管理企业的基本知识与必备技能，并为一线教师提供鲜活的案例和耐人寻味的思考题，以丰富教师的教学素材。

每章开篇都由教学引导案例切入，中间插入案例分析与讨论，结尾附有练习。本书第二版特别增加了"工作导向标"：因为企业各部门的管理工作都有规律可循，设计一个背景将工作的流程给出引导，旨在帮助读者对各章的最基本的管理流程有一定的感性认识。

本书还独具匠心地设计了小贴士。小贴士的形式不拘一格，有轻松活泼的小故事，有平易的叙事，有激昂的评论，有深刻的教诲，目的只有一个，就是帮助大家更好地理解生涩、枯燥的专业知识。本书的思考题避开了传统的知识记忆形式，以启发学生思考为主要特色，适合对复合型人才的培养，符合时代潮流。

本书编写组由多年从事高职管理教学一线的老师和具有企业管理实际经验的人员组成。王丹任主编，陈捷任副主编。王丹负责第一章、第四章、第六章、第八章、第九章的编排体例的设计、经典案例的筛选、小贴士的搜集与改编、工作导向标的设计、前言的撰写以及本书的统稿工作，陈捷负责第二章、第三章、第五章、第七章的编排体例的设计、经典案例的筛选、工作导向标的设计的工作。参编人员有：王丹（第六章、第九章），刘季佳（第一章），梁弘（第二章），宋东瑛（第三章），苏平（第四章），陈捷（第五章），孙印秀（第七章），南顺女（第八章）。

本书在编写过程中以当今企业较典型和热点的管理事件、国内外企业的成功经验为采集对象，参考了国内外许多学者的研究成果和案例，并从中借鉴和吸收了许多有价值的理论和观点，力求做到国外先进经验与中国实际相结合。在此，我们对所有作者一并表示衷心的感谢。同时，我们还要特别感谢清华大学出版社的领导和编辑人员，由于他们的关心和鼎力支持，才使本书能够得以出版。如书中有疏漏和不足之处，敬请广大读者指正。

王　丹

2011年4月

第一版前言

教育部要求，在高职教学中，须全面渗透岗位技术教育的相关技能，压缩过多、过深的理论知识，将相关知识集成，形成独具高职特色的教材。本书根据教育部的文件要求，在讲述基本理论的基础上，突出管理技能的训练，注重学生能力的培养。

本教材根据企业管理的理论框架和企业的组织结构及流程，分十章进行阐述，包括现代企业管理概论、现代企业制度、现代企业战略管理、管理心理学基础、现代企业跨文化管理、现代企业市场营销管理、现代企业质量管理、现代企业财务管理、现代企业人力资源管理、流程和精细化管理。编者试图用轻松的方式，辅以管理的思维，来解构企业管理的原理，避免教条式的讲解，力求通过简洁通俗的文字诠释烦琐、生涩的企业管理知识。

本教材每章开篇都由引导案例切入，中间插入案例分析与讨论，结尾附有练习。本教材还独具匠心地设计了丰富的小贴士。小贴士的形式不拘一格，有轻松活泼的小故事，有平易的叙事，有激昂的评论，有深刻的教诲，目的只有一个，就是帮助读者更好地理解生涩、枯燥的专业知识。

本教材编写组由多年从事高职管理教学的一线老师和具有企业管理实际经验的人员组成。陈捷、王丹任主编，负责全书编排体例的设计、经典案例的筛选、小贴士的搜集与改编、前言的撰写以及本书的统稿工作。参编人员有：陈捷（第四章），王丹（第九章），刘季佳（第一章），梁红（第二、七、十章），宋东瑛（第三、五章），苏平（第六章），张丽丽（第八章）。

本教材在编写过程中，参考了国内外许多学者的研究成果和案例，并从中借鉴和吸收了许多有价值的理论和观点。在此，我们对所有参考文献作者一并表示衷心的感谢。同时，我们还要特别感谢清华大学出版社的支持，才使本教材能够得以出版。由于编者水平有限，书中难免有疏漏和不足之处，敬请广大读者指正。

陈捷　王丹

2007年11月

目　录

案例目录

第一章

第二章

第三章

第四章

第五章

第六章

第一章 现代企业管理概论

管理好的企业，总是单调无味，没有任何激动人心的事件。那是因为凡是可能发生的危机早已被预见，并已将它们转化为例行作业了。

——德鲁克：《卓有成效的管理者》

引导语

现代企业机构复杂如同一部汽车一样。汽车由发动机、底盘、车身和电气设备四大部分组成，每个大部分又包括若干小部件，它们缺一不可，相互作用；否则就无法正常行驶。现代企业包含人力资源部、财务部、市场营销部、生产运作部、物流部等，每个部门都有其不同的职能，它们相互配合，相互支持，企业才得以生存和发展。

学习要点

1. 掌握管理和管理学的基本概念及其应用范围，理解管理的性质。
2. 明确管理学在不同历史阶段上的重要理论及经典观点。
3. 掌握组织设计的原则与类型。
4. 了解建立企业的基本程序及企业年检的相关信息。

引导案例

公司到底多大为宜？

公司到底多大为宜？这是没有定数的。全在于你的管理领导能力。管理能力强，公司才能大；管理能力弱，公司自然小。公司规模以相互间不陌生为原则。否则，就会问题丛生，管理失控。

“如果你遇见员工而不认得，或忘了他的名字，那你的公司就太大了点。”人们把这一论述称为“艾奇布恩定理”。

领导眼里看不见下属，下属眼里就看不见工作和责任。

曾长期担任英国原子能管理局局长的约翰·锡尔谈及英国企业界的人才管理观时不无感慨地说：“只有企业管理者和职工之间能够全心相系、彻底合作的企业，才能发挥高效益。经理人员必须与门市部或厂房的作业保持密切的联系。”

伟大的人与平凡的人有许多不同之处，其中有一点是，伟大的人记住了上千个平凡人的名字；而平凡的人脑子里却记下了成千个伟人的名字。

与很多 CEO 不同，杰克·韦尔奇把 50%以上工作时间花在人事上，他自认为他最大的成就是关心和培养人才。他至少能叫出 1000 名通用电气高级管理人员(GE 的员工约 17 万名)的名字，知道他们的职责，知道他们在做什么。

资料来源：根据吕嵘、侯章良《人力资源最重要的 100 个管理法则》(海天出版社，2006 年)中的案例改编

思考题：创建公司究竟多大规模适宜？

从企业管理者的角度来看，一个新企业的创建者首先应考虑公司到底多大为宜？这也是企业能顺利发展的第一步。

第一节　现代企业管理的内涵

一、现代企业及其特征

（一）企业的含义

企业管理研究的对象是企业。企业的发展演变是与人类社会发展演变紧密相关的，是社会生产力水平提高和商品经济发展的必然产物。企业作为社会的重要组成部分，在其发展过程中发挥着越来越重要的作用，对人类社会的发展和进步也起着巨大的推动作用。现代企业更加重视管理，尊重人才，在追求利润的同时，也承担着更多的社会责任。

企业就是依法设立的、以营利为目的、从事生产经营活动的、独立核算的经济组织。

企业是市场上资本、土地、劳动力、技术等生产要素的提供者或购买者，又是各种消费品的生产者和销售者，因而是非常重要的市场经营主体。

（二）企业的基本特征

企业作为经济组织具有以下特征。

1. 依法设立

企业只有得到法律的认可，才能取得独立的法律地位，成为合法的经济组织，才能依法享有权利，承担义务。

2. 经济组织

企业是经济组织，它是由一定人员和财产结合而成的社会群体，它有自己的名称和组织机构，它实现了劳动者、生产资料、劳动对象的有机结合。企业必须依据法律和按法定程序成立；它必须有自己经营的财产；必须有明确的组织机构、名称和场所；必须能够独立承担民事、经济责任。

3. 以营利为目的

企业从事生产经营活动的目的在于为社会创造价值，谋求盈利，实现价值增长。企业

经营最核心的目的是盈利。在市场经济体制下，企业是一个自负盈亏的经济实体，企业不能盈利，就不能生存。

4. 实行独立核算

企业在生产经营活动中实行独立核算，自主经营，自负盈亏。企业面对市场环境，它拥有自主经营和发展的各种权利。企业可以根据市场的需求状况和可能发生的变化，以及自身的情况来组织生产。它可以自主确定自身的积累比例，并通过增加投入、扩大积累来提高在市场上的竞争能力，从而增强自身的发展后劲，使企业经久不衰。

5. 经营具有风险性

市场竞争，优胜劣汰，适者生存。市场瞬息万变，不可控因素很多，企业经营者稍有不慎，就有可能使企业陷入困境，甚至濒临破产或倒闭。这种高风险给企业的经营者带来的不仅是压力，同时也是机遇和挑战，使他们不断努力进取，改善经营管理，改进技术，降低成本，提高企业竞争能力。

小贴士

塞翁失马

有一个老头住在边塞，人们叫他塞翁。塞翁善于推测人的命运。有一天，塞翁家的马忽然跑到塞外去了。邻居们为他丢失了马而替他惋惜，都来安慰他。但塞翁并不感到悲伤，说："怎么知道这不会成为一件好事呢？"

过了一段时间，那匹马自己跑了回来，并且还带回来了几匹匈奴的骏马。人们都来向他表示祝贺。塞翁并不感到高兴，说："谁知道这会不会带来灾祸呢？"

塞翁家里的好马多了。儿子非常喜欢骑马，有一次不小心从马上跌下来，把胯骨摔折了。人们都来向他表示慰问。塞翁说："说不定这会变成福呢。"

过了一年，匈奴大举向边塞发起进攻。青壮年男子都上前方打仗去了，边塞的人十之八九都死在战场上，而塞翁的儿子因为腿跛，父子得以保全。

在企业经营过程中，我们要向塞翁学习，学习他善于在机会中看到危险，在危险中发现机会的能力和处变不惊的心态。

（三）现代企业的特点

现代企业除了具有企业的基本特征以外，还应该具有以下特点。

1. 运用高新技术组织大规模的机器体系进行生产

在手工业条件下，劳动者使用的主要是手工工具，生产的效率和质量主要取决于劳动者的体力、经验和技艺。而现代企业拥有先进的生产设备，劳动者广泛地运用机器体系进行生产。虽然劳动者的体力、经验和技艺仍然对生产起着重要的作用，但更重要的是取决于机器体系的完善程度。随着科学技术的进步，新的科学技术被企业广泛而系统地应用，将使企业在生产技术上产生质的飞跃。

2. 企业是一个严密分工、高度协作的统一体

企业在整个生产过程中，会有许多不同的生产阶段，划分为很多道工序，尽管不同专业、不同工种、不同工程技术人员和不同管理人员从事的生产活动不同，但生产任何一种产品，企业内部的各个部门和人员都有着千丝万缕的联系。在这种大规模的社会化生产中，就要进行合理的、精细的劳动分工和组织紧密的劳动协作，从而使企业生产过程的各个阶段、各道工序以致每个人的活动，都能协调一致，以保证企业生产顺利进行，保证企业取得更好的经济效益。

小贴士

鱼与渔竿的选择

从前，有两个饥饿的人得到了一位长者的恩赐：一根渔竿和一篓鱼。其中一个人要了一篓鱼，另一个人要了一根渔竿，然后他们分道扬镳了。得到鱼的人原地就用干柴搭起篝火煮起了鱼。他狼吞虎咽，还没有品出鲜鱼的肉香，转瞬间，连鱼带汤就被他吃了个精光。不久，他便饿死在空空的鱼篓旁。另一个人则提着渔竿继续忍饥挨饿，一步步艰难地向海边走去。可当他已经看到不远处那片蔚蓝色的海洋时，他浑身的最后一点力气也使完了。他也只能眼巴巴地带着无尽的遗憾撒手人间。

又有两个饥饿的人，他们同样得到了长者的恩赐：一根渔竿和一篓鱼。只是他们并没有各奔东西，而是商定共同去找寻大海。他俩每次只煮一条鱼。经过遥远的跋涉，他们来到了海边。

从此，两人开始了捕鱼为生的日子。几年后，他们盖起了房子，有了各自的家庭、子女，有了属于自己的渔船，过上了幸福安康的生活。

这个故事说明的一个重要道理就是协同和合作产生力量。

3. 生产过程具有高度的比例性和连续性

在现代企业里，生产过程各个环节之间的联系，主要表现为各种机器设备之间的联系，它们之间在生产能力上要相互协调，保持严格的比例和高度的连续。随着机械化和自动化程度的日益提高以及先进生产组织形式的广泛采用，生产过程比例性和连续性的要求越来越高。

4. 与外部联系更加广泛

由于企业内部的分工越来越精细，促进了企业之间的分工协作，使工业、农业、商业、交通运输业等各经济部门发生着多种多样的联系。任何一个企业发生问题，都会影响其他企业的正常运行。企业如果离开了同其他行业的经济协作都不可能生存与发展。同时，由于市场竞争的日益激烈，必然促使各个企业灵活经营，不断满足复杂多变的社会需求。这也从客观上要求企业更加广泛地加强与外部联系。

二、现代企业管理

（一）现代企业管理的含义

现代企业管理就是对企业的经济活动过程进行计划、组织、领导、控制，以提高经济效益，实现盈利这一目的的活动的总称。

现代企业的生产经营活动既包括企业内部的生产活动，也包括企业外部的经营活动。因此，企业的管理活动分为生产管理和经营管理。企业内部的生产活动，是以生产为中心的基本生产过程、辅助生产过程，以及生产前的技术准备过程和生产后的服务过程。企业外部的活动，包括物资供应、产品销售、市场预测与市场调查、用户服务等，它是生产管理的延伸。随着经济的发展，企业管理以由生产为中心的生产型管理逐渐发展为以生产经营为中心的生产经营型管理。

（二）现代企业管理的任务

1. 合理地组织生产力

生产力是人们运用各种资源，获取物质财富的能力。合理地组织生产力就是要把企业现有的劳动资料、劳动对象、劳动者和科学技术等生产要素合理地组织在一起，采用先进的劳动资料，不断地改进生产技术、改造生产工艺和流程。引进优秀科技人员与管理人员，使企业生产组织合理化，完成分散个人无法完成的生产作业，从而实现物尽其用，人尽其才。

2. 追求经济效益与社会效益

追求经济效益是企业管理的首要任务，只有当企业管理取得了经济效益，才能体现管理价值。企业管理若未能达到预定经济目标，则该企业的管理就是失败的。因此，管理上的每一项决策的制定、每一个行动方案的编制都要充分考虑经济效益。

企业在追求自身利益的同时，作为社会成员，也应该考虑社会整体利益并承担相应的社会义务，对环境保护、公益事业等也要关注。在产生经济效益的同时不断树立企业的社会形象，取得社会的支持，企业才能长盛不衰。

三、企业管理的基本理论及其发展

（一）早期的管理思想

管理活动源远流长，自从有了人类社会就有了管理。埃及金字塔、巴比伦古城和中国都江堰、长城等，这些宏伟的工程都体现了古人高超的组织才能和卓越的管理技巧。在埃及、中国、意大利等国的史籍和宗教文献里记载了有关管理的许多思想，例如中国的《周礼》、《孙子兵法》等，《圣经》中也记载了关于管理活动的建议。

总体上讲，古代管理思想的发展是较为缓慢的，长期以来，管理被认为是一种技能而不是一门科学，因而被忽视了。这种情况一直延续到18世纪的工业革命以后才得以改变，到20世纪初，管理思想进入了传统管理理论发展阶段。

（二）传统管理理论阶段

20世纪初，随着生产力的提高，劳资矛盾日益激化，这些问题引起了许多学者对企业管理的深入研究，逐渐形成了古典管理理论和行为管理理论。古典管理理论的主要代表有美国的泰勒和法国的法约尔，行为管理理论的主要代表是美国的梅奥等。

1. 泰勒的科学管理理论

小贴士

科学管理之父泰勒

弗雷德里克·温斯洛·泰勒(1856—1915 年)出生于美国费城律师家庭，曾不负众望考入哈佛大学法律系，后因眼疾而辍学。他一生做过钢铁厂的工人、总工程师，担任过公司的总经理，出任过美国工程师协会主席，也做过只宣传管理思想而不取报酬的顾问。他的主要著作有《计件工资制》、《车间管理》和《科学管理原理》。泰勒在管理理论形成的历史上是一位具有划时代意义的人物，人们尊称他为“科学管理之父”。

泰勒科学管理理论的核心是利用科学的标准化管理手段使组织绩效最大化，换句话说就是提高生产效率。他对科学管理的研究为现代管理理论奠定了基础。泰勒管理的最大特点是将细节标准化，即对人每一个动作都进行精确计算，在找到最大化的效益后就将这一动作作为标准确定下来，让员工按此标准执行。科学管理理论主要内容包括如下几方面。

(1) 工作定额原理

泰勒认为，提高生产效率是科学管理的中心问题。通过对工时和动作的研究，制定出有科学依据的工作定额。他选择合适的、技术熟练的工人，把他们的每一项动作、每一道工序的时间记录下来，分析工人干活时动作的合理性，去掉一些不合理的动作，并且考虑到工人休息和一些不可避免的时间耽误，制定出科学的操作步骤和作业时间，并以此为标准确定工人的劳动定额。

(2) 标准化原理

泰勒认为，必须用科学的方法对工人的操作方法、工具、劳动、机器、材料和休息时间进行搭配，对机器的安排和作业环境的布置进行分析，消除各种不合理的因素，把合理的因素结合起来，目的是提高生产率。泰勒在劳动中发现，铲子上荷载 21 磅时生产效率最高，于是他根据不同的物料设计不同的铲子，结果，日工作量由 16 吨提高到 59 吨，人工由 500 人左右降至 140 人。

小贴士

车轮匠人与木匠

做车轮的匠人拿了工具，准备度量天下的东西看它们圆还是不圆。他说：“符合我的工具的，就是圆的；不符合我的工具的就是不圆的。这样，圆和不圆都可以明确区分。”这是为什么呢？因为圆的定义明确了。

木匠也拿了工具，准备度量天下的东西看它们方还是不方。他说：“符合我的工具的，就是方的；不符合我的工具的就是不方的。这样方和不方，都可以明确区分了。”这是为什么呢？因为方的定义明确了。

俗话说得好，“不以规矩无以成方圆”。在企业管理中也不例外，也要对自己的方与圆进行具体化，也就是要进行标准化的管理。

(3) 刺激性的报酬制度

泰勒认为,工人不愿意更多劳动的一个重要原因是分配制度不合理。于是他提出根据工人完成定额的不同,采用"差别计件制"的刺激性付酬制度。工人报酬按完成定额的程度而浮动。

(4) 能力与工作相适应

为了提高工作效率,泰勒提出根据工作的要求来挑选工人,所选的工人必须具备一定条件。首先工人要具有从事某种工作所需要的能力,而且愿意担当该项工作;其次要根据标准的作业方法对员工进行培训。

(5) 计划和执行相分离

泰勒主张实行职能管理,即把管理的工作细分,计划职能从工长的职责中分离出来,专门设立计划部门负责制订计划,由工长负责执行。工长之间按职能分工,每一个工长只负责某一方面的工作,在其职能范围内,可以直接向工人发出命令。

泰勒在管理理论方面做出了许多重要的开拓性工作,为管理理论的系统形成奠定了基础。

2. 法约尔的一般管理理论

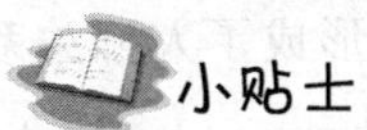

法约尔生平

亨利·法约尔(1841—1925年)出生于法国中部一个富裕家庭,1860年毕业于圣艾蒂安国立矿业学院,被一家大型的矿业公司录用,在那里度过了整个职业生涯,先后担任过工程师、矿长、经理、董事长兼总经理。在此期间,曾采用一套科学的管理方法,将公司从破产的危机中解救出来,至其退休时,公司财力在法国已达到不可动摇的地位,在法国的产业史上传为美谈。1918年法约尔退休后专心于管理研究工作,创立并领导了一个管理研究中心,宣传普及其管理理论。其主要著作有《工业管理和一般管理》、《国家在管理上的无能》、《公共精神的觉醒》、《管理的一般原则》等。他是一位伟大的管理教育家,后人称他的理论为一般管理理论或管理过程理论,并被尊称为"管理过程之父"。

法约尔的一般管理理论主要包括以下三个部分。

(1) 经营与管理

法约尔认为,经营与管理是两个不同的概念,企业的经营有六项活动,管理只是经营的一部分。此外还包括技术、商业、财务、会计、安全等基本活动,这些活动在任何组织的任何层次中都会以不同的方式不同程度地存在着,如图1-1所示。

(2) 管理的一般原则

法约尔在总结自己的经验的基础上,提出在管理实践中需要遵循的14条原则,即劳动分工、权力和责任、纪律、命令的统一性、领导的统一性、个人利益服从集体利益、合理的报酬、集权、等级系列、秩序、公平、人员的稳定、首创精神、集体精神。同时指出,要灵活地运用这些原则,注意各种可变因素的影响。他还强调人的管理能力可以通过教育来获得。

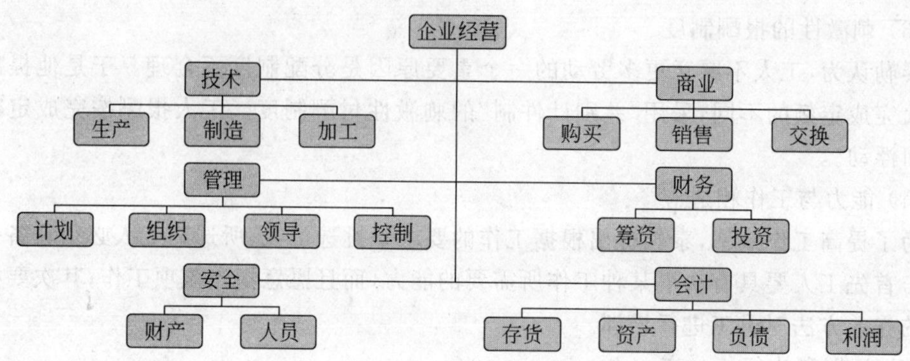

图 1-1 企业经营与管理的关系

(3) 管理的要素

法约尔首次将管理活动划分为五大要素:计划、组织、指挥、协调、控制,这些要素为后来管理职能的研究奠定了基础。

3. 梅奥的人际关系理论

梅奥的人际关系理论强调人的因素对于生产效率有着至关重要的影响。根据霍桑实验,梅奥等人总结出,人们的生产效率不仅要受到物质条件和环境的影响,更会受社会因素和心理因素等方面的影响。进而提出了与科学管理理论不同的观点,形成了人群关系论,主要有以下几个要点。

(1) 职工是"社会人"

梅奥等人通过霍桑实验表明,职工是"社会人",不是单纯追求金钱的"经济人"。影响劳动效率的因素,除了物质需求外,还有社会和心理方面的需求。

(2) 企业中存在着"非正式组织"

非正式组织是由人们在共同工作中建立起来的感情所形成的非正式团体,如工厂里的同乡群体。科学管理重视的是正式组织的作用,但只注重正式组织的作用是不行的。实际上非正式组织的存在是一种客观现象,而且同正式组织是相互依存的,对企业的发展有利有弊,应正确对待,积极引导,为实现企业的目标服务。

(3) 生产效率的提高主要取决于职工满足的程度

员工的满足程度,取决于他的工作是否被上级、同事和社会所认可。所以,管理者不仅要具备技术能力,还要具备人际能力,善于倾听下属职工的意见,创造良好的人际关系,提高职工的满足度,生产效率就会不断地提高。

梅奥的人际关系论为管理思想开辟了新领域,为管理方法变革指明了方向,为现代行为科学的发展奠定了基础。

梅奥与霍桑实验

霍桑工厂是一个硬件条件好、高福利的工厂,然而生产效率一直不高。为了找到其中的原因,霍桑工厂决定聘请管理学家进行调查,这就是有名的霍桑实验。该实验经历了三个阶段。

第一阶段(1924—1927 年)

1924 年,在霍桑工厂进行照明试验研究,以观察不同照明水平对生产率的影响。研究小组指定两组女工。一组是对照组,另一组是实验组。对照组是在一间照明无变化的车间工作,而实验组是在一间照明不断变化的车间工作。但两组的生产都是上升的,照明变化对生产效率的影响不大。这说明工作的物理环境不是主要影响因素。

第二阶段(1927—1928 年)

这次是对继电器装配室进行试验,邀请了梅粤等人参加,目的是研究工作条件中各种因素的变化对工作效率的影响。此次为霍桑实验的转折点。实验室有 5 名女工,实验者同时也是监督者。通过改善劳动条件和待遇,结果产量一直上升。一年半后又逐步取消这些条件和待遇,发现产量仍维持在较高水平。人们分析得出结论,生产效率的改变主要是职工的情绪,而职工的情绪是由车间的人际关系决定的。因此进入第三阶段的实验。

第三阶段(1928—1932 年)

在这一阶段中进行了大规模访谈,从发放问卷的形式到自由交谈,两年内共访问了2 万多人次。得出的结论与上一阶段吻合,即影响生产效率的最重要的因素是工作中形成的人际关系,而不是待遇和环境。工作效率不完全取决于员工自身,还受到小组内其他同事的影响。

(三) 现代管理理论阶段

第二次世界大战以后,随着科学技术的进步,生产社会化的程度日益提高,以前的管理理论已不能适应形势发展的需要。人们从各个方面对现代管理的问题进行研究,管理思想得到了迅猛发展,出现了许多新的管理理论和管理学说,并形成了众多学派。概括起来,现代西方管理理论学派主要有系统管理学派、决策理论学派和权变管理学派等。出现了“百花齐放,百家争鸣”的局面,形成了“管理的理论丛林”。下面将主要介绍几种有代表性的学派。

1. 系统管理学派

系统管理学派是在系统论和控制论的理论基础上发展起来的。其代表人物是美国的卡斯特和罗森茨韦克,其代表作是 1973 年两人合著出版的《组织与管理:系统与权变的方法》。其主要观点是:组织是一个人造的开放式系统,与环境之间存在着交互作用,它由各个相互联系的子系统组成。

2. 决策理论学派

决策理论学派的主要代表人物是曾获得 1978 年诺贝尔经济学奖的美国经济学家和管理学家赫伯特·西蒙,他的代表作是《管理决策新科学》。其主要观点如下:

(1) 管理就是决策。决策贯穿于管理的全过程,决策是管理人员的主要任务。

(2) 决策是一个复杂的过程。包括四个阶段:即收集信息情报、拟订可行方案、对方案进行选择和评价等。

(3) 决策的程序化和非程序化。程序化决策是指那些经常反复出现的或例行的决策,非程序化决策是指突发的或相当复杂的决策。对于不同的决策问题要采用不同的程序和方法。

(4) 决策应该以比较符合实际的“令人满意”准则代替传统的“最优”准则。

3. 权变理论学派

权变理论的创始人是美国的劳伦斯,其代表作为《组织与环境》;主要代表人物有英国的伍德沃德,其代表作为《工业组织:理论和实践》,美国的卢桑斯,其代表作为《管理导论:权变学派》。权变理论强调在管理中要根据组织所处的环境的变化而变化,针对不同的情况采取适宜的管理模式与方法。

(四) 企业管理的新发展

进入20世纪80年代,西方管理界出现了一些管理思潮,这些新的管理趋势从各个方面反映了对当今企业管理问题的新见解,丰富和发展了现代管理理论。

1. 流程再造

流程再造以20世纪90年代美国管理专家詹姆斯·钱比和迈克尔·哈默为代表,并于1993年出版了《企业再造》一书。由此,在管理学界引起了广泛的震动,许多企业开始采用流程再造的思想,对业务流程进行再造,它成为当今企业管理创新的一个主要方面。

流程再造是指对企业的业务流程进行根本性再思考和彻底性再设计,以期在成本、质量、服务和工作速度等绩效标准上取得戏剧性的改善,使企业能最大限度地适应现代企业经营环境。

流程再造的目的是为顾客提供更多的价值,提高企业的竞争力。流程再造的方法是运用先进的管理方法和信息技术手段最大限度地减少对产品增值无实质作用的环节和过程,建立起科学的组织结构和业务流程,提高产品质量,降低经营成本,缩短供货时间。

成功的企业流程再造,应具有以下一些特点。

(1) 坚持以业务流程为导向

哈默和钱比认为,目前大多数企业只注重结构、任务和人,而不注重业务流程。再造要以流程为中心设计和优化流程中的各项活动,从根本上进行改变,尽可能实现增值最大化,建立全新的过程型组织结构。

(2) 要树立以人为本的管理观念

管理的核心对象是人,人们的观念不转变,很难取得突破性的进展。作为管理者要把组织内人际关系的处理放在首要位置,运用艺术手段激励组织成员发挥他们的主动性和创造性,充满热情地为实现组织目标而努力工作。

(3) 确立客户第一的服务理念

企业的竞争已不再是企业与企业之间的竞争,而是企业供应链之间的竞争。企业员工不仅要以优质高效的工作为用户提供满意的服务,而且还要考虑企业内部流程的设计对客户、供应商之间所形成的供应链的影响。

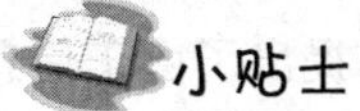
小贴士

奔驰不衰的秘诀——满足顾客需求

一个年轻人来到奔驰公司。“我想买一辆小轿车。”他说。销售员领他看了100多种他都不满意。他又问：“还有其他颜色的车吗?”

销售员吃惊地问：“这几十种颜色都没有您中意的吗?”年轻人失望地说：“我想要一辆灰底黑边的轿车。”老板知道后让年轻人两天后来取车。

年轻人再次来到奔驰公司时，看到了他想要的颜色的车。但他还不满意：“这辆车不是我想要的规格。”

公司老板耐心地问：“先生，我们一定满足您的要求，三天后来取车。”年轻人又一次来到公司看到所想要的车，很高兴。他试跑了一圈对老板说：“要是能安个收音机就好了。”老板随即答应下午来取车。

奔驰不衰的秘诀——满足顾客一切需求。

(4) 重视信息技术在流程再造中的作用

任何一个企业都会设立信息管理部门，但它们的工作只是收集、处理其他部门产生的信息。随着IT行业的发展，员工素质的提高，充分发挥信息技术的作用和潜力，将会极大地提高流程效率。

小贴士

MBL的流程再造

互惠人寿保险公司(MBL)是美国著名的人寿保险公司之一。在以前，从顾客填写保单到承保，要经过一系列过程，包括30个步骤，跨越5个部门，经过19位员工，正常需用5～25天。有人推算，真正用于创造价值的时间只有17分钟，还不到全部时间的0.05%，而99.95%的时间都在从事不创造价值的无用工作。这种僵化的处理程序将大部分时间都耗费在部门间的信息传递上，使本应简单的工作变得复杂。MBL的总裁提出了将效率提高60%的目标。这一目标是不可能通过修补现有流程达到的，唯一方案就是实施流程再造。

MBL的新做法是设立一个新职位——“专案经理”，他对从接收保单到签发保单的全部过程负有全部责任，同时也具有全部权力。由于有共享数据库、计算机网络以及专家系统的支持，专案经理对日常工作处理起来游刃有余。这种由专案经理处理整个流程的做法，不仅压缩了线形序列的工作，而且消除了中间管理层，取得了惊人的成效。MBL在削减100个原有职位的同时，每天工作量却增加了1倍，处理1份保单只需要4个小时。

资料来源：摘自迈克尔·哈默1990年发表在《哈佛商业评论》的文章《再选：不是自动化改造而是推倒重来》

2. 虚拟企业

威廉姆·戴维陶和迈克尔·马隆在1992年出版了《虚拟公司》一书,提出了由于信息技术的普遍应用,从而促使虚拟企业的出现。虚拟企业是当市场出现新机遇时,具有不同资源与优势的企业为了共同开拓市场,共同对付其他的竞争者而组成的、建立在信息网络基础之上的组织形态。其特点如下:

(1) 跨越空间限制的企业模式。依靠互联网可以与世界上任何地方的供应商或客户进行贸易,实现统一的经营。

(2) 超越工作时间的限制。24小时不间断地工作,以最快的速度为用户提供高质量、低成本的产品。

(3) 开放式的组织结构。企业间共享技术与信息,分担费用,是联合开发的、互利的联盟体。

(4) 集成各自独特的优势。对不同的外部资源进行整合利用,从而以极强的整体优势和灵活性完成单个企业无法实现的市场功能。

(5) 组织界限变得模糊。虚拟企业淡化了传统的组织界限,不具备法律意义上的法人资格。这些企业可能是供应商、顾客,也可能是同业中的竞争对手。

(6) 实施网络化管理。虚拟企业的信息技术是虚拟企业经营运作的基础和关键,没有信息技术的迅速发展,也就没有实现虚拟经营的可能。

(7) 具有灵活性。组织出于共同的需要、共同的目标走到一起,一旦合作目的达到,这种联盟便可能宣告结束。虚拟企业之间既可迅速联合也可迅速退出,以适应迅速变化的市场。

(8) 实行精细化管理。企业要根据用户的需要及时生产产品,这样不仅消除了大量的库存积压,而且能够保证产销对路。

虚拟企业能够集中多方资源,使得它具有较强的市场竞争力。但虚拟企业也有一些自身的局限性,如组织协调复杂,不稳定的合作关系会带来一定的风险等。

3. 学习型组织

麻省理工学院斯隆管理学院彼得·圣吉提出:只有那些具备学习能力的学习型组织才能够在竞争中处于不败之地。

学习型组织是指通过培养整个组织浓厚的学习气氛,能使员工的创造性思维能力和行为能力得到充分发挥的组织。这种组织具有持续学习的能力。学习型组织的灵魂是圣吉博士提出的"五项修炼"。五项修炼是圣吉博士经过10年对4000家企业的培训总结出的一套完整的具有很强的操作性、理论与实践相结合的新型企业管理方法,被企业界誉为"走向21世纪的管理《圣经》"。五项修炼是指自我超越、改善心智模式、建立共同愿景、团队学习、系统思考。

(1) 自我超越

自我超越就是高层管理者必须允许组织中的每一个人进行自我超越。管理者必须赋予员工权力,允许他们根据自己的想法进行实验、创造和研究,鼓励所有的成员自我发展,实现自己选择的目标和愿景。

（2）改善心智模式

改善心智模式是指由于过去的经历、习惯、知识素养、价值观等已形成的、固有的思维方式和行为习惯，使人自觉或不自觉地从某个固定的角度去认识和思考发生的问题，并用习惯的方式予以解决。组织需要鼓励员工寻找新的、更好的完成任务的方式。心智模式改变了，工作的方式就会相应改变。人的心智决定人的命运，企业管理者、员工的心智决定企业的命运。

（3）建立共同愿景

共同愿景就是被组织成员共同认可、向往、渴望的愿望和远景，体现组织未来发展的远大目标。

（4）团队学习

团队学习是发展团队成员整体搭配与实现共同目标的过程，在不断壮大的组织学习中，团队学习比个人学习更为重要。这就要求成员充分沟通，相互信任。每一个人素质提高一小步，整个企业的素质将提高一大步。

（5）系统思考

系统思考则是以系统的观点来看待组织内部、外部环境的联系，管理者必须认识到学习过程中各层级之间的相互影响。管理者必须鼓励系统思考，提高组织的创造能力和团队的协调运作能力。

第二节　现代企业管理方法

现代企业管理方法是指适应现代企业经营管理的需要，综合利用现代管理思想、组织和手段，反映现代管理科学和实践中最新的、最成熟的、最有效的措施和方法。它对现代企业管理起到了促进的作用，具有综合性、成熟性、系统性、择优性和量化性的特征。

一、企业管理的一般方法

企业管理的一般方法是指为了适应企业管理的需要，运用管理原理所采用的具有综合性、通用性的一般管理手段和方法，包括行政命令法、物质激励法、情感激励法等。

1. 行政命令法

行政命令法是任何管理活动中普遍使用的一种方法，它是按照行政组织系统，依靠行政组织权威，通过命令、法规、规章、制度等一系列行政手段直接对被管理者下达任务的一种方法。

2. 物质激励法

物质激励法是按照客观经济规律的要求，通过物质利益的手段，充分调动企业职工的工作热情和劳动积极性的一种方法。它具有客观性、多样性、灵活性和激励性的特点。

小贴士

财主的奖励

财主的放羊人赶着羊群到村外很远的地方去放牧。狼来了,他大声向村里人呼救,村里人急忙跑来。狼看到这么多人拿着武器赶来了,就匆忙地跑了。

放羊人领着村民到财主那里为他们请功。谁知财主冷冷地听了他的报告之后,挥挥手说:"我以为什么大不了的事。不就是赶走了几只狼吗?这种小事情也跑来请功领赏!"村里人没有受到奖赏,反而被他嘲讽,便气愤地走了。

后来,狼又来了,窜入羊群,大肆咬杀。牧羊人对着村里人拼命呼喊救命,但是大家一想到财主的嘲讽,就没人愿意来帮忙了。结果,财主的羊群全被狼吃掉了。当财主得到消息赶来时,看到的只是满地的残骸。

不懂得给予村民激励的财主,最后所收获的是满地的残骸。对企业来说,激励是企业提高员工工作效率的重要手段之一。它包括口头的表扬,也包括物质的奖励。

资料来源:段珩.影响人一生的100个管理寓言.北京:光明日报出版社,2005:第67页

3. 情感激励法

人是有思想、有情感的高级动物,是管理活动中最积极的因素。在人员管理的问题上,我们应该用什么样的管理模式?哪种更有效?

情感激励法是管理者通过语言和行动上的关心、尊重、信任,使人的思想和行为发生转变的方法。在坚持原则的基础上,运用感化艺术去帮助他人转变态度和做法,因此具有随机性、感化性和弹性。

情感激励法与行政命令法相辅相成。行政的方法发挥的是职务影响力,可使部下对管理者产生敬畏感;而感情的方法发挥的是管理者的自然影响力,可使部下产生敬爱感、敬佩感、敬重感、信赖感和亲密感。在现代企业管理中,对于人员的管理甚至比生产管理还重要。作为管理者既要懂技术,还要懂经济,同时还应具备社会学、心理学、法律、政治、人际关系学等方面的知识。

小贴士

关爱赢得员工的真诚回报

香港企业家李贵辉仅用了短短的十几年时间,便在中国香港和海外拥有了庞大的企业,同时还赢得了众多荣誉。他能如此迅速致富,与其注重人情味的管理方式有着直接的关系。

李贵辉用人之道的首要一点便是为员工排忧解难,让他们没有后顾之忧地将精力全部投入到工作中。

比如,他曾这样规定:职工一律只取50%的工资,余下的50%由公司负责寄往家中。这条措施的制定意在防止某些员工乱花钱,影响家庭和睦。如此全面的考虑,充

满人情味的规定，受到了员工及其家属的欢迎。一次，一个员工的母亲病重，李贵辉知道后立即给当地医院的院长挂了一个电话，要求千方百计组织抢救。李贵辉从生活上、经济上对员工无微不至的照顾与体贴，使员工工作起来尽心尽责，任劳任怨，为企业的发展奠定了基础。

二、企业管理的具体方法

自从有了企业和企业管理以来，人们为了实现既定的管理目标，创造出上千种管理的方法。这些方法从简单到复杂，多种多样。

1. 按管理的性质不同划分

(1) 定性分析法

定性分析法是通过收集有关资料并结合以往的经验进行综合分析、判断，从而找到解决问题的方法。定性分析法简便易行，不需要具有高深的专业知识，适用性广泛。

(2) 定量分析法

定量分析法是在收集数字资料的基础上，运用数学模型，以数学结论来说明事物现象的一种方法。定量分析法准确性较高、科学性较强，但管理者需要具备较好的数学基础。

2. 按管理的职能不同划分

(1) 决策的方法

决策的方法就是指组织或个人为了实现某种目标而对未来一定时期内有关活动的方向、内容及方式进行选择和调整的方法。

(2) 计划的方法

计划的方法是企业将各种计划任务转化为指导实际行动的具体计划指标的方法。科学的计划方法是提高计划水平的重要保证，目的在于帮助企业的有关人员能编制并实施计划。

(3) 组织的方法

组织的方法是企业为实现方针目标，提高管理人员的组织能力，使管理组织精干、高效的方法。

(4) 控制的方法

控制是企业管理的重要职能。不仅是企业高层领导，中层和基层管理人员也需要通过运用一些控制的方法，有效地实施控制职能。

(5) 分析的方法

分析是管理者的一项经常性工作，在决策、计划之前，在发现问题之后都离不开分析活动。掌握必要的分析方法，可使管理者思路清晰，事半功倍。

第三节 管理职能与组织结构设计

管理的职能，是指管理的基本功能。在管理学的发展史上，管理的职能有不同的划分方法，目前比较流行的观点是将其简化为四个基本职能：计划、组织、领导、控制。组织结构设计是指根据组织的总目标，将工作任务分类，并按照这些工作任务与责任的划分确定组织的具体部门的过程。

一、现代企业管理的职能及作用

1. 计划职能

“计划”一词有着不同的词性，既可以是名词性词语，也可以是动词性词语。从名词性看，计划是指实现组织目标的行动方案；从动词性看，计划是拟订实现组织目标的行动方案的过程。组织的存在是为了实现某些目的，因此就需要有人来规定组织要实现的日的和实现目的的方案。通常实现组织目标的途径不会只有一条，因而会存在多种行动方案可供选择，这就是管理计划职能应做的工作。

计划是管理的首要职能，管理活动从计划工作开始。计划工作的具体程序和内容包括：估量机会、确定目标；制定业务决策；编制行动计划。

小贴士

屎壳郎和蚂蚁

炎炎夏日，屎壳郎在高声地歌唱。一只蚂蚁提醒他说，冬天不远了，应该开始为冬天做些考虑了。屎壳郎根本没理会蚂蚁的提醒，继续歌唱，享受着眼前的快乐。蚂蚁则不然，把所有的时间都用来收集小麦和大麦，给自己储存冬季吃的食物。冬天说来就来了，这时，饥饿的屎壳郎只能跑到蚂蚁那里乞食。

蚂蚁反问他说：“喂，伙计，夏天我忙着收集粮食时，你在做什么呢？”

屎壳郎回答说：“我也很忙呀。我整天都忙着唱歌呢。”

蚂蚁无动于衷地回答说：“正因为你整个夏天都在唱歌，看来你整个冬天只好跳舞了。”

2. 组织职能

组织是管理的一项基本职能，是指为了达到某一目标而协调群体活动的一切工作的总称。计划方案制定好后，就要落实到行动中，因此就要有组织工作。组织工作决定组织要完成哪些工作；由谁去完成；怎么去完成；何时何地去完成等，使得组织系统内的全部资源充分、合理地加以运用。组织工作的具体程序和内容包括确定组织目标、业务内容；设计组织结构；配备人员、确定职责。

3. 领导职能

从个体来讲，领导指的是领导者，是能够影响他人行为的一个人；从群体层面来讲，领导指领导集体；从行为的角度来讲，领导又可以是指管理者利用组织赋予的职权指导和协调组织中的成员并激励部下为实现组织目标而努力工作的活动过程。

作为领导者要帮助部下认清形势，指明活动的目标，选择有效的沟通渠道，来协调组织成员间的关系，为他们排忧解难，以高超的领导艺术，过硬的思想素质、专业技能和个人魅力把大家团结起来，引导和激励组织成员以高昂的士气、饱满的热情去实现既定的组织目标。

小贴士

老狮子与狐狸族长

有一头年老的狮子，它年轻的时候是声威显赫的森林之王，但是年老体衰之后，也只能用智取的办法才能获得更多的食物。于是，它钻进一个山洞里，躺在地上假装生病，等臣民们前来探病的时候就把它们抓住吃掉。这样，不少的动物都被狮子吃掉了，从孱弱的山羊到矫健的野狼都不能幸免。

狐狸家族得知狮子病了，便在族长的带领下前来探望。走到洞口附近，狐狸族长突然停下来，用假装出来的关心的腔调问狮子身体现在如何。狮子装腔作势地回答说："很不好。狐狸啊，大家都进洞里来看望我了。为什么你和你的家族站得远远的呢？你害怕我把病传染给你们吗？"

狐狸族长沉稳地说道："如果我没发现只有进去的脚印，而没有一个出来的脚印，我们也许会进洞去。可是，我现在不是害怕你把病传染给我，而是害怕我把我和家人的小命送给了你。"

寓言中，狐狸族长的敏锐洞察力保住了整个家族的生命。同样，在现代企业中领导职能在于预测和把握方向，尤其是在情况不明朗的时候，能够看清形势，付诸行动，或者洞察并解决危机，调整并防止偏颇。

4. 控制职能

控制是促使组织的活动按照计划目标的要求顺利实施的过程。控制职能意味着管理必须监控组织的绩效，必须将实际情况与预先设定的目标进行比较，当组织活动偏离计划时，给予纠正，防止偏差继续发生，以保证组织目标的实现。或者组织的内外环境发生变化时，原来制订的计划已不适用，需要进行重新修订，甚至制订新的计划。

控制的过程包括建立标准、衡量工作绩效、发现偏差和采取矫正措施这四个基本环节。控制不仅是对以前组织活动情况的检查和总结，而且是对未来组织活动进行的调整，所以控制职能是使组织的一切职能活动按计划进行并实现组织目标的重要保证。

计划、组织、领导、控制是管理的最基本职能，这四种职能是一个相互关联、互相渗透、不可分割的整体。其中某一职能的完成情况会受其他职能完成情况的影响。没有计划便无法控制，没有控制也就无法积累制订计划的经验。人们往往在进行控制的同时，又需要根据实际变化不断地拟定新计划或修改原计划。若没有组织结构，便无法实施领导，而在实施领导的过程中，又可能对组织结构进行调整。控制则是对计划、组织、领导加以全面检查，纠正偏差，以保证组织目标的实现。因此，管理的过程实际上是使各职能活动周而复始的循环过程。

二、企业组织结构设计的原则

(一) 建立组织结构的基本要求

组织是人类社会生产、生活中最常见、最普通的社会现象,如学校、企业、机关、医院、各级政府、各党派和政治团体等都属于组织。

现代企业组织结构的设计要遵循以下基本要求。

1. 目标明确,组织规范

组织结构设置的出发点是为了完成企业战略任务和经营目标,为了保证组织的正常运转。在设计组织结构时应制定组织规范,从实际需求出发,按目标设置结构,确定工作范围,按岗位配备人员,确定有效的管理指挥监督系统。

土拨鼠哪儿去了?

有一天,老师给学生们讲了一个故事:有三只猎狗追一只土拨鼠,土拨鼠钻进了一个树洞。这只树洞只有一个出口,可不一会儿,从树洞里钻出一只兔子。兔子飞快地向前跑,并爬上一棵大树。兔子在树上,仓皇中没站稳,掉了下来,砸晕了正仰头看的三只猎狗,最后,兔子终于逃脱了。

故事讲完后,老师问:"这个故事有什么问题吗?"

学生们说:"兔子不会爬树。"

"一只兔子不可能同时砸晕三只猎狗。"

"还有呢?"老师继续问。

直到学生们再也找不出问题了,老师才说:"土拨鼠才是我们的目标。你们都没有提到土拨鼠哪里去了?"

企业组织结构设计中不要忘了时刻提醒:目标是什么?

2. 讲究效率,追求利润

企业的建立是以追求利润为最终目标的,因此在建立组织时必须减少浪费,降低运营成本。在设计组织结构时应提高企业组织效率,充分体现以人为本的人性化管理,建立良好的激励机制,增强组织的凝聚力,确保企业管理的有效进行。

3. 处理好管理层次与管理幅度之间的关系

管理层次指从企业最高管理层到员工之间领导隶属关系的数量界限。在每一个管理层次中,不同的管理层次要考虑到相应的管理幅度。管理幅度是指一个管理人员能够有效地管理其下级的数量界限。

管理幅度与管理层次成反比例关系,管理幅度越宽,管理层次越少;管理幅度越窄,管理层次越多。管理幅度的设定应根据组织特点、管理层次的多少及人员的组成等具体情况来加以设定。上层管理人员,也称决策层,主要负责战略性决策,其管理层次多,管辖的人数少。下层管理人员，也称执行层，负责执行日常性管理，其管理层次少，管辖的人数多。中层管理人员，也称实施层，主要负责日常业务决策。因此设计组织结构时管理层次要与管理幅度相适应。

4. 稳定性与适应性相统一

组织结构的设立首先要考虑其稳定性，但是由于企业内外部环境的不断变化，可以对组织结构的职能和任务作相应的调整。只有这样组织才能自如地应对外部经营环境的变化，不断进行自我变革，保持住自身的优势。

（二）组织结构设计原则

由于组织所处的环境不同，企业发展的规模不同，生产的产品不同，所需的职务和设计的部门不同，对于某些特定的组织，所采用的组织结构也就不同。但无论采用哪种形式，在设计组织结构时都应遵循共同原则。

1. 追求效益的原则

企业是以营利为目的的经济组织，追求利润最大化是它的最终目标。追求效益是指企业通过加强管理，努力降低消耗，以最少的劳动耗费和资金占用，生产出尽可能多的社会所需产品，满足人民不断增长的物质和文化生活的需求，不断提高企业经济效益和社会效益。因此要建立合理的组织结构，促使企业形成良好的运行机制，为社会提供优质产品，在保证社会效益的前提下，最大限度地追求经济效益。

2. 统一指挥、分工协作原则

组织要想有序、高效地运转，必须有一个统一的指挥。组织在结构设计时必须形成一个统一的有机体，使各个部门协调一致地工作，在统一领导下，使各管理层次具有一定管理权限。下级服从上级，局部服从整体，保证指挥系统对整体组织活动进行有效控制。同时，在现代化企业中还要提倡在工作中精益求精，进行专业化的分工与协作，在分工的基础上，加强各部门之间的协作，以保证组织高效运转。

3. 集权与分权的原则

在组织结构设置过程中，权力的集中与分散应该适度。集权是指决策权在很大程度上集中在较高管理层次中，分权是指决策权在很大程度上分散在较低管理层次的职位上。权力是否集中或分散，取决于组织自身的规模。若组织自身的规模较小，就会显现出集权化的倾向；若组织自身的规模较大，就会出现权力分化的倾向，形成分权。集权与分权应控制在合适的水平上，这样既能保证组织总体政策的统一，又能提高企业的经营效率。

4. 结构精简的原则

结构精简就是要在满足经营需求，完成企业目标的前提下，“因事设职”，力求减少组织中的层次与过剩人员，避免层次重叠，结构臃肿，人浮于事，要使组织结构的规模与所承担的任务匹配，使信息沟通渠道更加通畅，以确保组织能高效运转。

5. 责权对等的原则

责权对等的原则要求组织结构设计时应该将职务、职责与职权相对等，既要明确规定每个管理层次和各个部门的职责范围，同时也要赋予其相应的管理权限。职责与职权必须协调一致，否则就会出现“有职无权，无从尽职；有权无职，滥用职权；职高于权，难以尽职;权高于职,干涉他人"的情况。因此,只有责权对等,才能避免这些倾向。

(三) 影响组织结构设计的因素

任何一个组织要想在社会中生存与发展,都必须适应环境的变化。组织结构的设计,一方面要考虑企业自身的条件;另一方面还要考虑其他因素对组织结构设计的影响,如企业所处的环境、组织规模、经营战略、文化技术等。

1. 环境的影响

环境包括外部环境和内部环境。外部环境包括国家的法律、法规、政策的变动;竞争对手的出现;供应商、顾客的变化,甚至于消费者年龄、价值观、受教育的程度;汇率的波动等,都会使得企业外部环境发生改变。

例如,一家化工企业在 1989 年以前没有设立污水处理部门。1989 年 12 月 26 日我国颁布了《中华人民共和国环境保护法》,该化工厂就必须设立相应的污水管理部门。

组织内部环境包括,组织战略的调整、技术的革新、人员的变动。

2. 组织规模的影响

组织规模的大小直接影响组织结构中管理幅度与管理层次的设立。规模的扩大,组织结构、组织控制、经营范围、部门之间的协调等就变得更加复杂。组织内部专业化程度越高,越应建立标准化操作程序。这样就会增加组织结构、组织层次,促使组织结构更为规范、组织关系更具有指导性。

3. 经营战略的影响

企业组织结构的设定取决于企业的经营战略,不同的组织目标和经营战略需要有与其相适应的组织模式。一个组织的结构通常能反映出组织的战略思想,当企业的内外部环境发生变化时,组织的模式随之也应做出相应的调整,导致组织结构的变化。为保持经营战略在市场中处于优势竞争地位,管理者就要不断地修改、设计组织的结构,来实现组织的目标。

4. 文化技术的影响

技术、设备是现代化企业进行生产经营活动的物质基础,是形成企业物质文化的保证,是企业劳动资料中最积极的因素。文化技术与组织结构有着密切的关系。技术越复杂,自动化越高,所涉及的相关部门、有关人员就越多,相互间的沟通关系也就更加复杂,由此就会推进企业组织结构的变革。

三、企业组织结构的类型

组织结构是指构成组织各要素之间的关系,描述了组织的框架体系,它直接影响组织内部的活动。为了确保组织目标的顺利实现,要对组织结构进行科学合理的设计。企业组织结构类型主要有:直线型、职能型、直线职能混合型、事业部制、矩阵型和立体多维型组织结构等。

1. 直线型组织结构

直线型组织结构的企业,各级行政单位从上到下实行垂直领导,没有职能结构,一切管理职能基本上都由行政主管自己负责、执行。其特点是:结构简单,责任分明,命令统一。

直线型是最早且最简单的一种组织形式,也称军队组织形式,如图 1-2 所示。

直线型组织结构要求行政负责人通晓多种知识与技能,事必躬亲,亲自处理各种业务。在业务比较复杂、企业规模比较大的情况下,把所有的管理职能都集中到最高主管一人的身上,是难以胜任的。因此,这种组织形式只适用于规模较小、工艺简单的小型企业。

2. 职能型组织结构

职能型组织结构的企业,各级行政单位除主管负责人外,还相应的设立一些职能结构,各职能结构在自己的业务范围内有权向下级发布命令和指挥。各级领导人除了服从上级指挥外,还要服从各职能结构的指挥,实行的是多头领导的上下级关系,如图 1-3 所示。

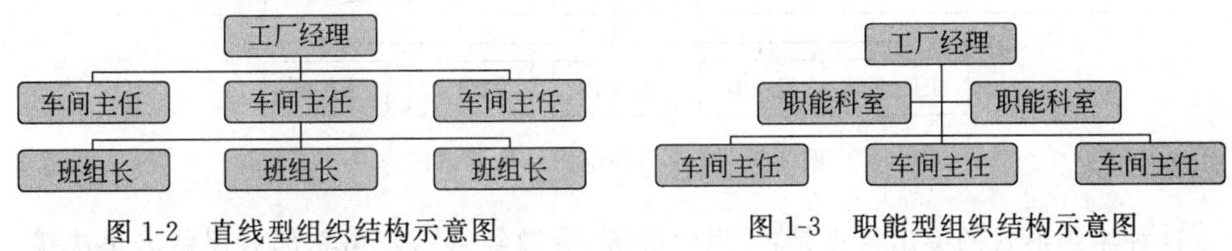

图 1-2 直线型组织结构示意图　　图 1-3 职能型组织结构示意图

其特点是:能适应现代化生产技术的复杂性。管理分工较细,充分发挥各专业结构的作用。

但这种结构容易形成多头领导,造成管理的混乱,影响工作的正常进行。各职能部门之间的协作、配合较差,办事效率低。由于这种组织结构形式存在着明显的缺陷,一般企业不采用这种形式。

3. 直线职能混合型组织结构

单纯的直线型组织结构与职能型组织结构都不能很好地贯彻组织的方针、完成组织的目标,所以多数组织采取直线职能混合型形式,如图 1-4 所示。

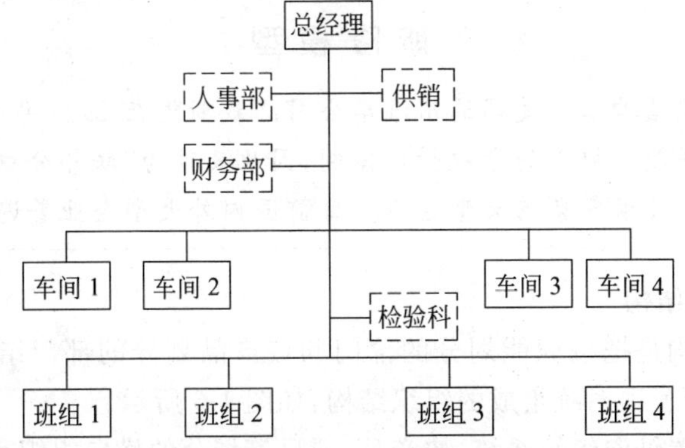

图 1-4 直线职能混合型组织结构示意图

说明:实线部分代表直线关系,虚线部分代表职能关系。

这种结构的特点是：既保证了企业管理体系的统一领导，又可以在各级行政负责人的领导下，充分发挥各专业管理机构的作用。但这种结构容易限制下级部门工作的主动性和积极性，各部门自成体系。

4. 事业部制组织结构

事业部制是自主管理、单独核算、自负盈亏的一种形式。在总公司或集团下面按产品或地区分成若干个事业部，从产品的设计、原材料的采购、成本的核算、产品的制造到销售全部都实行单独核算，独立经营。事业部下属有若干个工厂和研究单位，负责生产和研制工作，它是一种分权型的组织形式，如图 1-5 所示。通常，作为总公司或集团公司的分支机构或公司多采用事业部制的组织结构形式。

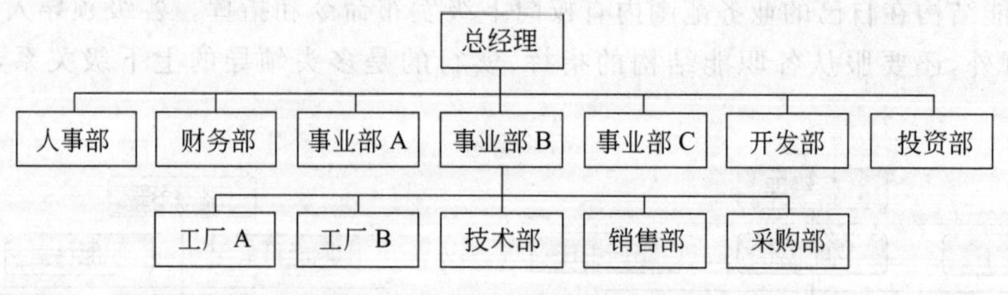

图 1-5 事业部制组织结构示意图

这种组织形式的突出特点是："集中决策，分散经营"，公司总部只保留人事决策、预算控制和监督的权力，并通过利润等指标对事业部进行控制。总公司领导可以摆脱日常事务，集中精力考虑全局问题；事业部实行独立核算，更能发挥经营管理的积极性，更利于组织专业化生产和实现企业的内部协作；各事业部之间有比较、有竞争，有利于企业的发展；事业部内部的供、产、销之间容易协调；事业部经理要从事业部整体来考虑问题，这有利于培养和训练管理人才。

但由于结构重复，造成了管理人员浪费；各事业部考虑自身利益，相互之间沟通困难，往往只考虑本部门的利益，可能会发生内耗，会出现架空领导的现象，减弱总公司的控制。

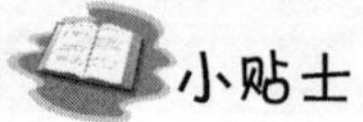
小贴士

斯隆模型

事业部制组织结构是由美国通用汽车公司总裁斯隆在 1924 年提出的，又称"斯隆模型"，它是一种高度集权下的分权管理体制，因此又称为"联邦分权化"。它适用于规模庞大、品种繁多、技术复杂的大型企业。目前国内外大型企业普遍采用这一形式。

5. 矩阵型组织结构

矩阵型组织结构是把按职能划分的部门和按产品划分的部门结合起来组成一个矩阵，它是由纵横两套管理系统组成的组织结构，如图 1-6 所示。

按管理职能设置纵向组织系统，按产品、项目等划分的横向组织系统。纵向排列的是若干项工作任务，组织系统的一个部门中的一个人是项目的负责人，其他参与者可能来自于其他部门，一旦任务完成，项目成员就回到原来的部门中去。

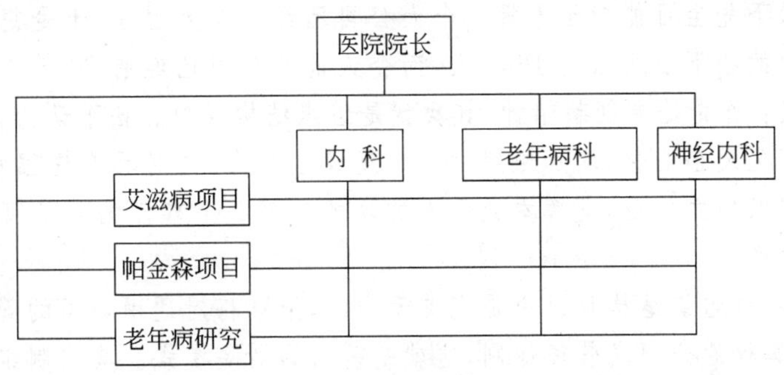

图 1-6 矩阵型组织结构示意图

例如，在某医院要抢救一个危重病人，需要由内科、呼吸科、心血管科、护理科等科室的人员共同参与抢救，一旦抢救工作完成，各科室的人员就回到原有的所属部门。其中，抢救工作视为一个项目。内科、呼吸科、心血管科、护理科是医院组织结构中的各个部门。

其特点是：机动、灵活、弹性大，可随项目的开发与结束进行组织或解散，克服职能部门各自为政的现象，能充分发挥专业人员的特长，有助于激发人们的积极性和创造性；便于企业人才的培养；实现了集权与分权优势的结合。

但由于人员是临时组成，不固定，责任心较差；项目组受到双重领导，易产生管理上的困难和矛盾，造成职责不清、管理混乱，成本增加。因此，这种结构只有当事双方的管理人员通过密切配合，才能顺利地完成工作。

6. 立体多维型组织结构

立体多维型组织结构是在矩阵型组织结构的基础上发展起来的。主要包括三类管理结构：按产品划分的事业部，形成产品利润中心；按职能划分的参谋职能部，形成专业成本中心；按地区划分的管理结构，形成地区利润中心。

在这种立体多维型组织结构下，每一个系统都不能单独做出决策，必须由三方共同协商才能采取行动。因此，这种结构能促使每一个部门都能从组织的整体出发考虑问题，减少各部门之间的矛盾。这种类型的组织结构适用于跨国公司。

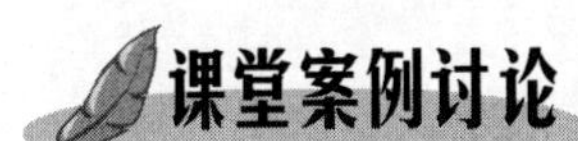

提高管理效率取决于组织结构

英国管理学家谢尔登长期致力于组织结构的研究，“谢尔登定理”是他对组织效率的一项研究成果。

一个总裁最大的苦恼也许就是，总裁室与财务室或者其他部室虽只有一墙之隔，但另一个屋子着火了，自己却是最后一个知道，等整个企业大厦倒掉的那一刻，他不知道该裁谁了。总裁的工作不是总是裁人，或许应该是裁掉那个多余的玻璃天花板。送一封信给一墙之隔的总裁要用一年时间，有时并不是什么笑话。

到目前为止，最著名的组织结构改革当以通用汽车的斯隆模式和松下电器的分层结构最为典型。20世纪30年代，松下电器采用的组织结构是分层负责制，而推行这种制度的原因是因为松下先生可能对于掌握一个大公司已经无能为力了,于是想要简化他的企业。其实当时他的松下公司只有1600人,而今天他的公司已经有20万人。松下的成功有两个重要因素:首先是有创新精神;其次就是组织结构改观。松下认为,分层负责的组织可以使事情简化及企业化,增加组织的清晰度及控制力,同时具有增强执行力的优点。每一个部门都可以独立作业,发挥本身最大的功能。每一个部门的部长可以不停地严密注意市场上的发展。

当然,没有一种组织结构可以说是完美无瑕的,斯隆将对通用公司的管理体制进行全面改组,建立反集权的分部式管理体制,这就是著名的斯隆模式。集权制组织虽然权力相对集中,更利于集中资源,但是灵活性和创造力不足。

资料来源:根据吕嵘、侯章良《人力资源最重要的100个管理法则》(海天出版社,2006年)中的案例改编

讨论题:

1. 设计组织结构时应遵循哪些原则?
2. 为什么此案例在组织结构设计时以斯隆模式为依据?

第四节 创办企业的基本程序

科学技术的不断进步,生产力水平的不断发展,市场需求的多样性,促使社会分工越来越精细,作为基本经济单位的企业就有很多类型。不同类型的企业在创办时有着不同的要求,但每个企业的创办都需要以下几个环节:申办、登记审批、年检等。

一、申办企业的基本要求

1. 注册资本、出资形式与出资额

为了加强对公司注册及实收资本的登记管理,规范公司登记行为,《公司法》和《公司登记管理条例》对注册资本、出资形式与出资额做了相关规定。

(1) 注册资本的规定

有限责任公司的注册资本为在公司登记机关依法登记的全体股东认缴的出资额。

股份有限公司采取发起方式设立的,注册资本为在公司登记机关依法登记的全体发起人认购的股本总额;股份有限公司采取募集方式设立的,注册资本为在公司登记机关依法登记的实收资本总额。公司的实收资本是指全体股东或者发起人实际交付并经公司登记机关依法登记的出资额或者股本总额。

(2) 出资形式

作为股东或者发起人可以用货币出资,也可以用实物、知识产权、土地使用权等可用货币估价并可依法转让的非货币财产作价出资。但不得以劳务、信用、自然人姓名、商誉、特许经营权或者设定担保的财产等作价出资。

(3) 出资额的认定

有限责任公司注册资本的最低限额为人民币3万元,一人有限责任公司注册资本的

最低限额为人民币 10 万元。有限责任公司全体股东的首次出资额不得低于公司注册资本的 20%,也不得低于法定的注册资本最低限额,其余部分由股东自公司成立起 2 年内缴足;其中投资公司可以在 5 年内缴足。

股份有限公司注册资本的最低限额为人民币 500 万元。公司全体股东或发起人的货币出资额不得低于公司注册资本的 30%,募集设立的股份有限公司发起人认股的股份不得少于公司股份总数的 35%;发起设立的股份有限公司全体发起人的首次出资额不得低于公司注册资本的 20%,其余部分由发起人自公司成立起 2 年内缴足;其中投资公司可以在 5 年内缴足。

2. 法人及特点

根据《民法通则》第 36 条第 1 款规定:"法人是具有民事权利能力和民事行为能力,依法独立享有民事权利和承担民事义务的组织。"法人具有独立性,即独立的组织、独立的财产、独立的责任。

3. 法人的分类

(1) 根据法人设立的宗旨和活动性质的不同划分

① 企业法人是从事生产、经营活动,以营利为目的的法人。企业法人又依其所有制不同分为:全民所有制企业法人、集体所有制企业法人、私营企业法人、中外合资经营企业法人、中外合作经营企业法人、外资企业法人等。

② 非企业法人是非生产性、非营利性的法人。它又可分为国家机关法人、事业单位法人和社会团体法人。

(2) 根据企业组织形式的不同划分

① 公司法人,是指依据公司法规定的条件和程序而设立的企业法人。《中华人民共和国公司法》(简称《公司法》)对有限责任公司和股份有限公司做了全面的规定,并确认它们是企业法人。

② 非公司企业法人是指不是依据公司法设立的企业法人,如依据《全民所有制工业企业法》设立的国有工、商企业法人等。

(3) 根据法人设立是否以社员的存在为基础划分

① 社团法人,由自然人的集合体而组成为法人。它可以是公益性的,也可以是营利性的,如工会、妇联、学术组织、宗教团体或者生产合作社、供销社等。

② 财团法人,一般是根据财产捐献者的意志,以捐献的财产为基础,依法设立的一种公益法人,如各种基金会组织、慈善机构、寺庙等法人的设立。

4. 法人设立程序

(1) 法人设立的方式

在我国,法人设立主要有以下几种方式。

① 命令设立——主要适用于国家机关国有企事业单位的设立。

② 发起设立——适用一般企业的设立。

③ 募集设立——主要适用于股份有限公司的设立。

④ 捐助设立——适用于各种基金会法人的设立。

(2) 法人资格的取得

法人设立后取得法人资格,法人才能成立。依照民法通则的规定:

① 以命令方式设立的机关法人于设立时即取得法人资格,不需登记。

② 公司法人经公司登记机关依法登记,领取《企业法人营业执照》,依法办理登记,才能取得法人资格,才能以法人的名义开展活动。

③ 企业法人经企业法人登记主管机关审核,准予登记注册的,领取《企业法人营业执照》,取得法人资格,其合法权益受到国家法律保护。依法需要办理企业法人登记的,未经企业法人登记主管机关核准登记注册,不得从事经营活动。

除法律有特别规定外,非企业法人不得从事企业经营活动。非企业法人附属的以营利为目的的企业,应当按照企业法人的规定,经申请核准登记为企业法人方能营业。

5. 申请贷款及筹资

随着企业生产规模的不断扩大,生产设备的更新改造,企业资金在使用过程中会出现短缺的现象。为融通资金,凡是具有完全民事行为能力且有稳定经济收入的自然人可申请银行贷款。

(1) 贷款的种类

银行贷款是银行以债权人身份安排使用资金的主要形式。根据不同的划分标准,银行贷款具有各种不同的类型。

① 按偿还期不同可分为:

- 短期贷款——贷款期限在一年以内(含一年)的贷款。
- 中期贷款——贷款期限在一年以上(不含一年)五年以下(含五年)的贷款。
- 长期贷款——贷款期限在五年(不含五年)以上的贷款。

② 按偿还方式不同可分为:

- 活期贷款。
- 定期贷款。
- 透支。

③ 按贷款担保条件不同可分为:

- 票据贴现贷款。
- 票据抵押贷款。
- 商品抵押贷款。
- 信用贷款等。

④ 按贷款金额大小不同可分为:

- 批发贷款。
- 零售贷款。

⑤ 按利率约定方式不同可分为:

- 固定利率贷款。
- 浮动利率贷款。

⑥ 按贷款对象不同可分为:

- 工商业贷款。

- 农业贷款。
- 消费者贷款。
- 有价证券经纪人贷款。

(2) 申请银行贷款的条件

首先,应到工商行政管理部门依法登记,持有营业执照,具有法人资格。

其次,要有一定数量的自有资金,在银行开有基本结算账户。按时向银行报送财务报表等资料,遵守国家政策法令和银行信贷制度,能提供有效贷款担保或抵押,不改变贷款用途,接受贷款银行的贷后监督检查,经济效益良好并能按期归还贷款本息。

(3) 申请银行贷款的程序

① 对申请人提交的书面贷款申请书及购销合同、有关的财务报表进行审查,对其提交的贷款担保书或贷款抵押物的资料进行审查鉴证,并开展一定的贷前实地调查,然后做出是否同意贷款的决定。

② 同意贷款的,申请人还需到当地县(市)人民银行的金融管理部门办理一份《贷款证》,并在该家发放贷款的银行开立一个基本或辅助结算账户。

③ 贷款银行将贷款资金转入所开立的账户内,由申请人按照其所申请的贷款用途自主支配使用。

小贴士

中小企业融资贷款技巧

目前,我国中小企业贷款难已是一个不争的事实,即使是一个好的投资项目,银行也不一定会予以照顾,在机会均等和其他条件相同的情况下,大中型企业会优先贷到款项。所以,投融资专家认为,贷款技巧在中小企业融资中便显得日益重要了。贷款技巧主要有以下几方面:

1. 建立良好的企业—银行关系

(1) 企业要讲究信誉。企业在与银行的交往中,要使银行对贷款的安全性绝对放心。

(2) 企业要有耐心。在争取贷款时要有耐心,充分理解和体谅银行的难处,避免一时冲动伤和气,以致得不偿失。

(3) 企业要主动、热情地配合银行开展各项工作。如积极配合银行开展各种调查,认真填写和报送企业财务报表;贷款到期主动按时履行还款或展期手续,以取得银行对中小企业的信任等。

2. 写好投资项目可行性研究报告

投资项目可行性研究报告对于争取项目贷款的规模大小,以及银行贷款的优先支持,具有十分重要的作用,因此,中小企业在撰写报告时,要注意解决好以下几个问题:

(1) 报告的项目要符合国家的有关政策,重点论证在技术上的先进性、经济上的合理性以及实际上的可行性等问题。

(2) 要把重大问题讲清楚,对有关问题做出有力的论证。如在论证产品销路时,必须对市场对于该产品的需求、当前社会的生产能力及将来的趋势等做出分析和论证。

(3) 把经济效益作为可行性的出发点和落脚点。

3. 突出项目的特点

不同的项目都有各自内在的特性,根据这些特性,银行贷款也有相应的要求。

4. 选择合适的贷款时机

要注意既有利于保证中小企业所需要资金及时到位,又便于银行调剂,安排信贷资金,调度信贷规模。一般来说,中小企业如要申请较大金额的贷款,不宜安排在年末和每个季度末。

5. 争取中小企业担保机构的支持

中小企业由于自身资金少,经营规模小,很难提供银行需要的抵押、质押物,同时也难以取得第三方的信用担保,因而要取得银行的贷款非常困难。本文作者认为,这些固然是不利条件,但如果能和各方面搞好关系,融资工作提前做到位,得到中小企业担保机构这些专门机构的支持,向商业银行贷款就有容易得多。

资料来源:张雪奎.中小企业获得银行贷款的技巧.http://blog.sina.com.cn/s/blog_68f609380100uvp3.html(张雪奎讲师的博客)

6. 企业筹资方式

企业要进行生产经营活动或者扩大再生产,就要筹集资金。企业资金的来源,我们称为筹资渠道。它既可以是企业的自有资金,又可以是企业借入的资金。

企业的筹资渠道有:国家财政、银行、非银行金融机构、企业与事业单位、居民、外商和本企业。

筹资方式主要有通过吸收直接投资、发行股票、内部积累形成企业的自有资金,又称主权资金;通过银行借款、发行债券、融资租赁和商业信用构成企业的借入资金,又称负债资金。企业的自有资金反映了所有者的权益,其出资人是企业的所有者,拥有对企业的所有权,形成企业所有者权益。所有者按权益额的大小分享权益和承担风险。借入资金的出资人是企业的债权人,对企业拥有债权,有权要求企业按期还本付息。自有资金和借入资金共同构成了企业的全部资产。

二、企业登记审批的程序

企业创办者在提交登记申请后,登记主管机关审核登记注册的程序是审查、受理、告知、核准、发照、公告,如图 1-7 所示。

(一) 登记申请

按照 2004 年 6 月 23 日公布,2004 年 7 月 1 日起实施的国家工商行政管理总局令第 9 号《企业登记程序规定》:“企业登记机关应当设立企业登记场所,统一办理企业登记事

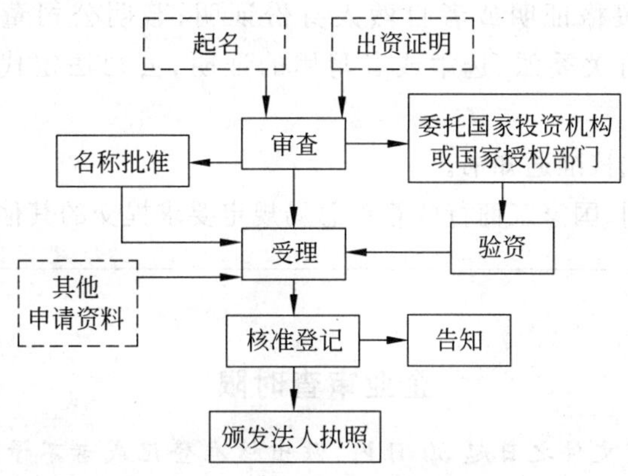

图 1-7 企业登记审批程序

说明：虚线组成的文字框代表申请人提交的申请资料，实线组成的文字框代表审批程序中所涉及的内容。

宜。"随着科技的发展，网络技术的应用，为提高工作效率，增强服务意识，方便广大申请人，有条件的企业登记机关建立企业登记网站，受理企业登记申请。

申请人按照国家工商行政管理总局制定的申请书格式文本提交申请，并按照企业登记法律、行政法规和国家工商行政管理总局规章的规定提交有关材料。

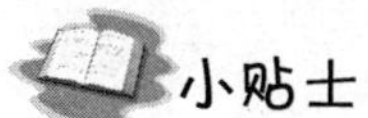

小贴士

申请企业登记的方法

申请人或者委托的代理人可以直接到企业登记场所进行登记，也可以通过邮寄、传真、电子数据交换、电子邮件的方式提交申请。通过采用邮寄、传真、电子数据交换、电子邮件的方式申请的，申请人或代理人应提供联络方式及通信地址。对于企业登记机关予以受理的申请，申请人应当在收到《受理通知书》15 日内，提交与传真、电子数据交换、电子邮件内容一致并符合法定形式的申请材料原件。

1. 企业法人申请登记

企业法人申请登记注册应提供：企业法人名称、住所、经营场所、法定代表人、经济性质、经营范围、经营方式、注册资金、从业人数、经营期限等。

2. 申请设立有限责任公司

申请设立有限责任公司应当向企业登记机关提交：

(1) 公司法定代表人签署的设立登记申请书和全体股东指定代表或者共同委托代理人的证明。

(2) 公司章程。

(3) 依法设立的验资机构出具的验资证明(法律、行政法规另有规定的除外)。

(4) 股东首次出资是非货币财产的，应当在公司设立登记时提交已办理其财产权转移手续的证明文件。

(5) 股东的主体资格证明或者自然人身份证明;载明公司董事、监事、经理的姓名、住所的文件以及有关委派、选举或者聘用的证明;公司法定代表人任职文件和身份证明。

(6) 企业名称预先核准通知书。

(7) 公司住所证明;国家工商行政管理总局规定要求提交的其他文件。

小贴士

企业审查时限

合伙企业自提交文件之日起30日内,做出核准登记或者不予登记的决定。合伙企业的营业执照签发之日,为合伙企业的成立日期。独资企业自提交文件之日起15日内,做出核准登记或者不予登记的决定。予以核准的发给营业执照,不予核准的,发给企业登记驳回通知书。个体工商户除当场登记的外,登记机关应当自受理登记申请之日起15日内做出是否准予登记的决定。

3. 申请设立合伙企业

申请设立合伙企业向企业登记机关提交:

(1) 全体合伙人签署的设立登记申请书。

(2) 全体合伙人的身份证明。

(3) 全体合伙人指定的代表或者共同委托的代理人的委托书。

(4) 合伙协议。

(5) 出资权属证明。

(6) 经营场所证明。

(7) 国务院工商行政管理部门规定提交的其他文件。

4. 个人独资企业的登记

个人独资企业的登记事项应当包括:企业名称、企业住所、投资人姓名和居所、出资额和出资方式、经营范围及方式。

申请登记时应向登记机关提交:

(1) 投资人签署的个人独资企业设立申请书。

(2) 投资人身份证明;企业住所证明。

(3) 国家工商行政管理局规定提交的其他文件。

从事法律、行政法规规定须报经有关部门审批的业务的,应当提交有关部门的批准文件。委托代理人申请设立登记的,应当提交投资人的委托书和代理人的身份证明或者资格证明。

5. 申请个体工商户设立登记

申请个体工商户设立登记提交:

(1) 申请人签署的个体工商户设立登记申请书。

(2) 申请人身份证明;经营场所证明。

(3) 国家法律、法规规定提交的其他文件。

(二) 审查、受理与告知

1. 审查

企业登记机关收到登记申请后，审查申请材料是否齐全、是否符合法定形式。例如，申请机构的名称是否与他人重复、是否违法等。同时，还应委托国家投资机构或国家授权部门，如会计师事务所对出资情况进行审查。

2. 受理

当申请材料核实后，符合法定形式，予以受理，出具《受理通知书》，同时书面告知申请人需要核实的事项、理由及时间。

3. 告知

申请材料若存在错误，但可以当场更正的，应当允许有权更正人当场予以更正。由更正人在更正处签名或者盖章，注明更正日期。更正后经确认申请材料齐全，符合法定形式的，予以受理。

申请材料不齐全或者不符合法定形式的，应当当场或者在 5 日内一次告知申请人需要补正的全部内容。

告知时，将申请材料退回申请人并决定不予受理，并出具《不予受理通知书》。属于 5 日内告知的，应当收取材料并出具收到材料凭据。不属于企业登记范畴不能与予受理，企业登记机关做出不予登记决定的，应当出具《登记驳回通知书》，要注明不予登记的理由，并告知申请人享有依法申请行政复议或者提起诉讼的权利。

小贴士

有权更正人

有权更正人是指申请人或者经申请人明确授权，可以对申请材料相关事项及文字内容加以更改的经办人员。

(三) 核准、发照与公告

经过审查和核实后，做出核准登记或者不予以登记的决定，并及时通知申请登记的单位。对核准登记的申请单位，颁发证照，并办理法定代表人签字备案手续。对核准登记注册的企业法人由登记主管机关发布公告。

(四) 注销登记

企业登记机关或者其上级机关根据利害关系人的请求或者依据职权，对滥用职权、玩忽职守；超越法定职权；不具备申请资格或者不符合法定条件的申请人做出准予登记决定的；采用欺骗、贿赂等不正当手段取得登记的，可以撤销登记。对公共利益造成重大损害的，不予撤销，但应当责令改正或者予以纠正。

企业被依法撤销设立登记或者吊销营业执照的,应当停止经营活动,依法组织清算。自清算结束之日起 30 日内,由清算组织依法申请注销登记。

三、企业年检

为了加强对企业的监督管理,维护市场经济秩序,依据《公司登记管理条例》、《企业法人登记管理条例》、《合伙企业登记管理办法》等有关规定,对有关企业进行年检。

企业年检是企业登记机关依法按年度根据企业提交的年检材料,对与企业登记事项有关的情况进行定期检查的监督管理制度,简称年检。它适用于领取营业执照的有限责任公司、股份有限公司、非公司企业法人、合伙企业、个人独资企业及其分支机构、来华从事经营活动的外国(地区)企业,以及其他经营单位。

(一) 企业年检内容

不同类型的企业,年检内容有所不同。

1. 企业年检报告书包括的内容

企业年检报告书的内容主要包括:①登记事项情况;②备案事项情况;③对外投资情况;④设立、撤销分支机构情况;⑤经营情况。

企业非法人分支机构、来华从事经营活动的外国(或地区)企业、其他经营单位的年检报告书只包括登记事项情况的内容。

企业提交的年检材料齐全、内容完整的,企业登记机关应当受理,并出具受理通知书。经审查符合规定的,在营业执照副本上加盖年检戳记,并发还营业执照副本;不符合规定的,责令其限期改正,符合规定后,在营业执照副本上加盖年检戳记,并发还营业执照副本。其中,属于应当依法办理变更登记并涉及营业执照记载事项改变的,经变更登记后,在新的营业执照副本上加盖年检戳记。

提交的年检材料不齐全或者内容不完整的,企业登记机关不予受理,并出具载明不予受理理由的不予受理通知书。

企业登记机关应当自受理之日起 5 个工作日之内完成对企业提交的年检材料中涉及登记事项、备案事项的有关内容的书式审查,需要对实质内容进行核实的应当指派两名以上工作人员进行核查。

2. 不同类型企业的年度检验内容

(1) 对公司的年检材料主要审查的内容

① 公司是否按照规定使用公司名称,改变名称是否按照规定办理变更登记。

② 公司改变住所是否按照规定办理变更登记。

③ 公司变更法定代表人是否按照规定办理变更登记。

④ 公司有无虚报注册资本行为。

⑤ 股东、发起人是否按照规定缴纳出资,以及有无抽逃出资行为。

⑥ 经营范围中属于企业登记前置行政许可的经营项目的许可证件、批准文件是否被撤销、吊销或者有效期届满。

⑦ 经营活动是否在登记的经营范围之内。

⑧ 股东、发起人转让股权是否按照规定办理变更登记。

⑨ 营业期限是否到期。

⑩ 公司修改章程、变更董事、监事、经理，是否按照规定办理备案手续。

⑪ 设立分公司是否按照规定办理备案手续，是否有分公司被撤销、依法责令关闭、吊销营业执照的情况。

⑫ 公司进入清算程序后，清算组是否按照规定办理备案手续。

⑬ 一个自然人是否投资设立多个一人有限责任公司。

(2) 对非公司企业法人的年检材料主要审查的内容

① 企业是否按照规定使用企业名称，改变名称是否按照规定办理变更登记。

② 企业改变住所、经营场所是否按照规定办理变更登记。

③ 企业变更法定代表人是否按照规定办理变更登记。

④ 企业改变经济性质是否按照规定办理变更登记。

⑤ 经营范围中属于企业登记前置行政许可的经营项目的许可证件、批准文件是否被撤销、吊销或者有效期届满；企业经营活动是否在登记的经营范围之内。

⑥ 有无抽逃、转移注册资金行为。

⑦ 经营期限是否到期。

⑧ 设立、撤销分支机构是否按照规定办理变更登记。

⑨ 主管部门变更是否按照规定办理备案手续。

⑩ 企业章程有无修改。

(3) 对合伙企业的年检材料主要审查的内容

① 企业是否按照规定使用企业名称，改变名称是否按照规定办理变更登记。

② 企业改变经营场所是否按照规定办理变更登记。

③ 企业变更执行合伙事务的合伙人是否按照规定办理变更登记。

④ 经营范围中属于企业登记前置行政许可的经营项目的许可证件、批准文件是否被撤销、吊销或者有效期届满；企业经营活动是否在登记的经营范围之内。

⑤ 企业的经营方式是否在登记的经营方式之内。

⑥ 合伙人的姓名及住所改变是否按照规定办理变更登记。

⑦ 合伙人的出资额及出资方式改变是否按照规定办理变更登记。

⑧ 设立、撤销分支机构是否按照规定办理变更登记。

(4) 对个人独资企业的年检材料主要审查的内容

① 企业是否按照规定使用企业名称，改变名称是否按照规定办理变更登记。

② 企业改变住所是否按照规定办理变更登记。

③ 投资人的姓名和居所改变是否按照规定办理变更登记。

④ 经营范围中属于企业登记前置行政许可的经营项目的许可证件、批准文件是否被撤销、吊销或者有效期届满；企业经营活动是否在登记的经营范围之内。

⑤ 企业的经营方式是否在登记的经营方式之内。

⑥ 投资人的出资额及出资方式改变是否按照规定办理变更登记。

(5) 对企业非法人分支机构、来华从事经营活动的外国(地区)企业、其他经营单位的年检材料主要审查的内容

① 是否按照规定使用名称,改变名称是否按照规定办理变更登记。

② 营业(经营)场所改变是否按照规定办理变更登记。

③ 负责人变更是否按照规定办理变更登记。

④ 经营范围中属于企业登记前置行政许可的经营项目的许可证件、批准文件是否被撤销、吊销或者有效期届满;经营活动是否在登记的经营范围之内。

⑤ 其他经营单位的隶属机构变更是否按照规定办理变更登记。

接受委托对企业进行年检的企业登记机关和工商行政管理所,应当在每年 7 月 31 日前将企业年检情况报送委托的企业登记机关。企业登记机关应当在 7 月 31 日前将企业的年检情况告知企业所在地工商行政管理所,工商行政管理所应当将年检信息纳入企业的经济户口信息。

(二) 企业年检准备

1. 企业年检时间

每年 3 月 1 日至 6 月 30 日,企业应向企业登记机关提交年检材料。有正当理由的可以在 6 月 30 日前向企业登记机关提交延期参加年检的申请,经企业登记机关批准可延期 30 日。企业应对其提交的年检材料的真实性负责。当年设立登记的企业,自下一年起参加年检。各级企业登记机关负责对其登记的企业进行年检。上级企业登记机关可以委托下级企业登记机关对其登记的企业进行年检。企业登记机关可以委托企业所在地的工商行政管理所对其登记的企业进行年检。

2. 企业年检程序

(1) 企业提交年检材料。

(2) 企业登记机关受理审查企业年检材料。

(3) 企业缴纳年检费。

(4) 企业登记机关在营业执照副本上加盖年检戳记,并发还营业执照副本。

小贴士

登记主管机关

工商行政管理机关是企业法人登记和营业登记的主管机关。登记主管机关依法独立行使职权,实行分级登记管理的原则。对外商投资企业实行国家工商行政管理局登记管理和授权登记管理的原则。上级登记主管机关有权纠正下级登记主管机关不符合国家法律、法规和政策的决定。公司登记机关依法履行职责,不受非法干预。

3. 企业申报年检应当提交的材料

(1) 年检报告书。

(2) 企业指定的代表或者委托代理人的证明。

(3) 营业执照副本。

(4) 经营范围中有属于企业登记前置行政许可经营项目的，加盖企业印章的相关许可证件、批准文件的复印件。

(5) 国家工商行政管理总局规定要求提交的其他材料。

(6) 企业法人应当提交年度资产负债表和损益表，公司和外商投资企业还应当提交由会计师事务所出具的审计报告。

(7) 企业有非法人分支机构的，还应当提交分支机构的营业执照副本复印件。

(8) 已进入清算的企业只提交年检报告书。企业非法人分支机构、其他经营单位申报年检除提交年检报告书外，非法人分支机构还应当提交隶属企业上一年度已年检的营业执照副本复印件；其他经营单位还应当提交隶属机构的主体资格证明复印件。

4. 对违反年度检验的处罚

(1) 企业不按规定接受年度检验的，由企业登记机关责令其限期接受年度检验。属于公司的，并处以 1 万元以上 10 万元以下的罚款。属于分公司、非公司企业法人及其分支机构、来华从事经营活动的外国(地区)企业，以及其他经营单位的，并处以 3 万元以下的罚款。属于合伙企业、个人独资企业及其分支机构的，并处以 3000 元以下的罚款。

(2) 企业在责令的期限内未接受年检的，由企业登记机关予以公告。自公告发布之日起，60 日内仍未接受年检的，依法吊销营业执照。

(3) 企业在年检中隐瞒真实情况、弄虚作假的，企业登记机关应当责令限期改正。属于公司的，并处以 1 万元以上 5 万元以下的罚款，情节严重的吊销营业执照。属于分公司、非公司企业法人及其分支机构、来华从事经营活动的外国(地区)企业，以及其他经营单位的，并处以 3 万元以下的罚款。属于合伙企业、个人独资企业及其分支机构的，并处以 3000 元以下的罚款。

(4) 企业登记机关通过年检，发现企业有违反企业登记管理规定行为的，除责令改正外还可以依照有关企业登记管理规定予以处罚。

(5) 企业登记机关及其工作人员对符合规定的企业不予年检或者对不符合规定的企业予以年检，以及利用年检滥收费、搭车收费、代收代扣其他费用、索取或者收受他人财物或者谋取其他利益的，对直接负责的主管人员和其他责任人员，依法依纪追究相应责任。

本章小结

什么是企业？什么是管理？什么是企业管理？企业是商品生产与商品交换的产物。人类的进步、生产力的发展、科学技术水平的提高促使企业由手工作坊演变为大规模现代化生产。在这个漫长的历史时期企业由弱到强，有小到大。企业的发展是离不开管理活动的。每个时期都不断地产生经典的管理理论、管理方法，这些管理理论和管理方法对我们今天的生活、工作有指导作用。

随着企业自身的发展，企业的组织结构形式也在不断发展变化，主要形式有直线型、职能型、直线职能混合型、事业部制、矩阵型、立体多维型组织结构等。企业组织设计中充分运用组织设计的原则，考虑企业内外部诸多因素，设计适宜企业发展的组织结构模式。

企业的类型多种多样,按照资本的组织形态来划分可以分为个体企业、合伙制企业、有限责任公司、股份有限公司、股份合作制企业等。这些企业在建立过程中要遵守国家的有关规定,按照相关手续进行登记、申请、审批,接受年度检查。

思考与练习

一、填空题

1. "科学管理理论"的创始人是________。

2. 一个员工在任何活动中只应接受一位上级的命令,这就是法约尔提出的________原则。

3. 管理的基本职能包括________、________、________、________。

二、选择题

1. 为了保证目标及为此而制订的计划得以实现,就需要有(　　)职能。

A. 计划　　B. 组织　　C. 领导　　D. 控制

2. 某公司随着经营范围的扩大,其由总经理直辖的营销队伍人员也从3人增加到100人。最近,公司发现营销队伍似乎有点松散,对公司的一些做法也有异议,但又找不到确切的原因。从管理的角度看,你认为出现这种情况的最主要原因最大可能在于(　　)。

A. 营销人员太多,产生了鱼龙混杂的情况

B. 总经理投入的管理时间不够,致使营销人员产生了看法

C. 总经理的管理幅度太宽,以致无法对营销队伍进行有效管理

D. 营销队伍的管理层次太多,使得总经理无法与营销人员有效沟通

3. 戴立在改革开放初期创办了一家小型私营食品企业。由于产品口味好、价格低,销路非常好。在此情况下,戴立企业的员工人数也随之增加,由原来的6名增加到12名,企业规模也扩大了。但戴立也意识到前所未有的困扰——工作力不从心,每天疲于奔命处理各种各样的琐事。尽管如此,工厂的管理还是较乱。为此,戴立请教了许多人,具有代表性的建议有以下四种,你认为哪个最有效?(　　)

A. 戴立应抽时间去某著名商学院接受管理方面的培训

B. 应聘请一位顾问,帮他出谋划策

C. 对于企业的组织结构进行改组,在戴立和一线工人之间增加一个管理层

D. 应招聘一位能干的助理,帮助他处理各种琐碎的事情

三、判断题

1. 对于需要高度集权管理的组织不能允许有多个直线领导核心。(　　)

2. 滚动计划法是一种定期修订未来计划的方法。(　　)

3. "三个臭皮匠顶个诸葛亮",这句俗语说明群体决策比个体决策效果更好。(　　)

四、名词解释

1. 企业年检

2. 直线型职能企业

五、简答题

1. 俗话说“计划赶不上变化，因此企业管理过程中根本不用编制计划”。你是否认同此看法？为什么？

2. 什么是管理？管理活动具有哪些具体职能？

工作导向标

王骋创建广告公司的过程

王骋毕业四年了，积累了一定的工作经验和人脉。他的表弟今年刚毕业，是学广告设计的。两人计划开家广告公司。下面是他们创立公司的整个流程。

1. 核名。他们来到工商局领取了一张《企业名称预先核准申请表》，填写了“意想不到”的公司名称，工商局上网检索没有重名，批准可使用这个名称，并核发一张《意想不到公司核准通知书》。

2. 租房。他们在某写字楼租了一间办公室。

3. 编写“公司章程”。他们参照在工商局网站下载“公司章程”的样本，编写了《意想不到公司章程》。

4. 刻私章。

5. 领取“银行询证函”。他们到会计师事务所领取“银行询证函”。

6. 去银行开立公司验资户。他和表弟两股东带上自己入股的钱，以及公司章程、工商局发的核名通知、法人代表的私章、身份证、用于验资的资金、空白询证函表格，到银行开立了公司的开验资户，并将他和表弟的出资额存入公司账户。

7. 办理验资报告。他们拿着银行出具的股东缴款单、银行盖章后的询证函，以及公司章程、核名通知、房租合同、房产证复印件，到会计师事务所办理验资报告。

8. 注册公司。他们到工商局领取公司设立登记的各种表格(设立登记申请表、股东(发起人)名单、董事经理监理情况、法人代表登记表、指定代表或委托代理人登记表)填好后，连同核名通知、公司章程、房租合同、房产证复印件、验资报告一起交给工商局。被告知大概3个工作日后可领取执照。

9. 刻公章。他们凭营业执照，到公安局指定的刻章社，去刻公章、财务章。

10. 办理企业组织机构代码证。他们凭营业执照到技术监督局办理组织机构代码证，半个月后，技术监督局会首先发给他们一个预先受理代码证明文件，凭这个文件他们就可以办理税务登记证、银行基本户开户了。

11. 去银行开基本户。他们凭营业执照、组织机构代码证，去银行开立基本账号。

12. 办理税务登记。他们领取执照后，30日内到当地税务局申请领取税务登记证。

13. 申请领购发票。他们是服务性质的公司，到地税申请领取发票。

经过一系列申请、填报等手续齐备后，他们终于可以开始营业了。

思考题：假定你需要创业，请选择任何一个行业，写出创办它的流程。

经典案例

撒拉德森的旅馆

撒拉德森是美国北部有名的富翁，经营着305家连锁寄宿旅馆；拥有的资产高达15.75亿美元，每年的纯利润为5000万美元，平均每7天就有一家新的连锁旅馆开张。

撒拉德森之所以能够成功运作，财源滚滚，就在于他不满足于目前的管理现状，不断地找出管理中的不足之处，以获得最大利润。

他是怎么做的呢？

他首先下令关掉旅馆的洗衣部，安排前厅服务台上班的服务员兼收旅客送来的脏衣服，洗衣服的工作则由上夜班的服务员在没有客人需要服务时抽空承担，仅此一项每年就省下了130万美元。

他还将各个旅馆打扫卫生的服务员从计时工作制改为计件工作制，每天的报酬按其当天打扫的客房数发放。从此以后，服务员干起活来不仅争先恐后，而且质量高、速度快，旅客很满意。

此外，她们打扫完之后可以下班，或者到别处干零活。这项举措收到了良好的效果：一方面减少了旅馆的开支；另一方面还能让雇员到其他地方工作，增加收入。

撒拉德森的连锁寄宿旅馆没有餐厅，服务员除每天清洁一次房间外不提供其他服务。这一方面使得客房价格较低，一般人住得起；另一方面也可以让客人享受到经济实惠和安逸平静的生活。

另外，他的旅馆还与许多厂家建立了批发渠道，采购大量物资，开展多种经营。他还同意其他小旅馆利用这些渠道做生意，然后从中拿到一定比例的利润分成，这样的提成每年也高达1.75亿美元。

资料来源：陈书凯.小故事 妙管理.北京：中国纺织出版社，2005

思考题：

1. 撒拉德森旅馆的组织结构有何特点？
2. 试结合科学管理原理，分析撒拉德森旅馆的成功原因。

第二章 现代企业制度

有道之君，行治修制，先民服也。

——管子

引导语

汽车的仪表盘，用于评价各项条件与操作指标，警示和调整司机的操作行为。企业制度就如同汽车的仪表盘，上至规范企业，下至规范全体员工的工作行为，针对生产、销售、财务、人力资源等有一系列的要求，告之企业和员工什么应该做？什么不能做？企业制度触及企业各部门，建立完善、科学的制度，是企业生存和发展的保证。

学习要点

1. 掌握企业制度的概念。
2. 了解企业制度的主要原理。
3. 领悟现代企业管理的构成和意义。
4. 熟悉现代企业制度在实施过程中的管理和控制。

引导案例

和尚分粥

有七个和尚住在一起，每餐共喝一桶粥。由于僧多粥少，怎么分配这桶粥就成了一个头疼的问题。一开始，他们商量确定轮流分粥，每人轮流一天。结果每次下来，负责分粥的和尚有权力为自己多分一些粥，其他和尚只是刚刚吃饱。

大家对这种办法不满意，于是推选出一个公认的道德高尚的和尚负责分粥。权力导致腐败，大家开始挖空心思去讨好他、贿赂他，最终搞得整个小团体乌烟瘴气。大家对这种办法也不满意，经商量后组成三人的分粥委员会及四人的评选委员会，结果互相攻击扯皮下来，粥吃到嘴里全是凉的。

最后大家又确定了一个方法：轮流分粥，但分粥的人要等其他人都挑完后吃剩下的最后一碗。结果为了不让自己吃到最少的，负责分粥的每人都尽量分得平均，就算不平均，也只能认了。

这个故事说明，不同的制度会产生截然不同的结果。当然，这是个理想化的故事，因为当一个制度建立起来之后，不可能那么容易就会改变的，也说明了制度改革的重要性。

资料来源：汪中求.精细化管理.北京：新华出版社，2007

第一节 企业制度概述

公司是企业组织形式之一，公司制度是企业制度发展到一定阶段时的产物。在公司出现之前，企业已经产生；在公司制度建立以前，就有了其他企业制度。

一、企业制度的含义

企业制度是指企业的财产组织形式及其与之相适应的经验方式和管理体制，财产组织形式是企业制度的核心。

小贴士

制度规范是企业的"烫火炉"

"烫火炉"的主要原则体现在不碰则不烫、一碰即烫、谁碰烫谁、碰哪烫哪这四个方面。

冬天，一个烧得通红的火炉会让人觉得非常亲切。人们围炉而坐，边说话，边取暖，心中对火炉会产生几分感激。然而，火炉是会烫人的，且非常有原则：碰着炉子就会挨烫。不分官职大小、主人客人，只要碰着它，谁都要烫，绝不讲人情。说烫就烫，立即兑现，绝不研究以后再说。

企业的制度就如同"烫火炉"，人人平等。

财产组织形式包括以下三方面的内容。

1. 出资形态

出资形态，即谁是出资人、以什么形式出资。例如厂房、设备、货币、商标权、专利技术等。

2. 产权的权能组合方式

产权的权能组合方式是指所有权、占有权、支配权和使用权是如何构架在一起的。权能组合总体上可分为两种方式。

(1) 权能合一式

权能合一式是指所有权、占有权、支配权和使用权在企业的财产组织中合而为一，即出资人出资后集四大权能于一体，自己出资、自己管理、自己经营。

(2) 权能分离式

权能分离式是指四大权能尤其是所有权与其他权能之间的分离。

3. 承担责任的程度

承担责任的程度是指出资人出资所设立的企业对社会债权人承担责任的程度。从总体上说，出资人承担责任的程度可分为有限责任和无限责任。

(1) 有限责任

有限责任是指以企业的出资额为限承担债务责任，在企业破产清盘时，超过资产部分的责任是不承担的，而且是合法的。

(2) 无限责任

无限责任是指以所有债务额为限来承担债务责任。承担的顺序为先用企业资产承担，不足部分用出资人的其他财产来承担，比如出资人的个人家产。

例如，某企业注册资金为30万元，由于经营不善，债务已达到50万元。作为有限责任公司，企业破产清盘时其清偿债务只是以注册资金30万元为限。但作为无限责任公司，出资人还要变卖其他自身的私有财产以偿还另外20万元的债务。

二、企业制度的种类

根据企业的不同经济特征，企业制度可分为个人业主制、合伙制及公司制三种基本类型。

(一) 个人业主制企业

个人业主制企业又称个人独资企业，是指由一个自然人出资兴办，完全归个人所有和控制的企业。通常我们称个人业主制企业为个体户，或单干户，例如，自由市场中的肉店、小食品店、杂货店等。

1. 个人业主制企业制度的优点

(1) 决策自由度高。单个业主本人就是老板，具有很大的自由决策权。

(2) 有效性高。企业规模小，中间环节少，单个业主具有非常强烈的利润动机，会非常尽力有效地管理企业。

(3) 不需双重纳税。企业由个人出资，归个人所有，由个人经营，因此，利润归个人所有，无须与他人分享。只需要缴纳企业所得税，但不需要缴纳个人所得税。

2. 个人业主制企业的缺点

(1) 风险性

个人业主制企业只能是无限责任企业。无限责任企业要对企业的全部债务负无限责任。因此，当企业的资产不能清偿债务时，债权人可以对该业主的企业外个人财产提出索赔要求。也就是说,业主的企业财产和家庭财产都具有一定的风险。

(2) 规模有限

个人业主制企业在发展规模上受到资金和管理两方面的限制。

① 资本有限。由于个人资金有限、引资困难,资本的扩大靠单一的利润积累来进行再投入,会限制企业的发展。

② 专业化管理程度低。单个业主需要对生产和经营的各个方面做出决策,因此,企业管理的专业化程度极低,从而影响到决策的质量。如果企业规模扩大,管理就会很明显地跟不上企业的发展,这种企业制度本身就决定了企业规模。

(3) 企业的寿命有限

个人业主制企业的存在完全取决于企业主个人。如果企业主死亡、破产、犯罪或转行,都可能导致企业的关闭,由此也就会使得企业的雇员、债权人不得不承担较大的风险。另外,这类企业的继承人是一种传统的世袭制,企业主的继承人不一定有足够能力维持企业的生存,或者使企业有更好的发展。上述这些问题注定了这类企业寿命有限。

(二) 合伙制企业

合伙制企业属发展型企业。它是指由两个或两个以上的个人或单个业主制企业通过签订合伙协议,共同经营,收益和风险由合伙人共同承担的组织。它产生于 14 至 15 世纪,盛行于 17 世纪。

1. 合伙制企业的特征

(1) 企业利润为合伙人共同享有,共同对债务承担连带无限清偿责任,而不受出资额的限制。

(2) 合伙制企业比个人业主制企业规模要大,但比公司制企业要小,其内部组织结构也较简单。

(3) 企业多由合伙人共同经营,共同管理,所有权与控制权基本上没有分离。

目前一些民营公司属于合伙制企业,例如,小型的 IT 公司、会计师事务所都属于合伙制企业。

2. 合伙制企业的优点

(1) 资本量较之个人业主制企业有所增加,组建简便。

(2) 利益激励强,合伙人关系密切,易协商,能有效保证企业管理的统一性与灵活性。

(3) 由于多人合伙,能发挥各自专长,提高企业的决策能力与管理水平,可以增加企业的客户和信息来源。

(4) 因合伙人对企业的债务负连带无限责任,所以有助于增强合伙人的凝聚力和责任心。

3. 合伙制企业的缺点

(1) 合伙制企业涉及的人员较多,关系复杂,资本的进一步筹集或转让受限制。

(2) 合伙关系不太稳定,受个人寿命和人身变故的影响较大。

(3) 合伙时间稍长后,合伙人之间容易造成意见不统一和利益难协调的问题,也会带来决策效率下降的问题。

（4）因负无限责任，经营风险大，发展受一定限制。

因此，合伙制企业多适用于规模不大、生产经营活动不复杂而只需简单分工协作的活动，如维修店、小商店等。

（三）公司制企业

公司制企业是指由两个或两个以上股东出资成立的能够独立对自己经营的财产享有民事权利、承担民事责任的经济组织。

1. 公司制企业的基本特征

公司制企业作为最完善、最主要的企业组织制度，基本特征如下：

（1）从法律地位上来看，公司制企业是一个法人企业，是以法人的名义独立行使民事权利，承担民事责任。

（2）从财产关系上来看，它由多个投资者出资组成，每一个出资者享有的权利与承担的责任与其出资的多少成比例，并且投资者承担有限责任。

（3）从规模上来看，公司由众多的投资者出资组成，容易建成适应现代社会的大型企业、巨型企业。公司以出资者出资形成的财产承担责任，资信提高，也容易取得贷款，从而扩大经营规模。

（4）从治理过程来看，它建立起了权责边界明确、制衡有效的法人治理结构。

2. 公司制企业的优点

（1）公司是一种最为有效的融资组织形式，它通过发行股票或债券筹集社会公众的闲散资金，以此筹集到巨额资本，使企业有可能发展到相当大的规模。

（2）公司不会因为总经理的死亡和其被辞退而“死亡”，也不会因为股东的变更而不复存在，连续性很强。

（3）建立了明确的法人治理结构，如股东大会、董事会等，经理人员权责明确，各自按公司章程规定的权利与责任履行职责，保证了决策的民主性与科学性。

3. 公司制企业的缺点

（1）获准成立公司的手续烦琐，条件要求较高。

（2）从社会的观点看，公司作为一个法人的现实使得它有可能出现某种权力的误用。

（3）“双重征税”的问题。公司的收入开始以“利润税”的形式纳了税，然后部分收入以分红形式支付给股东，股东再纳个人所得税。

（4）公司的投资者众多，大多数投资者出资之后就失去了对资产的直接支配权。特别是对于小投资者来说，难以履行自己的职责，对公司的关心度不高，责任心不强。

总的来说，与其他组织形式相比，公司制企业利多弊少，能很好地适应现代市场经济的要求。任何产业、任何规模、任何复杂程度的企业都可以实行公司制。特别是股份公司，对工艺过程复杂、分工协作精细、规模巨大的企业活动有着特殊的作用。所以有人说，公司制是企业发展的起点，也是企业发展的归宿。

第二节 现代企业制度及其特征

一、现代企业制度的含义

现代企业制度是现代企业所采取的制度。所谓制度就是一种行为规则与规范的总和。

现代企业制度是指以完善的企业法人制度为基础、以有限责任为特征、以公司形态为代表的企业组织形式。

现代企业的创建及其有效运转，都是在一定的行为规则、规范的约束下进行的，并由此形成了权力制衡关系。

二、现代企业制度的特征

现代企业制度必须具有“产权明晰、权责明确、政企分开、管理科学”四个基本特征。这四个基本特征之间存在内在的、必然的联系。“产权清晰”是基础、前提和必要条件，否则，便不可能做到“权责明确”，便无法实现“政企分开”，也不可能有真正的“科学管理”。

（一）产权清晰

在企业制度中，明确地规定投资者与企业产权关系。

1. 投资者拥有财产所有权

投资者投入到企业的财产与他们的其他财产严格分开，边界十分清楚。投资者拥有对财产的最终所有权，并仅以投入到企业的那部分财产为限，承担有限责任。

2. 法人拥有法人财产权

企业是独立的法人，企业对投资者投入到企业形成的资产拥有法人财产权，即享有占有权、使用权、收益权以及处分权。

3. 改制中的产权归属

对于我国国有企业的“改制”，重要的是明晰产权关系，就是企业中的国有资产所有权属于国家，其他资产属于其他股东；股东或股东代表行使资产最终所有权，企业拥有法人财产权。我国国有企业要建立规范的现代企业制度，“产权清晰”是一个不能回避也无法绕过的前提。

只有“产权清晰”了，企业才能够进行拍卖、兼并、租赁、联合和与外资进行“嫁接”，以及组建企业集团、推行资产经营责任制、实现由产品经营向资本经营的转变等。

（二）责任明确

在现代企业制度中，权责明确、企业与投资者各行其职。在现代企业制度下，企业和出资人都应享受相应的权益和承担相应的责任。

1. 法人的权利

企业是法人，拥有法人财产权，能够独立地享有民事权利，承担民事责任。企业以其全部资产对债权人承担有限责任。

2. 出资者权利的行使

出资者的权利与责任是通过董事会和总经理的权利与责任来体现的。董事会与总经理的权利与责任主要有：①日常生产经营权，股东会闭会期间行使股东会的职权等。②对企业的经营效果和企业的发展负责，并且相应获得应有的奖励与处罚。

(1) 出资者的权益

第一，按其投入企业的资本额，在企业盈利后可以享受分红派息。

第二，对企业重大经营决策有表决权。这个权利是通过股东会来行使的。

第三，监督权。出资者可以按照规定的程序拥有对企业的经营状况进行检查、监督和咨询的权利。

第四，清算权。在企业解体时，出资者对企业的净资产拥有按比例清算，收回部分投资的权利。

(2) 出资者的责任

在企业发生亏损甚至破产时，出资者要以投入企业的资本额对企业的债务负有限责任，承担一定的企业经营风险。

国有企业建立现代企业制度后，国家股东只能作为一般股东享有股东的一般权益和承担相应的责任，不能超越股东的权利去控制企业、指挥企业、干预企业，而且这个权责必须明确。

(三) 政企分开

现代企业制度规定，政企分开、企业自主经营。

政府与企业是两种不同性质的组织。政府是政权机关，对国家的经济具有宏观管理的职能，主要包括：

(1) 保持宏观经济总量的大体平衡和促进经济结构的优化。

(2) 保证公平竞争，维护市场次序；健全社会保障、法律体系，保持社会稳定。

小贴士

国家公务员的公平竞争原则

公平竞争原则是国家公务员制度的基本原则之一，是社会主义民主政治在干部人事制度中的具体体现，它贯穿于国家公务员制度的各个重要环节之中。其根本目的在于促进优秀人才脱颖而出，做到人尽其才，各得其所，最大限度地调动国家公务员的积极性。

公平竞争原则在我国公务员制度中主要表现在以下几个方面：①在法律上确认每个公民具有平等的参与竞争的权利，凡具有法定资格与条件的公民都有申请报考国家公务员的权利，并有同等机会参加国家公务员的录用考试，以同一标准决定是否录取,不因家庭出身、民族、宗教信仰、性别等状况而受到歧视或者享有特权。②国家公务员报考条件公开,报考程序公开,考试成绩公开,录用公开,这种公开制度为平等竞争提供了基础和前提。③国家通过法律保护公平竞争的环境和公民在竞争中的合法权益。

资料来源:西安科技大学网络教育学院. http://zy.swust.net.cn/05/1/gjgwyzdgl/d1z4.htm(节选)

(3) 保护生活环境,提高生活质量等。

政府不能对企业的生产经营活动进行直接干预,而只能实行间接调控,即主要通过经济手段、法律手段及发挥中介组织的作用对企业的活动和行为进行调节、引导、服务和监督。

企业是以营利为目的的经济组织,是市场活动的主体,它必须按照价值规律和市场的要求来组织生产和经营。

政府和企业在组织上和职能上必须是严格分开的,不能"以政代企",也不能"以企代政"。

(四) 科学管理

企业应该设立一套科学完整的管理体系,企业的权力机构、监督机构、决策机构与执行机构之间相互独立、权责明确,企业内部形成激励、约束和相互制衡的机制。既保证经营者有充分的权力,使企业经营机制具有灵活性、适应性,又保证企业经营者不会损害所有者的利益。

我国国有企业改制后,不少企业尚未建立起真正有效的法人治理结构。由于国有股占有绝对的控制权,国有企业原有的运行机制和国有企业原有的弊端依然在很大程度上存在。科学的管理、良好的效益,只是人们的一种美好愿望,实际却难以实现。因此,国有企业要建立真正的现代企业制度,就必须要解决这一问题,国有经济必须从竞争领域中逐步退出来。

第三节 现代企业制度的内容

现代企业制度的本质特征在于公司是否能够行使法人财产权、承担有限责任,而不取决于是否获得了公司的名称和法人地位。

作为一个企业的管理者必须能够回答三个问题:第一,企业的资产如何获得、使用和分配;第二,企业如何运营,权力如何分配与使用;第三,企业的工作如何开展。要解决这三个问题就要建立相应的企业制度,即企业的产权制度、企业的组织制度和企业的管理制度。

一、现代企业产权制度

（一）产权的含义

产权通常指建立在某种所有制基础上的财产所有权以及财产所有者运用其财产的行为权利，包括以下内涵。

1. 代表社会强制实施的权利

产权作为一种社会工具，是通过社会强制实施的权利。所谓社会强制表现为国家意志，即法律、法令、法规、条例、决定、政策以及社会习俗和社会公德。没有社会强制，产权就无法实施。

2. 代表着经济利益关系

产权作为一种权利，它是界定人们如何受益和受损的关系，它同外部存在着密切关系，因而存在着如何向受损者补偿和向受益者索取的问题。

产权以某种经济物品为载体。产权首先体现社会经济活动的主体与客体之间的某种经济利益关系，即所有者之间的行为权利。

3. 具有行为权的特点

产权范围大于所有权，所有权是指财产的所有者支配自己财产的权利，而产权本质上是一种行为权。产权以所有权为基础，除了享有所有权所包含的权利以外，同时也享有所有权派生出来的权利和义务。

（二）产权的形式

产权具体形式主要有以下几种。

1. 私有产权

私有产权就是将资源的使用、转让和收入的享用权界定给特定的个人，使其享有完整的产权。私有产权受到政府、法律法规、伦理道德等多方面的保护，同时私有产权的行使也要受到法律的规范与制约。私有产权并不是所有的权利都必须握在一个人手里，它可以由多个人拥有。

2. 国有产权

国有产权是指国家或全体人民对某项资源或财产共同拥有的产权。中央政府是国有产权的真正主体，但在实际运作中多采取委托代理的管理方式，地方各级政府代表上级政府按照其权限和地域范围，拥有相应经济资源的国有产权。例如，森林、土地等。

3. 公司产权

公司产权是介于私有产权与社团产权之间的一种产权形式，又称法人产权。它是产权具体形式中的一种，随现代公司的诞生而产生。与其他形式的产权相比，公司产权是现代企业制度与社会化大生产相适应的必然选择。

（三）产权制度的含义

产权制度也称产权体制、产权管理体制，它是关于产权界定、分割、重组以及管理的一系列制度的总称。产权制度具有以下特点。

1. 定义产权的类别

产权制度中的"产权"不是指单个产权,而是对同类型多种产权形式的复合或总结。如国有产权制度就包括了国有经济中的所有产权形式。

2. 说明产权之间的关系

由于每一种产权在以社会形态存在时,都会涉及与其他形态产权的联系,特别是从国家管理的角度来讲,更是要处理好多种产权之间的关系。因此,各种产权制度不能孤立存在,而是相互联系或者交织在一起。

3. 规范产权结构

产权制度合理,主要是指一种产权制度涉及的大范围和大多数产权形式合理,而非单个产权单位合理。有时会出现整体上的产权制度合理,而个别产权单位不合理的现象,产权制度可对产权结构进行规范。

(四) 产权制度的经济功能

1. 激励和约束功能

产权实质是一套激励和约束机制,它决定和规范人们的行为。它决定人们拥有什么和不能拥有什么;可以做什么和不可以做什么。如果在行使产权过程中损害他人利益,对受损者必须进行补偿。

2. 资源配置功能

资源只有流动起来才可能实现优化配置,而资源流动的首要前提是产权要明晰化。比如,进行某种生产要素的买卖交易,是要以社会对产权,特别是对其中的处置权提供足够的保障为前提。

只有这种保障是明确的、稳定的和有效的,实现要素流动的交易才能顺利进行,它的交易成本才能下降。如果相反,社会不能保障财产转让权的有效性,财产转让交易的成本过高,人们就不会选择交易形式,而可能选择对抗的形式来解决资源流动和重新配置的问题,其结果则必然会降低资源配置的效率。

3. 收益分配功能

产权之所以具有收益分配功能,是因为产权的每一项权能都包含有一定的收益,或者拥有产权可转化为供人们享用的各种物品和服务,或者是取得收益分配的依据,所以产权的界定也是利益的划分。

4. 产生合理预期的功能

现代经济生活变得日益复杂多变,人们面临的经济环境和财产权利也愈加复杂多变,对于未来,总是充满了不确定性。不确定性给人们的选择和决策带来了困难,增加了人们交往中的交易费用。产权的设置和产权规则的制定对减少不确定性,进而形成合理预期具有重要作用。

二、现代企业组织制度

目前,多数企业都是以公司形式存在的,所以本书选择了以公司为代表的组织制度进行介绍。公司是由许多投资者即股东投资设立的经济组织，必须充分反映公司股东的个体意向和利益要求。同时，公司作为法人应当具有独立的权利能力和行为能力，必须形成一种以众多股东个体意志和利益要求为基础的、独立的组织意志，并以自己的名义独立开展业务活动。

（一）现代公司制度的核心是法人特征

公司是法人团体，这是区别于个人业主企业和合伙企业等自然人企业的最明显的标志。公司法人的最基本要求如下。

1. 公司拥有法人财产权

公司以其全部财产对公司债务人负责，各股东以其出资数额形成对公司的股权。公司作为法人，是具有民事权利能力和行为能力的法律关系主体，可以进行诉讼和应诉等，也可以像自然人那样进行投资以成为其他公司的股东。法人财产权是企业利益独立的基础，而企业利益独立，是现代市场经济的微观基础，是现代企业制度的基石，是现代公司制度的核心。

2. 公司必须依法成立

公司必须到有关部门注册，必须有自己的名称、机构、地址和一定的注册资本，以及一定数量的股东；公司必须遵守《公司法》，根据《公司法》并结合本公司的情况还应制定公司章程，规定股东会、董事会、监事会、总经理的权职与责任，规范股东、董事、监事和高级管理人员的行为。

（二）现代公司制度的基础是有限责任

现代公司制度的有限责任，是区别于无限责任公司和两合公司的最明显标志。

有限责任是现代公司制度的前提与基础。正是有了有限责任制度，才有今天现代公司制度的发展和在社会经济中的主导地位。

(1) 有限责任的内涵是：①公司以其全部法人财产对其债务承担有限责任。②公司破产时，股东仅以其出资额为限，对公司承担有限责任。

(2) 有限责任主要有两大作用：①降低风险和转移风险。如果公司经营不善导致破产，股东只以其投资额为界承担有限责任，而不会负连带责任，这样就使股东免遭倾家荡产之灾。如果股东不看好公司的未来，可以将自己的股票或股份通过证券市场或其他方式转让出去，从而转移了风险。②能筹集到更多资本。在有限责任的条件下，由于股东承担的风险不大，能够承受这点风险和愿意冒这点风险的人不在少数，公司筹集资本相对比较容易。

（三）公司的组织体系由股东会等多方面组成

公司的组织体系主要由股东会、董事会、监事会和经理人组成。现代公司制度的巧妙之处，就在于其法人治理结构形成了一种相互制衡的关系。但是，委托人和代理人各自追求的目标一般是不同的。

1. 股东会

股东会在公司中是最高权力机构。股东会由出资人或其他代表的股东组成。股东会的主要职权包括以下几种。

(1) 人事权

股东会有权选举和更换公司的董事和监事,并且决定他们的报酬。

(2) 重大事项决策权

股东会有权批准和修改公司章程,批准公司财务预算、决算方案,决定公司经营方针和投资计划。

(3) 受益分配权

股东会有权批准公司的利润分配方案和亏损弥补方案,决定股东按投资比例取得的收益。

(4) 股东财产处置权

股东会有权决定公司增加或减少注册资本,有权决定公司的合并、分立、终止和清算等。

股东会是资产所有者的代表,以维护股东权益为宗旨,从产权关系上对公司董事会形成必要的制约。但股东会无权干预公司的经营活动,因此,股东会的权利也受到制约。

2. 董事会

董事会是公司的经营决策机构。董事会作为股东的受委托人代表股东的利益,作为总经理的委托人,董事会要求总经理尽心尽责,执行好经营管理的职能。

董事会由董事组成,对外代表公司。董事会设董事长一人,副董事长若干人。董事长一般为公司的法定代表人。

在我国《公司法》中,规定了董事会的组成人数:有限责任公司由 3～13 人组成,其中国有独资公司由 3～9 人组成,股份有限公司由 5～19 人组成。董事人选通常由股东推荐,经股东会选举产生。《公司法》要求董事会成员中应当有公司职工的代表,这些职工代表"由公司职工民主选举产生"。

不同类型的公司,董事长、副董事长产生的办法也不同。国有独资公司是由国家授权投资的机构或者国家授权的部门从董事会成员中指定,有限责任公司是由公司章程规定,股份有限公司是由全体董事的过半数选举产生。另外,《公司法》特别规定,"有限责任公司,股东人数较少和规模较小的,可以设一名执行董事,不设立董事会。"执行董事可以兼任公司经理,是公司的法定代表人。

董事会是股东会决议的执行者。董事会的主要职权有:

(1) 决定公司的经营计划和投资方案。

(2) 决定公司内部管理机构的设置和基本管理制度的制定和修改。

(3) 制定公司财务预算、决算方案,利润分配和亏损弥补方案。

(4) 制定公司增减资本方案和发行公司债券方案。

(5) 聘任或解聘公司经理、副经理和财务负责人,并决定其报酬。

董事会实行集体决策,采取每人一票的简单多数通过的原则。我国《公司法》规定,董事会的决议须由全体董事过半数通过。同时,每个董事会成员对其投票要签字在案并且承担责任。

根据《公司法》的规定，如果董事会的决议违反法律、行政法规或公司章程致使公司遭受严重损失的，参与决策的董事对公司负赔偿责任。但在表决时已表明异议并记载于会议记录的董事可免除责任。

3. 总经理

总经理的主要职责是主持公司日常生产经营管理工作，并对公司日常生产经营活动具有决策权、指挥权、控制权。

通常，总经理由董事会聘任或解聘，对董事会负责。

总经理的职权主要有：

(1) 组织实施董事会决议。

(2) 组织实施公司年度生产经营计划和投资方案。

(3) 拟定公司内部的机构设置方案和规章、管理制度。

(4) 提请董事会聘任或解聘副总经理和财务负责人。

(5) 聘任或解聘公司中层管理人员。

总经理是董事会决议的执行人，也是公司日常经营管理的负责人，采取一元化领导，以效率为准则。公司总经理可以从企业外部聘任，也可以经公司董事会决定由董事会成员兼任。

4. 监事会

监事会是公司的监督机构。监事会由股东代表和一定比例的职工代表组成。

监事会的主要职权有：

(1) 监督董事、经理等人员有无违反法律、法规、公司章程及股东会决议的行为。

(2) 检查公司业务、财务状况，查阅账簿和其他会计资料。

(3) 建议召开临时股东会。

监事会向股东会负责并报告工作。为保证监督的独立性，公司的董事、经理及其他高级管理人员一律不得兼任监事。

公司组织机构包括股东会、董事会、监事会、总经理及执行部门五部分，这五部分及其相互间的关系，构成了现代企业组织结构，如图 2-1 所示。

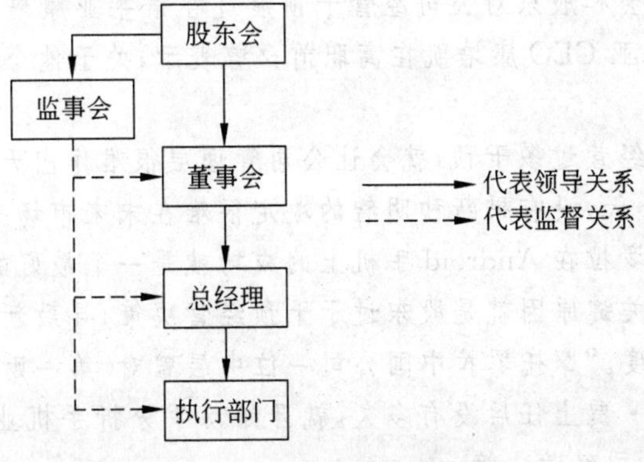

图 2-1　公司组织结构示意图

从图 2-1 可以看出,从产权关系上看,股东会对董事会是委托代理关系,董事会对总经理是授权经营关系,监事会代表股东会对董事、总经理和具体执行部门人员实行监督。

从职权关系上看,股东会、董事会、总经理都有各自不同的职权范围,彼此间制约。这种机构还将不同方面的利益关系统一在一个完整的利益机制下面。因此,这种组织制度既赋予经营者充分的自主权,又切实保障所有者的权益,同时又能调动经营者的积极性,是现代企业制度中不可缺少的内容。

课堂案例讨论

收购"绯闻"的背后:诺基亚发展遇瓶颈

一直都有传闻微软公司洽购诺基亚手机部门,2011 年 5 月,微软公司洽购诺基亚手机部门的传言再度风起。所不同的是,微软公司洽购诺基亚手机业务的价格由半月前的 300 亿美元,下调至 190 亿美元。

6 月 2 日,诺基亚官方开始辟谣,称这一传言毫无依据。

有趣的是,这一收购传闻闹得满城风雨的同时,诺基亚大中国、韩国及日本区高级副总裁梁玉媚于 6 月 1 日离职,由诺基亚全球主管销售业务高级副总裁赵科林接手在华业务。

梁玉媚负责的大中国区业务今年一季度同比增长了 30%,是诺基亚所有地区增长幅度最高的。"梁玉媚作为一个在诺基亚工作多年的高管,肯定对诺基亚有深厚的感情,离职应该是一种最无奈的选择。"艾媒咨询总经理张毅指出,虽然诺基亚中低档手机备受中国厂家挤压,在高端智能手机又打不过苹果和其他新兴 Android 手机厂家,但并不能代表诺基亚已实施几年转型移动互联网策略是失败的。

虽然诺基亚应用程序商店的程序丰富度还不如苹果 App Store,但在应用程序的实用性上,也并不逊色于苹果。"今天诺基亚的问题在于,诺基亚董事会和股东是在乎股价波动的短期利益,还是能够一如既往支持公司经营管理层的决策。"张毅指出,诺基亚今天的问题与摩托罗拉当年从手机市场巅峰掉落一样,遇到的是"大企业病",公司股东有可能过多参与公司经营和决策,"梁玉媚离职的原因应该也基于此"。

其实,诺基亚董事会和股东对公司经营干预痕迹在诺基亚康培凯领导时期已表现出来。2010 年 7 月,诺基亚 CEO 康培凯在离职前夕曾表示,关于他个人未来去向应该去问董事会。

"如果公司股东对经营过多干预,就会让公司管理层很难作出大胆的决定。而在手机行业竞争如此激烈的今天,没有果断和明智的决定很难在未来市场竞争中取胜。"张毅说。

事实上,今天摩托罗拉在 Android 手机上的成功就是一个最好的明证。"当年摩托罗拉之所以败给诺基亚,关键原因就是股东过于干预经营决策,导致新品研发和上市时间过长,跟不上市场发展速度。"摩托罗拉中国公司一位中层曾对《第一财经日报》透露,摩托罗拉手机业务 CEO 桑杰·贾上任后没有多久,就开始动手分拆手机业务,其主要原因就是为了使股东不再干预公司经营决策。

经过近两年多的努力,虽然摩托罗拉在 Android 手机上的市场份额还逊色于三星和

HTC,但也成功树立了智能手机厂家的形象。

回顾摩托罗拉手机业务翻身史,就不难理解埃洛普在加盟诺基亚后,会有微软公司收购诺基亚手机部门的传言。与当年桑杰·贾做法有点雷同的是,埃洛普上任后,诺基亚的终端与服务事业部分别设立智能终端和移动电话两大不同的业务部门,而诺基亚今年第二季度财务报表将按新的运营结构提供财务信息和部门表现。

"先将手机部门分拆成智能手机和非智能手机两大部门,其中智能手机部门与微软合作空间自然放大。"张毅表示,如果微软公司与诺基亚智能手机业务有资本方面的合作,对埃洛普作业务决策将提供更大空间。

独立IT评论人王斌也表示,微软公司在智能终端上需要一个非常专注的合作伙伴,只有这样才可能抵御谷歌和苹果对其未来市场的威胁。如果能用资本合作绑定全球手机市场排名第一的诺基亚,将是最佳的选择。

资料来源:孙燕飚.第一财经日报. http://www.yicai.com/news/2011/06/836387.html. 2011-06-03

讨论题:

1. 根据对本章第三节的学习,请说出股东会、董事会、总经理的职责各是什么?
2. 根据本案例分析股东对公司干涉得过多会对公司造成的影响,请给出你的建议。

三、现代企业管理制度

建立现代企业管理制度,要求企业围绕实现企业的战略目标、按照系统观念和整体优化的要求,在管理人才、管理思想、管理组织、管理方法、管理手段等方面实现现代化,并把这几个方面的现代化内容同各项管理职能有机地结合起来,形成完整的现代化企业管理。

(一) 现代企业管理制度的主要内容

1. 战略管理制度

战略管理是企业现代化管理的重要内容。现代企业所处的经营环境多变,制定战略、强化战略管理是企业在市场中立于不败之地的重要保证。

2. 领导制度

企业领导制度是关于企业内部领导权的归属、划分及如何行使等所做的规定。建立科学完善的企业领导制度,是搞好企业管理的一项最根本的工作。现代企业领导制度应该体现领导专家化、领导集体化和领导民主化的管理原则。

3. 人力资源管理制度

现代企业必须拥有人力资源管理制度,才能保证拥有熟练掌握现代管理知识与技能的管理人才和具有良好素质的职工队伍。

4. 财务管理制度

现代企业必须拥有完善的财务管理制度才能保证控制运营中的风险,保障经济利益。

5. 组织管理制度

企业有一套符合本企业特点、保证生产经营活动高效率运行的组织机构和管理制度是维持企业正常运营的基本保障。

6. 企业文化及其行为规范

建设以企业精神、企业形象、企业规范等内容为中心的企业文化,培育良好的企业精神和企业集体意识。

小贴士

麦当劳树立企业形象的行动

麦当劳除了开展一些出资赞助的公益活动外,到公园参加美化,到地铁去搞卫生,在店外大街上擦栏杆、抬废物来维护社区环境卫生也是麦当劳餐厅经常性的公益活动。这些活动不仅受到市民的赞赏,同时也加强了员工的社会责任感及参与意识。

企业管理制度实际上并没有一个统一的模式,因为企业的管理制度是不断随着生产力发展以及产权制度和组织制度等制度的调整而变化的。因此,我们要非常关注企业管理制度的创新。

(二)现代企业管理制度与产权制度、组织制度之间的关系

企业的管理制度与企业的产权制度以及组织制度是不能互相替换的。虽然产权制度和组织制度是企业管理制度的基础,但是企业管理制度往往又是组织制度和产权制度作用的延伸,同时企业管理制度也是组织制度和产权制度功能的一种贯彻机制,即作用机制。

现代企业产权制度、现代企业组织制度和现代企业管理制度三者相辅相成,共同构成了现代企业制度的总体框架。因此,建立现代企业制度,一定要把握好企业产权制度、组织制度和管理制度三者之间的关系。从我国实际出发,吸收和借鉴世界发达国家的有益经验,真正建立起既符合国情,又能与国际惯例接轨的具有中国特色的现代企业制度。

第四节 现代企业形式的选择

一、国有独资公司

国有独资公司是指国家单独出资,由国务院或者地方人民政府授权本级人民政府国有资产监督管理机关履行出资人职责的有限责任公司。国有独资公司有如下特点。

(1) 公司是资产单元化的有限责任公司。这种公司是国家或地方政府单独投资设立的,组建时的资金来源属于国家财政拨款,公司财产的所有者只有国家。任何其他个人或法人都不能成为这种公司的股东和拥有公司的任何资产所有权。

国有独资公司是有限责任公司,说明了公司财产的终极所有权属于国家,但国家不能直接干预公司的生产经营活动,公司拥有法人财产权。

(2) 国有独资公司的组织形式仅限于有限责任公司一种，不能以其他形式设立。在我国，国有独资公司是为了对国有企业进行公司制改组而设立的，作为一种特殊的公司，其使用范围较窄，其初衷只对“生产特殊产品的公司或属于特定行业的公司”才采取国有独资公司的形式。

(3) 国有独资公司不设股东会。由于国有独资公司只有一个股东，因此它不设股东会。虽然它不设股东会，但国家授权投资机构或国家授权投资的部门有权依法对国有独资公司的国有资产实施管理。公司资产的转让，也应依照法律的规定，由国家授权投资机构或国家授权的部门办理审批和财产权转移手续。

(4) 董事会权力大。公司法规定，国有独资公司不设股东会，由国家授权投资机构或国家授权的部门，授权公司董事会行使股东会的职权，决定公司的重大事项。这种职权的划分，无疑扩大了董事会的职权。但是，这种权力下放是有范围的，对于公司的合并、分立、解散、增减资本和发行公司债券，则必须由国家授权投资机构或国家授权的部门决定。

(5) 董事会组成方式不同。根据新《公司法》的规定，董事会成员中的职工代表无论是国有独资公司还是一般的有限责任公司，都是由公司职工代表大会选举产生。但国有独资公司属于国家，董事会成员由国有资产监督管理机构委派，而一般的有限责任公司，董事会成员则由股东会民主选举。

(6) 领导人员不得随意兼任其他公司的领导职务。新《公司法》第 70 条规定：“国有独资公司的董事长、副董事长、董事、高级管理人员，未经国有资产监督管理机构同意，不得在其他有限责任公司、股份有限公司或者其他经济组织兼职。”而一般的有限责任公司无这方面的约束。

二、有限责任公司

有限责任公司又称有限公司，是指依公司法设立，由不超过一定人数的股东出资组成，每个股东以其所认缴的出资额为限对公司承担责任，公司以其全部资产对公司的债务承担责任的企业法人。有限责任公司具有以下特征。

(1) 每个人都出资

在有限责任公司中，每一个人都必须出资。但这种出资以出资人之间存在的相互信任关系为基础。如果一个人仅有资金可出，而与其他出资人不存在信任关系，则不能成为有限公司的股东。因此，资金的联合和股东间的信任是有限责任公司的两个不可或缺的基础。

(2) 公司的资产责任形式是有限责任

就有限公司而言，股东以其出资为限对公司债务负责，公司以其全部资产对公司的债务负责。如果公司资产不足以清偿债务，股东也没有以个人财产为公司清偿债务的义务。

(3) 有限责任公司的股东人数受法律限制

有限责任公司是人资两合公司，因为人合因素的存在决定了其股东数量的有效性，因此，公司法对有限责任公司股东人数做出限制是必要的。我国《公司法》规定，有限责任公司须由 2 人以上 50 人以下股东共同出资设立，只有在国家授权投资的机构或国家授权的部门单独投资设立国有独资公司的情况下,才允许一人股东的存在。

(4) 有限责任公司具有封闭性

这一特征表现为:有限责任公司只能采取发起设立的方式设立,其股份全部由出资人认购,它不能向社会公开发行股票,公开募股;股东的出资不能随意转让,如果需要向股东以外的人转让,必须经过全体股东过半数的人同意;股东认缴出资后从公司领取的是出资证明书;由于公司不公开发行股票,其财务和经营状况不向社会公开;有限责任公司设立程序简便,组织机构设置灵活。

由于有限责任公司只能发起设立,因而其设立程序简便,一般只需订立章程,认缴资本,登记注册后即可成立。在公司组织机构设置上也比较简单,董事会不是其必设机构,股东人数较少和规模较小的有限责任公司可以只设一名执行董事。同时监事会也不是有限责任公司的必设机构,股东人数较少或规模较小的有限责任公司,可以设立一到两名监事,也可以不设立监事,设立与否,根据需要由有限责任公司自己选择。

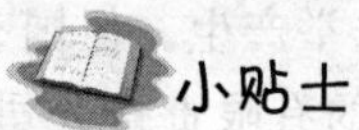
小贴士

有限责任公司的申请与登记

法律、行政法规规定设立有限责任公司必须报经审批的,应当自批准之日起90日内向公司登记机关申请设立登记;逾期申请设立登记的,申请人应当报审批机关确认原批准文件的效力或者另行报批。

三、股份有限公司

1. 股份有限公司的含义和特征

股份有限公司是指全部资本分成等额股份,股东以其所持股份为限对公司承担责任,公司是以其全部资产为限对公司的债务承担责任的法人。股份有限公司具有如下特征。

(1) 股份有限公司是典型的资合公司

股份有限公司的信用在于其资本,而与公司股东的信用无关。股东只能以资产出资,而不能以劳务、信用出资。

(2) 股份有限公司的全部资产划分为等额股份

股份有限公司的资本划分为若干股份,每股价值相等,以股票的形式表现,这是股份有限公司的重要特征。

(3) 股份有限责任公司的股票可以自由转让

股份有限公司是典型的资合公司,在法律上,各股东之间形成共同投资关系,但不要求股东间存在信任关系。这种以投资或资本为基础的公司,使自由转让股票成为可能,这是股份有限公司与有限责任公司的重要区别。但是,股份有限公司股票的自由转让有利也有弊。有利之处在于股份的可转让性使股东可以随时转移投资风险,有利于股权的分散化。但股东有可能失去控制公司的能力,进而损害股东的利益,而且,股价的波动也会影响公司的决策。

(4) 股份有限公司财务和经营状况的公开性

股份有限公司的股东人数多，分布广，为保护广大股东的利益，股份有限公司的财务信息和其他涉及投资者利益的重大信息必须公开，以便其所有股东对公司的经营状况有比较详细的了解，股东可以根据公司公开的信息来决定自己的投资行为。

2. 股份有限公司与有限责任公司的比较分析

股份有限公司和有限责任公司是我国公司法规定的两种公司形式，就其财产责任、法人地位而言，两者是一致的，其区别主要在于：

(1) 股份有限公司的资本必须划分为等额股份，股东的出资证明为股票，股票可以自由流通转让；有限责任公司的资本不必划分为等额股份，其出资证明为股单，股单不能自由流通，股东转让出资要受许多限制。

(2) 股份有限公司可以募集设立，有限责任公司则不能。

(3) 股份有限公司的财产状况必须向社会公开，有限责任公司则不必。

(4) 规模大小不一样。有限责任公司的最低资本限额较小，而股份有限公司最低为1000万元，比较高；有限责任公司一般为中小企业，而股份有限公司通常是大型企业。

(5) 股东人数的多寡不一，股份有限公司的股东人数众多，有限责任公司的人数较少，最多为50人。

(6) 股东的投票表决权不一样，股份有限责任公司是一股一票原则，持有股份多的股东拥有比较多的表决权，而有限责任公司，股东按出资比例行使表决权。

本章小结

1. 建立一项制度就像建筑一座大厦、一座桥梁。现在，我们已经有了建筑监理终身制，这个制度大大减少了“豆腐渣”工程。同样，对制度这一项更重要的建筑，我们也应该建立一个“监理终身责任制”。改革不成功的地方，多半是制度改革的不成功。

2. 要想管理好一个企业、一个集体，甚至一个国家，必须有一个好制度。而这个制度必须经过精心的设计和不断的创新。好的制度浑然天成，清晰而精妙，能够自行“驱恶扬善”，管理绩效方面将会事半功倍，否则就会事倍功半。

思考与练习

一、填空题

1. 国有独资公司的组织形式仅限于________一种，不能以其他形式设立。

2. 产权制度也称产权体制、________体制，它是关于产权界定、分割、重组以及管理的一系列制度的总称。

3. 现代企业制度是现代企业所采取的制度。所谓制度就是一种________的总和。

二、选择题

1. 企业制度可分为个人业主制、合伙制及(　　)三种基本类型。

A. 有限责任制　　B. 公司制　　C. 股份制

2. (   )有狭义和广义两种。

A. 产权制度　　B. 财务制度　　C. 采购制度

3. 现代公司制度的(   )是区别于无限责任公司和两合公司的最明显标志。

A. 有限责任　　B. 股份有限公司　　C. 个人业主制

三、判断题

1. 公司是集体团体,这是区别于单业主企业和合伙企业等自然人企业的最明显的标志。　　(   )

2. 产权通常指建立在某种所有制基础上的公司所有权以及财产的所有者运用其财产的行为权利。　　(   )

3. 两合企业主要有以下特征:　　(   )

(1) 在法律地位上,两合制企业一般不是法人,性质上接近合伙制企业;

(2) 合伙关系不太稳定,受个人寿命和人身变故的影响较大;

(3) 两合制企业比合伙制企业的合伙范围和规模要大,但比公司制企业要小。

四、名词解释

1. 国有独资公司

2. 产权制度

3. 股份有限公司

五、简答题

1. 产权关系与企业制度有何联系?

2. 有限责任公司的特征是什么?

工作导向标

如何制定绩效考核制度

小王是一名新毕业的高职学生,她的专业方向是生产管理。不久前她去旺旺超市应聘,人力资源部门负责人对她说,超市属于服务性组织,货架管理过程就是服务性组织中生产管理过程的一部分。现在,超市领导要小王参与货架管理制度工作。

工作内容说明:组织中的制度是为了实现组织目标而确定的。一个组织是否实现了其组织目标,主要体现在它是否完成了组织的工作任务。根据这些工作任务,组织就建立了不同的职能部门。例如,在旺旺超市,超市需要货物运输的工作任务,因此超市就需要设立物流部;超市还需要有人负责管理具体的货架,于是就有货架管理部门;超市还需要收银,那么收银也可以成立一个部门。

建立组织中的制度的目的是为了保障这些部门工作的正常运转。例如,为了保障货架的商品充足、有序,就要有相应的货架管理制度。这些制度的由来是根据工作的要求、工序、工作量等信息制定的。这些制度由人力资源部门制定,但制定的过程必须与业务经理配合取得相关的信息,探讨制度的可行性。业务经理从哪里得到这些岗位的信息呢?他/她必须到货物供应部门了解情况,货物管理员就是制度基础信息的提出者也是制度的执行者。

由于小王是个新手，她所能做的具体工作就是为货物管理制度提供基本数据。具体的工作步骤如下：

(1) 总工作量的统计：了解每天需要上货的数量与工作时间，然后对糖果部门周、季度、年的上货数量，需要付出的工作时间进行统计。

(2) 一个人能承受的工作量：计算出一个人一天可以上多少货。需要注意的是，人不是机器，需要一定的休息时间。

货物管理员把以上数据提供给直线经理和人力资源部门，人力资源部门就可以做以下几件事：

(3) 需要多少工作人员：总工作量除以总人数，就可以计算出糖果货架共需要多少工作人员。

(4) 根据每个工作人员可以完成的数量和实际完成的数量，就可以得到工作人员工作的绩效。由于人的能力和积极性有差异，因此绩效可以分为不同的等级。

(5) 根据可以支配奖金的总数量和工作人员的数量和等级，就可以按等级分配奖金。

以上数据就是建立绩效考核的基础工作。

思考题：如果你不是货物管理员，而是在其他岗位工作，上级领导让你参与部门制度的制定工作，你会怎么做？请详细地描述。

神奇科技的兴衰

20世纪60年代中期，由于拥有独特高科技产品——新型计算机，神奇科技公司宣告成立。由于设计专业化，神奇科技在市场占领了牢固的位置。该公司的产品需求惊人，吸引了众多的投资商。前3年的销售好得不得了，以至于大量订单第二年开始积压。即使生产保持了稳定增长，送货还是延迟，为此，神奇科技承诺8周内供货。

公司高层管理者明白他们必须提高生产能力。经过6个月的研究，他们决定贷款建造新工厂。为了确保持续增长，他们将大部分收入直接投入到销售与营销。由于销售队伍不够规模，因此他们雇用、培训更多的销售人员。公司成立的第3年，销售队伍相当于成立时的两倍。

经过这些努力之后，销售业绩从第3年末却开始下滑；而同时，新工厂已经投入使用，高层管理者陷入了恐慌。市场副总裁的首要任务是扭转销售趋势。他在高层销售经理会上只说一句话："卖！卖！卖！"他裁减了低级别销售人员，改进了销售激励机制，提高了折扣，开展了新一轮的广告攻式。销售额恢复了增长趋势，而同时订货又开始积压。公司的送货又开始延迟，首先是10周，然后是12周，最后延长到16周。关于提高生产力的争论又开始了。这一次，管理层比以前谨慎了。最后，管理层批准建立新设施，但是批准还未签署，新的销售危机又出现了。在以后的几年里，发生了同样的情况。先是爆发了高额销售增长，之后一段时期便是低增长或者是停滞不前。公司高管始终没有找到问题的根结所在，还疯狂地采取了构思拙劣的产品改进措施。他们开始在市场上举步维艰，销售额从未恢复到以前的增长率。最终，公司倒闭了。

资料来源：董艳玲，曹元华. 中外企业家. 2008 年第 1 期

讨论题：

1. 神奇科技倒闭的原因是什么？
2. 如果对企业进行改制了，以上原因是否可以避免？

第三章 现代企业战略管理

公司战略回答的是两个最基本的问题：我们的企业是什么？它应该是什么？

——德鲁克

引导语

企业的战略管理就好似汽车的卫星定位仪。每当汽车驾驶员驶向各个不同的目的地时，都要借助于卫星定位仪确定路线和方向。企业的战略不是永远不变的，它是企业的谋划，随着社会、市场、经营业务等变化而变化。企业的战略管理就是针对不同阶段的企业战略进行制定、实施及控制。

学习要点

1. 掌握企业管理的概念及特征。
2. 理解企业管理战略的作用。
3. 把握企业外部环境分析的要点。
4. 学会企业资源与能力分析的几种实用方法。
5. 熟知竞争战略。
6. 了解企业战略管理过程。

引导案例

凯马特为何落后？

美国的凯马特、沃尔玛和塔吉特等公司都在1962年前后起步，并且遵循大体相似的战略。但是，在塔吉特变得繁荣昌盛和沃尔玛成为美国最大的企业的同时，凯马特却宣布破产了。塔吉特公司将自己定位为高档折扣商店，它拥有像著名的设计师迈克尔·格雷夫斯所设计的家用产品和成功的婚礼资料库。而沃尔玛公司则成为价值的同义词。但是，凯马特公司却在为找到价值要素而苦苦挣扎，更要命的是，它未能开发出其竞争领域内所需要的经营能力。

很明显，沃尔玛、塔吉特以及其他一些公司未来的命运在很大程度上取决于它们分析各自的竞争情况、制定可靠的战略和采用所需要的战略行动来支持其战略选择等方面的能力。事实是,几乎每一个机构都要受到它们的战略决策,或者有时候是没有战略决策的影响。

资料来源:(美)阿克著,王霞,申跃译.战略市场管理.北京:中国人民大学出版社,2005

信息化时代的到来,全球经济一体化的趋势越加明显,世界市场更加风云变幻,企业组织也在时刻面临着并购、重组、倒闭和重新整合。置身于如此动荡莫测的生存环境中,大凡能够取得成功的公司,在事关公司方向的综合决策方面,总有着相对一贯而适时变化的战略规划。经营战略和方针管理已经成为欧美工商界竞相尊奉的制胜法宝。美国最大的工商企业,无一例外地制定了自己的经营战略方针。国内企业也是如此,如波导、海尔和联想等,这些企业无一不是在不断地变革传统思维方式,进行战略创新,利用外部环境所带来的机遇不断发展自己,并获得了成功。

由此可以看出,在今天的动态经济环境中,战略或者说战略管理已经成为影响企业成功的最为关键的要素,同时对企业决策者也提出了更高的要求。任何墨守成规、机械教条的做法,都会使企业蒙受不可避免的灾难性损失。

第一节 现代企业战略概述

企业战略是企业如何运行的指导思想,它是对处于不断变化竞争环境之中企业的过去运行情况及未来将准备如何运行的一种总体表述。企业战略需要回答的根本性问题,正如著名管理学家德鲁克所说的那样:企业是什么以及应该是什么?回答这一问题可以帮助企业明确自己的使命,搞清楚企业追求的目标到底有哪些,需要开发哪些资源。通过企业今天更好的决策为企业今后的发展打下良好的基础。

一、企业战略与企业战略管理

在我国,“战略”一词早已有之。“战”指战斗和战争,“略”指谋略、策略、计划。在西方,战略一词来源于希腊文,其含义是“将军”,当时这个词的意义是指挥军队的艺术和科学。可以说,战略的本义是对战争全局的谋划和指导。

船舵与战略

人无远虑,必有近忧。企业和人生一样,都应该未雨绸缪。没有战略的企业就像一条没有舵的船一样,任凭风吹浪打而不会顺利地驶向成功的彼岸。

1. 企业战略的内涵

企业战略是指企业为谋求长期的稳定和发展,在分析内外环境的基础上,对企业未来发展所做的长远性和全局性的谋划。

企业战略需要回答的核心问题就是企业存在的理由是什么，具体分解为以下三个基本问题。

(1) 企业的业务是什么？回答这一问题，需要分析企业当前所做的工作，从而引发对于企业现状的思考。

(2) 企业的业务应该是什么？回答这一问题，需要思考企业未来要做什么事，从而引发对于目标的思考。

(3) 为什么？回答这一问题，需要说明企业对于当前业务与目标业务描述的依据是什么，从而引发对企业存在理由的思考。

在回答企业战略的三个基本问题时，不仅要阐明企业存在的理由，更重要的是要为企业存在理由的实现提供可行的思路、方法与途径，为企业从现状走向目标提供可行的操作建议。

外国专家研究表明，作为企业最高层领导的企业家常以40%的时间用于思考战略问题，研究战略措施和管理。

小贴士

诸葛亮的战略

刘备、关羽和张飞桃园三结义时就发誓要“上报国家、下安黎庶”。他们作战英勇，斩黄巾、战吕布、救孔融、袭曹操，可总是没有成绩。为什么呢？因为他们没有战略上的打算。一会儿去投靠公孙瓒，一会儿去投靠陶谦，一会儿又去投靠袁绍，还去投靠过刘表。将来如何？想成就什么事业？心里没底。

后来三顾茅庐，请到了诸葛亮，才使形势出现转机。诸葛亮为刘备分析了天下大势，制定了一个战略计划：占据荆、益二州，安抚益州西部诸戎、南部夷越，整顿内政，外与孙权结好，等候北方有变故，荆州军就攻南阳、洛阳，而主力益州军则出兵秦川一带，人心归附，天下可以渐定。这就是历史上著名的“隆中对”。自此以后，刘备扭转了被动局面，最后三分天下有其一。

2. 企业战略的特征

一般来说，企业战略具有以下特征。

(1) 全局性

企业战略是由企业最高层领导把企业作为一个系统(有机整体)，从企业全局出发，制定的企业未来发展方向，追求企业的总体效果。它不同于各部门具体的业务性管理决策。例如，万科公司为了一心一意地做好房地产业，在企业多角化经营、业务蒸蒸日上阶段大卖与房地产不相关的业务，其中包括占国内市场电话机喇叭40%份额的喇叭生产厂，而国内蒸馏水生产能力最大、在广东水饮料市场占有率第一的“怡宝蒸馏水”也在卖出之列。

(2) 长远性

企业战略不是针对目前的问题采取的就事论事的管理，而是着眼于企业的未来、生存

和稳定发展。企业战略短则三五年,长则十年以上。

小贴士

今天与明天

德鲁克说:明天总会到来,又总会与今天不同。如果不着手于未来,最强有力的公司也会遇到麻烦。今天所做的事情是为了有一个更好的明天。

(3) 指导性

企业战略是关系企业全局和发展命运的经营纲领,对企业的各项工作都有普遍的、权威性的指导作用。例如,光明乳业的企业战略是要保障牛奶的品质,因此无论在生产还是销售环节都必须体现这种思想。

(4) 层次性

企业战略在结构上是一个有层次的具有内在联系的有机体。从纵向上看,分为长期性战略和阶段性战略。从横向上看,企业战略应突出企业经营中的战略重点,分为总体战略和分战略。因此,企业战略是由一条主线贯穿起来的各层次战略组成的系统。

(5) 稳定性

企业战略的制定耗时长,涉及面广,关系到企业的兴衰成败,而结果又非短时间可以显现。所以,实施企业战略必须保持相对的稳定性,不能操之过急或半途而废。不同时期的战略也应有较好的连贯性。当期的战略是建立在前期战略基础之上的,是前期战略的发展,只要企业环境没有发生根本性的变化,就不应改弦易辙。

3. 企业战略管理

当今的企业已从传统的"职能管理"走向现代的企业"战略管理",这是现代企业管理的一次飞跃。

战略管理是对企业最重要以及最高层次的管理。战略管理的重点不在于战略本身而在于动态的管理。其任务在于通过战略制定、战略实施和日常管理,在保持这种动态平衡的条件下,实现企业的战略目标。

小贴士

方向与目的地

一个懒汉骑着一匹千里马行走在沙漠上,其目标是不远的一个小镇。当他往相反的方向走时,好心人真诚地帮他指方向,他却不耐烦地说:"没关系,我骑的是千里马,很快就到了。"结果,马饿倒了,人渴死了,也没有到达目的地,悔之晚矣。

通过对实施企业战略和未实施企业战略的企业进行长期的考察和分析,国外管理学者发现实施企业战略管理的企业,无论是其利润收入,还是企业竞争地位等,都比以前取得了十分明显的改善。企业战略管理主要作用有以下几个方面。

(1) 重视内外部的环境因素

由于战略管理将企业的成长和发展纳入到了变化环境中，因此，管理工作要以未来的环境变化趋势作为决策的基础。因此，企业管理者们必须重视对外部环境和内部资源的研究，以正确确定企业的发展方向。

(2) 寻求企业的不断发展

企业面临的问题很多，如发展领域问题、发展步骤问题、产品与技术创新问题等，通过战略管理可以促使企业关注这些问题，不断进行多种方案的比较并做出最具价值的选择，谋求企业长期发展。

(3) 提升企业的管理水平

在制定战略过程中，管理人员要熟悉企业内外部环境，要筹划、讨论企业长远规划。在实施战略过程中，管理人员又要处理各种新情况、新问题，员工则要积极地、创造性地去执行战略。所有这些活动都有利于企业管理水平的提升，以及企业员工素质的提高。

(4) 促进企业资源的合理配置

企业是由若干相互联系、相互作用的局部构成的整体。企业通过实施战略管理有利于合理地分配有限的人力、物力、财力等资源，优化企业资源结构，使资源效能得以最大限度地利用和发挥，推进企业整体规模的扩大和效益的提高。

二、企业战略的层次

典型的现代企业战略是一个包括公司战略、经营战略和职能战略在内的统一体系。相应的，战略管理据此可分为公司战略管理、经营战略管理和职能战略管理三个层次，见图 3-1。

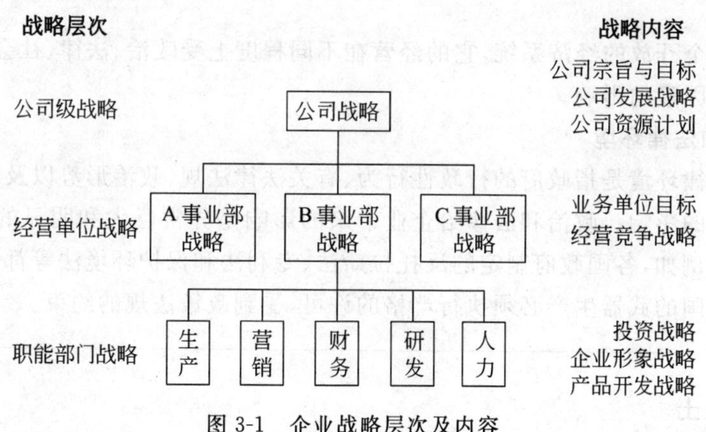

图 3-1　企业战略层次及内容

1. 公司战略——最高层次

制定者主要是董事会、首席执行官和首席行政官。公司战略在很大程度上反映了股东和社会关注的焦点问题。在多元化公司中，公司战略的执行者决定公司的经营领域，设定经营目标，制定跨经营领域和跨职能部门的战略。它一般可分为进攻型战略、防御型战略和紧缩型战略三种类型。

2. 经营战略——中间层次

制定者主要是事业部经理或分公司经理。这些经理要把公司战略的方向和意图转变为各个业务部门或者事业部的具体目标和战略。核心是如何谋求竞争优势。

3. 职能战略——最低层次

职能战略主要涉及企业各职能部门如何执行战略和为总体战略服务。主要有营销战略(市场战略)、产品开发战略、投资战略、资源战略、科技发展战略和企业形象战略等。

第二节　企业外部环境分析

企业是为了适应内外部环境的变化而制定经营战略的。内外部环境,包括企业所处的宏观环境、行业环境和企业内部条件。因此企业要进行战略管理,首先必须全面、客观地分析和掌握外部环境的变化,以此为基点来制定企业的战略目标。

小贴士

康柏总裁谈环境的变化

康柏公司总裁普菲福尔说,“康柏没有一成不变的东西,我们不认为上年赚钱的方法在今年还有效。环境在变化,所以你也必须不断革新和创造”。

一、企业宏观环境分析

企业是一个开放的经济系统,它的经营在不同程度上受政治、法律、社会文化、经济和技术等不可控因素的影响。

1. 政治和法律环境

政治和法律环境是指政府的行政性行为、有关法律法规、政治形势以及它们的稳定性和对企业活动的影响。政治和法律给企业带来的影响是异常巨大和明显的,且具有刚性约束的特征。例如,各国政府制定的反托拉斯法、专利法和保护环境法等都为企业规定了行为规范。各国的武器生产必须执行严格的许可,受到政策法规的约束。

小贴士

政策改变企业命运

一个香港商人在某国投资兴建了一处跑马场,项目接近竣工时,该国发生了政变。新上台的政治家痛恨赛马而命令全国禁止赛马活动,结果香港商人的投资血本无归。

2. 社会文化环境

社会文化环境包括一个国家或地区的居民教育程度和文化水平、宗教信仰、风俗习

惯、审美观念和价值观念等。文化水平会影响到居民的需求层次。

小贴士

鲁人搬迁

鲁国有个人擅长打草鞋，其妻则很会纺白绸。他们想搬到越国去。

有人对他说："你到那里必定会变穷的。"

这个鲁国人问："为什么呢？"

劝他的人说："打草鞋是为了给人穿的，但越国人不喜欢穿鞋，习惯于赤脚走路；织白绸子是用来做帽子的，但越国人不喜欢戴帽子，而喜欢披着长发。你想到用不着你们长处的国家去过日子，能不变穷吗？"

没有人喜欢穿鞋，鞋子自然就卖不掉；没有人喜欢戴帽子，帽子当然就只能积压在手中。寻求和建立一个适合组织生存和发展的环境时，应充分考虑社会文化等因素。

(1) 宗教信仰

宗教信仰和风俗习惯会禁止或抵制某些活动的进行。

(2) 价值观

价值观念会影响消费者对组织目标、组织活动以及组织存在的态度。

(3) 审美观

审美观念则会影响人们对组织活动的内容、活动方式以及活动成果的态度。这些方面必然都要反映到企业中来，严重影响企业的经营与管理，也改变着企业战略决策。

3. 经济环境

经济环境是指影响企业财务战略活动的客观经济条件和经济因素的多维推动系统，主要包括经济体制、社会经济结构、经济周期等。经济方面的发展趋势对企业活动有明显影响。

(1) 社会经济状况

社会经济状况包括经济要素的性质、水平、结构、变动趋势等多方面的内容，涉及国家、社会、市场及自然等多个领域。

(2) 国家经济政策

国家经济政策是国家发挥经济管理职能，调控宏观经济水平、结构，实施国家经济发展战略的指导方针，对企业经济环境有着重要影响。

4. 技术环境

技术环境大体包括四个基本要素：社会技术水平、社会技术力量、国家科技体制、国家科技政策和科技立法。

科技因素是现代企业赖以生存和发展的主要因素。它直接影响企业的创新，促进企业经营战略的变化，改善企业管理。例如，互联网的普及为企业创造了巨大的商机，电子商务使得企业能在网上直接与供应商和客户接触，交易成本大大降低。

二、行业竞争力分析

企业是在一定行业中从事经营活动的。行业的结构对企业决定竞争原则和可能采取的战略等方面具有巨大的影响。因此,行业结构分析是制定企业经营战略最主要的基础。

根据美国著名的战略管理学者迈克尔·波特的观点,在一个行业中,存在着五种基本的竞争力量,即潜在进入者、替代品、购买者、供应者以及行业中现有竞争者间的抗衡,见图 3-2。

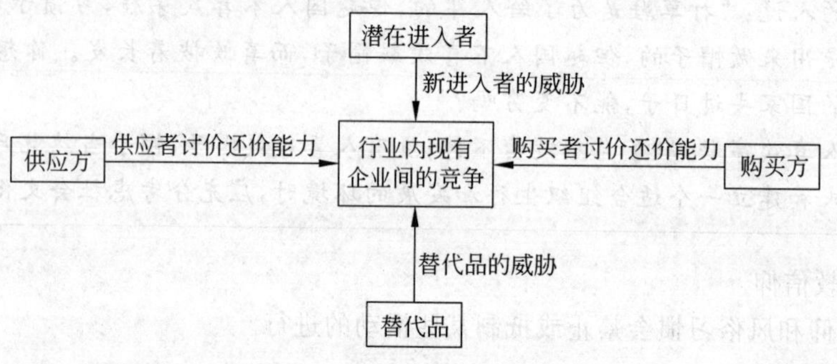

图 3-2 行业中的竞争力量

在一个行业里,这五种基本竞争力量的状况及其综合强度,会引发行业内在经济结构的变化,从而决定着行业内部竞争的激烈程度,以及行业中获得利润的最终潜力。

1. 现有竞争对手研究

企业面对的市场通常是一个竞争市场。从事同种产品的制造和销售的往往不止一家企业,多家企业生产相同的产品,必然会采取各种措施争夺客户,从而形成市场竞争。现有竞争对手的研究主要包括以下内容。

(1) 基本情况的研究

研究的主要目的是要找到主要竞争对手。研究内容主要包括:

- 竞争对手的数量是多少?
- 分布在什么地方?
- 他们在哪些市场上活动?
- 各自的规模、资金、技术力量如何?
- 其中哪些对本公司威胁特别大?

反映企业竞争实力的指标主要有三项:

一是销售增长率。指企业当年销售额与上年相比的增长幅度。这个指标与行业发展速度和国民经济的发展速度进行对比可看出其竞争能力的提高和降低。

二是市场占有率。指市场总容量中企业所占的份额,或指在已被满足的市场中有多大比例是由本企业占领的。该指标的高低可以反映不同企业竞争能力的强弱。

三是产品的获利能力。这是反映企业竞争能力能否持续发展的支持性指标。可用销售利润率表示。

(2) 主要竞争对手的研究

对不同企业竞争实力进行比较，找出主要竞争对手后，还要研究其对本企业构成威胁的主要原因。研究主要竞争对手的目的是要找出主要对手的竞争实力的决定因素，以帮助企业制定相应的竞争策略。

(3) 竞争对手的发展方向

分析竞争对手可能开发哪些新产品、新市场，从而帮助本企业先走一步，争取时间优势，使企业在竞争中处于主动地位。

2. 潜在进入者研究

一种产品的开发成功，会引来许多企业的加入。新厂家进入行业可能性的大小，既取决于由行业特点决定的进入难易程度，又取决于现有企业可能做出的反应。影响进入某行业的难易程度的因素主要有以下三方面。

(1) 规模经济

在一定时期内，企业所生产的产品或劳务的绝对量增加时，其单位成本趋于下降。产品或服务的规模经济可以构成行业的进入障碍，迫使新加入者在考虑进入该行业时，或者以大的生产规模进入该行业，冒着行业中现有企业强烈抵制的风险；或者以小的规模进入该行业，忍受着产品成本过高的劣势。

(2) 产品差别

产品差别是指由于顾客或用户对企业产品质量或商誉的忠实程度不同，而形成的产品之间的差别。当产品或服务形成进入障碍时，新加入者往往要花费较长的时间攻克这一壁垒，并且可能以一定时期的亏损作为代价。

(3) 转换成本

企业从一个行业转向另一个行业从事生产经营活动时，或从一种产品转向另一种产品时，所要支付的成本。如果转换成本过大，企业又不能在内部消化掉，则会面对着一种新的进入障碍。

3. 替代品生产企业分析

替代品是指在功能上可以互相替代的产品。如大米与面粉之间、铁路交通与公路交通之间等在一定程度上是互相替代的。企业应冷静分析企业的替代品生产企业的情况，包括成本、价格、财务状况、技术等，以便有针对性地制定对策。另外还要密切跟踪新技术发展的动向，尽早发现和使用最新替代材料和技术。

小贴士

替代品效应

中国铁路运输企业虽然是完全垄断的，但前几年却受到公路和空中运输企业的挑战而出现严重的亏损。这是因为，公路运输形式以其便捷、不受时间与路线约束的优势，在一定范围内可以替代铁路运输形式。所以，企业在制定战略时，必须根据所处的实际情况加以客观分析，既要考虑潜在竞争对手进入的可能性，又要考虑到替代品。

4. 供应方分析

供应方可以通过提高供货价格、降低供货质量、减少服务等方式给企业造成成本上的压力。当供应方所提供的投入价值在本企业的产品总成本中占有较大比例,对本企业产品生产过程非常重要或者严重影响买方产品的质量时,供应方对本企业的潜在讨价还价力量就大大增强。企业应对供应者的数量、规模、集中度和要素的性质、特征进行分析,积极寻求对策。

5. 购买方分析

购买方主要是以压低价格、增加服务或提高质量等为要求,来影响企业(作为产品的提供者)的盈利能力。在买方市场条件下,这一压力更大。因此,企业应对的规模、结构、动机等进行评价与分析,以特有的方式把握竞争的主动权。

上述五种竞争力都会对企业产生影响。不同时期、不同条件下每种要素的竞争力量大小不一,企业需要在此基础上找出自己的主要竞争对象,以便在竞争中占据有利地位。

课堂案例讨论

蛹变蝶——安踏是如何完成生产型企业向品牌型企业蜕变的

1. 中标

2008年春,安踏集团总裁丁世忠对中国奥委会市场开发部主任马继龙表示,安踏希望成为2012年中国奥委会(COC)合作伙伴。当时竞标非常激烈,在六家入围企业中有阿迪达斯这样的跨国企业,也有李宁这样的往届赞助者。马继龙还真没把安踏当成一个实力强大的参与者。他给了丁世忠一个忠告:“你去做好标书,评委会将通过标书非常客观地了解你。”

赞助中国奥委会是个至少需要上亿乃至数亿元人民币的“烧钱”项目,但丁世忠非常坚定。在他看来这是安踏提升品牌的一个快速通道,必须拿下。2008年北京奥运会上,看到中国运动员穿的是阿迪达斯上台领奖。丁世忠感慨,“我一直期望着,安踏哪天能够代表中国,站在一个品牌的制高点!”

9月10日那一天,丁世忠在标书价格一栏里填上了安踏团队此前测算出来的一个高位数。这个数字以及此前的努力帮助安踏最终得偿所愿,成为2009—2012年中国奥委会合作伙伴。此次合作涉及权益覆盖之广、年限之长、赞助金额之高,在中国体育行业是空前的。坊间传言,安踏为此报上了“天价”。马继龙对媒体的公开说法是,它不低于2008年奥运会TOP级的赞助门槛。

然而,签约COC后,安踏在产品设计、品牌文化方面的积淀不足便很快体现出来。“一开始,我对他们提出的装备方案就一个字:‘否。’”马继龙说。被否的原因很多:面料太普通,颜色不明显……“我们东亚运动会服装被评估了三次才通过。”安踏副总裁张涛说。

2. 寻求“软实力”

晋江出身的安踏,有很硬的低成本制造能力与优势,而它现在需要建设自己的“软实力”。为此,丁世忠加快了招聘空降兵的步伐。2008年奥运会刚刚结束,9月,郑捷到位,安踏第一次有了一位执行副总裁。

郑捷上任后的第一件事，就是针对安踏过去的五年战略进行重新评估。3 年前，科尔尼公司为安踏制定了五年战略计划，而现在安踏重新邀请了麦肯锡公司对未来两年的战略进行检讨、补充。

丁世忠说，“我们的思路已经改变了，以前我们唯一的目标就是想超过李宁，但是现在我们考虑最重要的问题是完成自己的战略。安踏未来到底能成为谁？安踏未来在中国的立足基础在哪里？”

在安踏竞标 COC 合作伙伴的过程中，中国奥委会的马继龙感到，面前这家公司跟他多年前遇到的同一家企业相比，确实发生了明显的蜕变。这种变化不但包括安踏这些年来赞助中国篮球协会(CBA)带来的整体运营策划能力的提升，而且企业上下的人力资源结构、行事风格都有变化，“做事慢慢变得大气起来”。马继龙说，安踏后来之所以能够中标，除了价格高于他人，它在奥运的营销大战中做事守规矩、不搞隐形市场也为它加了分。

在郑捷得到的评估报告里，渠道发展是安踏执行得最好的项目，而商品架构和体系亟待提升。“主要挑战来自两个方面，一是设计的多元化，二是产品设计的提升。”郑捷说安踏曾经是国内第一个投入上百万元建立运动科学实验室的体育用品公司，现在，安踏开始增加与国外设计团队的合作。

还有一个重大的转变正在安踏发生：2008 年，安踏有 70% 的产品在自己的工厂生产，但是 2009 年，这一数字陡然下降至约 35%。据丁世忠说，2010 年还会下降至 30%。这几年来，安踏自有工厂的制造工人一直保持在 1 万人的状态，其产量随安踏规模扩大自然下降；晋江将只是安踏的制造基地，而安踏运营总部已于 2008 年搬到了更利于吸引设计、管理与品牌人才的厦门。

资料来源：虞立琪. 安踏：踏出不安. 中国企业家. 2009 年第 17 期(节选)

讨论题：

1. 阅读本章内容，结合图 3-1 说明安踏从生产型企业向品牌型企业的转变属于企业战略的哪个层次？

2. 为实现企业战略，安踏在生产经营方面做了哪些改变？

第三节 企业资源与能力分析

分析外部环境、发现机会与威胁还不足以为组织带来竞争优势。企业在实施战略的过程中，必须对所属资源进行优化配置，才能充分保证战略的实现。

企业的资源包括：

- 有形资产。指那些比较容易确认和评估的资产，一般可从企业的财务报表上查到。如厂房、机器设备等。
- 无形资产。指企业不可能从市场上直接获得，不能用货币直接度量，也不能直接转化为货币的那一类资产。如企业的技术诀窍、企业形象等。

• 人力资源。主要指组织成员向组织提供的技能、知识以及推理和决策能力。这些能力也称为人力资本。

企业的关键能力主要有:

• 采购与供应实力。
• 生产能力与产品实力。
• 市场营销与促销能力。
• 财务实力。
• 人力资源的实力。
• 技术开发的实力。
• 管理经营的实力。
• 时间、信息等无形资源的把握能力。

战略管理者的战略分析主要有以下几种方法。

一、SWOT 分析

SWOT 分析即对企业的优势(strengths)、劣势(weakness)、机会(opportunities)和威胁(threats)进行分析。SWOT 分析作为一种能够迅速掌握、容易采用的企业状况系统分析工具,其主要目的在于对企业的情况进行客观公正的评价,以便及时捕捉机会,避开威胁,扬长避短,争取竞争的主动地位。

影响企业的环境因素是多方面的,决定企业优劣势的因素也是多方面的。在分析时,可以采取对各要素打分,通过加权平均的方法计算出企业的优劣势和机会与威胁,然后把这些指标描绘在坐标系中,得到 SWOT 矩阵,见图 3-3。

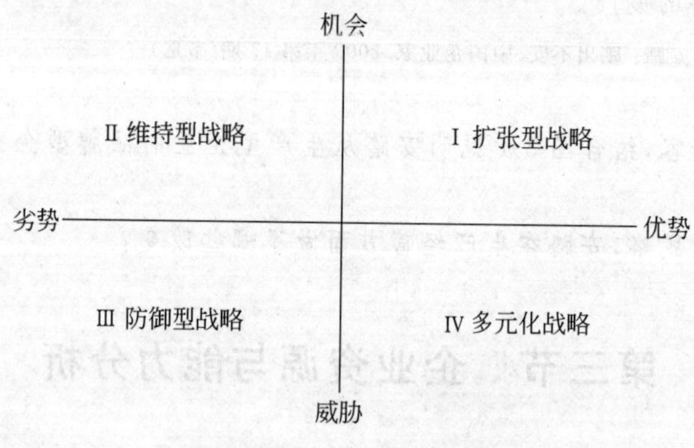

图 3-3 SWOT 矩阵分析图

当企业处在第Ⅰ象限时,企业有明显的优势,也有机会,应该集中优势资源,抓住机会,谋求发展。

当企业处在第Ⅱ象限时,企业虽然面对很多机会,但是与同行相比,企业缺乏竞争力。企业应慎重决策,整合内部资源,迅速形成某一方面的优势,避开和竞争者进行正面竞争,条件具备就发展,条件不具备就维持。

当企业处在第Ⅲ象限时,企业在竞争中明显处于劣势,环境也对企业不利,企业正处于内忧外患的局面。应采取缩短战线、增收节支，加强内部管理，提高企业素质，积极寻找机会的防御战略。

当企业处于第Ⅳ象限时，企业在同行中有明显的优势，但环境对企业不利。企业应积极跨行业寻找机会，拓展经营领域，实行多元化经营。

小贴士

万科公司的减法

万科企业股份有限公司成立于1984年5月，到1991年年底，公司营业额为3.5亿元，利润为0.3亿元，业务涉及进出口、零售、房地产、影视、广告、饮料、印刷、电气工程等13大类。公司创始人王石提出企业的发展方向是具有信息、交易、投资、融资、制造等多功能的日本式综合商社。1992年前后是万科做“加法”的红火时期。但从1993年开始的以后3年里，万科经营战略做了一个大调整。

1. 以房地产为主，改变过去主营业务不突出的局面。

2. 在房地产经营上，以中档民居为主，改变过去公寓、写字楼、商场和别墅什么都做的战略。

3. 在地域上，由原来的全国13个城市转为重点经营京、津、沪、深圳4座城市。

4. 在股权投资上，万科开始卖出已有的30多家企业的股权。

这种战略转变是基于公司通过大量的调研比较总结出来的。公司管理者认为中国优秀房地产企业有以下几个特征：专业化经营；没有跨行业的；尽量少跨地域；经营品种单一；产品基本内销。因此，万科做出卖掉所属的与房地产业不相关业务的决定，而不论这些企业当时是否赚钱。

二、投资组合分析

由美国大型商业咨询公司波士顿咨询集团首创的一种规划企业组合的方法，又称为波士顿矩阵、四象限分析法或产品系列结构管理法。它是按企业产品的市场占有率和产品的销售增长率两个指标把平面分为四个象限(见图3-4)。

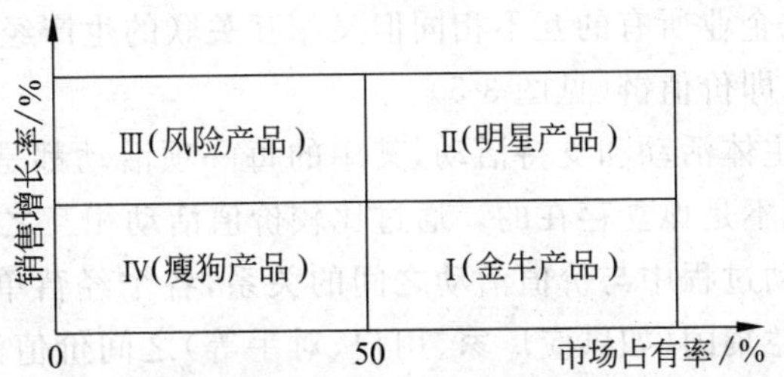

图3-4　波士顿矩阵

在图3-4中，纵轴表示整个市场需求增长情况(以销售增长率指标来衡量)，一般以

10%为标准;横轴表示产品的市场占有率。企业根据行业特点确定某一市场占有率(图 3-4 中以 50%的市场占有率为标准),然后根据相关资料计算企业产品的市场占有率和行业产品销售增长率,确定企业产品所在的象限,进而采用相应的策略。

1. 金牛产品

企业产品市场占有率高、销售增长率低,即处于第Ⅰ象限的产品称为金牛产品。这说明企业的市场竞争力强,行业处于成熟期,销售增长缓慢。企业的策略是维持,即以较少的投入获取丰富利润。所以,金牛产品是企业的赚钱产品,也是企业的当家产品。

2. 明星产品

企业产品处于市场占有率高、行业销售增长率也高的双高状态,即处于第Ⅱ象限的产品称为明星产品。这说明企业产品具有很强的竞争力,同时,产品所处的行业也是正在发展的行业。这种产品是企业未来的金牛产品。企业的策略应是大力支持,包括加大人力、物力等资源投入的力度,使其尽快增长。

3. 风险产品

企业产品市场占有率低、销售增长率高,即处于第Ⅲ象限的产品称为风险产品。这说明产品的市场竞争力不强,但所处的行业是正在发展中的行业。企业的策略应是谨慎行事,深入分析竞争力的实力,预测市场的发展以确定企业的对策。如果市场需求的增长是偶然的或竞争者的实力过于强大,企业无法形成竞争优势,那么企业应采取维持的策略,避免盲目跟风,增大投入。如果市场需求仍有较大的增长空间,企业又能形成竞争的比较优势,应采取大力发展的策略,争取使风险产品转为明星产品。

4. 瘦狗产品

企业产品处于市场占有率低、销售增长率低,即处于第Ⅳ象限的产品称为瘦狗产品。这说明企业产品既缺乏市场竞争力,又没有发展的前途。企业应采取撤退策略。

波士顿矩阵采用图示的形式,表示各事业部在行业中的相对市场地位与发展前景组合。但该组合矩阵分类过分简单,只将众多的业务分为四大类,很难考虑实际企业战略管理中存在的中间状态,而且仅仅用行业销售增长率指标来反映行业吸引力似乎也有失偏颇。

三、企业的价值链

美国哈佛商学院著名的战略管理学家波特认为:企业每项生产经营活动都是其创造价值的经济活动,因此企业所有的互不相同但又相互关联的生产经营活动,便构成了创造价值的一个动态过程,即价值链(见图 3-5)。

价值活动可分为主体活动和支持活动,其中的每一项活动都是企业的优势和利润的来源,同时这些活动也不是孤立存在的。通过比较价值活动相互之间的关系,企业可以认识本身在生产经营活动过程中与价值活动之间的关系,各个经营单位之间的价值关系以及经营单位与有关利益集团(如供应厂家、用户、对手等)之间价值活动的关系,更加全面地确定自己的竞争优势和战略方案选择。

企业价值活动有可能产生成本优势和差异优势两方面的战略优势。成本优势使企业在竞争中获取更大的利润,差异优势强化企业与众不同的竞争地位。价值链分析法通过

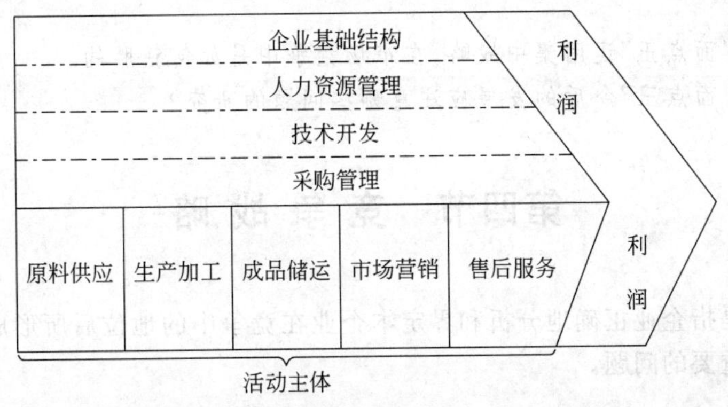

图 3-5　企业的价值链

不同价值活动的成本或差异特性，选择恰当的战略方案，同时该种分析又是针对具体活动展开的，有助于提出有具体内容的战略活动，完善经营战略方案。

课堂案例讨论

“面点王”执深圳中式快餐之牛耳

深圳石化集团“面点王”自 1996 年 11 月在八卦岭用 9 万元开设第一间餐厅起，至 2001 年年底，已在深圳开设了 21 家连锁餐厅。每天，“面点王”的餐厅平均要接待1200 名以上顾客，高峰时众多等座位的人们成了“面点王”的一大景观。有人惊呼：“面点王”创造了中式快餐的深圳速度！

“面点王”何以如此火爆？分析其经营策略，我们就会发现，“面点王”成功地运用了集中战略，并同时获得了经营特色和成本优势。

策略一：瞄准北方白领阶层。“面点王”区别于高档酒楼饭店，不设海鲜，不设宴席，而是直接针对白领上班一族中的北方人，围绕面食设计了 150 多道食品，满足其多样化的消费需求。“面点王”的负责人算了一笔账：深圳 300 多万人口中大约有 50 多万为白领阶层，其中一半为北方人，则这个消费市场就有 25 万人之众，市场广阔。

策略二：快。深圳的生活节奏体现一个“快”字，“面点王”的快餐正迎合了这个“快”字。公司规定除个别菜以外，顾客等待时间不能超过 5 分钟。事实上，“面点王”的平均上菜速度为 2 分钟，已达到快餐上菜的国际标准。

策略三：便宜。“面点王”提出一个与众不同的口号：不让顾客消费超过 30 元。菜单上没有 20 元以上的菜，大多数品种在 6～8 元之间，真可谓价廉物美。

策略四：工业化。中国餐饮味道丰富，制作工艺复杂，很难流传，没能实现工业化、标准化、系列化生产。意识到这一点，“面点王”就从工业化入手，革新中式快餐，建立起一个统一的、大规模的配送中心，其面积近千平方米，生食加工、熟食加工、半成品加工、仓储车间一应俱全，生产线上几十个师傅夜以继日地劳作不停。正是因为有了这个配送中心，“面点王”才具备了实施集中战略的核心能力，才能在残酷的快餐市场竞争中打出一片光明天地来。

资料来源：文理，谢武等编著. 企业战图管理：原理·实例·分析. 合肥：中国科技大学出版社，2009

讨论题：

1. 试分析“面点王”运用集中战略，在市场竞争中是如何获胜的。
2. 你认为“面点王”今后的发展应注意哪些问题的研究？

第四节 竞争战略

竞争战略是指企业正确地分析和界定本企业在竞争中的地位后所形成的战略，是战略管理中非常重要的问题。

一、一般竞争战略

一般竞争战略是指无论在什么行业或什么企业都可以采用的竞争性战略。美国哈佛商学院著名的战略管理学家迈克尔·波特在其1980年出版的《竞争战略》一书中，提出三种一般竞争战略，即成本领先战略、差异化战略和集中战略。

1. 成本领先战略

成本领先战略又称低成本战略，是指企业的全部成本低于竞争对手的成本，甚至是在同行业中最低的成本。

(1) 实施低成本战略的条件

① 市场容量大而稳。低成本战略只有在产量上去之后才有效果。产量上去的前提条件是市场容量较大，能在低价位上接受如此大的产量。

② 较高的管理水平。能比同行更有效地进行管理，降低成本和有关费用。

③ 所有企业生产的都是标准产品。即不同企业间的产品没有质的差别，价格竞争成为竞争的主要手段。

④ 资源供应充足且具有高效率的先进生产线进行大量生产。

(2) 实施低成本战略的好处

① 可以与同行竞争者进行长期抗衡。

② 可以巩固扩大市场占有率。

③ 可以更灵活地应对供方抬高要素价格的压力。

④ 可以有效阻止潜在竞争者的进入并有效地与替代品生产企业进行竞争。

可以说，低成本战略在同潜在进入者、替代品、供应方、需求方以及行业中现有竞争者五种竞争力量的抗衡中具有全方位的优势，是一项行之有效的竞争战略。

小贴士

沃尔玛的天天平价——低成本战略

沃尔玛经过短短的三十几年的苦心经营，从乡村走向城市，从北美到全球，成为全球最大的零售商，其成功的法宝是：低成本战略、优质服务和强劲开拓业务的手段。

沃尔玛直接从工厂进货,消除中间流通环节。实行总部统一订货,统一分配,享受比其他零售商更低的批发价。据统计,沃尔玛的商品运往商店的成本只占商品价格的3%,而竞争者则需要4.5%~5%。一般零售商的利润都在45%左右,而沃尔玛只要求30%。

(3) 实施低成本战略的风险

① 投资利润率低,投资回收期长。设备有过时的风险。

② 市场需求的变化易导致低成本战略的失败。

2. 差异化战略

差异化战略是指企业使自己的产品或服务区别于竞争对手的产品或服务,创造出与众不同的东西。

(1) 企业实行差异化战略的领域

① 产品设计或商标形象的差异化。

② 产品技术的差异化。

③ 顾客服务方面的差异化。

④ 销售渠道上的差异化。

(2) 实施差异化战略的条件

① 应具有很强的研发能力。

② 在本行业有悠久的历史,或具有以其产品质量和技术领先的声望。

③ 有很强的市场营销能力。

(3) 实施差异化战略的好处

① 可以有效控制市场和价格。由于企业系独家生产这一特色产品,在一定程度上形成了对该产品的完全垄断,因此在一定的范围内,企业可自行定价而不会引起消费者的注意。

② 可以获得超额利润。由于竞争者不易进入,消费者又比较偏爱,因此企业在一定程度上可以维持高价格,获得超额利润。

(4) 实施差异化战略的风险

① 开发费用较高。

② 特色产品主要适应部分消费者的偏好,不易扩大市场占有率。

③ 只有能明显标志特色的产品才能实施差异化战略。

小贴士

试衣间里的浴衣

有一服装店专门经营大号妇女服装,不遗余力地做好宣传和售后服务。它与众不同之处是在试衣间里备有浴衣,极大地方便了女士们试衣。

3. 集中战略

集中战略指企业集中全部资源，满足特定消费者的特殊需要。以有限的资源取得某一狭小领域的竞争优势，使竞争者难以进入。这种战略一般适用于中小型企业。

(1) 实施集中战略的好处

① 采用专业化的生产经营方式，效率较高。

② 可以取得某一狭小领域的竞争优势。

③ 可以与强大的竞争者和平共处。

(2) 实施集中战略的风险

① 强大的竞争者很容易进入该领域。

② 当市场需求发生变化时，企业会因失去需求而无以立足。

③ 当竞争者也采用差异化战略时，可能将该特殊市场纳入其目标市场，给企业带来威胁。

三种竞争战略哪一种更适合于企业？选择的出发点在于所选取的战略能最佳地利用企业最强的方面，并且最不利于竞争对手重复使用。

二、企业在不同地位上的竞争战略

一般而言，一个行业内部都会存在着行业领导企业、中游企业和弱小企业，其规模、经营状况、竞争优势及市场竞争力决定了其在行业中的竞争地位。不同竞争地位的企业应根据自身特点选择不同的竞争战略。

行业领导者虽然已经取得了市场地位与竞争优势，但仍然面临众多竞争对手的挑战。因此行业领导者也要进一步采取合适的竞争战略，巩固已有的地位。行业领导者的竞争战略主要包括以下两方面。

(1) 进攻战略

采取进攻战略的目的是保持公司的竞争优势，加强竞争地位。其实质是不断地追求改进和革新，比如，率先推出新产品，促进用户更加频繁地使用产品等。行业领导者采取进攻战略就意味着竭尽全力做到公司的成长率比整个行业的增长率要快，并且从竞争对手手中夺取市场份额。

(2) 防御战略

采取防御战略的目的在于牢牢保持现有的市场份额，加强现在的市场地位，捍卫企业最有价值的资源和能力不受模仿。比如，投入足够的资本保持成本优势和技术进步，阻碍比较小的竞争厂商增加生产能力。增加个性化的服务以及其他能够提高顾客忠诚度的项目，使顾客转向竞争对手的产品难度加大。

另外，也可能采取一些措施来阻止竞争对手的进攻行为。比如，提前公布有关新产品、技术突破以及计划推出的重要新品牌或模型的有关信息，宣告公司的管理层将维持公司现有的市场份额等。

小贴士

四川长虹的"独生子女"政策

当四川长虹已是所在行业的排头兵(行业领导者)时,当相关众企业纷纷走多种经营之路时,该公司仍加大优势产品的投入,从而极大地巩固了其已有的竞争地位,取得了丰厚的收益。

资料来源:邱国栋.公司发展战略.北京:人民出版社,2005

三、一般公司的竞争战略

这里指在一个行业中竞争力位于领导者之后居于中游的企业,其市场份额低于行业领导者,也称为二流公司。不同行业特征的企业其竞争战略也不相同。

1. 具有规模经济行业的竞争战略

如果一个行业具有规模经济,加大规模就能降低单位成本,给占有市场份额大的企业带来竞争优势。处于该类行业中的企业可以采取模仿进攻性行动以获得销售额和市场份额的战略。

2. 不具有规模经济行业的竞争战略

如果行业规模经济很小,则该类企业在战略选择上有更大的灵活性。该类企业可采取专业战略,一般将竞争行动集中在一个细分市场上,其目的在于通过产品的独特性、特殊目的的产品方面所拥有的专业技能或者专业化顾客服务来建立竞争优势。

四、弱小公司的竞争战略

竞争地位薄弱或经营困难的小公司根据不同状况,有四种战略可供选择。

1. 转变战略

如果企业有一定的资源条件,当企业业务陷入危机时,可以采取转变战略,尽可能快地遏止和逆转企业的竞争劣势。

2. 防御战略

防御战略是指竭尽全力保持现有水平的销售额、市场份额、盈利水平及竞争地位。

3. 并购战略

并购战略其实质是放弃战略,其方式是把企业卖给其他公司。

4. 收尾战略

收尾战略是一个渐渐退出所在行业的战略。通过牺牲市场地位获取更大的近期现金流或利润,以便于开拓其他业务。

第五节　企业战略管理过程

企业战略管理分广义和狭义两类。广义是指运用战略对整个企业进行的管理，企业的整个经营活动都要在企业战略的指导下进行，以实现战略目标。狭义的战略管理则是指对企业的战略制定、实施与控制的过程进行管理。在此讨论的是狭义概念上的管理过程。

一、企业战略管理的过程

1. 企业战略的制定

制定企业战略包括从形成战略思想到选择战略的三个步骤。

(1) 形成战略思想

战略思想是指企业谋求发展和处理重大经营问题、经济关系的指导思想，是制定和实施企业战略的基本思路。战略思想的形成过程是对问题的认识和态度逐步从模糊到明确的过程。因此，要求对企业进行全方位、开放性、超前性和创造性地思维，以形成新的思路，指导战略的制定和实施。

(2) 进行环境调研

环境调研是一项十分重要的基础性工作，主要包括两个方面：①企业内部调研。了解企业所拥有的资源与能力状况，搞清企业的优劣势及原因。②企业外部调研。了解企业所处的宏观环境与微观环境，明确企业所面临的机会与威胁所在。通过环境调研，为正确制定和实施企业战略方案提供客观依据。

(3) 拟定、评价和选择战略

在完成以上两个步骤并得到分析结果之后，就应拟定多种可行的战略方案，然后对每个方案进行全面评价，提出各方案的优缺点，确定最后的战略方案。这个方案应包括战略目标、战略重点、战略方案、战略阶段和战略对策等内容。

2. 战略方案的实施

一旦战略方案确定之后，就需要通过战略规划或战略计划使之具体化并从时间上加以落实。从时间上，实施方案可分为若干战略阶段，明确各阶段的计划目标；从空间上，应将每个阶段的计划目标层层落实，并根据各部门的计划任务进行资源的合理配置，保证战略任务的顺利实现。

在实施过程中，由于外部环境等因素的变化可能会使战略方案的某些部分失去指导作用，有必要对其进行及时的修订、调整和完善，使之更加符合实际，发挥其应有的作用。

小贴士

国王驭车术

一个国王向国内最有名的驭手学习驾驭战车的技术。他学了不久便得意洋洋地要与驭手进行一场比赛。在比赛中，他换了三次马，每次都落在了后面。国王埋怨地说："你教我赶马，还留了一手呀！"驭手回答说："我把技术全部教给您了，是您运用得不对！赶车最要紧的，是把马套得舒适妥帖，赶车人的注意力集中在调理马上，这样才能跑得快，跑得远。在今天的比赛中，您落在后面时，就只想追上我；跑在前面时，又怕被我追上。其实把马引上大道赛跑，不是领先就是落后。可是您无论领先还是落后，注意力都集中在我身上，而不在您骑的马身上，这就是您落后的原因啦！"

国王有了良好的技术，但是不专心执行，还是输掉了比赛。这说明战略执行与战略制定是同样的重要！

大多数公司的失败不是因为战略制定得不好，而是因为战略执行得不好；因为形势和环境快速变化，战略执行将比战略制定更困难。

资料来源：中电霍煤文化. 2006 年第一期. http://www.zdhm.com.cn/hmwh/200601/9-6.htm

3. 企业战略的控制

战略控制是指在企业战略的实施过程中，为了保证完成战略方案的要求所采取的各项活动。

(1) 企业战略控制的阶段

① 确定控制标准。这是战略目标的具体化，将战略计划及其指标体系作为评价和控制战略执行效果的标准。

② 检查实施，衡量实效，寻找偏差。将执行的结果与计划目标、指标进行比较，及时发现偏差。

③ 分析原因，采取措施，纠正偏差。

小贴士

亡羊补牢

从前，有个人养了一圈羊，他天天盼望羊儿长大卖钱。一天早上他发现少了一只羊。原来羊圈破了个窟窿，山里的狼从窟窿里钻进来，把羊叼走了。

邻居劝告他说："赶快把羊圈的窟窿堵上！"这个人沮丧地说："羊都已经丢了，还修什么呢？"第二天早上，他到羊圈里一看，发现又少了一只羊。原来狼又从窟窿里钻进来，把羊叼走了。他很后悔，就赶快堵上那个窟窿，把羊圈修补得结结实实。从此，他的羊再也没被狼叼走过。

随时进行战略评价是企业发展必不可少的一环，此所谓"亡羊补牢，犹未为晚"。如果听之任之，损失就会不断增大。

④ 继续实施直至完成战略目标。

(2) 企业战略控制的方式

① 避免控制。即管理人员采取适当的手段，使不适当的行为没有产生的机会，从而达到不需要进行控制的目的。

② 直接控制。这类控制主要有具体活动的控制、成果控制和人员控制等。

小贴士

控制的本质

控制的本质是按照预定标准调整运营活动,控制的基础是管理人手中掌握的信息。

二、搞好企业战略管理的条件

为了搞好企业战略管理,管理人员必须考虑如何进行资源配置的问题。这不仅包括人员调配,而且包括每个部门分配多少资源以及优先顺序如何等问题。这就要求企业必须注意做好以下三个方面的工作。

1. 以实现战略目标为重点

在战略实施过程中,要强调以实现战略目标为重点。可以采取这样的做法,即将企业的关键任务及活动与战略方案的实现直接联系起来,以需要实现的战略结果的形式来描述和定义任务与活动,以形成结果与业绩导向的企业内部工作环境,从而更有可能完成所制订的战略计划。而要做到这一点,关键是要借鉴目标管理的思想,在吃透企业战略目标的基础上,紧紧围绕战略目标开展企业的各项活动,以真正保证企业战略的成功实施。

2. 合理进行人力资源选择与安排

(1) 人才配备

在制定企业战略方案后,管理者最重要的工作就是为各个岗位调配具备必要的管理与技术能力的人才,使得企业能够建立起强大的实力,以完成战略实施过程所需要的关键任务。

(2) 人才培养

企业实力不会自然而然地出现,它需要管理者有意识地开发与培养。为此,要求战略实施者对企业中那些能够产生特别优秀业绩的关键战略部门给予充分的关注,对这些部门提出高业绩的要求,并对这种高业绩配以高报酬政策。

(3) 各方面的协同

此外,在预算、管理等方面给予支持,以保证在这些部门形成关键战略人才与技能的储备,为企业的进一步发展打下良好的基础。

(4) 团队建设

企业必须注意整个管理团队的建设。企业核心管理团队人员的调配,必须注意整个团队的综合力量,在人员构成上兼顾背景、知识、经验、观念、管理方式以及个性等方面因素对于战略实施的综合影响,注重整体效果。

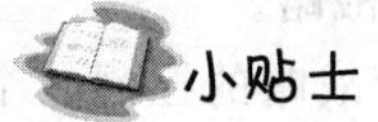
小贴士

管理人员的影响力

著名的盖洛普咨询公司在它的研究中发现：不仅人力资源管理部门的管理人员对员工有影响力，其他管理人员也一样能对员工产生影响力。比如企业的一线经理对员工的影响力就达到了40%。

3. 做好项目规划与预算

(1) 制定项目规划

为了战略实施，企业的每个部门都需要一定的资源以完成其相应的战略计划。为此，每个部门都必须对自己部门的活动进行规划，建立取得预期战略成果的进度表，并对任务进行适当组合。

(2) 合理配置资源

企业战略管理有效解决与战略相关的资源配置问题的能力，直接决定了企业资源配置能否促进企业战略的顺利实施。一个部门得到的资源太少，会影响该部门战略计划的顺利完成。反之，一个部门得到太多的资源，则是一种浪费，会导致财务业绩下降。

所以，企业战略决策者应该高度介入资源配置的项目规划与预算过程，以确保企业资源有效地用到企业的关键战略部门与活动中去。

从战略实施的动态需要来看，企业应该能够根据环境变化，适时将其资源调整使用到新的最关键的活动中去，这就对企业预算与人才调配提出了保持高度灵活性的要求。

本章小结

1. 企业战略是指企业为谋求长期的稳定和发展，在分析内外部环境的基础上，对企业未来发展所做的长远性和全局性的谋划。企业战略具有全局性、长远性、指导性、层次性和相对稳定性等特征。

2. 战略管理的重点不是战略本身而是动态的管理。其任务在于通过战略制定、战略实施和日常管理，在保持这种动态平衡的条件下，实现企业的战略目标。战略管理可分为公司战略管理、经营战略管理和职能战略管理三个层次。

3. 企业是一个开放的经济系统，它的经营在不同程度上受政治法律、社会文化、经济、技术等不可控因素的影响。

4. 企业是在一定行业中从事经营活动的，行业结构分析是制定企业经营战略最主要的基础。

5. 企业在实施战略的过程中，必须对所属资源进行优化配置，才能充分保证战略的实现。战略管理者的战略分析方法主要有SWOT分析、投资组合分析和企业的价值链分析等方法。

6. 竞争战略是指企业正确地分析和界定本企业在竞争中的地位后所形成的战略。一般竞争战略包括成本领先战略、差异化战略和集中战略。企业在不同地位上的竞争战略分为行业领导者的竞争战略、一般公司的竞争战略和弱小公司的竞争战略。

7. 企业战略管理过程分为企业战略的制定、战略方案的实施、企业战略的控制三个部分。

8. 搞好企业战略管理应注意以下环节：以实现战略目标为重点，合理进行人力资源选择与安排，做好项目规划与预算。

思考与练习

一、填空题

1. 战略管理可分为公司战略管理、________和职能战略管理三个层次。

2. SWOT 分析即对企业的优势、________、机会和________进行分析。

3. 企业是一个开放的经济系统，它的经营在不同程度上受政治法律、________、经济、技术等不可控因素的影响。

二、选择题

1. 行业领导者的竞争战略除了进攻战略，还有(　　)。

A. 转变战略　　B. 防御战略　　C. 发展战略

2. 企业使自己的产品或服务区别于竞争对手的产品或服务，创造出与众不同的东西，这属于(　　)战略。

A. 成本领先　　B. 差异化　　C. 集中

3. 按企业产品的市场占有率和产品的销售增长率两个指标把平面分为四个象限，将四个象限的产品分为金牛产品、明星产品、风险产品和瘦狗产品的分析方法是(　　)。

A. SWOT 分析　　B. 价值链分析　　C. 投资组合分析

三、判断题

1. 美国著名的战略管理学家迈克尔·波特认为，在一个行业中存在着潜在进入者、替代品、供应方、需求方以及行业中现有竞争者间的抗衡。　(　　)

2. 竞争战略包括成本领先战略、差异化战略和并购战略。　(　　)

3. 价值活动可分为主体活动和支持活动。　(　　)

四、名词解释

1. 企业战略

2. 竞争战略

五、简答题

1. 企业外部环境包括哪些因素？

2. 简要分析企业战略管理过程。

工作导向标

人力资源战略规划的制定

王丽丽是一名高职毕业生，她的专业方向是人力资源管理。不久她被旺旺超市聘到人事管理岗位。现在，超市领导要小王参与人力资源战略管理规划的制定工作。

工作内容说明：一般来说，集团公司的人事管理部门设在总部，但具体的超市也要有一个管理员工角色的工作人员。她的具体职责是根据公司的用人制度，配合人事部门招募店员或者处理日常的考勤记录和档案管理工作。

看起来，这个人事科员似乎与组织战略管理规划不搭界，也就是说公司的战略管理规划的制定是公司高管的事情。但是战略规划是由人力资源战略规划、生产战略规划、营销战略规划等多种部门战略规划构成的。制定战略规划不仅需要了解外部环境，还要以组织内部的环境为基础，这就需要各个部门为战略规划的制定提供具体详实的信息，人力资源部门也是如此。例如，公司要发展，就需要用人，用多少人？什么样的人更适合超市的岗位？这些数据是需要最低一级的科员提供的。在掌握了大量数据以后才可以制定战略规划。

现在王丽丽应该如何参与这项工作呢？作为基层管理者，力所能及的就是为集团公司的人力资源战略管理提供基本数据。其步骤如下：

(1) 总工作量的统计：了解每天需要上货的数量与工作时间，然后对糖果部门周、季度、年的上货数量、需要付出的工作时间进行统计。

(2) 一个人能承受的工作量：计算出一个人一天可以上多少货。需要注意的是，人不是机器，需要一定的休息时间。

(3) 提供该部门所缺的员工需要具有哪些能力或者素质。

人事管理科员把以上数据提供给直线经理和人力资源部门，人力资源部门就可以做以下几件事：

(1) 确定共需要多少人：将各个部门需要补充的人数加在一起。

(2) 确定劳动力的价格：目前市场上这样的人员多不多？劳动力价格高低？

(3) 确定即将投入的人力资源经费。

(4) 填报人力资源需求计划。

思考题：如果你不是人力资源部的办事员，而是在其他岗位工作。如果上级领导让你参与部门战略规划的制定，你会怎么做？请详细地描述。

巨人集团的衰落

巨人大厦本应是史玉柱和他的巨人集团的一个丰碑式的建筑，结果却成了一个拥有上亿资产的庞大企业集团衰落的开始。面对一个白手起家的民营企业，资本规模迅速扩大，真正成长成一个“巨人”时，企业的战略规划开始显得越来越重要。巨人的衰落，正是由于战略的严重失误导致的。

一、扩张战略的选择

1. 多角化战略与市场覆盖的矛盾

巨人的发展显然想走混合型多角化的道路，但它忽视了混合化经营的基本要求，即资金充足并且每个事业达到行业的平均利润。从生物工程的部分可以看出，尽管巨人在生物保健方面异军突起，但整个生物工程却是亏损的。想做市场的全覆盖，但忽视了生物工程行业的特殊性,资金要求巨大。该产业的亏损就是没有做到细分市场的取舍,没有做到每个细分市场达到行业平均利润。

2. 多角化战略与巨人大厦的矛盾

与上面的矛盾相似,多角化战略需要强大、充裕的资金做后盾。巨人大厦的巨额支出显然是与战略不相符的。一个行业的发展往往要经过"风险—明星—金牛—瘦狗"的过程,建造巨人大厦的资金抽自生物保健业,显然在这个决策做出之前,管理层没有理智地判定生物保健的所处阶段,导致了连锁效应。

3. 短期利润与长期稳定的矛盾

战略的宗旨就是长期生存稳定发展。巨人进入房地产行业,本身是一种很偶然的行为,不是出于战略的考虑,通过对房地产行业的研究而制订出的战略计划的一部分。回顾巨人大厦的建设,楼层数量一改再改,然而就是在这种目标不清晰的情况下,投入的资金却越来越多,对于上亿元这么庞大的预算,巨人对资金的保障显得过分自信,不够谨慎。

进入生物工程领域也是同样的道理。巨人以做电脑软件发家,后来又进入房地产和生物工程,每一次扩张的唯一理由都是短期的"高利润",而忽视了高利润往往意味着高风险。并且一个产业的高利润不可能保持很长时间,只要该产业没有很高的壁垒,竞争者必然蜂拥而入,而巨人又缺乏在该产业的基本专业知识技能,没有长期的规划和产品研发。脑黄金的成功只是一个好主意加上成功营销的战术上的胜利,巨人对这一胜利明显感到无所适从,管理层、营销网络、生产系统都没有做好准备,就这样"脑黄金"的成功其实是替巨人揭开了疮疤。"脑黄金"虽然火爆了一把,但究其根本,这只是一个很短期化的投资活动,不是一个在企业远景框架下,基于市场需求树立顾客心中位置的战略扩张。这种"什么赚钱就做什么"缺乏大局观的做法无疑是以企业的资本作为赌注的冒险行为。

二、外部环境分析

巨人失误的外部原因是什么?巨人的失败,最根本的,可以说是没有一套为自己"量身定做"的战略。所谓"量身定做"就是战略选择没有适应企业的内部条件和外部环境,没有着眼于企业的长期生存和稳定发展。决策没有融化在环境中,而是孤立于现实的。

从建巨人大厦到进入房地产,仅仅是因为巨人觉察到了房地产的火热,有利可图,而不考虑行业本身特点所引起的风险。房地产行业有着独特的生命周期,往往热得快,冷得也快,受国家宏观经济环境影响很大。巨人进入房地产的实施,可谓是"做工粗糙",决定好像是一瞬间的事情,出发点单纯、盲目和短期化,没有形成系统的流程管理和规范。资金保障是房地产行业的关键所在,巨人在资金的管理和支持上过于自大,与银行缺乏沟通,没有把资金的保证落在实处。

生物工程领域更有进入壁垒高、退出壁垒低、需要大量资金支持科研的特点。巨人进入生物工程是有本钱的,有优秀的产品、一定量的资金,但是该行业进入成长期后仍需要足量资金的支持,史玉柱却釜底抽薪,在最关键的时候拿走了生存、竞争保证,导致了"半死不活、逐渐萎缩"的结局。

三、企业内部管理

从企业内部看,巨人的失误在哪里?战略制定是个由表及里的过程,战略的决策必须基于企业的内部条件。巨人的决策冲动而飘忽,决策过程几乎完全是一个人的主观构想,缺乏管理层和运营部门的沟通和反馈。面对迅速增长起来的资本规模和企业人员规模，巨人没有针对它进行评估和整理，高估了企业的适应能力。巨人只看到了其拥有巨大资源，没看到整个企业的管理机制配置和协调资源的能力是滞后的。企业形式上是变大了，但观念、管理机制和组织结构上都还停留在很低的水平上，这就导致了在巨人这种"自上而下"的体制下，决策难以落实，信息得不到反馈，从而决策进一步背离企业的内部条件。

资料来源：管理人网. 战略管理案例分析：巨人集团的衰落. http://sm.manaren.com/alfx/show-130-4/

问题讨论：

1. 根据本章第二节的内容，简述巨人集团的外部环境和内部环境。

2. 根据本章第三节的内容，试用 SWOT 分析巨人集团的优势与劣势，然后指出巨人集团应该采用什么样的战略，不应该采用什么样的战略。

3. 根据本章第五节的内容，指出巨人集团在战略管理过程中的问题。

第四章 现代企业市场营销管理

"营销的目的是使推销成为多余。理想的营销会产生已经准备来购买的顾客，剩下的事就是如何便于顾客得到产品或服务。"

——美国著名管理学家彼得·杜拉克

引导语

从消费者角度来说，购买商品考虑的因素有很多。例如购买汽车的消费者，购买怎样的汽车，取决于他有多少钱？喜欢什么外形？喜欢什么颜色？喜欢有怎样的功能？喜欢什么品牌？等等。这些问题企业都可以通过对市场分析，进行市场细分、市场定位。通俗地说，就是怎样才能与消费者的喜好相契合，这就是现代企业市场营销管理的目标。

学习要点

1. 了解企业营销的含义及其演进。
2. 掌握市场分析的基本技能。
3. 熟知消费者购买行为和生产者购买行为的特征，并根据各类行为的特点提出企业的营销方针。
4. 学会用市场细分的原理对消费者市场和产业市场进行细分。
5. 熟知市场营销的常用策略。
6. 掌握市场营销组合（4P）策略的构成要素，熟知市场营销组合的规划与执行。

引导案例

"沃可曼"的需求

一天，井深大抱着一台索尼公司生产的便携式立体声盒式录音机，头戴一副耳机来到父亲盛田昭夫的房间。他极其不悦地抱怨这台机器过于沉重。盛田昭夫莫名其妙，忙问他怎么回事。

井深大解释说:“我想欣赏音乐,又怕妨碍别人,但也不能为此整天坐在这台立体声录音机跟前吧。所以,我就带上它,边走边听。不过,这家伙实在太重了,让人受不了。”

盛田昭夫对此话颇有同感,他从自己的孩子身上了解到年轻人的生活,如果缺乏了音乐会很枯燥乏味。可是,由于录音机过于笨重,许多孩子不得不放弃随身携带它。

井深大的烦恼,擦亮了盛田昭夫酝酿已久的构思。他连忙找来技术人员,希望他们能研制出一种新式的超小型录音机。在新产品尚未完全定型之前,盛田昭夫就开始琢磨如何为它制定一个与青年人相称的价格。原来的高性能小型盒式录音机,虽然不是立体声,但定价仍比较高,当时为4.9万日元。而对新式立体声录音机的最初零售价格,盛田召夫却想压到3万日元。样品很快送过来,虽然盛田昭夫对这个产品倾注了极大的热情,但销售部门却并不看好它,并断言肯定卖不出去。有时盛田昭夫自己也觉得这种产品不会引起人们太多的兴趣,但他最终还是坚信他的选择。因此,他向大家保证,一切责任均由他自己负责。

当新式录音机大规模地生产出来以后,盛田昭夫为它取了一个通俗易懂的名字——“沃可曼”,即Walkman(也译作“随身听”),并投放市场,结果竟然空前畅销。

资料来源:陈书凯.小故事 妙管理.北京:中国纺织出版社,2005:214

一般来说,企业的市场营销须围绕市场来进行。索尼公司“沃可曼”的需求,告诉人们,这是一种新的生活方式,选择了它就选择了时尚、选择了享受。这样,在满足人们一种新的需求的同时也会为企业带来巨大的利润。这种理念可帮助企业家拓宽市场营销的思路。

市场营销学自20世纪初在美国产生以来,至今不过百年,但发展迅速,著作浩繁,影响深广,受到世界各国的普遍重视,其原因就在于它适应了社会化大生产和市场经济高度发展的客观需要。

在现代社会,每个人都生活在高度发达的市场经济中,离开市场便无法生产与生活。市场成为整个社会经济的主宰者,它指挥和协调着国民经济的运行,决定着每一个企业的生存和发展、前途和命运,影响着每个人的物质和文化生活。因此,每一个生产者和经营者,乃至于每一个社会成员,都不能不关心市场,研究市场,了解市场,否则,就会遭受市场规律无情的惩罚。市场营销学正是一门研究如何在市场上从事经营、克敌制胜的学科。

第一节 市场营销概述

在商品经济高度发展的历史条件下,“市场营销”应运而生。从世界范围看,较早学习和应用市场营销思想与方法的企业都发展成为国际著名的大公司。其他企业在产品销售额下降、销售增长缓慢、销售成本增加、消费者购买行为改变和竞争加剧等诸多因素的刺激下,也逐渐认识到市场营销的重要性,以极大的热情学习和应用市场营销学,力争赶超先进企业,跟上时代潮流。

一、市场及其分类

市场是指具有特定的需求或欲望,而且愿意并能够通过交换来满足这种需要和欲望的全部潜在顾客。

市场营销学研究的市场主要有两大类:消费者市场和组织市场。

1. 消费者市场

消费者市场由具有购买需要、取得商品或劳务的个人与家庭构成,它是市场营销学研究中的第一大市场。

2. 组织市场

组织市场又包含了三大组成部分,即生产者市场、中间商市场和政府市场。

(1) 生产者市场

生产者市场,也称工业市场、制造业市场、企业市场或产业市场。生产者市场中,人们采购货物或劳务的目的是加工生产其他产品,并将这些产品销售或出租,以从中盈利。

(2) 中间商市场

中间商市场,也称再售者市场。在中间商市场中,批发商、各类零售商和代理商购买产品的目的是在消费者市场上出售这些产品而获利,因此中间商市场又被称为转售者市场。

(3) 政府市场

政府市场,也称政府采购市场。政府机构每年要采购大量的商品和得到大量的劳务,用于满足国防、教育、公共福利和其他公共需要。这一市场受到企业的普遍重视。

二、市场营销的含义

市场营销是个人或组织通过创造并同他人或组织交换产品和价值以获得其所需所欲之物的一种社会活动过程。

市场营销是一种从市场需要出发的管理过程,它的中心思想就是实现产品交换,这是一种买卖双方互利的交换。

小贴士

营销小技巧

重庆北碚有一家专门经营电子玩具的商店,新引进两种不同型号、质量相差无几、价格都是80元的电子游戏机。可摆在柜台上却很少有人问津。该店新上任的女经理便在标价上做了调整,把型号小的那种游戏机的标价,从80元提到160元,型号较大的游戏机的标价不变。

有人看到,型号又大、价格又便宜的游戏机,并不比型号小、标价高的那种质量差,以为捡到了便宜,机会难得,便毫不犹豫地将其买下。一些有派头的人,看到型号小,价格反而比型号大的游戏机的价格高出 80 元，以为遇到了真货，慷慨解囊，趁游戏机盛行之时，送给上司的宝贝儿子。很快，几千台两种型号的游戏机便被抢购一空。没改变价格前，两种游戏机都卖不出去，有意提高小型号游戏机的价格，使两种游戏机的价格形成强烈的对比，引起顾客的购买心理，收到了良好的销售效果。

资料来源：樊丽丽. 趣味管理案例集锦. 北京：中国经济出版社，2005

这说明市场营销的重要性，同样的产品，采取不同的营销策略，结果迥然不同。

第二节　市场分析

一、市场营销环境概述

作为影响企业营销活动的重要因素，市场营销环境受到越来越多研究者的关注。

（一）市场营销环境的含义

市场营销环境，泛指一切影响、制约企业营销活动的因素。这些因素直接影响企业与顾客之间的交换关系，它往往处于动态发展过程中。

（二）市场营销环境的分类

市场营销环境包括总体环境和个体环境两部分。

1. 总体环境

市场营销总体环境，又称宏观环境，是由一些大范围的社会约束力量构成的，包括政治、经济、社会文化、法律和科技状况。可细分为人口环境、经济环境、自然环境、技术环境、政治环境和社会文化环境。

2. 个体环境

市场营销个体环境，又称微观环境，是指与企业的营销活动直接发生关系的组织与行为者的力量和因素。可细分为企业内部环境、企业的供应者、营销中介、顾客、竞争对手、社会公众等。

（三）市场营销环境的分析与评价

环境变化可能给企业带来市场机会，也可能给企业带来一定的环境威胁。企业能否从中发现并抓住有利于企业发展的商机，避开或减轻不利于企业发展的威胁，就成为企业营销的一个首要问题。

并不是所有的环境威胁都一样大，也不是所有的市场机会都具有同样的吸引力。企业营销部门应对所面临的市场环境予以具体的分析、评价。

每一个地方都会有其特有的和其他地区有别的自然环境、文化、风俗等，这种差异会对市场营销产生巨大的影响，想把市场做大就必须考虑到这种因素。

小贴士

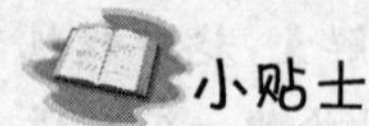

周国人卖“朴”

郑国人将没有加工过的玉称作“璞”,周国人称没有腌制的鼠肉为“朴”。一个周国人带着朴拜访郑国的商人时说:“想买朴吗?”郑国商人说:“想啊。”那周国人拿出朴来,郑国商人一看,原来是没有加工过的鼠肉,于是谢绝了。

这说明自然环境、文化、风俗等差异会对市场营销产生巨大的影响。

1. 环境威胁分析

分析环境威胁的常用方法是使用环境威胁矩阵图,如图 4-1 所示。

环境威胁矩阵图的横排代表“出现威胁的可能性”,纵列代表“潜在的严重性”,表示盈利减少的程度。例如,某企业在环境威胁矩阵图上有三个“环境威胁”,其中威胁②和③不仅潜在的严重性大,出现威胁的可能性也大,这两个威胁是主要威胁;威胁①潜在的严重性大,但出现威胁的可能性小,故不构成主要威胁。

潜在的严重性 \ 出现威胁的可能性	大	小
大	② ③	①
小		

图 4-1 环境威胁矩阵图

面对环境威胁,企业可选择的对策有:

第一,对抗,即试图限制或扭转不利的发展。

第二,减轻,即通过调整市场营销组合来改善环境适应,以减轻环境威胁的严重性。

第三,转移,即决定转移到其他盈利更多的行业或市场。

2. 市场机会分析

市场机会分析的常用方法是使用市场机会矩阵图。如图 4-2 所示,横向代表企业获得市场机会后成功的可能性,纵向表示市场机会潜在的吸引力。

市场机会矩阵图的横排代表“出现成功的可能性”,纵列代表“潜在的吸引力”,表示潜在盈利能力。

例如,某企业在市场机会矩阵图上有两个“市场机会”,其中最好的市场机会是⑤,其潜在的吸引力和成功的可能性都大,市场机会④其潜在的吸引力虽大,但其成功的可能性小。

将市场机会和环境威胁综合起来分析,企业将面临四种业务选择。如图 4-3 所示,横排代表“环境威胁水平”,纵列表示“市场机会水平”,就可以分析出企业的四种不同状况。

潜在的吸引力 \ 出现成功的可能性	大	小
大	⑤	④
小		

图 4-2 市场机会矩阵图

机会水平 \ 威胁水平	低	高
高	理想企业	风险企业
低	成熟企业	困难企业

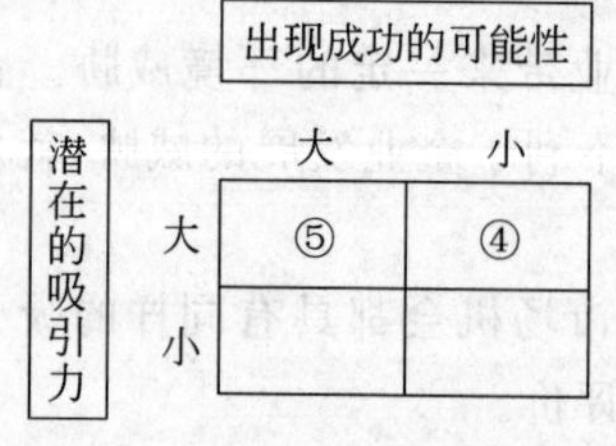

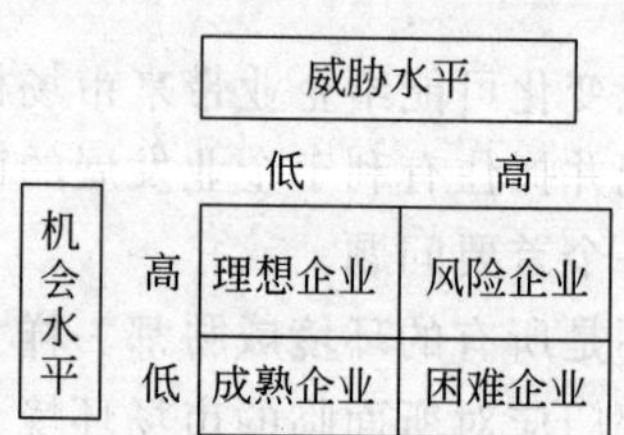

图 4-3 企业分类图

- 理想企业——高机会和低威胁的企业；
- 风险企业——高机会和高威胁的企业；
- 成熟企业——低机会和低威胁的企业；
- 困难企业——低机会和高威胁的企业。

通过这样的分析和评价可知，上述某企业共有两个主要威胁，即②和③；一个最好的机会，即⑤，所以该企业属于高机会企业和高威胁的企业，是风险企业。

二、消费者市场购买行为分析

消费者市场又称消费品市场或终极市场，是指为满足生活消费需要而购买商品或服务的一切个人和家庭。

消费者需求受多种主客观因素的制约和影响，千姿百态，复杂多变。但从总体上分析，各种需求的状态和趋势又存在某些共性，有别于其他市场购买行为。

（一）消费者市场的特点

在消费者市场，消费者的需求及其购买行为具有以下几个特点。

1. 无限扩展性

人们的需求是无止境的，永远不会停滞在一个水平上。随着社会经济的发展和人们收入水平的提高，人们对商品和劳务的需求在不断地向前发展。一种需求满足了，又会产生新的需求，循环往复，无穷无尽。因此，市场营销者的重要任务之一，就是要不断地研究新需求，开发新产品，开拓新市场。

2. 多层次性

消费者的需求是多层次的，既包括生存、安全等低层次需求，也包括享受、发展等高层次需求。当低层次的物质生活需要得到满足后，消费者就会追求高层次的社会性、精神性需求的满足。

由于消费者的收入水平、文化修养、信仰观念、生活习惯等方面存在着差异，其需求层次也各不相同。即使是在同一类商品市场，消费者购买层次也是不同的。例如同是具有休闲需求的消费者，有人选择到海滨度假，有人喜欢高山滑雪；即使同样喜欢在海滨度假，有的人愿意驾车去北戴河，另一些人则宁可乘飞机去大连。

消费市场的层次特点使得企业有更多的营销选择。企业可以根据自己的条件和特点，选择自己的目标市场，而不必在产品档次、价格等方面强求一致。

小贴士

农夫的价值观

宋国有个农夫，他只有普通的旧麻布衣服，干完农活在地里躺下晒太阳。他不知道天下有大厦豪宅、裘皮锦衣。他想：“晒太阳真是一种享受啊，这种享受别人不知道吧。这么舒服的享受，我要是献给国王，一定能得到重赏吧。”

农夫和国王,代表着绝不相同的两个人群,他们对事物的需求也是绝对不一样的。相同的道理,面对不同的客户群体,企业也必须意识到消费者对产品需求层次的不同。

3. 多样性

消费者人多面广,差异性大。不同年龄、性别、兴趣爱好、受教育程度、收入水平的消费者,在生活消费的各个方面都有不同的需求特点。不仅如此,就同一消费者而言,需求也有多样性特征。即不仅有生理的物质需求,还有心理的、精神方面的需求。

随着消费水平的提高和社会习俗的变化,消费者需求在总量、结构和层次上也将不断发展,日益多样化。

第 2、第 3 个特点为企业进行市场细分奠定了基础。企业必须在市场细分的基础上,恰当地选择目标市场,根据其目标市场上的需求特点制定出相应的营销组合策略。

4. 可诱导性

消费者需求大部分可以通过环境的改变或外部诱因的刺激而产生,也就是说,消费者需求是可诱导和调节的,具有较大的弹性。消费者需求的这一特征,为企业提供了巨大的市场潜力和市场机会。

企业可以通过卓有成效的市场营销活动,进行广告宣传、营销推广等,使无需求变为有需求,潜在需求变为现实需求,未来需求变为现实需求,从而使企业由被动地适应、迎合消费者需求,转为积极主动地引导、激发和创造需求。

例如,某手机市场打出广告:"凡持有大学录取通知书的同学可到本店领取 100 元的手机优惠券",使得原本没有手机购买计划的新生也到这家店进行消费。

5. 分散性

消费者市场以个人或家庭为购买和消费的基本单位。消费者市场中,人数众多,分布面广,每次购买的量较小而购买频率较高。

消费者的购买行为

消费者的购买行为的主要类型有:①经常性购买(日用品等);②选择性购买(服装等);③探究性购买(车、房等)。

(二) 消费者购买行为模式

行为主义心理学指出人的行为是对刺激的反应,我们称其为刺激—反应模式。消费者购买行为完全符合这一规律。

从市场营销者角度出发,各个企业的市场营销活动都可以被视作对购买者行为的刺激,如产品、价格、销售场所、各种促销方式等。所有这些,我们称之为"市场营销刺激",是企业有意安排的对购买者的外部环境刺激。

除此之外,购买者还时时受到其他方面的外部刺激,如经济的、技术的、政治的和文化的刺激等。所有这些刺激,进入了购买者的"暗箱"(头脑)后,经过了一系列的心理活动,产生了人们看得到的购买者反应：购买还是拒绝接受，或者是表现出需要更多的信息。

如果购买者一旦决定购买，其反应便表现在购买者的选择上，包括产品的选择、品牌的选择、购物商店的选择、购买时间的选择和购买数量的选择。这一关系，如图 4-4 所示。

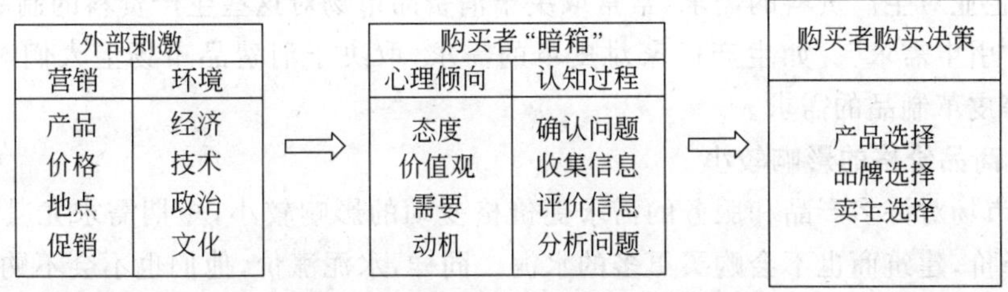

图 4-4 营销刺激与消费者反应模式

图 4-4 说明，尽管购买者的心理是复杂的、难以捉摸的，但这种神秘的、不易被窥见的心理活动可以反映在其决策行为中，从而被人们认识。

营销人员可以从影响购买者行为的诸多因素中找出普遍性，并在能够预料购买者反应的情形下，自如地运用"市场营销刺激"。

小贴士

消费者购买决策

消费者购买决策过程的主要步骤是：①确认需求；②寻求信息；③决定购买；④购后评价。

三、企业市场购买行为分析

企业市场又称产业市场、生产者市场，指个体或组织采购货物进而加工生产其他产品供出售或出租，以从中盈利而形成的市场。

（一）产业市场购买者行为的特征

产业市场与消费者市场相比，具有如下一些鲜明的特征。

1. 购买者数量少

与生活资料（消费品市场）相比，生产资料的购买者数目较少。如生产电冰箱压缩机企业的购买者可能是某地区的十几家电冰箱生产厂家，而这十几家电冰箱厂生产的电冰箱在消费资料市场上的购买者却是成千上万。

2. 交易量大

生产资料的订货金额数量通常比消费品大。由于生产上的要求，交易频率低，而一次性进货量大。

3. 区域相对集中

某一类生产资料的购买者往往集中于少数地区。如美国的纽约、加利福尼亚、宾夕法尼亚等州,工业生产资料的购买者就很集中。我国的沈阳、长春等地,制造业的生产资料购买者也比较集中。

4. 引申需求

生产企业对生产资料的需求,常常取决于消费品市场对这些生产资料的制品的需求,有人叫做"引申需求"。如生产厂家对皮革的需求,取决于消费品市场上人们对皮鞋、皮包、皮箱等皮革制品的需求。

5. 受商品价格的影响较小

产业市场对许多产品和服务的需求受价格变动的影响较小,短期需求尤其如此。例如,水泥降价,建筑商也不会购买更多的水泥。同样,水泥涨价,他们也不会不购买水泥或少购买水泥,除非他们找到满意的替代品。

6. 受消费者需求的影响较大

消费者需求的少量增加能导致产业购买者需求的大大增加。有时消费者需求增减10%,就能使下期产业购买者需求出现200%的增减。这一现象导致许多营销人员使其产品线和市场多样化,以便在商业周期中实现某种平衡。

7. 专业化采购

企业的采购是由受过专门训练的采购代理商来执行。专业采购者具有较高的专业素养和较高的技术信息评估能力,在采购时会理智地进行成本—效益分析。因此,产业市场营销人员为了同训练有素的购买者打交道,不得不雇用专业化的销售代理商,并时常动用庞大的销售队伍。

8. 直接采购

产业购买者往往向生产者直接采购所需产业用品,特别是那些单位价格高、有高度技术含量的设备,而不通过中间商。

9. 购买环节复杂

生产资料的购买,常常是由买方企业中的各方面人员共同决定的。例如,购买一台数控机床,可能会有20人参与这个购买决策,有采购人员、专家、财务负责人、使用部门主管和副厂长等。这些人往往经过讨论分析做出购买决策。因此,他们的购买更理性。

10. 品质与时间的要求

采购者对生产资料的品质要求要严于消费品,不符合质量标准的,可能会给购买者带来不可挽回的经济损失。例如,水泥的质量不好,可能使建筑整体变形,甚至坍塌。

生产资料的购买者对供货时间要求也较高。在消费品市场上订购一张餐桌,交货时间提前或延后,会给消费者带来不便,但生产资料的供货时间提前或延后的后果不仅仅是"不便",而且会直接影响购买者生产经营活动,甚至会造成重大损失。例如,一个建筑公司购买的脚手架不到位,建筑工地可能就会停产,为此延误交工的日期。根据《合同法》的规定,这家建筑公司可能需要对出资方进行经济上的赔偿。

(二) 产业市场购买行为的决策过程

购买生产资料,多数为理性购买行为,与消费资料的购买有着明显的不同。生产资料的购买者采购设备、原料取决于企业生产的需要,买什么、买多少、买哪家的,不是由个人对商品的情感所决定的。因此，生产资料购买者与一般消费品购买的动机有所不同。

小贴士

生产者购买行为类型

生产者购买行为类型有：①直接续购（最简单）；②修正重购；③新购（最复杂）。

生产资料购买者采购生产资料的过程一般可分为以下七个阶段，如图4-5所示。

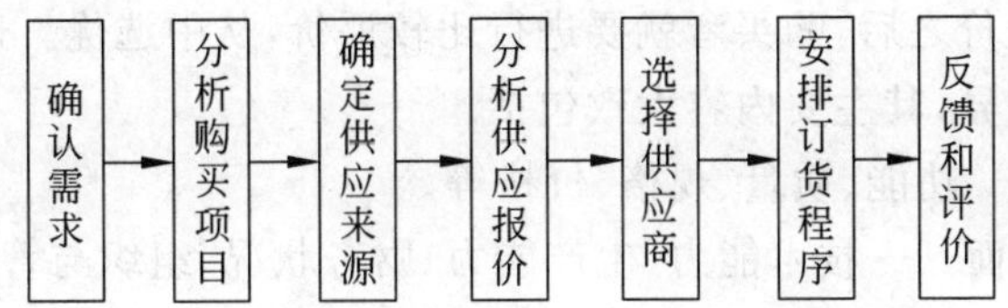

图4-5　生产资料购买者采购生产资料的过程示意图

1. 确认需求

确认需求是指生产资料的购买者认识需求和提出解决需求的方法的过程。

在这个过程中，购买者首先要明确企业对生产资料的购买是由什么原因引起的，是存货量低于应保持的水平呢，还是由于新产品的开发带来的对新设备和原材料的需要呢，或者是发现以往采购的原料不合要求，市场上有更新的、更符合要求或价格更低廉的产品出现呢，回答这几个问题的过程就是确认需求的过程。需求明确了，还要提出解决需求的办法来。

生产资料营销人员可以通过加强对本企业产品的宣传争取客户。

2. 分析购买项目

分析购买项目，通常分两步走：决定需求项目的特点与数量；详细说明需求项目的特点与数量。

(1) 决定需求项目的特点和数量

决定需求项目的特点和数量就是确定所需要品种的特征和数量。

标准品种易于确定。至于复杂品种，采购人员要和使用者、工程师等共同研究，确定所需品种的特征和数量。

市场营销人员在此阶段应该帮助采购单位的采购人员确定所需品种的特征和数量。

(2) 详细说明需求项目的特点和数量

这一阶段是企业用户将购买目标具体化。由于产业用品在技术、性能、成分、使用方向等方面要求高、内容复杂，必须具体确定产品规格、成分、性能、使用方向等，并做出详细的技术说明，既作为采购商品的依据，也便于供应商进行投标和进行产品推销活动。

3. 确定供应来源

在分析购买项目以后，购买者会寻找和判断潜在的供应来源。购买者利用工商名录进行计算机查询，或通过别的企业介绍，然后选定部分合格供应商。购买任务越新，所需物品越复杂昂贵，寻找合格供应商所花费的时间越多。

此时，营销人员的任务是，使自己的名字列在主要的商业名录上，并尽可能通过各种媒体介绍企业和产品,介绍要全面,尽可能详细,并在经营中始终重视商品的质量和信誉,以利于与用户建立良好的关系,从而增加被客户选中的机会。

4. 分析供应报价

在确定供应来源以后,购买者会接受和分析供应企业报价。购买者先选出少量供应者,由采购人员分析报价单。

营销人员应重视报价工作,力争全面反映本企业商品的特性,以促使购买企业考虑接受本企业的报价。

5. 选择供应商

在汇集了多家报价之后,购买者就要进行比较评价,从中选优。选择标准因企业和产品不同而有一定的差异,其主要内容大致包括:

(1) 产品方面——功能、质量、规格、价格等。

(2) 履约能力方面——技术能力、生产能力、财务状况、组织与管理能力等。

(3) 信誉方面——履约的历史情况、其他用户口碑等。

(4) 服务方面——是否提供援助与咨询、技术培训、维修服务等。

(5) 方便性方面——地理位置、交货及时性等。

(6) 法律方面——该企业行为是否符合法律法规。

对比较简单的产品的选择,主要是凭经验和直觉;对复杂的采购任务,购买企业要建立专门的采购委员会并聘请专家参加,采用更为严密的评选方法,如专家意见加权计分法等。

通常,购买者对供应商的筛选是分阶段逐步缩小范围的。在这个过程中会邀请初选过关的供应商再次报价并进行面对面的谈判。

6. 安排订货程序

选定供应商后,购买者会发出采购订单,列出所需产品的技术规格、订购数量、交货时间、退货办法、产品保证条款和措施等,并在合同中将有关事宜明确规定。

购买者根据时间需要,可以同供应商签订"一揽子合同",建立长期供货关系,也可以签订"定期采购合同",或者一次性购买等。

7. 反馈和评价

在购买生产资料的企业中,产品购进使用后,采购部门将与使用部门保持联系,了解产品使用情况,满意与否,并考察比较供应商的履约情况,以决定今后对供应商的态度。

要注意的是,以上决策过程不是可随时套用的万能公式,应根据具体营销对象和状况作相应的变化与调整。

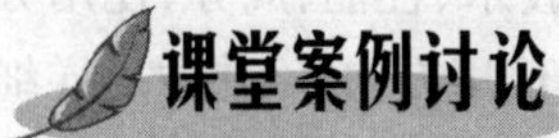

老年人消费行为分析及企业的营销对策

某公司对600位老年人的消费行为进行了问卷调查,发现老年消费者行为存在一定的规律。这次调查发现,51.2% 的老年消费者是理智型的消费者。

随着年龄的增加,他们的消费经验也在不断增加,哪些商品能满足自己的需要,他们心中有数。因此,他们会多家选择,充分考虑各种因素,购买自己满意的商品。

调查还发现，有20%左右的老年消费者属于习惯型的消费者。他们通过反复购买、使用某种商品，对这种商品有较为深刻的印象，逐渐形成消费、购买习惯，并且不会轻易改变。这些老年人对于不了解的商品不轻易采用，极少发生冲动型购买。

老年人在购买商品时首先强调质量可靠(29.8%)、方便实用(26.4%)、经济合理(25.8%)、舒适安全，至于商品的品牌、款式、颜色、包装装潢，是放在第二位考虑。

我国现阶段的老年人经历过较长一段时间的并不富裕的生活。他们生活一般都很节俭，价格便宜对于他们选择商品有一定吸引力。但随着收入水平的提高，老年人在购买时也不是一味追求低价格，品质和实用才是他们考虑的最主要因素。在子女成人独立、经济负担减轻之后，一些老年人试图进行补偿型消费。他们随时寻找机会补偿过去因条件限制未能实现的消费欲望，在美容美发、穿着打扮、营养食品、健身娱乐、旅游观光等方面，有着强烈的消费兴趣。

调查发现，老年人多选择大商场和离家较近的商店购买商品。因为他们希望商品质量要得到保障；还希望得到周到的服务，如商品咨询、导购服务、运行较慢的扶手电梯和购物时的休息场所等。另外，在专卖店和连锁店购物的老年人也占有一定的比例。还有极少一部分老年人会通过电视直销和电话购物购买商品。

由于老年人大多害怕寂寞，子女却因工作忙、闲暇少，所以老年人多选择老伴或同龄人一道出门购物。老年人之间有共同话题，在购买商品时也可以互相参考，出谋划策，这说明影响老年人购买的相关群体主要还是同龄人。调查发现，独自一人外出购物的老年人占37.4%。对于这部分人，商家更要提供周到的服务，为他们详细介绍商品特点和用途，提供易携带的包装，必要时送货上门。

问卷针对广告的影响作了调查，大多数老年人选择了“影响一般”(41.9%)，有一部分老年人选择了“没有什么影响”(22.7%)；另有一部分老年人对广告有反感情绪。由于老年人心理成熟，经验丰富，他们相信通过多家选择和仔细判断就能选出自己满意的商品。老年人也希望通过广告了解一些商品的性能和特点，并以此作为选择某些商品的参考。

在促销措施上，老年人最乐意接受的促销手段分别是样品派送(30%)、价格折扣(22.2%)、展销会(12.2%)、商品咨询(19%)、有奖销售(6.3%)、现场演示(5.9%)、赠品促销(2.2%)、发放奖券(2.2%)。

资料来源：案例摘自杨琼主编的《市场营销学》(科学出版社，2006年)

讨论题：

1. 试分析老年人的消费心理特征和消费行为特征。

2. 在中国，老年人口占总人口的比例已达到10%，今后每年仍以3.2%的比例迅速增长，这是一个庞大市场。面对这样的市场，企业应采取什么营销策略？

第三节 市场细分与目标市场选择

现代市场营销实质上是针对目标市场的营销。目标市场营销的前提是，没有任何一个企业能够满足所有人的需求；同样也没有任何一个企业能满足一个人的所有需求。

企业提供的产品和服务总是有限的,只能满足部分消费者的部分需求,这就要求企业确定自己产品的消费对象,也就是对市场细分。

一、市场细分

(一)市场细分的含义

市场细分是指根据消费需求的差异性把某一产品或服务的整体市场划分为不同的子市场的过程。每一个子市场都是由一群具有相同或相似的需求、欲望、购买行为或购买习惯的消费者所构成。

不同子市场的消费者群体之间具有明显的差别。例如,不同年龄的消费者对服装有着不同的需求,或称需求差异。服装企业就可以根据消费者的年龄,将服装分为童装子市场、中老年子市场和青年子市场等。

我们根据消费者的需求与购买行为反应是否一致,可以将市场分为同质市场和异质市场。

1. 同质市场

同质性市场,是指某产品或服务的消费者所表现的需求、欲望、购买行为及对企业营销策略的反应相同或相似。如普通食盐市场、原油市场等。

2. 异质市场

反之,某产品或服务的消费者所表现的需求、欲望、购买行为及对企业营销策略的反应差异明显且不易改变,我们称这样的产品市场为异质市场。如服装市场、家具市场等均属于比较典型的异质市场。

更确切地讲,市场细分就是把一个异质的整体市场划分为若干个相对同质的子市场的过程。

(二)市场细分的标准和方法

1. 消费者市场细分标准

(1) 地理环境

地理细分是指按照消费者所在的不同地理位置作为细分消费者市场的标准。处在同一地理条件下的消费者,他们的需求有一定的相似性,对企业的产品、价格、分销、促销等营销措施会产生类似的反应。地理标准主要有以下一些因素。

① 行政区域。我国目前的省、市、区县、乡等行政机构。不同区域的人生活习惯有较大的不同,例如,南方的天气较热,特别寒冷的时间很少,那么生产裘皮大衣的厂家就不应该把南方的城市作为自己的销售市场,而应该把东北三省作为其主要的销售市场。

② 经济区域。不同地区的经济状况不同,消费水平与购买力也不尽相同。通常,像广东、上海这样的南方大城市消费水平较高,而北方一些边远山区的购买力水平可能就比较低。

例如,同是购买洗衣机,高消费水平城市的消费者可能选择款式新、使用方便的洗衣机，而购买力水平较低的农村消费者可能将结实耐用，经济实惠的洗衣机作为首选。据此，洗衣机商家就可以将洗衣机市场细分为两个子市场，即耐用、价格低廉的洗衣机子市场和外观华丽、使用方便的洗衣机子市场。

(2) 人文环境

运用人文因素细分市场，就是根据人文统计变量如国籍、民族、人数、年龄、性别、职业、教育程度、宗教、收入、阶层、家庭人数、家庭生命周期、媒体接触方式等因素将市场进行细分。

例如在我国，目前不少商场将服装细分为男装、女装和童装，在女装中又分为淑女装、职业装、少女装和老年装等子市场。

(3) 商品用途

销售者应该研究同一种商品的不同用途，也就是说根据商品用途细分消费者市场。

北京稻香村集团以自制糕点为主要产品，他们注重运用市场细分化的策略。他们发现许多糕点是被消费者作为礼品买去的，那么，在包装装潢上要求考究，商品的品质则不要求那么精细。这种消费者用于赠送礼品的商品与其他消费者用于自己消费的商品不一样。于是，稻香村就推出了盒装糕点和散装糕点，也就是说他们将糕点市场细分为送礼消费者子市场和自己享用消费者子市场，在经营中获得了成功。

(4) 购买行为

商家可以从消费者购买视角、购买频率、偏爱程度及敏感因素等方面判定不同消费者群体的行为。

例如，一般消费者购买邮票是为了邮寄信件，而另一些消费者买邮票是为了集邮，邮政部门就可以将其分为两个不同的子市场。目前邮政系统设计的四联邮票、首日封等都是为集邮子市场服务的。

以上提出的四项内容是一般企业常用的市场细分标准。这并不意味着适用于任何消费品的营销活动，也不表示所有的细分最多只限于以上几方面。

小贴士

营销小故事

有一个汽车生产商，原本是针对30岁以下的年轻人设计了一款体现年轻人敢于冒险、放荡不羁风格的汽车。新型车一上市，销售情况非常好。然而当他们对全部销售情况进行分析时，却发现了一个有趣的现象，就是中老年人在购买比例中占有相当的比重，竟然占到40%。由此可见，这些人虽然年龄超过30岁，但他们却是在追求一种更年轻的生活方式。

2. 生产者市场的细分标准

生产者市场的细分主要由以下因素为划分依据。

(1) 用户类别

营销人员可以根据用户类别进行市场细分。企业用户的行业类别划分比较复杂，涉及农业、军工、食品、纺织、机械、电子、冶金、汽车、建筑、商业、金融等。不同类别的用户，其需求有很大的差异。

(2) 用户规模

用户规模包括大型、中型、小型企业，或大用户、小用户等。不同规模的用户，其购买力、购买批量、购买频率、购买行为和方式不相同。

(3) 地理位置

地理位置包括国界、地区、气候、地形、交通运输等。此外，生产力布局、自然环境、资源等，也是很重要的细分变量。

按用户地理位置细分市场，有助于企业将目标市场选择在用户集中地区，有利于提高销售量，节约推销费用，节约运输成本。

(4) 行为因素

行为因素包括购买者需求、商品使用率、品牌商标忠诚度、使用者地位(如重点用户、一般户、常用户、临时户等)、购买方式等。

3. 市场细分的主要方法

(1) 细分化

细分化是按照一个到三个细分标准，将目标消费者细分成各个互不相同的群体。

例如，某旅行社在市场研究中，将细分化标准定为消费者的年龄和收入水平，并且将收入和年龄各自归为三个类别，依据这两个标准，该旅行社将得到 9 个细分市场，见表 4-1。

表 4-1 某旅行社的市场细分类型

标准 1 / 标准 2	低于 1500 元	1500～4000 元	4000 元以上
小于 18 岁	细分市场 1	细分市场 2	细分市场 3
18～35 岁	细分市场 4	细分市场 5	细分市场 6
36～50 岁	细分市场 7	细分市场 8	细分市场 9

(2) 类型化

类型化是按照四个或四个以上的市场细分标准对市场进行划分，使所划分的各子市场之间尽可能区分明显，以便运用不同的营销策略；各子市场内部的各个消费者尽可能的相似，以便使相同的营销策略更有效。

例如，生产或经营化妆品的企业，可以按照表 4-2 进行细分。假设企业经过消费者市场调查以后，认为在进行这种细分时，消费者的性别、年龄、购买目的、皮肤特点等是主要营销因素，便根据这些因素设计出“细分表”。

例如，某企业在分析市场竞争态势的基础上，结合本企业的条件，在细分后的 36 个子市场中，首先选择女性子市场，在将该子市场按年龄归类，即选择女性青年、老年的 6 个(标有 Δ 的)子市场作为自己的目标市场。

表 4-2 类型化市场细分

购买目的	皮肤特点 \ 年龄 \ 性别	男 性			女 性		
		儿童	青年	老年	儿童	青年	老年
侧重美容	干性					△	△
	中性					△	△
	油性					△	△
侧重护肤	干性						
	中性						
	油性						

二、目标市场选择

(一) 目标市场的含义及目标市场选择的意义

1. 目标市场的含义

市场细分的目的在于为企业选择和进入目标市场提供帮助。

目标市场,指在需求异质性市场上,企业根据自身能力所确定的现有和潜在的消费者群体。

例如,在上述关于类型化举例中的企业,不可能进攻所有的市场,根据自己的开发与生产能力就把女性中的青年消费者和老年消费者作为自己的目标市场。

2. 选择目标市场的意义

在所有的市场细分进行之后,企业对市场细分的结果进行评估。通过评估来舍弃无效的细分市场,找出企业准备为之服务的目标市场。企业目标市场的选择正确与否,对企业生死攸关。

小贴士

蝴蝶和蜜蜂

蜜蜂心灵手巧,他酿的蜜又甜又香,他造的巢又结实又节省材料。

蝴蝶一心想嫁给蜜蜂。为了讨得蜜蜂的欢心,她买了最漂亮的衣裙和化妆品,每天都把自己打扮得花枝招展,嘴唇抹得红红的、艳艳的,眉毛描得细细的、弯弯的,身上洒得香喷喷的。但是,蜜蜂见了她,却一点儿也不动心。蝴蝶想尽了一切办法,还是半点效果也没有。

蝴蝶伤心地问蜜蜂:"难道我还不够漂亮吗?"

"你很漂亮。"

> “难道我还不够美丽吗?”
> “你十分美丽。”
> “难道我还不够吸引人吗?”
> “你太吸引人了。”
> “那你为什么不爱我呢?”
> “可惜,你的工夫下得不是地方。”
> 资料来源:刘松.管理智慧168.北京:机械工业出版社,2005

蝴蝶为什么下错了工夫呢?这是因为,她的市场定位不准确。对一个企业来说,目标市场是非常重要的。如果市场定位不准确,很可能像蝴蝶一样劳而无功。

(二)目标市场营销策略

目标市场营销,是指企业通过市场细分选择了自己的目标市场,专门研究目标市场消费者的需求特点,并针对其特点提供适当的产品或服务,制定一系列的营销措施和策略,实施有效的市场营销组合。

可供企业选择的目标市场策略主要有以下三种。

1. 无差异性市场策略

无差异性市场策略是指用同一种商品和一套营销方案吸引所有的消费者。

比如20世纪六七十年代的蛋黄洗发膏,它的目标市场是满足那些有清洁头发需求的消费者,对男性、女性、老人或儿童,干性头发或油性头发都使用同一个配方,毫无差异,也就是采取无差异市场策略。

现在仍然有一些企业在使用无差异性营销策略。这有两种情况:一种情况是,这些企业生产的是人们大量使用的生活必需品并具有垄断性,如自来水、电力、煤气、石油等;另一种情况是,在某一个行业里不存在其他同类企业,但这种机会越来越少了。

2. 差异性市场策略

差异性市场策略是指企业针对每个细分市场的需求特点,分别为之设计不同的产品,采取不同的市场营销方案,满足各个细分市场上不同的需要。

运用差异性策略比较成功的就是美国宝洁(P&G)公司。宝洁公司仅洗发水这个产品,就有潘婷、飘柔、海飞丝、伊卡璐等多种品牌,这些产品分别为那些干性头发、油性头发设计独特的配方,并分别为之做广告、采取不同的促销活动等。

这一策略最大的问题是营销成本的提高。所以,运用这一策略的前提就是销售额扩大所带来的利益必须超过营销总成本的增加。

3. 集中性市场策略

集中性市场策略是指企业选择一个或少数几个子市场作为目标市场,制定一套营销方案,集中力量为之服务,争取在这些目标市场上占有大量份额。这是一个比较特殊的策略。前两种策略都是面对整个市场,而采取集中性营销策略的企业,是集中针对一个或两个细分后的小市场作为它的目标市场。例如,亚都加湿器使用的就是集中性市场策略。

实施此策略,可以使某些子市场的特定需求得到较好的满足,因此,有助于提高企业与产品的知名度，今后一旦时机成熟，便可以迅速扩大市场。这种策略的不足在于经营风险较大，一旦市场消费者突然改变需求偏好，或某一更强大的竞争对手闯入市场，或预测不准以及营销方案制订失误，就会使企业因没有回旋的余地而陷入困境。因此，采用这一策略的小企业必须有产品的独到之处及竞争方面的自我保护意识，还要密切注意目标市场的动向及竞争对手的动向。

课堂案例讨论

多品牌营销策略

宝洁是美国蜡烛制造商威廉·波克特与肥皂制造商詹姆斯·甘保于1837年在美国合资成立的，总公司设在辛辛那提。宝洁公司于1988年正式进入中国。

一提起宝洁公司，人们马上会想到“玉兰油”护肤品系列、“舒肤佳”香皂、“飘柔”洗发水、“佳洁士”牙膏等众多知名品牌。其中飘柔、海飞丝、潘婷的市场占有率总额已经达到了66.7%，实质上已经达到了垄断者的地位。宝洁的成功，在很大程度上取决于其品牌策略。特别是在同一领域成功地推出多品牌，是宝洁在品牌营销中的一大特点。

人们知道，宝洁的每一款产品的特性是各不相同的，宝洁的家族中也没有完全相同的两款品牌。宝洁这样在同领域推出不同品牌的做法，与我们传统的产品理念有很大的区别。这是不是在“窝里斗”，这会不会造成宣传资源的浪费？经过多年的品牌营销实践证明，答案是否定的。宝洁不断在相同领域推出自己不同品牌的做法，正是考虑到市场本身的多元化以及消费者不同性格、不同喜好、不同偏爱、不同需求这一根本差别。宝洁不仅要力争满足全球消费者的共同需要，同时也尽力满足具体市场的独特需求。

这与目前市场上不同档次、不同价位的产品之间相互抄袭或模仿，其心存误导之意的做法有着根本的不同。宝洁首先将目标市场划定为不同区间，结合产品的不同品质，使不同品牌的产品有很强的可辨别性，并对每一个品牌进行明确的市场定位。例如，“佳洁士”“根部防蛀”的防牙、护牙定位；“舒肤佳”“健康、杀菌、护肤”的定位；洗发水“去屑、健康、柔顺”的定位等。

资料来源：案例摘自杨琼主编的《市场营销学》(科学出版社，2006年)

讨论题：

1. 宝洁公司的多品牌策略成功的原因是什么？
2. 宝洁公司是如何根据市场与消费者的差异制定销售策略的？

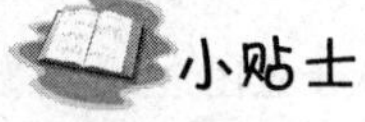
小贴士

影响目标市场策略选择的因素

影响目标市场策略选择的因素有：①企业的实力；②产品的自然属性；③市场差异性的大小；④产品所处的市场生命周期阶段；⑤竞争对手状况。

第四节 市场营销常用策略及其典型案例

多数企业在营销活动中往往采取市场营销组合策略。

一、市场营销组合策略的含义

市场营销组合是指企业在选定的目标市场上,综合考虑环境、能力、竞争状况,对企业自身可以控制的因素加以最佳组合和运用,以完成企业的经营目标与任务。

企业可控制的因素很多,麦卡锡教授把这许多因素概括为四部分,即产品(product)、价格(price)、渠道(place)和促销(promotion),简称 4P 策略。

二、产品策略

产品因素是市场营销组合中首要的与基本的构成部分,企业与市场的关系也是由产品来联结的,产品策略的制定是营销组合策略中最重要的内容之一。

(一) 产品含义

现代营销理论认为,企业向市场提供的产品中既要包括提供给消费者的有形利益,即指一种物质实体,又要包括无形的消费利益,如服务、观念与价值上的满足等一切顾客乐于接受而又能满足其多方面需求的有关属性。

产品应当是有形物质属性和无形消费利益的组合体和最佳统一方式。西方的一些专家教授在强调整体产品概念时,提出了"产品三层次"理论。

"产品三层次"理论认为,市场营销产品应当是一个综合的概念。任何产品,都应包含着三个层次:即产品的实质层、产品的实体层和产品的附加层,如图 4-6 所示。

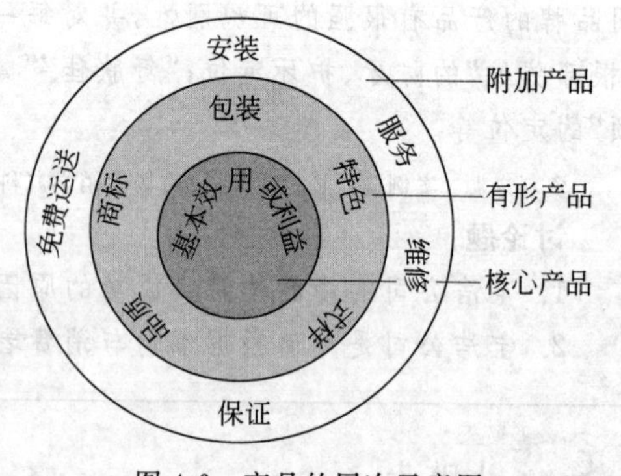

图 4-6 产品的层次示意图

1. 产品的实质层——核心产品

核心产品是指产品的基本效用,是消费者追求的核心利益,是顾客真正要买的东西,体现了消费者的购买动机,因而也是产品整体概念中最基本、最重要的部分。如购买照相机的实质是为了留下对某段经历的记忆。

2. 产品的实体层——有形产品

有形产品是核心产品借以实现的基本形式,是核心产品的载体。有形产品主要包括产品的构造、外形、质量水平、包装等。

一般情况下,企业应该首先着眼于顾客购买产品时所追求的产品的核心利益,在此基础上，再对产品进行设计、包装和品牌形象的塑造，更加完美地满足顾客的需要。

3. 产品的附加层——附加产品

附加产品是消费者在购买有形产品时所获得的全部附加利益和服务，主要包括免费送货、安装、调试、维修、产品保证、零配件供应、技术人员培训等。

美国营销学家李斯特说，未来竞争的关键，不在于企业能生产什么样的产品，而在于为产品提供什么样的附加价值：包装、服务、用户咨询、购买信贷、及时交货和人们以价值来衡量的一切东西。

当然，在营销过程中，企业经营者必须注意消费者是否愿意承担因附加产品的增加而增加的成本。

小贴士

营销小案例

肥皂大多是方方正正的，在洗澡的时候容易滑落。舒肤佳的设计人员进行了人性化设计，将肥皂设计成“腰型”，便于握捏，并且不易滑落。人性化的设计或许仅仅是一个简单的动作，却会带给消费者舒服甚至是感恩的心情。

（二）产品的分类

产品可以从不同角度进行分类。在市场营销学中，与营销策略有关的产品分类方法通常有以下两种。

1. 按产品的耐用性和有形性划分

(1) 非耐用品

非耐用品是指在正常情况下一次或几次使用就被消费掉的有形物品，如饮料、食品等。在销售非耐用品时，生产企业在营销时应该多设商业网点，只求微利、积极促销，以便使消费者随时能够买到所喜欢的商品。

(2) 耐用品

耐用品是指在正常情况下可以多次使用的有形物品，如住房、汽车等。对于耐用品，生产企业应该重视营销，并提供优质售后服务。

(3) 服务

服务是指为出售而提供的活动、利益和享受，如理发、修理、文艺演出等。服务的经营者需要加强质量管理，提高产品的可靠性和适应性。

2. 按消费者购买习惯划分

(1) 便利品

便利品是指消费者通常购买频繁，希望根据需要随时购买的商品，如报刊、香烟等。便利品一般是非耐用品，且都是消费者日常必需，因此，便利品经营地点的选择，应以方便顾客购买为原则。

(2) 选购品

在消费者购买商品之前要比较商品的质量、款式等，这些被比较的商品就是选购品。

企业的产品若是选购品,应该突出特色,以便消费者在众多的品牌中迅速挑选出来。

(3) 特殊品

特殊品是指消费者出于某种特殊需要而购买的商品,如纪念戳、古钱币等。这类产品一般是不能替代的。

(4) 非渴求品

非渴求品是指顾客不了解或者还没有形成购买需求的产品,如刚上市的商品、保险险种等。

非渴求品的营销策略应该是加强广告、推销,以便消费者了解这些产品,产生兴趣,从而扩大销售。

(三) 产品组合及其策略

1. 产品组合的内涵

(1) 产品组合

产品组合,也叫产品品种配备,是指企业制造或经营的全部产品的有机构成方式。如米其林公司的产品组合形式是轮胎、地图和餐饮服务。

(2) 产品线

产品线是指产品组合中的产品种类,例如,米其林公司的轮胎、地图和餐饮服务就是三条产品线。

(3) 产品项目

产品项目是产品线的下位概念,是指每条产品线中的具体产品,它是构成产品线的具体产品统称。如某摄影用品公司经营相机、摄像器材、冲洗需要品等,其中照相机是一条产品线,在相机这条产品线中,SONY 相机便是产品项目。

(4) 产品宽度

产品组合的宽度是指企业所拥有的产品线的数目。例如,米其林公司的产品宽度是 3。

(5) 产品组合深度

产品组合深度是指企业同一产品线中不同规格的产品项目总数。

例如,某电器集团公司的彩电是其中的一条产品线,其产品项目包括显像管彩电、液晶彩电和等离子彩电,这些彩电又有 19、21、24、29 英寸四种型号,那么,该产品线的产品组合深度就是 12(3×4)。

(6) 产品组合的长度

产品组合的长度是指企业所有产品线中产品项目的总和。我们横向代表产品组合的宽度,纵向代表产品组合的深度,就得到了产品组合矩阵,矩阵所覆盖的区域就是产品组合的长度,即 14(3+5+2+4),见表 4-3。

(7) 产品的关联性

产品的关联性是指产品组合中各产品线之间在最终用途、生产条件、分销渠道或其他方面的相关程度。

表 4-3　产品组合矩阵

产品线	产品组合深度	
电视机	A_1 A_2 A_3	产品组合宽度
收录机	B_1 B_2 B_3 B_4 B_5	
电冰箱	C_1 C_2	
洗衣机	D_1 D_2 D_3 D_4	

2. 产品组合策略

产品组合策略是根据企业的经营目标，对产品组合的宽度、深度、长度和关联度进行最优组合。企业在确定具体产品组合策略时，应依据不同的情况，可以选择下列不同的动态性产品组合策略。

(1) 扩大产品组合策略

扩大产品组合包括拓展产品组合的宽度和增加产品组合的深度。前者是在原产品组合中增加一个或几个产品线，扩大产品的范围，如某企业在家电类产品的基础上开始生产手机；后者是在原有产品大类中增加新的产品项目，如某家电企业推出智能型的新款洗衣机。

当企业预测现有产品线的销售额和利润在未来一段时间将会下降时，就应该扩大或变更产品线。当企业打算增加产品特色，或为更多的子市场提供产品时，则可考虑在原有产品线内增加产品的不同品种。

(2) 缩减产品组合策略

在市场需求缩减、原材料紧张、劳动力成本增加的情况下，企业缩减产品组合反而有利于利润总额的上升。这是因为从产品组合中剔除掉了那些获利很小甚至不获利的产品线和产品项目，使企业可以集中力量生产获利更多的产品。

(3) 产品延伸策略

任何一个企业都有其特定的市场定位。产品延伸策略是指企业在特定的产品线内部，全部或部分地改变公司原有产品的市场定位，主要有向上延伸、向下延伸和双向延伸。

① 向上延伸是指原来生产低档产品，后来决定增加高档产品。在高档产品市场需求大、销售增长快、利润率较高，高档产品市场上的竞争较弱，同时企业又想自己成为生产种类全面的企业等情况下，可采取此策略。

② 向下延伸是指企业原来生产高档产品，后来决定增加低档产品。在企业原有的高档产品的销售增长缓慢、企业的高档产品受到激烈竞争等情况下，可采用此策略。

③ 双向延伸是指企业在控制了中档产品的市场后，决定向产品大类的上下两个方向延伸，扩大产品的市场阵地。

(四) 产品生命周期理论

产品从投入市场到最终退出市场的全过程称为产品的生命周期。根据营销学家菲利普·科特勒的研究，依据产品的市场占有率、销售额、利润额的不同，典型的产品生命周期可以分为四个阶段，见表 4-4。在产品生命周期的不同阶段，其需求水平、利润水平等不同，因此企业需要采取不同的营销战略。

表 4-4 产品生命周期各阶段特点及策略

生命周期	企业情况	市场环境	营销策略
试销期	生产不稳定 生产成本高 销售费用低 利润低	熟悉产品者少 需求有限 销售渠道不畅 竞争者少	加强促销宣传 提高产品价格 鼓励消费者试用 吸引中间商
成长期	产品基本定型 生产批量化 成本降低 利润提高	营销渠道增多 市场占有率提高 涌入竞争者 价格开始下降	产品差异化 市场细分化 树立产品形象 调整产品价格
成熟期	产品定型 销售增长率下降 促销费用上升 利润下降	消费需求开始转移 营销渠道基本定型 竞争激烈 价格低	改进产品 开拓市场 调整营销组合
衰退期	产量降低 成本回升 经营出现亏损	消费需求减少 竞争者退出 促销作用不显著 价格最低	维护微利经营 缩减营销渠道 削价处理存货 停产退出市场

(1) 试销期

试销期是产品开始进入市场,销售缓慢增长的时期。在这个阶段,由于产品进入市场支付的成本较高,但销售收益并不高,所以企业的利润几乎不存在。

此阶段企业营销的着眼点应是建立新产品的知名度,广泛宣传,大力推销,吸引潜在顾客的注意和试用,争取打通分销渠道,占领市场。

(2) 成长期

成长期是产品迅速被市场接受和销售量锐增,销售利润也由负变正并快速上升的时期。随着更多的生产者和经营者加入这个行列,竞争逐渐加剧。

企业必须保持良好的产品质量和服务质量,切勿因产品畅销而急功近利,片面追求产量和利润。广告宣传的重点转向厂牌、商标的宣传,使人们对该产品产生偏好。增加新的分销渠道或加强原有分销渠道。

(3) 成熟期

此时产品被大多数潜在购买者接受,从而造成销售额增加缓慢。在此阶段,企业为了维持已有的销售份额,其营销费用日益增长,利润稳定或者开始下滑。

此阶段营销工作的重点是宣传企业的信誉,增加产品的系列,使产品多样化;同时要千方百计稳定目标市场,使消费者"忠于"某个产品。

(4) 衰退期

当销售量加速递减,利润也较快下降时,产品便步入了衰退期。

此时企业应当机立断,弃旧图新,实现产品的更新换代。有经验的营销员总结了三个字"撤、转、攻"策略。

① "撤"。"甩卖"是撤的一种。"撤"还要讲究方法和策略。

②“转”,有两层意思。一是转移目标市场,其中包括地域上的“转”。二是转移产品的用途,实际上是寻找和开发产品的新用途。如适合儿童使用的强化营养品的销路萎缩时,可以根据老年人生理上的需要进行研究。当发现老年人对有些营养成分的要求和儿童用强化食品相近时,便可以宣传产品的新用途,扩大目标市场。

③“攻”,指在“撤”的同时采取进攻性策略。推出新产品是最典型的“攻”。

(五) 新产品开发

随着科技的发展和社会的进步以及市场竞争日益激烈,产品生命周期越来越短,这就迫使企业必须不断开发新产品,以适应市场需求的快速变化,从而获取利润。

1. 新产品的含义

市场营销学所说的新产品的概念与科学技术发展意义上的新产品的概念有所不同,其定义是:凡是消费者认为是新的、能从中获得新的满足的、可以接受的产品都属于新产品。

新产品可进一步分为以下四种。

(1) 全新产品

全新产品是指新技术新发明应用于生产过程而制造出的过去从未有过的产品。这类产品一旦在市场上打开局面,就会表现出很强的生命力,能够为企业带来较长期的利润。

此类产品一般研制时间长、技术条件高,企业成本投入比较多。

(2) 换代产品

换代产品是在原有产品的基础上采用新材料、新工艺制造出的适应新用途、满足新需求的产品。例如,洗发水就是洗发膏的换代产品。

(3) 改进产品

改进产品是对市场上现有产品的性能、规格型号等进行改进,以提高质量或实现多样化,满足不同消费者需求的产品。例如,面粉市场从原来的散装、大袋装(25 公斤),改为独立包装、小袋装(1~2.5 公斤)。

(4) 新牌子产品

新牌子产品是在对产品实体微调的基础上改换产品的品牌和包装,带给消费者新的消费利益,使消费者得到新的满足的产品。例如,从没有品牌的简装方便面,到现在的康师傅等多个品牌的方便面都属于品牌产品。

新产品的不断开发和涌现是企业的活力所在。美国著名管理学家杜拉克说:“任何企业只有两个基本功能,就是贯彻营销观念和创新,因为它们能创造顾客。”创新是企业的基本功能之一,而创新通过新产品体现。

2. 新产品开发程序

(1) 提出目标搜集构想。

(2) 评核与筛选(过滤)。

(3) 营业分析(或称财务分析)。

(4) 产品实体开发。

(5) 制订生产与营销计划。

(6) 新产品正式进入市场。

(六) 品牌策略

品牌是产品战略中的一个主要课题。日本索尼、丰田等,建立了大量的品牌忠诚市场。

(1) 品牌的含义

品牌是一种名称、术语、标记、符号或设计,或是它们的组合运用。其目的是帮助消费者辨认某个销售者或某群销售者的产品或服务,并使之同竞争对手的产品或服务区别开来。

品牌的实质在于,卖者对交付给买者的产品在特色、利益和服务等方面的一贯性的承诺。

(2) 企业常用的品牌策略

① 有品牌与无品牌策略。一般情况下,有品牌的产品更容易得到消费者的信任。为了保证竞争地位均使用品牌。而有时也可不考虑品牌,如对一些有固定规格、标准的矿石等原材料,或一次性销售的产品,考虑成本的节省,企业也可以不使用品牌。

② 制造品牌与销售品牌策略。制造品牌指的是以制造商命名的品牌,销售品牌指的是以销售商命名的品牌。例如在家乐福购物,在摆放饮料的货架上,我们会看到以家乐福命名的各种饮料,"家乐福"就是销售品牌。

一般当制造者的实力、品牌的知名度及信誉高于其销售商时,销售产品以坚持使用制造品牌为宜;如情况相反,则以采用销售品牌为宜。

③ 家族品牌策略。家族品牌是指以一定的品牌为基础,并将该品牌与各种文字结合起来,使用在同一企业各类产品上的品牌,也叫"派生品牌"。

这种情况一般是用于价格和目标市场相近的产品。如美国柯达公司,在品牌 kodak 的基础上,推出了 kodachrome、kodaguagh、kodascope、kodaline 等一系列品牌。

采用此策略的企业的目的,首先在于显示其实力,加深消费者的印象;其次,借助于有较好声誉的品牌做"提携",帮助新产品打开市场;最后,突出宣传一种产品以带动其他,节省促销费用。

但要注意的是,作为"家族品牌"的基础品牌,一定要有较高的声誉,最好是尽人皆知的名牌。

④ 单一品牌或等级品牌策略。与"家族品牌"策略相反,单一品牌或等级品牌强调不同产品、不同等级的产品应有各自的品牌。

企业往往在生产和经营的产品种类、价格、档次及质量有较明显的不同时,采用此策略。如美国宝洁公司的洗发水,有潘婷、飘柔、海飞丝等品牌。

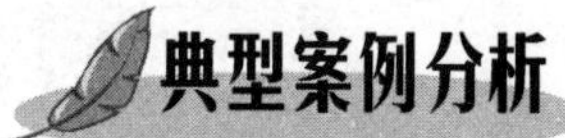

树立品牌意识

美国俄亥俄州一家小店的售货员普洛斯特和杂货店老板盖姆脾气相投，俩人经常互相串门，在一起喝咖啡、聊天。

盛夏的一天，普洛斯特来到盖姆家，老朋友一道在楼前喝咖啡闲聊，盖姆夫人在一旁洗衣服。普洛斯特突然发现，盖姆夫人手中用的是一块黑黝黝的粗糙肥皂，与她洁白细嫩的手恰恰形成鲜明的对比。他不禁叫道："这肥皂真令人作呕！"普洛斯特和盖姆就此议论该如何做出一种又白又香的肥皂来。那个年代，使用黑肥皂是一件平常事，但有心的普洛斯特却因此萌发出创业的念头。他和盖姆决定开办一家专门制造肥皂的小公司，名称就用他俩名字的头一个字母 P 和 G，于是公司的名字就叫 P&G 公司。普洛斯特聘请自己的哥哥威廉姆当技师，研制洁白美观的肥皂。经过一年的精心研制，一种洁白的椭圆形肥皂出现在他们的面前，普洛斯特和盖姆欣喜若狂。像面对刚刚诞生的婴儿一样，该怎么给它起一个动听的名字呢？普洛斯特煞费苦心，日夜琢磨。星期天，普洛斯特来到教堂做礼拜，一面想着为新肥皂命名的事，一面听神甫朗读圣诗："你来自象牙似的宫殿，你所有的衣物沾满了沁人心脾的芳香……"普洛斯特心头一热："对！就叫'象牙肥皂'。'象牙肥皂'洁白如玉，名称又出自圣诗，能洗净心灵的污秽，更不用说外在的尘埃。"

美好的产品，圣洁的名字，谁能不爱？P&G 公司为此申请了专利。为了把这种产品推向市场，普洛斯特和盖姆求助于广告。他们聘请名牌大学的著名化学家，分析"象牙肥皂"的化学成分，从中选择最有说服力和诱惑力的数据，巧妙地穿插在广告中，让消费者对"象牙肥皂"的优良品质深信不疑。P&G 果然一炮打响，他们成功了！从此，P&G 的品牌深植在人们心中，为宝洁公司带来了巨大的收益。

资料来源：陈书凯.小故事 妙管理.北京：中国纺织出版社，2005：第 30 页

案例分析：对于一个企业来讲，品牌的影响和价值远远大于产品本身的价值。品牌是经过市场检验所形成的无形资产，它是企业有效占领市场的法宝。宝洁公司从建立之初就非常注重树立品牌和保护品牌，因此他们的成功是与他们最初的品牌观念分不开的。

三、价格策略

（一）企业定价的程序

企业定价是根据商品成本和市场供求情况，为取得理想的经济效益在本企业经营目标的制约下制定的商品销售价格。一般来说，新产品定价程序包括以下六个步骤。

1. 选择定价目标

企业定价目标是以满足市场需要和实现企业盈利为基础的，它是实现企业经营总目标的保证和手段，也是企业定价策略和定价方法的依据。一个企业通常通过定价来追求

以下主要目标。

(1) 维持生存

只要价格能高于平均固定成本的最低点，企业就可以维持生存。

但维持生存只是一个短期目标。从长远来看，企业必须提高产品的剩余价值，否则，长期的低价策略将面临破产的危机。

(2) 当期利润最大化

大部分企业希望制定一个能够使当期利润最大化的价格。在估计成本和需求的基础上，企业选择一种价格，尽可能使当期利润、现金流量或者投资报酬率达到最大。

(3) 市场占有率最大化

有些企业希望通过定价来控制市场地位，使市场占有率最大化。因为企业获得较大的市场份额之后将享有最低的成本和最高的长期利润。

(4) 市场撇脂最大化

市场撇脂定价是指在产品生命周期的最初阶段新产品初上市时，把产品的价格定得很高，以获取最大利润。

许多企业喜欢制定高价来“撇脂”市场。如生产出某种新产品之后，便根据产品成本和市场需求制定较高的市场价格，从而在短期内获得最大的利润。市场撇脂定价必须具备以下条件：

① 新产品比市场上现有产品有显著的优势，能使消费者“一见倾心”。

② 在产品初上市阶段，早期购买者对价格反应不敏感。

③ 短时期内由于仿制等方面的困难，类似仿制产品出现的可能性小，竞争对手少。

(5) 产品质量领先

有些企业的目标是以高质量的产品、优质的配套服务占领市场，从而树立名牌企业、名牌产品的形象和产品质量领袖的地位。这需要采取高价策略，以弥补高质量所耗费的研发费用和生产成本。例如，光明乳业就是靠产品质量领先的营销策略取胜的。

2. 考察市场需求

价格会影响需求。在正常情况下，价格提高，市场需求会减少；价格降低，市场需求会增加。

不同产品需求价格弹性不同。对富有弹性的产品，企业可以采取适当降价的策略，薄利多销，以刺激需求，促进销售，增加收入。如耐用品、高档商品（房子、汽车、金银首饰、珠宝）等。

对缺乏弹性的产品，价格的变动对需求没有多大作用，如日用品（食盐）等。应采取稳定价格的策略，只有在供不应求时才可大幅度提价。

3. 估算商品成本

产品的市场价格一般要高于平均成本的最低点，即最小平均成本。产品价格如果高于平均成本的最低点，则每单位产品收益大于所付出成本，厂商盈利；如果价格低于平均可变成本，则厂商收益根本无法弥补固定成本和可变成本的损失。

4. 分析竞争者

产品的最高价格取决于市场需求，最低价格取决于该产品的成本费用，而竞争对手产品的成本、价格有助于企业制定合适的价格。企业通过比较本企业与竞争对手的产品和价格,以便了解自己产品是否具有优势,应制定什么样的价格。

如果两个企业所生产产品的质量大体一致,则二者的价格也应该大体一致,否则本企业的产品可能会失去一部分顾客;如果本企业的产品质量较高,则产品价格也可以定得较高;质量较低产品价格则应定得低一些。

作为市场上的竞争者应该做到随机应变,针对市场状况随时调整产品的价格,综合运用营销组合变量,争夺顾客,扩大销售额。

5. 选择定价方法

企业在制定价格的时候应全面考虑顾客需求、成本和竞争者价格这三个因素。但是,在实际定价工作中往往只能侧重某一个方面的因素,并以此作为定价的主要导向。定价的方法主要有以下几种。

(1) 成本导向定价法

成本导向定价法是一种以成本为依据的定价方法,包括成本加成定价法、目标利润定价法。

① 成本加成定价法。成本加成定价法,是以全部成本作为定价基础。首先要估算产品的全部成本,再加上按目标利润率计算的利润额,最后得出产品的价格。

例如,某皮鞋厂的单位成本为 105 元,加成(利润额)20%,即 21 元,两者相加就得到了皮鞋的售价 126 元。零售业、建筑工程、航空公司等的定价一般采用这种方法。

② 目标利润定价法。目标利润定价法,即根据估计的总销售收入(销售额)和估计的产量(销售量)来制定价格。

目标价格=总收入÷生产总量

假设企业的是生产能力为 100 万个,估计未来时期 80%的生产能力能开工生产,则可生产、出售 80 万个产品;生产 80 万个产品的总成本估计为 1000 万元;若公司想得到 20%的成本利润率,则目标利润为 200 万元;总收入为 1200 万元,用 1200÷80 得到目标价格为 15 元。

(2) 需求导向定价法

这是一种以消费者需求为中心的企业定价方法。它是根据消费者对商品的需求强度和对商品价值的认识程度来制定企业价格。主要有两种方法。

① 理解价值定价法。理解价值定价法,指企业按照消费者对商品及其价值的认识程度和感觉定价。

如一小瓶法国名牌香水,成本不过几欧元,而售价却高达数十欧元。其他普通牌子的香水即使质量已赶上该名牌产品,而售价也卖不了那么高的价格,这就是名牌效应造成的顾客认同上的差别。

企业往往利用市场营销组合中的非价格因素影响消费者,使他们在脑子里形成一种"价值察觉",然后据此来制定价格。

② 区分需求定价法。区分需求定价法,又叫做差别定价法,是企业在特定条件下,根据消费需求差异定价。如旅游季节淡季、旺季定价不同;音乐厅门票根据座位位置的不同定不同的价格。

(3) 竞争导向定价法

竞争导向定价法是一种以竞争对手产品价格为主要定价依据的定价方法。主要包括以下三种具体方法。

① 随行就市定价法。随行就市定价法是指企业按照行业的平均现行价格水平来定价。在竞争激烈的情况下,这是一种与同行和平共处、比较稳妥的定价方法,可避免风险。

② 追随定价法。追随定价法,即企业以同行业主导企业的价格为标准制定本企业的商品价格。例如,同行业中实力最强、影响最大的企业的单位产品定价为15元,本企业可根据产品、需求的具体情况将本商品的单位定价定在14～14.9元。此方法可避免企业之间的正面价格竞争。

③ 密封递价法。密封递价法通常采用密封投标的形式,参加投标的企业事先根据招标广告的内容将本企业的价格分别密封地交给招标单位以参加竞争,争取本企业中标。

大宗物资的采购、工程项目兴建、仪器设备引进、矿产能源开发、交通运输投资等大都采用这种方式定价。

6. 选定最后价格

在确定最后价格时,企业必须遵循以下原则:

(1) 产品价格的制定与企业预期的定价目标一致。

(2) 产品价格的制定符合国家政策法令的有关规定。

(3) 产品价格的制定符合消费者整体利益及长远利益。

(4) 产品价格的制定与企业市场营销组合中的非价格因素协调一致、互相配合,为达到企业营销目标服务。

(二) 价格调整策略

企业根据不同的定价目标、选择不同的定价方法实行定价之后,还要根据复杂的市场情况,采用灵活多变的方式适当地调整产品的价格。为此,企业要分析地理定价、价格折让和折扣、差别定价以及新产品的定价方法等价格调整策略。

1. 地理定价

地理定价策略是指企业根据不同区域的顾客决定其产品的定价方法,这是一种价格的调整策略。

与地理位置有关的价格调整策略,主要是在价格上灵活反应和处理运输、装卸、仓储、保险等多种费用。

这种策略,在国际贸易中更为普遍、常见,根据产品的流通费用在买卖双方中分担的情况,表现为各种不同的价格。

2. 价格折扣与折让

产品的基本价格制定后,大多数企业通常都酌情调整其基本价格,以鼓励顾客及早付清货款、大量购买或增加淡季购买。这种价格调整叫做价格折扣和折让。

3. 差别定价

企业往往根据不同顾客、不同时间和场所来调整产品价格,实行差别定价,即对同一产品或劳务定出两种或多种价格。但这种价格差别与成本变化无关。例如,不少KTV

歌厅在上午 10 点至下午 6 点,凌晨 12 点至早上 6 点的价格是下午 7 点至晚上 11 点这段时间的 30%。

实行差别定价的前提是:市场必须是可细分的,且各个细分市场的需求强度是不同的;产品不可能转手倒卖;高价市场上不可能有竞争者削价竞销;不违法;不会引起顾客反感。

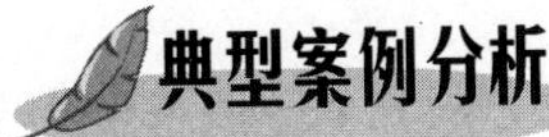

典型案例分析

梯子价格

美国一名叫爱德华的商人,在波士顿市中心开了一家商店,广为宣传采用"梯子价格"降价销售商品的信息,而具体商品只标出价格、上架时间和售完为止。其做法是:前 12 天按全价销售,从第 13 天到第 24 天降价 25%;第 25 天到第 30 天降价 75%;第 31 天到第 36 天,如仍未售出,则送慈善机构。之所以敢采用此法,原因是他掌握了消费者的心理:"我今天不买,明天就会被他人买走,还是先下手为强。"事实上,许多商品往往未经降价就被顾客买走了。

企业最后拟定的价格必须考虑以下因素:

1. 是否符合政府有关部门的政策和法令的规定。在我国,规范企业定价行为的法律和相关法规有《价格法》、《反不正当竞争法》、《明码标价法》、《制止牟取暴利的暂行规定》、《价格违反行为行政处罚规定》、《关于制止低价倾销行为的规定 》等。

2. 考虑企业内部有关人员(如推销人员、广告人员等)对定价的意见,考虑经销商、供应商等对所定价格的意见,考虑竞争对手对所定价格的反应。

产品基本价格的修订价格是企业竞争的主要手段之一,企业除了根据不同的定价目标,选择不同的定价方法,还要根据复杂的市场情况,采用灵活多变的方式修订产品的价格。

资料来源:创业点子. 产品的价格策略. http://www.795.com.cn/wz/78977.html

案例分析:企业产品的价格是影响市场需求和购买行为的主要因素之一,直接关系到企业的收益。企业的产品价格策略运用得当,会促进产品的销售,提高市场占有率,增加企业的竞争力。产品价格策略多种多样"梯子价格"是心理定价法的一种,这是企业为迎合消费者的消费心理需要,采取的定价策略和方法。价格是企业竞争的主要手段之一,企业除了根据不同的定价目标,选择不同的定价方法,还要根据复杂的市场情况,采用灵活多变的方式修订产品的价格。

小贴士

营销小案例

某儿童玩具厂家为了暑期能扩大一种智力玩具的销量,煞费苦心地在产品上捆绑了一种时下在小学生中非常流行的飞镖玩具,以期博得他们的青睐。但结果令他们非常失望:销售额还不如上一个月。后来他们通过调查才发现,有许多家长认为这种飞镖玩具的安全性有问题。

在促销活动中,信息沟通尤为重要。

四、促销策略

(一) 促销与促销组合

1. 促销的含义

从市场营销的角度看,促销是企业通过人员和非人员的方式,沟通企业与消费者之间的信息,引发、刺激消费者的消费欲望和兴趣,使其产生购买行为的活动。

现代营销理论特别强调企业促进销售的实质是信息的沟通,强调促销中企业信息沟通者的身份和作用。每个企业都不可避免地身兼两种角色:信息沟通者和促销者。

2. 促销组合

促销组合,就是企业对推销、广告、营业推广、公共关系等各种促销方式的选择、组合的营销策略。

(二) 推销

1. 推销的含义

人员推销,指企业利用推销人员推销产品。它是一种传统的、有效的促销方法,尤其在工业产品的销售中,对于开拓市场、联络客户和扩大销售具有重要作用。

2. 推销的技巧

根据不同的推销场合、气氛、对象、商品,人员推销应采取不同的推销策略和技巧,以吸引顾客,激发购买欲望,促成交易。

(1) 建立和谐的洽谈气氛

推销人员与顾客洽谈时,首先应注重自己的仪表、服装,同时还应该懂礼貌、有教养,给顾客一个良好的印象,做到稳重而不呆板、活泼而不轻浮、谦逊而不自卑、直率而不鲁莽、敏捷而不冒失。

(2) 开谈的技巧

在开始洽谈阶段,推销人员应巧妙地把谈话转入正题,做到自然、轻松、适时。可采取以关心的方式入题、以赞誉的方式入题、以请教的方式入题或以夸耀的方式入题,顺利提出洽谈的内容,以引起顾客的注意和兴趣。

(3) 排除推销障碍

① 排除来自顾客的障碍。如果发现顾客欲言又止,推销员应自己少说话,直截了当地请教顾客充分发表意见,以自由问答的方式真诚地同顾客交换意见和看法。对于顾客一时难以纠正的偏见和成见,可将话题转移;对于恶意的反对意见,可以"装聋作哑",或用适当话语敷衍过去。

② 排除价格障碍。对高价商品,应充分介绍和展示商品特色,使顾客感到"一分钱一分货";对低价产品,介绍定价低的原因,使顾客感到物美价廉。

③ 排除习惯势力障碍。实事求是地介绍顾客不太熟悉的产品,并将该产品与他们已经习惯购买的商品相比较,让顾客乐于接受新产品;还可通过相关群体的影响使顾客接受

新的消费观念。

3. 上门推销的技巧

(1) 找好上门的对象

可以通过亲朋好友等关系介绍;可以通过报纸、杂志所提供的重要线索寻找;也可根据人们的衣着、谈吐、举止、购买行为等表现,判断其家庭、工作、职业等,捕捉合适的潜在购买者。

(2) 做好上门推销前的准备工作

必须准备好三方面的资料:一是关于本企业和产品的资料,要十分熟悉,了如指掌;有问必答。二是关于顾客的个人要求和买方企业的情况和要求。三是关于同行竞争者产品的特点,竞争能力和市场定位等情况。

(3) 掌握"开门"的方法

一是选好上门的时间,以免吃"闭门羹"。二是可采用熟人引荐、名片开道、同有关人员交朋友等策略,赢得客户欢迎。

(4) 把握恰当的成交时机

应善于体察顾客的情绪,在给顾客留下好感和信任时,抓住机会发动进攻,争取签约成交。

(5) 学会推销交谈艺术

在交谈中,推销人员应谦虚严谨,注意让顾客多说话,认真倾听,表示关注和兴趣并做出积极反应。

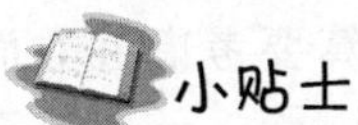
小贴士

营销小故事

一位铅管和暖气材料的推销商,多年来一直想跟另一位铅管商做生意。但一开始推销商吃尽了苦头。那位铅管商是一位以无情、刻薄而著称的人,他坐在办公室,每次推销商打开门时,他就咆哮着说:"今天什么也不要!不要浪费时间!走开吧!"

然后有一天,推销商换了另一种方式,使他们建立起了生意上的关系,交上了一个朋友,并得到可观的订单。

那时,推销商的公司正准备在某社区办一家新公司。推销商知道,那位铅管商对那个社区很熟悉,并且做了很多生意,因此,再去拜访时他说:"先生,我今天来不是推销的,我是来请你帮个忙的。不知您能否抽出时间和我谈谈?"

那位铅管商转过身来,"什么事?快说。""我们公司想在××社区开家新公司,您对那个地方了解很多,想请教您对那里的看法。""请坐,他拉过一把椅子。"接着用了一个多小时,详细谈了那个社区铅管市场的特性和优点。于是,谈话不知不觉扩展到私人方面。

"那天晚上我离开时,"推销商说,"我不但口袋里装了一大笔订单,而且还建立了开展业务的友谊基础。这位过去常常骂我的家伙,现在常和我一块儿打高尔夫球。"

(三)广告

广告是现代企业最为重要的沟通和促销方式之一。随着商品经济的发展,广告的重要作用愈加突出。

1. 广告的含义

广告是由明确的广告主在付费的基础上,采用非人际的传播形式,对观念、商品及劳务进行介绍、宣传的活动。

2. 广告决策流程

广告决策是指在企业营销战略的指导下,对企业广告活动进行一系列的规划和控制过程。广告决策制定过程包括下列五项决策。

(1) 广告目标决策

广告目标是企业借助广告活动所要达到的目的。广告目标不仅取决于企业整体的营销组合策略,还取决于企业面对的客观市场情况。可供企业选择的广告目标概括为以下几种:

① 为了提高知名度。主要用于新产品的开拓阶段,目的是唤起初步需求。

② 为了建立需求偏好。使目标购买者从选择竞争对手的品牌转向本企业的品牌。

③ 为了提示、提醒。主要是为了保持消费者对产品的记忆。一般用在产品生命周期的成熟期,起到强化作用,使已购买产品的顾客相信购买选择是正确的。

(2) 广告预算决策

广告预算是企业为从事广告活动而准备投入的费用。制定广告预算要考虑五方面因素:

① 产品生命周期。介绍期产品的广告费用最高,而成熟期产品的广告预算相对缩减。

② 市场份额。市场份额高的产品只需维持其市场份额,因此预算在销售额中的比例较低。而企业想扩大某产品的市场份额时,则必须加大广告费用。

③ 竞争。市场竞争激烈的产品,广告费用较高,否则将难以维持市场份额。

④ 广告频率。频率高,则需要较高的广告预算。

⑤ 产品替代性。若与其他同类产品极为相似就需要较高的广告预算,以树立差异形象。

(3) 广告信息决策

这一决策的核心问题是设计一则有效的广告信息。信息能引起消费者注意,并产生兴趣,致使他们采取购买行为。

(4) 广告媒体决策

恰当选择广告媒体,争取以最低的广告费用达到最佳沟通目标。要考虑的是:

① 确定广告媒体的触及面、频率及效果。

② 评价广告媒体。每一类媒体都有一定的优点和局限性,认识媒体的特性,是正确选择的前提。

③ 选择具体的媒体。要选择一个具体的成本效益最佳的媒体，还要考虑其他因素，如，目标市场的媒体习惯；企业生产产品或服务的性质、广告信息内容、媒体成本差别等。

(5) 评价广告效果

广告效果指媒体传播后所产生的影响。评估的内容包括两方面：一是传播效果，指广告对于消费者知晓、认知和偏好的影响；二是销售效果，指广告的推出对企业产品销售的影响。

（四）营业推广

1. 营业推广的含义

在促销过程中，为配合广告宣传和人员推销，经常开展一些刺激中间商和消费者购买的活动。营业推广的目的就是使消费者或中间商即兴购买。

2. 对消费者的营业推广

(1) 优惠券。持有者可在购物时享受一定数量的减价优惠。

(2) 样品。免费赠送样品，这是一种介绍新产品的最有效和最昂贵的方式。

(3) 赠品。有三种主要形式：随附赠品、免费邮寄赠品、低价赠奖。

(4) 特价包装。是为了与市场上同类产品相竞争，吸引顾客连续购买本企业的产品，而对产品的零售价格进行一定数量的优惠。

(5) 退款优惠。即消费者从零售商店购买商品后，把夹在商品中的证明寄给厂商，就可以收到企业寄回的一定数额的退款。

(6) 有奖销售。即顾客购买产品时，为其提供一个获奖的机会，一旦中奖，可获得奖金或奖品。

(7) 以旧换新。这种形式对巩固原有市场和更新产品有很好效果。

(8) 现场陈列和示范。现场向顾客讲解和演示产品的使用或特点，鼓励顾客试用。

(9) 折扣和减价。在产品成熟期，卖主采用减价的办法扩大销售。

3. 对中间商的营业推广

(1) 降低价格。劝诱更多的购买，鼓励中间商更多购物的有效方法是降价。

(2) 鼓励中间商降价。鼓励中间商推销产品，这种方式是通过使中间商参与制定商品促销活动，来激励其推销热情。

(3) 协助中间商经营。可采取的措施有：业务会议、商业信用、特别推销会、经销津贴、价格保证、互惠促销展览或展销、促销竞赛、折价购货、免费赠送、广告补助和展示补助等形式，激励中间商经营本企业产品。

（五）公共关系

公共关系是通过宣传推广活动使广大公众理解和认识企业，进而树立企业形象。公共关系是现代市场促销策略中的重要组成部分，它旨在加强企业与公众的相互关系。

小贴士

35次紧急电话

一天下午,在日本东京百货公司,售货员彬彬有礼地接待了一位购买唱机的美国女顾客。售货员为她挑选了一台"索尼"牌唱机,但事后售货员发现自己错将一个空心唱机货样卖给了那位美国女顾客。于是,她立即向公司报告。警卫四处寻找那位女顾客,但不见踪影,于是向经理作了汇报。

经理接到报告后,马上召集有关人员研究部署。他们当时只知道那位女顾客叫基泰丝,还有她留下的一张"美国快递公司"的名片。以此仅有的线索,公司公关部连夜开始了一连串近似大海捞针的寻找。他们先是打电话,向东京各大宾馆查询,但毫无结果。后来又打国际长途,向纽约的"美国快递公司"总部咨询。深夜接到回话,得知基泰丝父母在美国的电话号码。接着,找到了基泰丝的父母,进而打听到基泰丝在东京的住址和电话号码。

几个人忙碌了一夜,总共打了35个紧急电话。第二天一早,公司给基泰丝打来道歉电话。十分钟后,公司的副经理和提着大皮箱的公关人员,赶到基泰丝的住处。两人进了客厅,见到基泰丝就深深鞠躬,表示歉意。他们除了送来一台新的优质"索尼"唱机外,又加送著名唱片一张、蛋糕一盒和毛巾一套。接着副经理打开记事簿,告诉她怎样通宵达旦查询基泰丝住址及电话号码、及时纠正这一失误的全部过程。基泰丝被他们这种把顾客当"上帝"的服务精神深深感动,她买这台唱机,是准备作为见面礼送给东京外婆的。回到住所却发现,唱机根本没有装机芯,不能用。当时她火冒三丈,觉得自己上当受骗了,立即写了一篇题为《笑脸背后的真面目》的批评稿,并准备第二天一早就到公司兴师问罪。没想到,公司及时纠正失误如同救火,为了一台唱机,花费了这么多精力。这种做法,基泰丝深为敬佩,她立即撤掉批评稿,并重写了一篇题为《35次紧急电话》的特写稿。

《35次紧急电话》稿件见报后,反响十分强烈,百货公司因为一心为顾客着想而声名鹊起,门庭若市。后来,这个故事被美国公共关系协会推荐为世界公共关系的典范案例。

资料来源:陈书凯.小故事 妙管理.北京:中国纺织出版社,2005

1. 公共关系的活动对象

企业的公共关系活动对象通常可分为两大类:内部公众和外部公众。无论是内部公众还是外部公众,都是企业公关的重要对象。

(1) 内部公众

内部公众主要有职工、股东等。

① 职工是企业的主体,是产品的生产者与经营者。企业与职工的关系如何,直接影响到企业声誉和形象。没有职工的满意就不可能有顾客的满意。日本许多企业十分重视协调与内部职工的关系,通过加强民主管理和企业文化建设来增强企业的凝聚力、向心

力，从而大大调动了职工的积极性，增进了团结。

② 股东是公司的投资人或出资人，没有股东就没有公司。

(2) 外部公众

外部公众主要有政府、新闻媒体、顾客、中间商、竞争者、社区等。

① 企业在从事生产经营活动中，需要遵循政府制定的政策规定，接受政府的监督，所以政府是企业的重要公众。企业要善于处理与政府的关系，一方面严格按政策规定办事，自觉接受监督；另一方面要得到政府的支持和合作。

② 新闻媒体是大众传播组织，企业要在大众心目中树立良好的形象离不开新闻媒体的宣传，因而协调好与新闻媒体的关系也是十分必要的。企业不仅要向新闻媒体提供具有新闻价值的真实素材供其正面宣传，而且在必要时要敢于自揭其短，求得公众的认可和谅解。特别是在新闻媒体把企业的问题"曝光"时，更要注意协调与新闻媒体的关系，亡羊补牢，避免问题进一步恶化，尽量减轻不利影响。

③ 顾客是企业产品的接受者，是最重要的公众。协调与顾客的关系，一方面要增进与顾客的感情，争取顾客的好感；另一方面要消除顾客的抱怨和不满，为顾客排忧解难。由于顾客是企业的买主，关系处理得是否妥当，直接影响到促销效果。许多企业认为，80% 的销售额是由 20% 的顾客创造的，因而如何留住顾客成为企业促销尤其是公关的焦点。

④ 在同一行业中，企业之间互为竞争者，双方都需要协调关系。过去那种"你死我活"的竞争关系已为许多企业所摒弃，取而代之的是一种"携手共进、互存互荣"的新型竞争关系。就是说，企业在市场竞争中，不再把竞争对手视为"敌手"，而应当做"朋友"、"伙伴"看待，通过正当的竞争求得共同发展。

⑤ 社区公众是企业所在地一切群体的总和，是企业赖以生存和发展的空间基础。协调好与社区公众的关系，能够为企业发展创造一个良好的周边环境。企业应多为社区公众谋利益，做一个"好邻居"、"好居民"，赢得社区公众的信赖和好评。

2. 开展公共关系活动的方法

(1) 宣传报道

通过各种新闻媒体和企业自有媒体传播企业信息，包括记者招待会、新闻发布会、企业年度报告、产品宣传册、新闻通信、人物专访等。宣传报道是一种卓有成效的公关方法。企业自己编写和散发各种宣传材料，也是一种宣传的方法。

(2) 参与社会活动

企业积极参加各种社会福利活动和公益活动，如赞助体育活动、文艺活动，参加慈善救济、福利捐赠活动，帮助公共设施建设、教育事业，参与防治环境污染、维护社区安全等活动会赢得社会各界公众的信任和好感。如 1998 年我国长江发生百年不遇的大洪水，不少企业纷纷解囊，为灾区人民献上一片爱心，获得社会的好评。

(3) 举办专题活动

企业举办各种专题活动，如企业庆典、参观访问、知识竞赛、职工联欢会、运动会、展览会、座谈会等，借以扩大企业影响，加强与外界公众的联系。

在举办这些专题活动时应注意,既要办得有声有色,又要尽量节约开支。如2007年江中亮嗓赞助的"红楼梦选秀"。

(4) 公关广告

公关广告不同于产品广告,产品广告是用于推销产品的,公关广告是塑造企业形象的广告,如公益广告、鸣谢广告等。

进行公关广告活动有利于增进社会各界对企业的了解,进一步融洽相互关系,扩大企业的社会影响力。

营业推广活动是企业营销组合的重要策略之一。在激烈的市场竞争中,企业不仅要开发适销对路的产品,制定具有竞争力的价格和选择合理的分销渠道,而且还要及时有效地将产品或劳务信息传达给顾客,激发消费者的购买欲望和兴趣,促其实现购买行为。

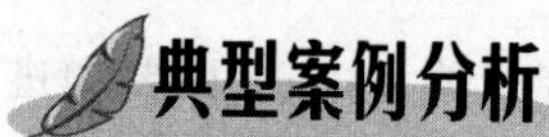

广告营销

2010年央视黄金广告时段招标再创新高,收入过百亿,增长18.47%,落得个盆满钵满。家居五金行业成为此次央视招标的"黑马",异军突起,不可小觑。其中四季沐歌太阳能2.2亿元重金中标,三棵树漆投标8000万元,家居卖场居然之家7200万元,红星美凯龙数千万元,欧派、科宝博洛尼近三千万元中标投放。

广告营销是塑造品牌效应最基本的营销方式,也是企业资金投入最多的环节。近年来,企业的广告营销也是呈现出愈演愈烈之势,众企业也纷纷大走广告营销策略。在消费者眼中,产品广告已成为了解企业的最大途径。

资料来源:罗百辉.八大给力春节营销策略.梅花网.http://www.meihua.info,2011-1-28

案例分析:企业通过广告对产品展开宣传推广,促成消费者的直接购买,扩大产品的销售,提高企业的知名度、美誉度和影响力。四季沐歌太阳能、三棵树漆、家居卖场居然之家、红星美凯龙、欧派、科宝博洛尼在央视黄金广告时段中标。虽然投标数千万元甚至上亿元,但对其企业的知名度、美誉度和影响力会有很大的提升。

五、分销策略

(一) 分销渠道及其类型

1. 分销渠道的含义

分销渠道是指将产品和服务从生产者向消费者转移的过程中所经过的各中间商连接起来的通道。

分销渠道包括商人中间商、代理中间商、经纪人和提供各种服务的辅助机构,以及处于渠道起点和终点的生产者与消费者。

2. 分销渠道的类型

(1) 批发商

批发商向生产企业购进商品，然后转售给其他批发商、零售商、产业用户和各种非营利组织。

批发商具有如下特点：

① 业务量大。批发商业务量一般比零售商大，业务覆盖的区域也比较广。

② 地理位置优势。由于批发商不直接面对个人消费者，所以批发商所处的地理位置是否接近商业中心并不重要，而所处位置的交通和通信条件更加重要。

③ 推销方式特殊。批发商采用的促销方式一般为人员推销，较少用广告或根本不用广告；批发商在其所经销的产品线内，通常经销多种品牌甚至所有同类企业相互竞争的产品。

(2) 居间商人

居间商人包括三个类别，即代理商、经纪人和信托商。

居间商与商业批发商的本质区别是它对商品没有所有权，主要功能就是促进买卖，从而获得销售佣金。销售佣金大约占销售额的2%～6%。由于没有独立投资，它在商品分销过程中不承担风险。

(3) 零售商

零销商是指将商品直接销售给最终消费者的中间商，处于商品流通的最终阶段。它最基本的任务是直接为消费者服务。

(二) 分销渠道策略

1. 普遍性销售

普遍性销售又叫密集分销，即生产企业对经销商不加任何选择，经销网点越多越好，力求使产品能广泛地和消费者接触，方便消费者购买。

这种策略适用于价格低廉、无差异性的日用消费品，或者生产资料中的标准小工具等。

2. 选择性销售

生产企业选择几家批发商或零售商销售特定的产品，如采取特约经销或代销的形式把经销关系固定下来。

选择性销售策略大都是用于一些选择性较强的日用消费品、专用性较强的零配件以及技术服务要求较高的产品。企业选择这种策略可以获得经销商的合作，有利于提高经销商的经营积极性，也可以减少经销商之间的盲目竞争。

3. 独家销售

独家销售是生产企业在特定的市场区域内，仅选择一家批发商或代理商经销特定的产品。这种策略一般是用于新产品、名牌产品以及有某种特殊性能和用途的产品。

典型案例分析

安踏:强大的品牌价值及分销网络策略

安踏体育昨日发布了2010年度半年报,上半年,安踏营业额达34.5亿元人民币,较去年同期增长22.6%;股东应占利润为7.60亿元人民币,较去年同期增长25%;每股基本盈利为30.50分,较去年同期增长24.8%。

报告中透露,营业额上升至22.6%,主因是平均售价和出售数量的增加、提供更丰富的产品种类和分销网络的拓展,与此同时,受惠于强大的品牌价值、多元化的产品组合以及有效的成本控制,令安踏的毛利率上升2.2个百分点,至43.7%。

对于实现快速增长,安踏认为,强大的品牌价值及分销网络的策略性拓展壮大功不可没。截至2010年6月30日,全国安踏店数目由2009年年底的6591家增至7052家,净增加461家;总销售面积较2009年底的70.6万平方米上升9.9%,至77.6万平方米;平均销售面积较2009年底的107平方米增加2.8%,至110平方米。

在分销网络方面,安踏继续扩展全国性的分销网络至超过7000家安踏店,并策略地主攻二、三线市场,以获取市场庞大的增长潜力。同时,透过逾50家区域性分销商共同管理全国分销网络,并不断拓展安踏运动生活系列店及儿童系列店,让该等产品系列渗透至多元化的市场板块。此外,为更好地把握网上购物的庞大商机,安踏于淘宝网建立了官方旗舰网店。

预计于2010年底,约200家FILA专卖店将于中国一、二线城市投入运作,业界认为,FILA中国业务将成为安踏另一增长动力。

资料来源:安踏:强大的品牌价值及分销网络的策略性拓展壮大功不可没.世界服装鞋帽网.http://www.sjfzxm.com,2010-08-27

案例分析:安踏体育与中国奥委会和中国体育代表团建立战略合作关系,有效地突显安踏体育的品牌差异化,并逐步树立"安踏代表中国体育"的形象。安踏还策略地选取篮球、跑步及网球为核心产品,并通过签约著名NBA超级球星——凯文·加内特赞助体育代言人及具影响力的联赛CBA与CUBA,以及深受大众欢迎的电视节目"篮球公园",成功打造了中国最强的顶级篮球赞助与代言人资源组合。安踏不仅注重品牌价值的体现,还充分的利用网络分销渠道。两者的有效的结合,使安踏更长远地可持续发展。

本章小结

本章浓缩了《市场营销学》一门课程的主要内容,重点讨论了作为现代企业必须具有市场营销观念的经营理念,并且在企业选定目标市场的基础上,综合考虑环境、能力、竞争状况,对企业自身可以控制的因素(4P)加以最佳组合和运用,以完成企业的目标与任务。本章有如下要点:

1. 市场与市场营销的含义；

2. 消费者购买行为分析；

3. 市场细分的方法及目标市场营销的策略；

4. 市场营销组合(4P)策略，即产品策略、价格策略、分销策略和促销策略四方面的内容。

规划与执行市场营销策略主要体现在市场营销组合的实施上。因为篇幅有限，有些内容不能展开来写，所以请读者在学习时还要参见《市场营销学》教材中的相关内容，这样可以理解得更透彻。

思考与练习

一、填空题

1. 社会市场营销观念要求求得________、________、________三者之间的平衡与协调。

2. 市场细分的基础是消费需求的________。

3. 典型的产品生命周期包括四个阶段，即________、________、________、________。

二、选择题

1. 市场营销观念的中心是(　　)。

A. 推销已生产出来的产品　　B. 发现需要并设法满足他们

C. 制造质优价廉的产品　　D. 制造大量产品并推销出去

2. 市场营销组合是指(　　)。

A. 对企业微观环境因素的组合　　B. 对企业宏观环境因素的组合

C. 对影响价格因素的组合　　D. 对企业可控的各种营销因素的组合

3. 企业提高竞争力的源泉是(　　)。

A. 质量　　B. 价格　　C. 促销　　D. 新产品开发

三、判断题

1. 促销的实质是沟通。　　(　　)

2. 若某种产品提价2%，销售量仅降低1%，则其需求的价格弹性系数为2。　　(　　)

3. 差异性市场策略的最大缺点是风险较大。　　(　　)

四、名词解释

1. 市场营销组合

2. 产品整体含义

五、简答题

1. 进行消费者市场细分的依据主要有哪些？请以手机市场为例，根据行为因素应怎样细分这一市场。

2. 影响企业促销组合策略应考虑的因素主要有哪些？

工作导向标

廖祁源药材推销员的工作

廖祁源今年刚毕业,学的是市场营销,刚刚找到了一份药材推销员的工作。下面是他的日常工作流程:

1. 制订走访计划。他接到工作任务后,根据前期工作情况和终端档案及网络情况,确定当天走访哪些药店,哪些是重点,当天要解决哪些主要问题等,制订详细的走访计划。

2. 做好准备工作。他要熟悉所推销的产品,准备好走访时需携带的宣传品,以及胶水、胶带、剪刀,准备好问卷、小礼品。

3. 工作原则。先远后近,即先从离公司最远的药店做起,避免有遗漏。

4. 具体做某一家药店的工作步骤。①看户外。看户外有没有他推销的产品的广告,若没有应及时补上。②勤问候。向药店营业员问候,不时带点小礼品沟通感情,同时询问本企业产品的销售情况和竞争对手的销售情况,以及营业员对本企业的意见、建议。③查户内。检查户内广告的产品摆放,及时调整,以达到最佳状态。④快记录。把询问的各种情况作如实记录。⑤提要求。针对实际问题,向药店提出他的要求,尽量达到目的。⑥礼貌离开。

5. 终端检查。为了使终端工作(店头货物管理、零售药店等管理及服务)有计划、有步骤地落实推进,他必须对终端工作定期进行检查,并建立好相应的终端检查记录档案。

6. 总结分析。他根据当天的走访情况进行总结分析,对包装数量、产品销售情况汇总、竞争对手情况汇总、营销态势分析、提出建议(例会时上呈);市场终端工作检查人员根据当天的检查情况对他的成绩给予肯定,发现问题,及时总结分析,重大问题要求他立即整改,一般问题要例会检讨。

思考题:请参照相关资料,写出任意一个行业推销员的日常工作流程。

经典案例

耐克:品牌的胜利——中间商

耐克作为一个全球品牌已享有高的知名度,年销售额近95亿美元,但它并不拥有自己的生产基地。不设自己的工厂,一年却有如此之巨的销售额,这似乎难以置信,但耐克做到了。很多人还没有注意到耐克是一个中间商品牌,这也正是它的核心成功之道。在产品生命周期越来越短的背景下,传统的必须拥有生产基地的做法,其市场的风险很大。耐克以一种新的竞争方式向世人展示了中间商品牌的核心竞争力。

耐克正式命名是在1978年,到1999年全球销售额已达95亿美元,跨入《财富》500强行列,超过了原来同行业的领袖品牌阿迪达斯、锐步,并被誉为近20年来世界成功的消费品公司。

耐克营销的创新之处,在于它采用中间商品牌路线。为了显示自己在市场方面的核心优势,它没有去建立自己的生产基地,并不自己生产耐克鞋,而是在全世界寻找最好条件的生产商为耐克生产。并且，它与生产商的签约期限都不长，这有利于耐克掌握主动权。选择生产商的标准是：成本低，交货及时，品质有保证。这样，耐克规避了制造业公司的风险，专心于产品的研究与开发，大大缩短了产品的生命周期，快速推出新款式。

耐克的另一营销创新在于其传播。它采用青少年崇拜的偶像如迈克尔·乔丹等进行传播，还利用电子游戏设计耐克的专用游戏。每当新款式推出之后，它请乐队来进行演奏，传播一种变革思想和品质。耐克的传播策略使其品牌知名度迅速提升，建立其高度认同的品牌资产价值。

耐克的成功在于，它集中于做自己最擅长的事，把不擅长的事交给别人去做。这已经成为一种新的竞争战略，但却主要为这些创新型的公司所最擅长。这就对老式的洛克菲勒式的创业模式提出了挑战。

资料来源：环球鞋网. http://www.shoes.net.cn/news/53058.html(小米编辑)

讨论题：耐克的营销创新是什么？

第五章 现代企业生产管理

如果没有做到第一，就要通过战略找到合适的方式成为第一。

——[美]杰克·韦尔奇

引导语

汽车通过发动机将汽油转换成动力使其行驶。企业通过生产出产品使其生存，企业生产就如同汽车发动机的作用。汽车的发动机不能产生动力就无法行使，它也就没有存在的价值。企业完全依托于产品，企业不能生产出合格的产品，它就无法生存。而企业生产管理就是围绕产品服务的，如制订产品生产计划、产品生产现场定置等，以确保产品保质保量。企业生产是企业的核心，其管理就更显重要。

学习要点

1. 了解生产管理的含义和原则。
2. 熟知生产布置的基本特点与方法。
3. 掌握生产计划的相同点与差异。
4. 学会5S现场管理的基本内容，重点掌握整理、整顿的方法。
5. 熟知目视管理的内容，重点掌握物品的目视管理和作业的目视管理的基本方法。

引导案例

格兰仕的产品定位

在格兰仕微波炉横空出世之前，微波炉被定位为厨具中的奢侈品。在定位思想的指导下作为奢侈品的市场定位，销量自然会小，利润自然要高；因而微波炉的价格很高。但随着格兰仕对微波炉作为小家电的重新定位，无论是低端的、高端的微波炉都必须舍弃高利润率，让价格从当时“高高在上”的高位上走下来。

格兰仕公司当时定位的思路与决策：

当时，格兰仕要想使定位获得成功，有两条道路可供选择。第一条道路是企业没有低成本优势，但是追求较低的利润率；第二条道路是企业获得低成本优势，在压低价格的同时保持行业平均利润水平。如果选择第一条道路，格兰仕可以在价格战的初期获得成功，但是一旦有成本优势的竞争对手也诉诸价格战，格兰仕或者成为价格战的失败者，或者赢得价格战，但失去利润，这两种结局都是理性企业极力避免的。因此，如果格兰仕不能获得低成本优势，那么格兰仕关于微波炉的定位就变得没有意义，因为格兰仕无法通过这种定位在战略上获得成功，最终成功的是最具成本优势的竞争对手。最终，使格兰仕的微波炉定位获得成功的关键是：格兰仕走通了第二条道路，找到了低成本优势的途径。格兰仕通过为跨国公司做OEM获得生产规模经济，然后再以刚性的价格战来实现大规模销售，使产能得到充分利用，完成了微波炉定位的一个闭环，使格兰仕成功地逐次占领了从低端到高端的各个细分市场。所以，格兰仕产品定位成败的关键是能否获得低成本优势，如果能，就可以从这个战略起点走向成功的战略终点；如果不能，就必须放弃这种定位。

资料出处：节选自卢强.定位是战略的起点和终点.销售与管理，2005(8)

请带着以下问题阅读本章内容：

(1) 作为企业，格兰仕属于哪种生产类型？

(2) 格兰仕为什么要改变产品定位？

(3) 生产管理的目的是为了满足客户的需求，在本案例中，格兰仕的产品定位满足了客户哪方面的需求？

(4) 产品定位属于生产计划的哪个层面？

第一节　生产管理的概念和特征

一、生产管理的含义

1. 生产

所谓生产是指以一定生产关系联系起来的人们把其可以支配的资源转变为物质产品或相关服务的过程。生产可以分为两大类：物质生产型(制造性生产)和劳动服务型(服务性生产)。例如，一个食品公司，粮食就是可以支配的物质资源，各种食品就是产品，食品生产属于制造性生产，或称物质生产型。一个医院，医学诊断设备是可以支配的物质资源，提供的各种诊断服务就是产品，医疗服务属于服务性生产，或称劳动服务型。

2. 生产管理

生产管理的目的是为了满足客户需求、利用生产资源，组织生产活动的过程。客户需求分为对产品款式、质量、数量、价格、服务和交货期等6个方面的要求。如果不能满足客户对产品的数量、品种和价格的要求，就不能获得足够的市场份额，如果不能提供高质量的产品，就会失去企业的信誉，失去市场。引导案例中格兰仕微波炉的产品定位就是满足了客户关于价格的需求，从而立于不败之地的。

二、生产管理的原则

与其他管理项目一样,生产管理也必须遵从一定的原则,包括需求导向原则、经济效益原则、均衡生产原则、科学管理原则、文明生产原则。

1. 需求导向原则

以用户需求为导向,就是要按照社会需要制订计划和组织生产,按期、按质、按量、按品种向社会需求者提供所需的产品或服务。

2. 经济效益原则

经济效益原则是指使用最少的资源生产出尽可能多的适销对路的产品。这里所说的资源包括劳动消耗和资金占用。

3. 均衡生产原则

所谓均衡生产,是指产品在生产过程中,按照计划进度,使各个生产环节和各道工序在相等的时间内完成相等的或递增的工作任务,充分负荷,均衡地生产产品或完成工作量。

4. 科学管理原则

现代生产的特点是环节多、分工细、协作关系复杂,并运用机电一体化设备系统从事生产活动,科学管理就显得必不可少。实行科学管理,必须建立统一的生产指挥系统,有计划、有组织地控制生产活动。在科学管理中,合理的规章制度是完成生产活动的必要保障。试想一下,如果一个生产车间没有生产管理规章制度,工人随意来去,生产过程没有统一的标准,出了问题也不知道由谁负责,那怎么能有效地完成生产活动呢?

5. 文明生产原则

文明生产是现代化生产的客观要求,也是管理者必须遵守的行为规范。文明生产要求生产具有安全性,在生产过程中员工严守纪律、讲究文明、工作负责、爱惜企业财产;还要求组织的生产与社会和环境协调一致,包括生产的环保和精神文明。

小贴士

犯重大环境污染事故罪　紫金矿业被处罚金3000万元

本报福州(2011年)5月4日电(记者赵鹏)　紫金矿业集团股份有限公司5月4日的公告称,公司近日收到福建省龙岩市中级法院刑事判决书,维持龙岩市新罗区法院对紫金矿业集团的一审判决,紫金矿业集团股份有限公司紫金山金铜矿犯重大环境污染事故罪,判处罚金人民币3000万元。

根据龙岩市中级法院二审判决,紫金矿业原副总裁陈家洪,紫金山金铜矿环保安全处原处长黄福才,紫金山金铜矿铜矿湿法厂原厂长林文贤、原副厂长王勇、原环保车间主任刘生源等5名被告分别被判处3年至3年6个月的有期徒刑(其中部分被告被判缓刑),并处罚金。

紫金矿业所属紫金山金铜矿及5名被告人不服初审判决结果，并都曾提出减轻处罚的要求。但龙岩市新罗区人民法院认为，鉴于此案所造成的重大影响及特别严重的后果，对被告人不能减轻处罚。但因被告单位已赔偿了渔业网箱养殖户的经济损失，已对被告单位及5名被告人酌情予以从轻处罚。

2010年7月3日，紫金矿业位于福建上杭县的紫金山金铜矿铜矿湿法厂发生污水渗漏事故，9100立方米废水外渗引发福建汀江流域污染，造成沿江上杭县、永定县鱼类大面积死亡和水质污染。

龙岩市新罗区人民法院于2011年1月30日作出刑事判决，判处被告单位紫金矿业集团股份有限公司紫金山金铜矿犯重大环境污染事故罪，判处罚金人民币3000万元。

资料来源：人民网. http://sx.people.com.cn/GB/189151/14561572.html，2011-05-05

三、生产系统

1. 生产系统的含义

生产系统是指根据系统工程理念，应用现代的、科学的管理技术，对给定的生产输入进行合理的组织和分配；并经过一系列的生产管理过程，最终达到最优输出。其中，生产输入是指人、财、物、信息等资源。最优输出的标准是指产量最大、成本最低。

生产系统由6个部分组成：供应商、投入、转换、产出、用户和管理，如图5-1所示。

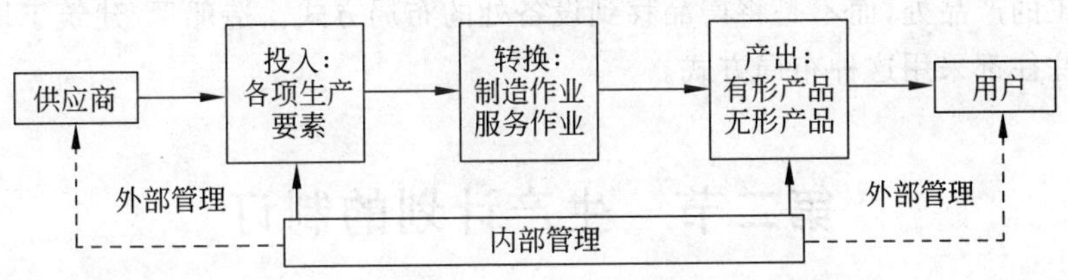

图5-1 生产系统示意图

2. 生产系统布置

生产布置是指将生产设备按生产的要求安置在相应空间的过程。生产布置的方式可以分为以下几种。

(1) 工艺导向布置，也称车间或功能布局，是指一种将相似的设备或功能放在一起的生产布局方式。例如将所有的车床放在一处，将冲压机床放在另一处。被加工的零件，根据预先设定好的流程顺序从一个地方转移到另一个地方，每项操作都由适宜的机器来完成。医院的检验科室就是采用工艺导向布局的典型。例如，在医院里化验血液、大小便都放在一处，所有透视设备放在一处，每项检验和透视都由相关的设备完成。

工艺导向布置的优点是设备利用率高，便于技术人员提高技术水平。缺点是协调困难。

(2) 产品导向布置，也称装配线布局，是指一种根据产品制造的步骤来安排设备或工作过程的布局方式，最常见的是流水线或者产品装配线。例如，薯片加工从洗、切，到烘烤，最后包装，这就是一个产品导向生产布置。

产品导向布置的优点有：流程合理、可以缩短加工对象的运输过程、缩短生产周期、便于协调。

(3) 成组技术布置，是将不同机器分成单元来生产具有相似形状和工艺要求的产品。可以将其看做是多个子产品和子工艺的复合布置。

成组技术布置现被广泛应用于金属加工、计算机芯片制造和装配作业。金属加工按成组技术布置的示意图如图5-2所示。成组布置具有更高的柔性，适合多品种、少批量的生产方式。

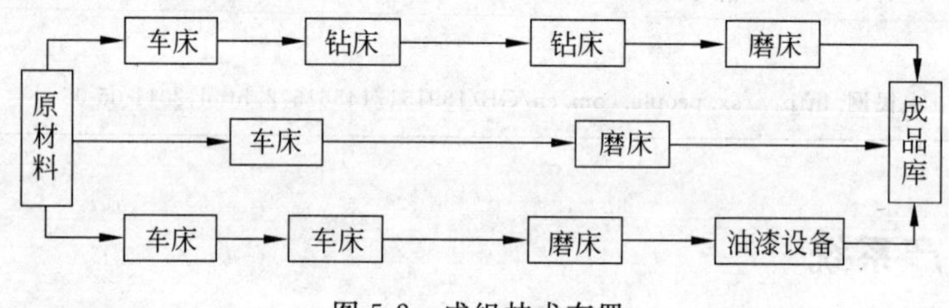

图5-2 成组技术布置

成组布置的优点是在一个生产周期内工人只能加工有限数量的不同零件。其特点是重复程度高、有利于工人快速学习和熟练掌握生产技能；在一个生产单元完成几个生产步骤、可以减少零件在车间之间的移动；提高模具的更换速度等。

(4) 固定布置，是指产品由于体积或重量庞大停留在一个地方，从而需要把生产设备移到要加工的产品处，而不是将产品移到设备处的布局方式。造船厂、建筑工地和电影外景制片场往往都采用这种布局方式。

第二节 生产计划的制订

一、生产计划的含义

生产计划是生产管理的主要内容之一。生产计划是指对未来一段时间(生产计划期)内的目标和任务的规定。

一般来说，企业的生产计划可以分为长期、中期和短期三个层次，见表5-1。

(1) 长期计划

长期计划，也称主生产计划，战略计划，是指企业在生产、技术、财务等方面重大问题的规划。它是关于企业在生产、技术、财务等方面重大问题的规划，包括企业的长远发展目标以及实现目标所制定的战略计划。战略计划的内容包括企业的发展总目标、产品与市场战略计划、资源发展战略计划、生产战略计划等。引导案例中的格兰仕关于产品定位的内容就属于产品与市场战略规划的一部分。长期计划一般为5年或更长时间制订一

表 5-1 企业生产计划的层次

	长期计划	中期计划	短期计划
计划性质	战略计划	战术计划	作业计划
计划周期	≥5 年	1 年	月、周
计划的时间单位	粗(年)	中(月、季)	细(工作日、班次、小时、分)
空间范围	企业、公司	工厂	车间、工段、班组
详细程度	高度概括	中等	详细
不确定性	高	中	低
管理层次	企业高层领导	中层、部门领导	低层、车间领导
特点	设计资源获取	资源利用	日常活动处理

次,每年要根据组织内部和环境因素进行有针对性的修改。

(2) 中期计划

中期计划属于战术层面的计划,一般为 1 年或更长时间,通常以生产计划的形式存在。中期计划主要包括生产计划大纲和产品需求预测。

① 生产计划大纲描述了企业的生产目标。生产目标用一系列指标规定企业在品种质量、产量和产值等方面应达到的水平。

② 产品需求预测的内容以生产任务为核心。在生产任务中,按照产品的品种、规格和数量具体地分配到各个季度和月份,并确定出各产品出产的先后顺序。

(3) 短期计划

短期计划又称作业计划,是指 6 个月以下的计划,一般为月或跨月计划。短期计划包括物料需求计划和生产作业计划。

① 物料需求计划是指把产品出产计划分解为构成产品的各种物料的需要数量和需要时间的计划。在物料需求计划中还需要规定物料投入生产或提出采购申请的时间。

② 生产作业计划包括生产能力需求计划、总装配计划以及在这些计划实施过程中,车间内的作业计划。

生产能力需求计划是指生产部门的作业计划。在作业计划中需要根据零件的工艺路线和工时计算出每一项工作在计划周期内的生产数量,然后与现有生产能力相比较,编制出生产能力需求计划。总装配计划就是最终产品的短期出产进度计划。车间内的作业计划包括作业分配、调度和生产进度的监控与统计工作。

长期计划、中期计划与短期计划之间相互紧密联系,协调配合,构成企业生产计划工作体系,如图 5-3 所示。

二、生产计划的主要指标

生产计划是企业经营计划的重要组成部分,也是企业在经营计划期内完成生产日标

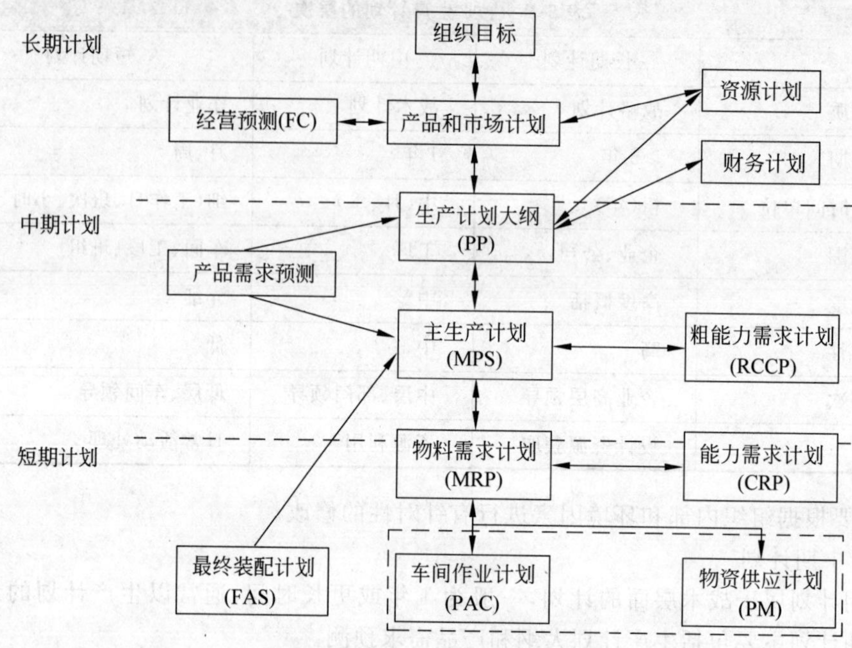

图 5-3 生产计划工作体系示意图

资料来源：蒋贵善等.生产与运作管理.大连：大连理工大学出版社，2001

的行动纲领。作为企业生产管理的依据，生产计划是企业编制物资供应、财务管理、人力资源管理等计划的主要依据。

生产计划的主要指标包括产品品种、质量、产量与产值等。它们各有不同的经济内容，从不同的侧面反映企业计划期内生产活动的要求。

各项生产计划指标的关系十分密切。既定的产品品种、质量和产量指标，是计算各项产值指标的基础，而各项产值指标又是企业生产成果的综合反映。企业在编制生产计划时，应首先落实产品的品种、质量与产量指标，并以此为依据计算出企业的产值指标。

三、主生产计划的编制

主生产计划就是常说的长期生产计划。编制主生产计划的工作步骤一般如下：

(1) 确定各时期的生产能力，例如正常生产能力、加班生产能力、转包生产能力。

(2) 确定各相关单位成本，例如正常生产能力、加班生产能力、转包生产能力、存货、延迟交货、解聘或培训等情况下的相关单位成本。

(3) 列出多种备选方案。

(4) 选择最优目标计划。

四、生产作业计划的编制

生产作业计划是企业生产计划的具体执行计划。根据年度生产计划规定的产品品种、数量及大致的交货期的要求，生产作业计划对每个生产单位在每个具体时期内的生产任务做出详细规定。与生产计划相比，生产作业计划具有计划期短、计划内容具体、计划单位小等三个特点。它的主要任务包括：生产作业准备的检查，制定期量标准，生产能力的细致核算与平衡。

生产作业计划包括车间、班组和岗位三个层次，如图 5-4 所示。

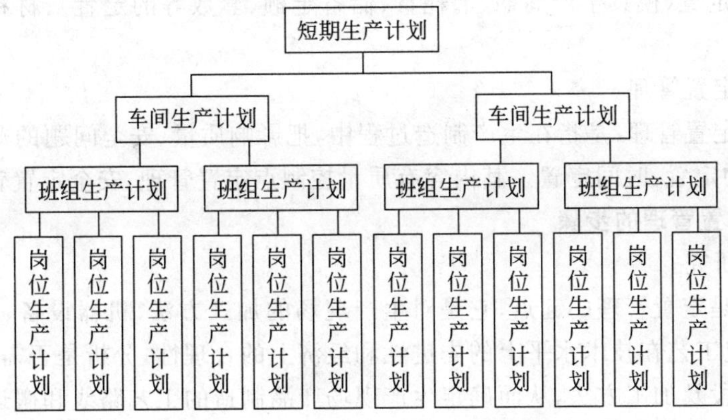

图 5-4　生产作业计划的层次示意图

第三节　生产现场管理

一、生产现场管理的含义

生产现场是指生产作业的场所，包括从事产品生产、制造或提供生产服务的场所。现场管理就是运用科学的管理原理、方法和手段对生产现场进行的要素合理的配置与优化组合，以保证实现生产目标的过程。

生产现场管理通常涉及定置管理、5S 现场管理和目视管理等内容。

二、生产现场管理的内容

（一）定置管理

1. 定置管理的含义

定置管理是企业在生产中研究人、物、场所三者之间关系的现场管理技术。定置管理的范围是对生产现场物品的定置进行设计、组织、实施、调整，并使生产和工作的现场管理达到科学化、规范化、标准化的全过程。

2. 定置管理的基本内容

定置管理的基本内容包括以下几个方面：

(1) 全系统定置管理，包括生产制造子系统、经营子系统和行政后勤子系统等的定置管理。

(2) 区域定置管理,是按工艺流程把生产现场划分为若干定置区域,对每一区域中的人员、机器、材料、方法、环境和测量实行定置管理。

(3) 部门定置管理,是指对于一个工作部门实施的定制管理。

(4) 生产要素定置管理:包括设备定置(设备易损件定置、保养与检查定置、运行情况定置)、模具定置(模具生产周期、消耗量、储备定额、套数等的定置)、材料定置、人员定置等。

(5) 仓库定置管理。

(6) 特别定置管理,是指在生产制造过程中,把影响质量、安全问题的薄弱环节,切实实行人定置、物定置、时间定置。其内容有质量控制点定置管理、安全定置管理等。

3. 开展定置管理的步骤

(1) 工艺研究

工艺研究是定置管理的起点,它是对生产现场的加工方法、机器设备、工艺流程进行详细研究,确定工艺在技术水平上的先进性和经济上的合理性,分析是否需要和可能用更先进的工艺手段及加工方法,从而确定生产现场产品制造的工艺路线和搬运路线。例如,服装生产就是从设计开始,到确定生产、排料裁剪、组织流水生产、质检、包装、入库。

(2) 对人与物结合的状态分析

人与物结合状态分析,是开展定置管理中的一个关键环节。在生产过程中必不可少的是人与物,只有人与物结合才能进行工作。而工作效果如何,则需要根据人与物的结合状态来定。人与物的结合是定置管理的本质和主体。定置管理要在生产现场实现人、物、场所三者最佳结合,首先应解决人与物的有效结合问题,这就必须对人、物结合状态进行分析。

(3) 信息流的分析

信息媒介就是人与物、物与场所合理结合过程中起指导、控制和确认等作用的信息载体。由于生产中使用的物品品种多、规格杂,它们不可能都放置在操作者的手边,如何找到各种物品,需要有一定的信息来指引;许多物品在流动的流向和数量也要有信息来指导和控制;为了便于寻找和避免混放物品,也需要有信息来确认。因此,在定置管理中,完善而准确的信息媒介是很重要的,它影响到人、物、场所的有效结合程度。

(4) 定置管理设计

定置管理设计,就是对各种场地(厂区、车间、仓库)及物品(机台、货架、箱柜、工位器具等)如何科学、合理定置的统筹安排。定置管理设计主要包括定置图设计和信息媒介物设计。定置图是对生产现场所在物进行定置,并通过调整物品来改善场所中人与物、人与场所、物与场所相互关系的综合反映图。信息媒介物设计,包括信息符号设计和版图、标牌设计。

(5) 定置管理的实施

定置实施是理论付诸实践的阶段,也是定置管理工作的重点。其包括清除与生产无关之物、按定置图实施定置、放置标准信息铭牌三个步骤。总之,定置实施必须做到:有图必有物,有物必有区,有区必挂牌,有牌必分类;按图定置,按类存放,账(图)物一致。

(6) 定置检查与考核

定置管理的一条重要原则就是持之以恒。只有这样,才能巩固定置成果,并使之不断发展。因此,必须建立定置管理的检查、考核制度,制定检查与考核办法,并按标准进行奖罚,以实现定置的长期化、制度化和标准化。

(二) 5S 现场管理

1. 5S 现场管理的内容

5S 来自 SEIRI(整理)、SEITON(整顿)、SEISO(清扫)、SEIKETSU(清洁)、SHITSUKE(修养),因其在日文中罗马拼音均以"S"开头,所以统称为 5S。

(1) 整理

整理就是将必需物品与非必需品区分开,必需品摆在指定位置挂牌明示,实行目标管理;非必需品是指必需品以外的物品,包括原辅材料、半成品和成品、设备仪器、工模夹具、管理文件、表册单据等,如图 5-5 所示。

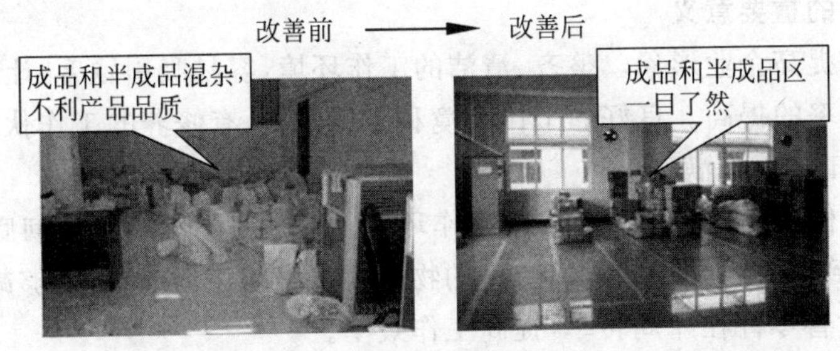

图 5-5 整理

图片来源:厦门博略企业管理有限公司. http://www.iebolue.com.cn/list/0500/1.html

(2) 整顿

整顿是指对必需品的移除。现场管理干部(小组长、车间主任等)的责任是研究怎样才可以立即取得物品,以及如何能立即放回原位。必须思考分析怎样拿取物品更快,并让大家都能理解这套系统,遵照执行,如图 5-6 所示。

图 5-6 整顿

图片来源:厦门博略企业管理有限公司. http://www.iebolue.com.cn/list/0500/1.html

(3) 清扫

清扫就是将工作场所、环境、仪器设备、材料、工具等上的灰尘、污垢、碎屑、泥沙等脏东西清扫擦拭干净,创造一个一尘不染的环境,公司所有人员(含董事长)都应一起来开展这个工作。

(4) 清洁

清洁就是在“整理”、“整顿”、“清扫”之后的日常维持活动,即形成制度和习惯。每位员工随时检讨和确认自己的工作区域内有无不良现象,如有则立即改正。在每天下班前几分钟(视情况而定)实行全员参加的清洁作业,使整个环境随时都维持良好的状态。实施了就不能半途而废,否则又回到原来的混乱状态。

(5) 修养

修养就是在培养全体员工的工作习惯、组织纪律和敬业精神。每一位员工都应该自觉养成遵守规章制度、工作纪律的习惯,努力创造一个具有良好氛围的工作场所。如果绝大多数员工能够将以上要求付诸实践的话,个别员工就会抛弃坏的习惯,转向好的方向发展。

近年来,随着人们对这一活动认识的不断深入,有人又添加了“坚持、习惯”等两项内容,分别称为6S或7S活动。

2. 推行5S的重要意义

(1) 改善和提高企业形象。整齐、清洁的工作环境,容易吸引顾客,让顾客有信心。

(2) 促成效率的提高。良好的工作环境和工作氛围,有修养的工作伙伴,物品摆放有序,可以提高员工的工作满意度。

(3) 改善零件在库周转率。整洁的工作环境,有效的保管和布局,彻底进行最低库存量管理,能够做到必要时能立即取出有用的物品。工序间物流通畅,能够减少甚至消除寻找、滞留时间,改善零件在库周转率,提高工作效率。

(4) 减少直至消除故障。经常性的清扫、点检,不断净化工作环境,避免污物损坏机器,维持设备的高效率,提高品质。

(5) 保障企业安全生产。工作场所有条不紊,意外的发生也会减少,安全当然就会有保障。

(6) 降低生产成本。通过实施5S,可以减少人员、设备、场所、时间等方向的浪费,从而降低生产成本。

课堂案例讨论

杭州松下马达有限公司推行5S现场管理

杭州松下马达有限公司成立于1994年,主要生产销售家电产业用的马达及其零部件。公司本着“为人类改善提高而创造,为世界文明进步发展而追求”的经营理念和提高家电产业马达质量、服务社会的信念在中国开创事业,不断开发高质量、高技术、高效率、低噪声、长寿命的新产品。1995年,公司正式投入生产,以少品种、小量的生产进行。1999年AR直流无刷马达投入生产;公司的业务量有了突飞猛进的发展。2001—2003年AR室内马达在市场上需求量上升;2003年Φ58真空泵、Φ114洗碗机正式投产。2004年1月公司的销售额突破亿元大关,以后几个月的销售还在成倍地上升。

公司的生产方式主要是流水线式的,招募了大量的操作工。因为操作工是非专业人员,因此在安全、品质上出现了问题。由于公司的发展速度远远超过了基础管理的改善和人员素质的提高速度,出现了管理严重滞后于公司发展的弊端,各方面的管理都比较混乱,尤其是生产现场的管理,生产现场堆满了原材辅料、半成品、成品和包装材料,连走廊里两个人对面走过都要侧身。根本分不清哪里是仓库,哪里是生产现场。

客户到公司考察访问时对公司的现场状况不大满意,他们所看到的现场是混乱、较为脏的现场,以至于怀疑到公司生产出来的产品,对公司的产品呈抱着试试的心态。虽然公司的产品在市场上有很大的价格优势,但因为客户的订单少,公司1994年至1998年所生产及销售值在同行中均处于劣势。

从1998年开始,公司调整了其的发展战略,引进了松下先进的管理模式,结合中国国内的实际情况,从抓产值、抓订单数量,转变为抓生产管理、抓质量、抓效率、抓对客户的服务。

1. 与5S结缘,推动良好的工作习惯和现场规范的形成

2003年日本松下株式会社解体,其属下的员工被分配到其分社公司,总部支配了10余名支援者到马达公司。这时公司领导在原有的基础上、从总部重新引进5S现场管理模式,由日方支援者牵头,对公司现场的状况进行了深层而又规范的改革。公司领导讨论决定成立现场5S小组、专门从事5S的现场管理活动。

2004年4月,公司领导及日方支援者参观了上海美培亚精密机电有限公司,学习了现场关于5S的管理方法,他们十分欣赏现场的干净、整洁。回来后,公司对上海一行进行总结、对其在管理上的方法进行探讨、采纳好的有效的管理方法。与此同时公司根据现场的情况,成立了以各有关生产现场部门领导干部为主体的现场自我改善活动委员会,在公司领导的指导下正式将5S活动的推向另一个台阶。

2. 5S绝非"大扫除",要通过相应的管理和考核制度去规范

5S活动刚开始推行时,很多职工,包括一部分管理干部,都认为这又是一次大规模的群众性大扫除运动,只不过大扫除的时间变成了4个月,大家应一应这个景就可以了。但随着5S活动的逐步推行,每个职工都感觉到这次和普通的大扫除有本质的不同。

5S活动对公司每个生产现场的职工提出了以下要求:

(1) 在整理阶段,制定必要物和不必要物的标准,将不必要物清理出生产现场并进行相应的处置。

(2) 在整顿阶段,根据"三定原则"(定点、定容、定量)和"三要素原则"(场所、方法、标示)对生产现场的必要物进行规范有效地管理。整理工作台面和办公桌面、对工作场所和必要物进行科学而规范的标识;根据直线运动、最短距离、避免交叉的原则重新规划生产流程。

(3) 在清扫阶段,如何制定每个区域、每个员工的清扫责任和清扫方法。

(4) 在清洁阶段,如何科学严谨地制订每一个员工的5S职责,保证整理、整顿、清扫的成果与每个现场员工的考核挂钩,以有效确保整理、整顿、清扫的成果。

(5) 在修养阶段,通过一系列的活动,将以上5S的规范变成职工的生产习惯,提高员工和管理者的综合素质。

在进行整理、整顿、清扫、清洁、修养的每一个阶段。公司导入了相应的管理和考核制

度,确保了制度的长期性和严肃性。

通过近半年的5S活动,公司的职工彻底体会到了5S和传统意义上的大扫除的不同,彻底改变了公司生产现场的面貌和职工的精神面貌,使公司的工厂有了较大的变化。

通过5S活动的开展,马达全体员工的现场规范化管理意识得到了提高。从前,所有管理人员和工人都觉得自己在工厂的现场管理中是一个被管理者,现在大家都认为自己是工作现场的管理者,现场的好坏是自己工作的一部分。全体成员都能做到相互提醒、相互配合、相互促进,因为现场管理的评比结果关系到每个人、每个班组、每个车间的荣誉。高层管理人员完全从现场管理的一些琐事中解放了出来。

过去公司一到生产现场看到混乱现象要花很多时间和精力去纠正,因为没有一个统一和规范的管理办法,下次还要纠正其他人的同样的问题。现在所有的做法都在制度中有规定,并且这些规定根据生产实践也在不断改进、不断丰富和发展,公司到了生产现场根本用不着去规范现场的管理工作,基层的管理人员会按照有关的责任制度去自己把现场管理好。所有来公司参观访问的客人,都夸奖公司的现场状况;特别是以前来过公司访问的,对公司现在的变化更是大加赞赏,这又增强了公司全体员工的荣誉感和自豪感,有力地促进了公司的现场保持和现场改进工作,形成一个良性互动。公司高层的管理人员可以腾出很多时间和精力来思考更多和更高层次的管理问题。

3. 实施5S管理,最重要的,也是最难的,是每个人都要和自己头脑中的习惯势力做最坚决、最彻底的斗争

实施5S管理,最重要的,也是最难的,是每个人都要和自己头脑中的习惯势力做最坚决、最彻底的斗争。这一点说起来容易,做起来很难。不好的工作习惯,不是一天形成的,也不可能一天改正,必须用自己革自己的命的精神来对待变革。只要是有利于提高管理效力的、有利于提高企业素质的方法,但又和自己的习惯做法不同,就要坚定不移地改进自己的思维定式。只有这样,自己的管理水平和管理素质才能与时俱进,永远站在变革的最前列,不被时代所淘汰。

4. 强化5S管理,再创佳绩

2003年8月杭州松下马达(家电)有限公司成立,这标志着公司在生产及销售上又将上一个新的台阶,中日双方制订了翻3倍的中期计划,即“2003年1000万台、销售额59000万元;2004年2000万台、销售额130000万元;2006年3000万台、销售额180000万元”的目标,产品100%用于出口,成为世界上最大的空调家电马达制造基地。

公司要在企业中通过开展5S等活动,来强化公司的现场管理及质量管理,全面提高公司内部的各项管理水平和产品质量,提高用户和社会对企业的满意度,从而在竞争激烈的马达市场中稳居同行之首。

资料来源:管理人网. http://mm.manaren.com/xcgl/201004/3339_2.html

课堂讨论:

1. 杭州松下马达有限公司为什么要推行5S现场管理?
2. 5S现场管理对该公司有哪些影响?
3. 他们是如何进行5S现场管理的?

（三）目视管理

1. 目视管理的内容

目视管理是利用形象直观、色彩适宜的各种视觉感知信息来组织生产现场活动，以达到提高劳动生产率的过程。通俗地讲，目视管理就是将生产管理的内容通过图形、表格，符号等形式直接传递给工作人员的管理过程。实际上，我们可以把目视管理看做是5S现场管理的延伸。目视管理的内容包括：

（1）生产任务和完成情况的公开化、图表化。例如，生产进度图、营销区域分布图等。

（2）规章制度和工作标准的展示。例如，将规章制度或工作标准以展板、宣传画的形式展示出来。

（3）用清晰的、标准化的视觉显示信息落实定置设计。例如，悬挂定置设计示意图。

（4）生产作业控制手段要形象直观、使用方便。例如，产品的标准、服务的检查标准的展示。

（5）现场各种物品的摆放和运送要标准化，以便过目知数。

（6）统一规定现场人员的着装，实行挂牌制度。

（7）现场的各种色彩运用要实行标准化，以利于生产工人的身心健康。

2. 目视管理的水准

目视管理可以分为3个水准：

（1）初级水准：有表示，能明白现在的状态。

（2）中级水准：谁都能判断良否。

（3）高级水准：管理方法（异常处置等）都列明。

3. 目视管理的具体应用

（1）物品的目视管理

物品的管理是对工具、计量仪器、设备的备用零件、能源消耗品、原材料、在制品、成品等各种物品进行管理。目视管理的目标就是让物品的使用者易于了解对物品的存放位置，方便使用者对物品的提取与存放。通常物品的目视管理是通过货架分类、贴标签、建立计算机数据库的方法实现的，如图5-7所示。

改善前 ——→ 改善后

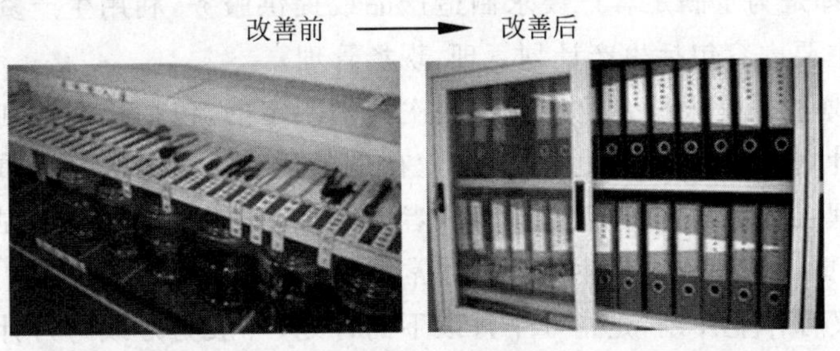

图5-7 目视管理示意图1

图片来源：厦门博略企业管理有限公司. http://www.iebolue.com.cn/list/0500/1.html

(2) 作业的目视管理

作业管理要能容易地了解各作业的运行状态及是否有异常情况发生。作业的目视管理要注意：了解作业计划进度，利用一些图表或管理板来检查实际进度与计划是否一致；检查作业是否按要求正确地实施；让异常及时显示出来，安装异常警灯等工具来帮助发现异常，如图 5-8 所示。

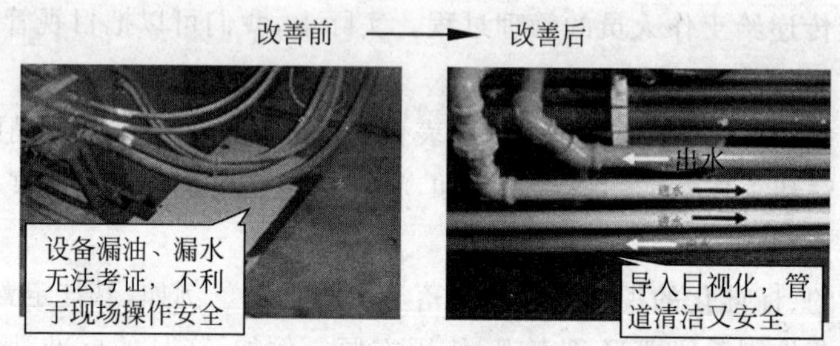

图 5-8 目视管理示意图 2

图片来源：厦门博略企业管理有限公司. http://www.iebolue.com.cn/list/0500/1.html

(3) 设备的目视管理

设备的目视管理是以能够正确地、高效地实施清扫、加油、紧固等日常保养工作为目的，以求达到设备的"零"故障目标。设备的目视管理要做到：清楚明了地表示出应该进行维护保养的机器部位；清楚明了地表示出设备是否正常运转、供给；能迅速发现发热异常；使驱动装置始终处于看得见的状态之中；标识出计量仪器的正常范围、异常范围。

(4) 品质的目视管理

品质的目视管理可有效地防止一些人为影响因素，提高产品质量。通常将产品按合格品与不合格品分开摆放，用颜色加以区分，合格还是不合格一看颜色就知道了。

(5) 安全的目视管理

安全的目视管理是将不安全的事、物予以暴露，刺激人的视觉，提高人的安全意识，防止事故、灾难的发生。

本章小结

1. 生产管理是为了满足客户要求制造产品或提供服务，利用生产资源，组织生产活动的过程。其主要内容包括生产计划管理、现场管理。

2. 生产计划管理是根据企业任务的层次分别制定的，包括长期计划、中期计划和短期计划。长期计划，也称战略计划，是指企业在生产、技术、财务等方面重大问题的规划，通常由最高管理层制定，时间一般在 5 年或者 5 年以上。中期计划属于战术层面的计划，时间为 1 年，或更长时间。中期生产计划通常以生产计划的形式存在，一般由生产部门制定。短期计划又称作业计划，是指 6 个月以下的计划，一般为月或跨月计划，由生产小组制定。

3. 现场管理就是运用科学的管理原理、方法和手段对生产现场进行的要素合理的配置与优化组合，以保证实现生产目标的过程。生产现场管理通常涉及定置管理、5S 现场管理和目视管理等内容。定置管理是一种较为宏观的管理，关键在于生产中人、物、场所三者之间关系，其任务是对生产现场物品的定置进行设计、组织、实施、调整。5S 管理是对具体生产环节的管理，内容包括整理、整顿、清扫、清洁、修养。

思考与练习

一、填空题

1. 所谓生产是指以一定________联系起来的人们把其可以支配的资源转变为物质产品或相关服务的过程。

2. 生产计划的层次包括________、________、和________。

3. ________是利用形象直观、色彩适宜的各种视觉感知信息来组织生产现场活动，以达到提高劳动生产率的过程。

二、选择题

1. 现场管理中的 5S 不包括(　　)。

A. 整理　　B. 整顿　　C. 清扫　　D. 沟通

2. 生产管理的原则不包括(　　)。

A. 需求导向　　B. 经济效益　　C. 生产均衡　　D. 目视管理

3. 定置管理是企业在生产中研究(　　)所之间关系的现场管理技术。

A. 人、物、产　　B. 人、产、场　　C. 产、物、场　　D. 人、物、场

三、判断题

1. 根据生产的分类，医疗服务属于服务性生产。(　　)

2. 生产作业计划是指短期工作计划，以客户服务为重点。(　　)

3. 生产现场是指生产作业的场所，包括从事产品生产、制造或提供生产服务的场所。(　　)

四、名词解释

1. 生产管理

2. 主生产计划

五、简答题

1. 简述生产作业计划的编制方法。

2. 如何进行定置管理？

工作导向标

如何制订季度计划？

小王已经参与过绩效考核制度的制定工作。因为小王在制度制定的过程中的优异表现，旺旺超市领导决定让小王参与制订货架流通季度计划的工作。

工作内容说明：生产计划是分层制订的，长期计划也称战略计划，由高层管理层制订；中期计划又称生产计划，由部门管理层制订；短期计划又称作业计划，由班组制订。货架上货计划属于班组作业计划，应该写得非常具体，在制订计划之前必须参考相关的统计

数据。

现在,作为货架员得小王该做些什么呢?以下是参考工作步骤:

(1) 收集旺旺超市前一年的总上货量,将总上货量除以4,得到一年一季度的平均上货量。

(2) 分析去年本季度上货量与其他季度的差异,例如春节期间糖果的上货量可能高于其他季节,夏季糖果的上货量可能低于其他季节,最终确定本季度的上货量。

(3) 撰写上货计划,包括部门、时间、数量、负责人信息。

思考题:如果你不是超市货架员,而是在其他岗位工作。如果上级领导让你参加季度计划的制订工作你会如何做呢?请详细地描述。

麦当劳的服务效率

麦当劳是全球最大的以汉堡包为主的速食公司,遍布60个国家和地区,拥有连锁店1万多家,全世界每天光顾麦当劳的人数至少有1800万。麦当劳以生产销售为主,它代表着快餐文化,人称"汉堡文化"。其工作管理以顾客满意为目标,以迅速优质的服务为工作重点。这种迅速优质的服务主要表现在以下方面。

1. 点膳

在麦当劳餐厅里,收银员负责为顾客记录点膳、收银和提供食品。麦当劳在人员安排上,是将记录点膳、收银和提供食品等任务合而为一的,消除了中间信息传递环节,既节省了成本,又提高了服务效率。

麦当劳的菜谱简单,一般只有9类食品左右(而原来有25类之多),每类按量或品类分成2~3规格;这样,顾客就不需要花很多时间去选择,节约了顾客选择的时间,无形中提高了顾客选择的效率。

另外,当顾客排队等候人数较多时,麦当劳会派出服务人员给排队顾客预点食品,这样,当该顾客到达收银台前时,只要将点菜单提供给收银员即可,提高了点膳的速度;同时,让服务人员对顾客实施预点食品,还能降低排队顾客的不耐烦心理,提高了顾客忍耐力,可谓一举两得。

2. 收银

麦当劳通过使用收银提高了账目结算的速度,还可将所点的食品清晰地反映给备膳员,从而提前做好备膳的准备。

麦当劳规定收银员在收银过程必须清晰地说出顾客交付的金额,找零过程中还必须清晰地说出交付给顾客的金额,这样,就能减少或消除收银过程中出现的纠纷。

为了提高服务的效率,麦当劳规定,当某个收银员出现空闲时,应该向在其他收银台前排队的顾客大声说"先生/女士,请到这边来",以提高顾客排队的效率。另外,如果麦当劳内突然出现高峰人群,那么,其他空闲的收银台就会马上启动。

3. 供应

顾客点膳后只需要等30秒左右就能拿到所点的食品。在食品供应方面,麦当劳采取了不同的方式以提高效率。

麦当劳规定员工在食品供应时都应该小跑，以提高行动的速度。为了防止行动速度提高而影响食品滑落和外溢，麦当劳对饮料都加了塑料盖、对食品加了纸盒。

除此外，麦当劳还对供应设备进行了改革。如在饮料供应方面，饮料设备提供多个饮料出口，只需要员工按一下按钮，就能保证定量的饮料流到杯中。在食品供应方面，通过工艺改进，只需要将半成品加热即可，大大地提高了食品的生产速度，而且顾客还能拿到刚出锅略微发烫的食品。

在适量成品库存安排上，麦当劳还根据餐馆位置及当天的日期，参考往年餐厅不同阶段的供应量，制定当天不同时段的顾客购买量和购买品种。将每小时细分为6个时间段(每个时间段10分钟)，针对不同时间段的需求情况，提前做好下一个时间段所需要的数量，通过提前准备的成品库存量(通过保温箱保温)迅速满足顾客的需求。

4. 消费

麦当劳所有固体食品都是通过手来抓取，饮料使用吸管。顾客用手抓取不仅方便，而且，抓取的效率要大大高于使用筷子和叉子等工具时的效率。

另外，麦当劳的座位和餐桌往往偏小，如果长时间坐着往往有不舒服的感觉，这就使得顾客不愿意长时间地坐着，自然提高了餐位的使用效率。还有，麦当劳往往使用小型餐桌，最多配给2～4个座位；因此，麦当劳餐厅内不太适合较多朋友聚会。

同时，麦当劳还提供外带服务，外带食品是不占用麦当劳的营业空间的；麦当劳专门为外带服务的饮料提供专门设计过的塑料袋，以方便顾客携带和使用。这在某种程度上，也鼓励了顾客外带食品。

5. 清洁

首先，麦当劳大量使用纸质、塑料等一次性餐具，在清洁顾客留下的餐巾纸、吸管、可乐杯、纸杯时，只需要将这些餐具倒在垃圾桶里即可，这节省了餐具回收、餐具清洗、消毒、干燥等诸多工序。其次，使用托盘和托盘纸，不仅方便顾客携带，还能为餐厅做广告，减少了桌面被弄脏的几率，节省了桌面清洁的时间。

麦当劳还制定了员工要随手清洁的规定，任何人在任何岗位都要顺手将周边的岗位用抹布抹擦干净。

对于被顾客打翻的饮料，麦当劳规定要立即进行清洁，以防止污染扩大。同时，麦当劳还有多种配方的清洁液，针对不同的污渍采取不同的清洁液进行清洁，以提高清洁的针对性。

资料来源：复制连锁帝国.北京：东方出版社，2006(有改动)

思考题：

1. 作为企业，麦当劳属于哪种生产类型？
2. 对于麦当劳来说，客户需求是什么？
3. 麦当劳有作业计划吗？他们的作业计划是如何做出的？
4. 用现场管理的5S标准去衡量，麦当劳的5S做得如何？
5. 你去过麦当劳用餐吗？他们的目视管理是怎么做的？

第六章

现代企业物流管理

管理就是计划、组织、指挥、协调及控制。

——亨利·法约尔

引导语

如果汽车的油路设计科学合理，那么其耗油量会大大降低。物流是现代企业中很大的成本支出。企业物流就像汽车的油路一样，如果管理不善，企业成本很高，利润空间缩小，甚至导致企业亏损。如何对其物流进行科学、有效的管理，使企业获得更好的发展，就是这一章所讨论的问题。

学习要点

1. 掌握现代物流的内涵及分类。
2. 认识企业物流管理的意义。
3. 熟悉企业供应物流、生产物流、销售物流的管理过程。
4. 了解物料分类方法和内容，以及库存管理中 ABC 分类控制法。
5. 了解物料储备定额、物料消耗定额的概念及确定方法，物资库存控制法。

引导案例

海尔现代物流　业务流程再造

海尔现代物流在经历了企业五年的业务流程再造后，已着眼于在国际化开放的系统中，为全球客户提供增值服务，并以骄人的成绩被授予首家“中国物流示范基地”的美誉。记者通过对海尔集团物流推进本部的采访，了解到海尔现代物流的发展先后经历了物流重组、供应链管理和物流产业化三个阶段，下面分别就这三个阶段进行介绍。

第一，物流重组阶段。

在物流重组阶段，海尔整合了集团内分散在 28 个产品事业部的采购、原材料仓储配送、成品仓储配送的职能，并率先提出了三个 JIT(Just in time)的管理，即 JIT 采购、JIT 原材料配送、JIT 成品分拨物流。

1. JIT 采购

海尔物流整合的第一步就是整合采购，将集团的采购活动全部集中，在全球范围内采购质优价廉的零部件。海尔通过整合采购，加强采购管理，全球集合竞价，使成本每年环比降低了 6%。

2. JIT 原材料

配送海尔实施"物流革命"的核心是"围绕订单进行仓库革命"，即一切以订单为核心，没有订单的生产就是为库存生产，也就是为亏损而生产。所以海尔物流建立了两个国际化物流中心，革了传统仓库的命，减少了 20 万平方米的平面仓库。海尔不断推进看板拉动料件配送，着手建立快速响应订单的生产组织系统。

3. JIT 成品分拨物流

在采购整合后，海尔整合全球配送网络，将产品实时按要求配送到用户手中，并逐步通过与国家邮政局、中运集团等专业物流公司的强强联手和配送速度的不断提高，来建立全国最大的分拨物流体系。

三个 JIT 的速度使海尔物流在瞬息万变的市场上，赢得了基于速度的竞争优势。

第二，供应链管理阶段。

在供应链管理阶段，海尔物流创新性地提出了"一流三网"的管理模式。海尔特色物流管理的"一流三网"充分体现了现代物流的特征："一流"是以订单信息流为中心；"三网"分别是全球供应链资源网络、全球配送资源网络和计算机信息网络。"三网"同步流动，为订单信息流的增值提供支持。

1. 订单信息流为中心，实现 JIT 过站式物流

在海尔，仓库不再是储存物资的"水库"，而是一条流动的"河"，河中流动的是按照订单采购来生产必需的物资，这样，从根本上消除了呆滞物资、消灭了库存。

目前，海尔集团每个月平均接到 60000 多个销售订单，这些订单的定制产品品种达 7000 多个，需要采购的物料品种达 26 万余种。在这种复杂的情况下，自从海尔物流整合以来，呆滞物资降低了 90%，仓库面积减少了 88%，库存资金减少了 63%。海尔建立了两个国际化物流中心，改存储物资的仓库为过站式配送中心，从最基本的物流容器单元化、标准化、集装化、通用化到物料搬运机械化，逐步深入到工位的五定送料管理、日清管理系统的全面改革，看板拉动式管理实现了柔性生产，每条生产线每天可以生产几十个国家上百种规格的产品，实现了 JIT 过站式物流。

2. 全球供应链资源网的整合，使海尔获得了快速满足用户需求的能力

海尔通过整合内部资源，优化外部资源，建立起强大的全球供应链网络，供应商由原来的 2200 多家优化至 721 家，而目前世界五百强企业中有 59 家已成为海尔的合作伙伴。海尔实行并行工程，更有一批国际化大公司已经以其高科技和新技术参与到海尔产品的前端设计中，不但保证了海尔产品技术的领先性，增加了产品的技术含量，同时开发的速度也大大加快。

另外海尔还引进爱默生等国际化供应商在当地投资建厂，不仅为政府实现招商引资 40 多亿元，而且多产业的集聚，形成了一条完整的家电产业链。全球供应链资源网的整合使海尔获得了快速满足用户需求的能力。

3. 整合全球配送网络,形成全国最大的分拨物流体系

海尔整合全球配送网络,现在海尔物流配送网络已从城市扩展到农村,从沿海扩展到内地,从国内扩展到国际,国内可调配车辆16000辆。在全国建有42个配送中心,每天向1550个专卖店与9000多个网点配送50000多台产品;同时产品与备件配送全面开展,形成了完善的成品分拨物流体系、备件配送体系与返回物流体系。

4. 计算机网络连接新经济速度

海尔在内部实施了ERP信息系统,建立了企业内部的信息高速公路,将用户信息同步转化为企业内部的信息,实现以信息替代库存,零资金占用。在企业外部,CRM与BBP平台搭建起企业与用户、企业与供应商沟通的桥梁。所有的供应商均在网上接收订单、网上查询计划与库存、网上招标、与招商银行合作网上支付,大大加快了订单响应速度。目前海尔第三方物流采用信息化集成程度最高的LES物流执行系统,成功地将运输管理、仓库管理和订单管理系统高度一体化地整合,从而提高了对客户的响应速度并能够及时配送。计算机网络搭建了海尔集团内部的信息高速公路,能将电子商务平台上获得的信息迅速转化为企业内部的信息,以信息代替库存,达到零营运资本的目的。

第三,物流产业化阶段。

好的企业满足需求,伟大的企业创造市场。目前海尔物流在拥有了三个JIT的速度、"一流三网"的资源和信息化平台的支持,在不断完善内部业务运作同时,大力拓展社会化物流业务,目标是以客户为中心,建立起高效的供应链体系。海尔的社会化物流业务分三部分:即社会化第三方采购、社会化第三方物流和第四方物流咨询。

1. 社会化第三方采购——叫买又叫卖

目前,海尔物流已经搭建起全球供应链资源网络,拥有庞大的国际化供应商信息库和先进的SCM经验,构建起能够快速满足质量、成本、交货期的全方位供应关系,可以帮客户优化采购渠道,实现全新的电子化采购,使客户由策略采购转向采购决策电子化。海尔社会化第三方采购叫"买"又叫"卖"的模式,成为同行业关注的焦点。

2. 社会化第三方物流——为客户提供增值海尔第三方物流

通过全球配送网络、先进的SAP/LES可视的灵活的管理系统和海尔集团物料管理运作的经验能力,来提高对客户的响应速度和进行及时配送。海尔第三方物流将致力于向其他行业和单位提供全程物流服务,解决成本、响应速度的问题,以客户为中心提供全方位的物流增值服务。目前海尔已为40多家跨国公司提供物流服务。

3. 第四方物流——进军咨询领域

海尔在不断拓展第三方物流业务的同时开始涉足第四方服务咨询业,海尔物流通过自身的物流业务流程再造与发展,在开放的系统中拥有了巨大的资源,在企业物流管理、供应链管理、流程再造方面积累了宝贵的经验,可以为客户提供社会化产业拉动资源,可以帮助客户规划、实施和执行供应链的程序,并先后为制造业、航空业等提供物流增值服务。

海尔物流目前已逐步从原先的企业物流迈向了社会化物流,随着海尔社会化物流业务的不断拓展,海尔物流将真正成为企业的第三利润源泉。

资料来源:孙健.海尔物流.广州:广东经济出版社,2003

思考题：

1. 传统的企业物流是怎样的做法?
2. 海尔物流与传统的企业物流做法的不同之处?

物流是20世纪50年代发展起来的一门应用学科。它涉及流通、生产，交通运输、邮电通信乃至消费领域。物流管理得当，会使企业的成本大幅度降低。研究表明，我国企业物流成本占总成本的36%，而生产成本只有13%；物流时间为84%，而加工制造时间仅为12%。与世界发达国家相比，我国的物流成本比较高，发达国家企业物流成本可控制在15%左右。

我国企业资金周转率仅为1.9%。资金周转率=年销售额/(库存成本+固定资产)，库存成本越大，资金周转率越小。海尔为15次(3万亿元资金就相当如45万亿元)，日本制造业为15～18次，美国流通业为20～30次。可见物流管理对资金周转率的影响有多大。

我国全社会物流费用占GDP的18.1%，如果物流费用降为15%，我们可节约每年9000多亿元。因此，近几年来，物流引起了我国各级政府和许多企业的高度重视。

第一节　物流管理概论

一、物流管理的内涵

1. 物流的含义

物流是指利用现代信息技术和设备，将物品从供应地向接收地的实体流动过程。根据实际需要，将运输、储存、装卸、搬运、包装、流通加工、配送、信息处理等基本功能有机结合。

物流活动包括：用户服务、需求预测、订单处理、配送、存货控制、运输、仓库管理、工厂和仓库的布局与选址、搬运装卸、采购、包装、情报信息。

如此多的环节，说明物流管理的必要性和复杂性。

2. 物流管理的含义

物流管理是指在社会在生产过程中，根据物质资料实体流动的规律，应用管理的基本原理和科学方法，对物流活动进行计划、组织、指挥、协调、控制和监督，使各项物流活动实现最佳的协调与配合，以降低物流成本，提高物流效率和经济效益。现代物流管理是建立在系统论、信息论和控制论的基础上的。

3. 物流体系

为使物流管理合理、高效，我们应首先了解物流体系。物流体系的四个核心是：采购、仓储、配送、运输。

(1) 采购

任何企业离不开采购，采购是企业经营活动的起点。采购是指企业在一定的条件下从供应市场获取产品或服务作为企业资源，以保证企业生产及经营活动正常开展的一项企业经营活动。采购是一个商业性质的有机体为维持正常运转而寻求从体外摄入的过程。采购分为战略采购和日常采购两部分。

战略采购是采购人员根据企业的经营战略要求,制定和执行采购企业的物料获得的规划,通过对内进行客户需求分析,对外进行供应市场、竞争对手等分析,设定物料的采购目标长或短,以及达到此目标所需的采购策略和行动计划,并寻找到合适的供应资源,满足企业在成本、质量、时间、技术等方面的各项指标。战略采购计划包含采用何种采购技术、如何选择供应商及如何与之建立关系,如何培养与建立对企业竞争有贡献的供应商群体,及日常采购执行与合同如何确立等。

日常采购是采购人员根据确定的供应协议和条款,以及企业的物料需求时间计划,以采购订单的形式向供应方发出需求信息,并安排和跟踪整个物流活动,确保物料按时到达企业,以支持企业的正常运营的过程。

企业采购的对象一般分为直接物料和间接物料。直接物料是指用于生产商品所需的原材料。例如生产家具的木材或出版图书用的纸张。间接物料是指诸如办公用品之类的项目,这些项目支撑着生产。他们通常用于维护、修理和运营是非生产用物料。

直接物料将用于构成采购企业向其客户提供的产品或服务的全部或部分,间接物料将在企业的内部生产和经营活动中被使用和消耗,如图 6-1 所示。

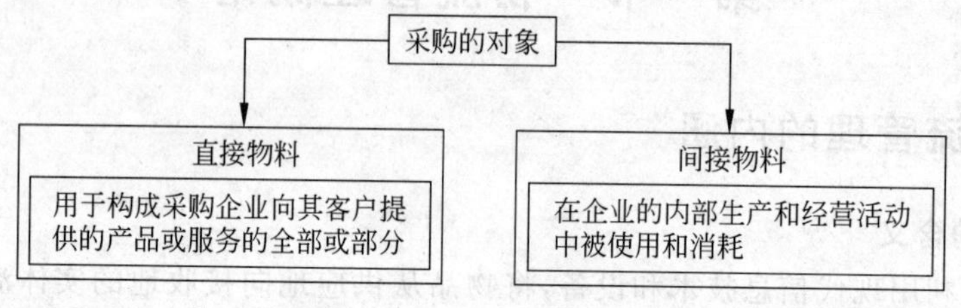

图 6-1 企业采购的物料图

(2) 仓储

仓库是为存放物品的建筑物和场地,具有存放和保护物品的功能,可以是房屋建筑、大型容器、洞穴或者特定的场地等。仓储则为利用仓库存放、储存未即时使用的物品的行为。简言之,仓储就是在特定的场所储存物品的行为。

(3) 配送

配送中心是从供应者手中接收多种大量的货物,根据用户订货要求进行拣选、加工、组配等作业,并进行送货的设施和机构。

配送中的"货物配备"是配送中心主要的业务,全部由配送中心完成;而送货既可以完全由它承担,也可以利用社会货运企业来完成。

新型物流配送中心是一种全新的流通模式和运作结构,其管理水平要求达到科学化和现代化。通过合理的科学管理制度、现代化的管理方法和手段,物流配送中心可以充分发挥其基本功能,从而保障相关企业和用户整体效益的实现。

(4) 运输

物流运输是社会经济活动的重要组成部分,是生产、消费经济大循环的必要条件,也是政治、军事活动的必然要求。

运输是指物品借助于运力在空间上所发生的位置移动。物流的运输则专指“物”的载运及输送。它是在不同地域范围间(如两个城市,两个工厂之间,或一大企业内相距较远的两车之间),以改变“物”的空间位置为目的的活动,是对“物”进行的空间位移。

在物流管理过程中物流运输的两大功能是物品移动和短时储存。由于运输是物流中最重要的功能要素之一,在物流系统的设计中,必须精确地维持运输成本和服务质量之间的平衡。有时低成本和慢运输是实现作业目标的关键,而有时却是快速服务。发掘并管理所期望的低成本、高质量的运输,是物流的一项最基本的责任。

运输是物流系统功能中的核心,运输影响着物流的其他构成因素。运输费用在物流费用所占比例大,运输合理化是物流合理化的保证。

小贴士

聚焦骗免通行费案

一对普通农村兄弟,因在8个月内疯狂偷逃360多万元过路费,哥哥被法院判处无期徒刑。

2011年1月11日,这起离奇案件一经媒体披露,各大门户网站便纷纷转载称“农民偷逃368万通行费被判无期”。

此次“天价过路费案”发生的路段为河南郑尧高速,属于中原高速股份有限公司管理。该公司公开的报表显示,2010年上半年,郑漯高速、漯驻高速、郑州黄河大桥、郑尧高速4条收费道路作为该公司主营业务的营业收入总额超过10亿元。

资料来源:钱民峰. 聚焦骗免通行费案. 中国高速公路,2011-02-23. http://www.chinahighway.com/news/2011/478383.php(节选改编)

一些数字说明了高昂过路费对物流业的挤压,目前我国社会物流总成本占GDP的18%,运输费用占GDP超过9%,分别高出发达国家80%和50%。如此昂贵的“买路钱”,是公路维护运营必须付出的成本吗?

二、物流的分类

1. 宏观物流与微观物流

宏观物流是指社会再生产总体的物流活动,是从社会再生产总体的角度来认识和研究物流活动。

微观物流是指消费者、生产者企业所从事的实际的、具体的物流活动。它仅涉及系统中的一个局部、一个环节或一个地区。

2. 国际物流和区域物流

国际物流是指当生产和消费在两个或两个以上的国家(或地区)独立进行的情况下,为了克服生产和消费之间的空间距离和时间距离,而对物资(货物)所进行的物理性移动的一项国际经济贸易活动。

当前世界的发展主流是国家与国家之间的经济交流越来越频繁,还出现了许多跨国公司,一个企业的经济活动范畴可以遍布各大洲。国与国之间的原材料与产品的流通越来越发达。

区域物流是指一个国家(或地区)范围之内的物流,如一个城市的物流,一个经济区域的物流均属于区域物流。物流是国民经济的一个重要组成部分,国内物流系统的建设投资方面也要从全局考虑,使一些大型物流项目能尽早建成,为全社会的经济服务。国家整体物流系统化的推进,必须发挥政府的行政作用。

3. 社会物流和企业物流

社会物流一般指流通领域所发生的物流,超越一家一户,而以整个社会为范畴,面向社会为目的的物流。社会物资流通网络是国民经济的命脉,流通网络分布的合理性、渠道是否畅通至关重要。必须进行科学管理和有效控制,采用先进的技术手段,保证高效率、低成本运行,这样做可以带来巨大的经济效益和社会效益。

企业物流是在企业经营范围内由生产或服务活动所形成的物流系统。企业是为社会提供产品或某些服务的一个经济实体。一个工厂要购进原材料,经过若干工序的加工,形成产品销售出去。一个运输公司要按客户要求将货物输送到指定地点。

企业物流是从企业角度上研究与之有关的物流活动,是具体的、微观的物流活动的典型领域,它由企业生产物流、企业供应物流、企业销售物流、企业回收物流、企业废弃物物流几部分组成。生产型企业的企业物流构成如图 6-2 所示。

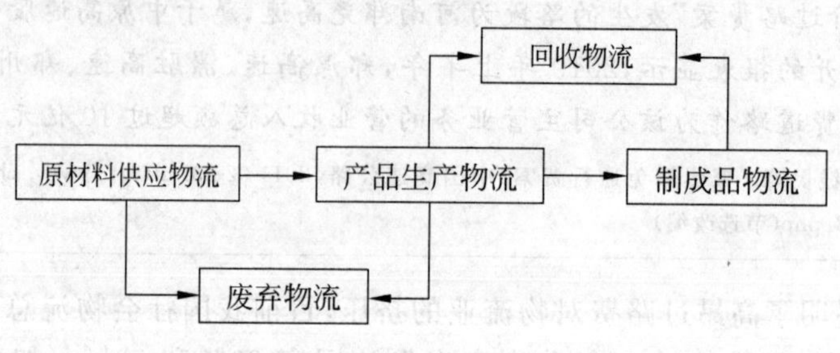

图 6-2 生产型企业物流的构成

(1) 供应物流是指生产企业、流通企业或消费者购入原材料、零部件或商品的流动过程。

(2) 生产物流是指从工厂的原材料投入生产起,直到工厂成品库的成品发送为止的全过程。生产物流和生产流程同步。如果生产物流中断,生产过程也将随之停顿。

(3) 销售物流是指生产企业、流通企业售出产品或商品的物流过程。它是物料从生产者或持有者到用户或消费者之间的物流。对工厂而言就是指售出产品,而流通领域是针对卖方的交易行为中的物流。

(4) 回收物流是指退货、返修物品和周转使用的包装容器等从需方返回供方所引发的物流活动。如作为包装容器的纸箱、塑料筐、酒瓶等,建筑行业的脚手架也属于这一类物料。此外,回收物流还包括可用杂物的回收分类和再加工,如旧报纸、书籍通过回收、分类可以再制成纸浆加以利用,特别是金属的废弃物,由于金属具有良好的再生性,可以回收并重新熔炼成有用的原材料。

(5) 废弃物流是指将生产和流通系统中失去原有使用价值的物品，根据实际需要进行收集、分类、加工、包装、搬运、储存等，并分送到专门处理场所的物流活动。如开采矿山时产生的土石，炼钢生产中的钢渣、工业废水，以及其他一些无机垃圾等，如果处理不善，就会造成环境污染，就地堆放又会占用生产用地以致妨碍生产。对这类物料的处理过程产生了废弃物流。对废弃物流管理得当能减少资金的消耗，同时会有很好的社会效益。

企业系统活动的基本结构是"投入—转换—产出"，对于生产型的企业来讲，是原材料、燃料、人力、资本等的投入，经过制造或加工使之转换为产品或服务；对于服务型企业来讲，则是将设备、人力、管理和运营转换为对用户的服务。物流活动就是伴随着企业的"投入—转换—产出"而发生的。企业的投入活动包括企业外供应或企业外输入物流，企业的转换活动包括企业内生产物流或企业内转换物流，企业的产出活动包括企业外销售物流或企业外服务物流。因此可以说物流是渗透到企业各项经营活动之中的活动。

三、物流管理的意义

企业物流是以企业经营为核心的物流活动，是具体的、微观物流活动的典型领域。我们这里主要讨论企业的物流管理问题。

供应链是指产品生产和流通过程中所涉及的原材料供应商、生产商、分销商、零售商及最终用户，通过与上游、下游成员的连接组成网络结构。它不仅是一条连接供应商至用户的物流链、信息链、资金链，还是一条增值链，物料在供应链上因加工、包装、运输等过程而增加其价值，给相关企业带来收益。

供应链物流管理强调的是供应链成员组织不再孤立地优化自身的物流活动，而是通过协作、协调与协同，提高供应链物流的整体效率。供应链物流管理指的是用供应链管理思想实施对供应链物流活动的组织、计划、协调与控制。它是一种共生型物流管理模式。

一般物流管理主要是通过采购、销售物流和生产物流，追求局部利益最大化；而供应链物流管理不仅包括采购、销售物流和生产物流，还包括回收物流、退货物流、废弃物流等反向物流。它不是单阶段的物流(如供应商至制造商、制造商至批发商、批发商至零售商、零售商至用户的彼此独立的采购、销售物流活动)，而且是供应链渠道内成员从原材料获取到最终客户产品分销整个过程的采购、销售物流活动。

供应链耗费了中国企业高达29%的运营成本。而通过物流管理和供应链优化，可以达到以下目标：第一，原材料采购成本将减少7%～11%；第二，整个供应链的库存将下降15%～30%；第三，运输成本将下降3%～15%；第四，整个供应链的运作费用将下降15%～25%。

实施物流管理的目的就是要在尽可能最低的总成本条件下实现既定的客户服务水平，即寻求服务优势和成本优势的一种动态平衡，并由此创造企业在竞争中的战略优势。根据这个目标，物流管理要解决的基本问题，简单地说，就是把合适的产品以合适的数量和合适的价格，在合适的时间和合适的地点提供给客户。

(一) 物流的宏观价值

物流是企业生产的前提保证。从企业这一微观角度来看,物流对企业的作用有以下几个方面。

(1) 物流为企业创造经营的外部环境。一个企业的正常运转,必须有这样一个外部条件:一方面要保证按企业生产计划和生产节奏提供和运达原材料、燃料、零部件;另一方面,要将产品和制成品不断运送到需要的地方。

(2) 物流是企业生产运行的保证。企业生产过程的连续性和衔接性依靠生产工艺中不断的物流活动。物流的畅通是企业正常运营的保证。

(3) 物流是发展企业的重要支撑力量。企业的发展依靠质量、产品和效益,确保产品质量,物流也是一个非常重要的环节。

物流通过降低成本,间接增加企业利润,即通过改进物流直接取得效益,这些都会有效地促进企业的发展。总之,物流不论对国民经济的全体,还是国民经济的基础——企业,都起着非常重要的作用。

(二) 物流的微观价值

1. 物流的时间价值

时间价值是物质资料从供给者到需求者之间有一段时间差,由于改变这一时间差创造的价值。时间价值通过物流有以下几种表现形式。

(1) 缩短时间创造价值。缩短物流时间,可减少物流损失、降低物流消耗、增加物的周转频率、节约资金等。

(2) 弥补时间差创造价值。在经济社会中,供给与需求之间客观存在时间差。企业可以充分利用这个时间差,使商品取得自身的最高价值。

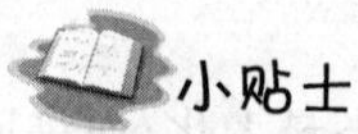
小贴士

倪润峰的信息

1990 年 8 月 25 日,一个闷热的晚上,长虹集团总裁倪润峰正在家中看电视。他在看新闻,当"海湾战争"打响的消息出现时,他立即拨通了物资计划采购处处长家的电话:

"新闻你看了吗?"他问道。

"正在看,海湾战争打响了。"对方回答道。

"海湾战争会导致塑料价格上涨,快从国际市场购进高机冲塑料。"倪润峰说道。

遵照倪润峰的指示,采购处紧急购进压制彩电机壳用的塑料 1661 吨。不久,国际市场的塑料价格果然迅速上涨,长虹因此节约开支 200 万元。

信息的价值与时间分不开,及时地把握市场信息,并从中挖掘有价值的东西。

资料来源 陈书凯.小故事 妙管理.北京:中国纺织出版社,2005

(3) 延长时间差创造价值。"加快物流速度,缩短物流时间",以尽量缩小时间间隔来创造价值。但是,在某些具体物流中也存在人为地、能动地延长物流时间来创造价值。例如,秋季集中产出的粮食、棉花、水果等农产品,通过物流的储备、储存活动,有意识的延长物流时间,保存到冬季以及来年春夏季该产品市场稀缺时销售,可以获得较好的收益。

2. 物流的场所价值

场所价值又称地点价值或空间价值,是物质资料从供给者到需求者之间有一段空间差,供给者和需求者之间往往处于不同的场所,因改变物质资料的不同场所而创造的价值。商品在不同地理位置有不同的价值,通过物流将商品由低价值区转到高价值区,便可获得价值差。现代人每天消费的物品几乎都是在相距一定距离甚至十分遥远的地方生产的,这么复杂交错的供给与需求的空间差都是靠物流来弥合的,物流因此也创造了场所价值。

3. 物流的加工价值

加工价值是物质资料通过加工而提高附加价值,取得新的使用价值。例如,商品在流通中为方便运输而进行的包装,有时在进入商店之前为适应顾客的要求往往要进行分割、换包装、拆零等操作,这些物流活动增加了商品的附加价值。

物流创造的加工价值是有局限性的,它不能取代正常的生产活动,而只能是生产过程在流通领域的一种完善和补充。但是,物流过程的增值功能往往通过流通加工得以体现。在网络经济时代,物流作为基于用户的服务方式,依托信息传递的及时和准确,得以有效组织加工活动,因此它的增值作用也是不可忽视的。

4. 物流的利润价值

利润价值是通过物流活动的合理化而降低生产企业的经营成本,间接提高利润。对于专门从事物流经营活动的企业而言,通过物流企业的有效服务,可以为生产企业创造利润。

许多物流企业在为用户服务的同时,还可以成为自己的"利润中心"。企业中的许多物流活动,例如连锁配送、流通加工等,都可以直接成为企业利润的来源。

5. 物流的服务价值

服务价值是物流通过提供良好的服务,树立企业和品牌的形象,而创造的价值。这种服务有利于参与市场竞争,有利于和服务对象结成长期的、稳定的、战略性的合作伙伴,这对企业长远的、战略性的发展具有非常重要的意义。

物流的服务价值具有促进企业战略发展的价值。

第二节 企业供应物流的管理

物料的采购和供应是企业生产的前提,包括确定物料需求数量、采购、运输、流通加工、装卸搬运、储存等活动。供应物流不仅仅是保证供应的物流活动,也是以最低成本、最少消耗、最快速度来保证生产的物流活动,对有效解决供应商、供应方式等问题尤其重要。

企业供应物流是指企业为保证本身的生产,需要不断组织原材料、零部件、各种辅料供应的物流活动。对生产企业而言,是指生产活动所需要的原材料、备品备件等物资的采购、供应活动所产生的物流;对流通领域而言,是指在商品配置而进行的交易活动中及从买方角度出发的交易行为中所发生的物流。

企业供应物流不仅要保证供应的目标,而且要以最低成本、最少消耗、最大保证来组织供应物流活动。企业竞争的关键在于如何降低物流过程的成本,这是企业物流的最大难点。为此,企业供应物流就必须解决有效的供应网络、供应方式、零库存等问题。

企业供应物流包括采购、供应、库存管理、仓库管理。

采购是供应物流与社会物流的衔接点。它是依据企业生产计划所要求的供应计划制订采购计划并进行原材料外购的作业层,需要承担市场资源、供货方、市场变化等信息的采集和反馈任务。

供应是供应物流与生产物流的衔接点,是依据供应计划与消耗定额进行生产资料供给的作业层,负责原材料消耗的控制。

库存管理是供应物流的核心部分。它依据企业生产计划的要求和库存状况制订采购计划,并负责制定库存控制策略和计划及反馈修改。

仓库管理是供应物流的转折点。它负责购入生产资料的接货和生产供应的发货,以及物料保管工作,进行采购前首先需确定物料储备定额。

小贴士

采购的成本管理

一次,一家制造铁路车辆的公司邀一位著名的企业家去帮他们降低成本。这位企业家到的第一天参观了整个工厂,让他与所有的主管都见了面,这家公司的领导人告诉他要"削减成本"。

这位企业家提出了几个问题。"请你们告诉我,你们的制造成本百分率和采买成本百分率是多少?"审视过一些报告之后,了解到为制造车皮他们要买这买那,约占成本的60%,而制造成本仅占10%,其他占30%。"你们上一次降低制造成本是什么时间?""我们每两年做一次",为了使这位企业家相信,他们还补充道,"这显然是不够的,我们的相对成本仍高于竞争对手,我们的盈利状况也不好。"接着这位企业家问道:"上一次削减采购成本是什么时候?"他们中的一位负责人答道:"我们只是采购钢材、油漆等等。""好了",这位企业家解释道,"降低5%的采购成本,意味着总成本降低3%(60%的5%)。以此类推,制造成本要降30%(30%×10%-3%)才能达到这一效果,这是根本不可能的。"

这位企业家最后把这家公司的采购成本降了9%,也就是说总成本降了5.4%(9%×60%)。就这一项举动,使该公司的利润增加将近一倍。

资料来源 樊丽丽.趣味管理案例集锦.北京:中国经济出版社,2005

一、采购管理

（一）采购管理内涵

采购是通过购买、租赁、借贷、交换等方式，取得物品及劳务的使用权或所有权，以满足使用的需求。而供应是供应商或卖方向买方提供产品和服务的全过程。

采购管理是指为了达成生产或销售计划，从适当的供应商那里，在确保质量的前提下，在适当的时间，以适当的价格，购入适当数量的商品所采取的一系列管理活动。

（二）采购管理的要件

采购管理包括采购计划、订单管理及发票校验三个要件。

1. 采购计划管理

采购计划管理是指对企业的采购计划进行制定和管理，为企业提供及时准确的采购计划和执行方向。采购计划包括定期采购计划（如周、月度、季度、年度）、非定期采购任务计划（如系统根据销售和生产需求产生的）。通过对多方面采购计划的编制、分解，将企业的采购需求变为直接的采购任务，系统支持企业以销定购、以销定产、以产定购的多种采购应用模式，支持多种设置灵活的采购单生成流程。

2. 采购订单管理

采购订单管理是围绕采购单，对从供应商确认订单、发货、到货、检验、入库等采购订单流转的各个环节进行准确的跟踪，实施全过程管理。

通过流程配置，可进行多种采购流程选择，是选择订单直接入库，还是选择经过到货质检环节后检验入库等。在整个过程中，可以实现对采购存货的计划状态、订单在途状态、到货待检状态等的监控和管理。采购订单可以直接通过电子商务系统发向对应的供应商，进行在线采购。

3. 发票校验

发票管理是采购结算管理中重要的内容。如采购货物是否需要暂估、劳务采购、非库存的消耗性、直运采购业务、受托代销业务等均在此进行处理。通过对流程进行配置，允许用户更改各种业务的处理规则，也可定义新的业务处理规则，以适应企业业务不断重组，流程不断优化的需要。

传统的采购极其复杂。采购员要完成寻找合适的供应商、检验产品、下订单、接取发货通知单和货物发票等一系列复杂烦琐的工作。而企业利用电子商务进行，不仅采购过程会变得简单、顺畅，还可以降低采购过程中的劳务、印刷和邮寄费用。通常，公司可由此节约5%～10%的采购成本。

大公司能从互联网的更低传输成本中获得更多收益，互联网也为中小型企业打开了一扇大门。通过互联网采购，可以接触到更大范围的供应厂商，因而也就产生了更为激烈的竞争，又从另一方面降低了采购成本。

二、供应管理

1. 供应管理的含义

供应管理是为了保质、保量、经济、及时地供应生产经营所需要的各种物品,对采购、储存、供料等一系列供应过程进行计划、组织、协调和控制,以保证生产的实现。

2. 采购与供应管理的关系

供应与采购是任何一个企业,尤其是制造型企业一个非常关键的问题。对顾客而言,价值意味着以尽可能低的价格采购到高质量的产品。为了增加价值,企业必须改进那些顾客认为至关重要的产品性能标准,或降低成本,或两方面同时进行。在制造型企业中,制造成本是运营成本的主要因素。供应和采购是否合理将直接影响企业的制造成本,进而影响企业在市场上的竞争优势。对于大多数国有企业,长期以来,供应与采购部门没有受到足够的重视与控制。

采购在传统上扮演支持部门的角色,即确定需求、谈定价格、下单、跟单、催单、收货、付款,支持产品开发与生产部门。从时间跨度上讲,采购较少介入产品设计和开发阶段,采购的介入往往是事后的。从职能上讲,采购集中在"买"和"价",较少涉及供应商的质量、技术、服务、流程、人员管理等。这是典型的"小采购"。

这样的采购是内部协调重于外部协调,内部依赖大于外部依赖,采购的重要性得不到体现。只要供应市场存在适当竞争,公开竞标,低价中标,签订合同就行了,采购方用不着深度介入供应商的业务。所以,买卖关系以短期关系为主,采购方和供应方协作少,沟通少,共同解决问题少,共同预防问题就更少。

但是,过去几十年里,公司对供应商的依赖越来越高。公司的兴衰越来越依赖于供应商,内在依赖向外在依赖过渡,采购作为公司与外来合作伙伴的窗口,重要性自然提高。

正如《物流管理》2007 年第 6 期的《日美汽车的供应链赛局》所说,完全依赖市场是"猎人"模式,注重短期效应,体现在短期合同,频繁竞标,没有长期保障,双方缺乏互信,供应商不愿做长远投资,影响到采购方的长期发展。而日本式的"牧人"管理注重长期关系,买卖双方关系稳定,双方都愿意做长期投资,利于长期技术开发、质量稳定、共同发展。

"猎人"模式认识到买卖关系不单单是价格,不是一纸合同就能解决所有问题,而是有更实质、更系统化的合作与管理,这就是供应商管理。采购于是成了供应管理,其重点也就转移到选择供应商、开发供应商、管理供应商绩效,成了"大采购"。从"小采购"的日常操作到"大采购"的供应商资源管理,采购与供应管理被提高到了战略地位,如图 6-3 所示。

而鉴于采购与供应管理在企业中的巨大作用,我们说采购与供应活动也是企业经营活动的重要组成部分,对采购与供应活动的管理也应该重视。

三、库存管理

库存管理是对制造业或服务业生产、经营全过程的各种物品,产成品以及其他资源进

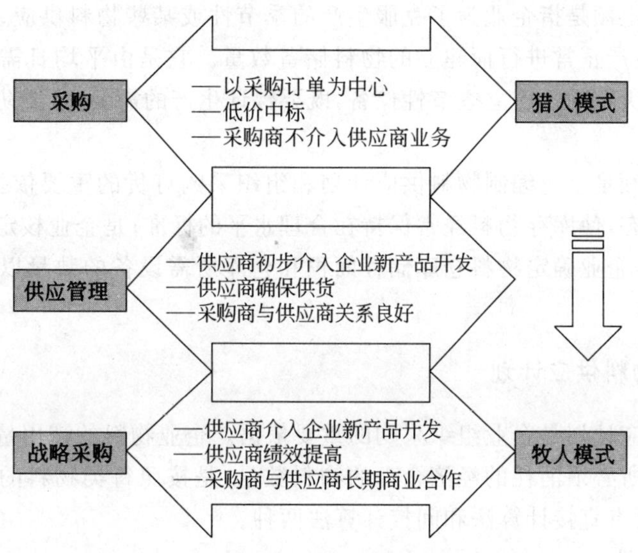

图 6-3 猎人模式到牧人模式的演变过程

行管理和控制,使其储备保持在经济合理的水平上。

物料储备多少会直接影响企业的生产和成本控制,使用者、财务、生产、营销与采购决策等都会对库存水平产生至关重要的影响。由于诸多方面的原因,企业库存物料的数量是经常变动的,为了使库存量保持在合理的水平上,就要进行科学、合理的库存控制。

当库存物料的储备数量过少时,则不能满足企业生产或经营的需要,影响企业生产的正常运行;但物料储备过多,则不仅要占用大量资金,影响流动资金的周转,还要占用大量的仓库面积,长期积压势必使存货损坏变质,造成浪费。

因此需要加强库存控制,搞好库存的科学管理。其目的就是在保证企业生产或经营活动能够在正常进行的前提下,使库存量维持在合理的水平上,降低库存成本,提高企业的经济效益。库存控制理论就是研究在什么时间,什么数量,从什么来源,以什么方式补充库存,使得保持库存和补充采购的总成本最低。

(一)确定物料储备定额

物料储备定额是为了保证生产过程的正常进行所必需的、合理的物料储备数量的标准。

企业的物料储备定额,通常分为经常储备定额和保险储备定额。此外,某些企业还需要制定季节性储备定额。

经常储备定额是指前后两批物料进厂的供应间隔期内,为了保证企业日常生产所必需的、经济合理的储备量。这种储备是动态的,当一批物料进厂时,达到最高储备量,随着生产的耗用,储备量逐渐减少,直到下批物料进厂前,降到最低储备量。这样,不断补充,不断消耗,由高到低,由低到高,周而复始,不断循环。

保险储备定额是指为了预防物料供应过程中可能发生的到货误期,或来料品种、规格、质量不符及超产等不正常情况,以免产、供脱节而设置的一种储备。

季节性储备定额是指企业为了克服生产的季节性或某些物料供应、运输的季节性等因素影响，保证生产正常进行而建立的物料储备数量。它是由平均日需要量和季节性储备天数两个因素决定的。建立季节性储备，既要保证生产的需要，又要防止过量储备而造成积压浪费。

物料储备定额是企业编制物料供应计划和组织采购订货的重要依据；是企业掌握和监督物料库存动态，使库存物料经常保持在合理水平的标准；是企业核定流动资金定额的重要依据之一；是企业确定物料仓库储存面积和仓库所需设备的数量以及仓库定员的主要依据。

（二）编制物料供应计划

企业物料供应计划是企业组织采购的重要依据。企业物料的需用量是指计划期内保证生产正常进行所必须消耗的经济合理的物料数量，是按照每类物料的品种、规格、用途分别计算的，主要有直接计算法和间接计算法两种。

1. 直接计算法

直接计算法也叫定额计算法，直接根据材料供应定额和计划任务来核算需要量。

这种方法比较准确，凡是能够直接制定物料供应定额的都可以采用这种方法。

2. 间接计算法

间接计算法也称比例计算法，是按有关技术经济指标的一定比例系数来计算物料需要量的方法。这种方法主要用于某些不便于制定消耗定额的物料或耗用量不大的辅助材料，如以某种物料消耗占主要材料消耗的百分比来确定，或以每千元产值的某种物料消耗百分比确定。

（三）确定库存量

由于生产任务和供应条件的不断变化，计划期的期初和期末库存量常常不相等。可能由于供应组织工作上的改进或生产技术水平的提高，会使物料申请的供应数量发生相应的增减变动。当期初库存大于期末库存时，计划期就要减少物料供应量；反之则要增加。

期初库存量一般是根据库存的实际盘点数，并考虑编制计划时到计划期初的到货量和耗用量来计算。

期末库存量通常是指物料储备定额，即平均经常储备量加上保险储备量。同时，还应考虑计划年度的第四季度物料供应情况及下一年第一季度生产任务的变化情况。

在实际工作中，一般按 50%以上的经常储备量加保险储备量作为期末库存量。对品种较多的小批物料，可按物料“小类”或“组”计算平均经常储备量加保险储备量来确定。

（四）确定物料的采购量或申请量

企业确定了各种物料的需要量和期初、期末库存量后，经过综合平衡，就可算出各种物料的采购量或申请量。其计算公式为

某种物料的采购量或申请量＝物料的需要量＋期末库存量
－期初库存量－企业内部可利用的资源

市场经济条件下，企业所需物料一般均通过向市场采购实现，故绝大多数企业只需编制物料采购计划。对部分需要国家计划分配物料的企业，需先提出申请，经主管部门进行供需平衡并予批准之后，才能进行订货和采购。这类企业需编制物料申请量。

企业年度物料供应计划需通过编制季度、月份物料供应作业计划，并进一步细化和具体化，以作为组织采购订货和向生产部门发料的依据。同时在物料供应计划执行过程中，由于生产情况和市场供应情况的变化，原来计划的平衡状态常被打破，因此也需要通过季度、月份作业计划及时进行调整和组织，以达到新的平衡。

企业在确定各种物料需用量和物料申请（采购）量之后，就可按物料的具体品种、规格编制物料平衡表。物料平衡表编好后，即可按物料类别加以汇总，编出物料供应计划。

（五）物料的库存控制

1. 物料库存的控制目标

企业为保障生产的连续进行，不但要经常采购物料，而且还必须保留一定数量库存物料作周转之用。库存是一种处于储备状态的，尚未被利用的社会资源。在它投入使用之前不仅是多余的，而且还需要花费人力、物力对它进行维护和保管。

企业的流动资金大部分是被各种物料库存所占用。合理控制库存、降低库存，可以减少占用的流动资金，有效地加快资金周转速度。在制品的库存减少，可以促进企业管理水平的不断提高。

因此，应尽可能降低企业库存，综合考虑库存管理的目标。原材料的库存管理要满足三个目的：第一，原材料成本下降；第二，保证供应，防止缺货；第三，减少流动资金的占用，如图 6-4 所示。它们是相互制约的关系，应综合考虑各方面的因素，才能将库存控制在一定水平。

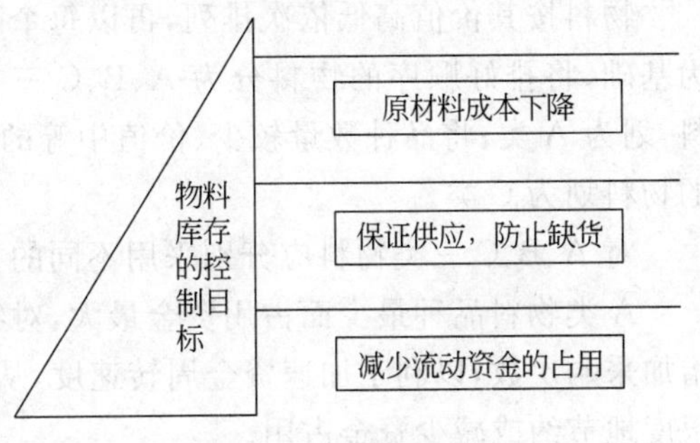

图 6-4 库存管理的目标图

2. 物料库存的控制方法

物料的库存控制，是对物料库存量动态变化的掌握和调整，是实现物料计划和控制流动资产的重要环节。物料库存控制的方法主要有定期库存控制法、定量库存控制法和经济批量控制法等。

（1）定期库存控制法

定期库存控制法，是以固定时间盘点和订购周期为基础的一种库存量控制方法。其特点是订购日期确定，每次订购的数量不定。订购数量依据库存实际盘点临时决定，这叫定期不定量。

这种方法的优点是可以按规定的时间核查各种物料的库存量，然后把各种物料汇集起来统一地组织采购订货，这不仅有利于降低采购费用，而且还能减少采购工作量。其缺点是储备量或保险储备量相对的要增加一些。

(2) 定量库存控制法

定量库存控制法,是以固定订货点和订购批量为基础的一种库存控制方法。这种方法是订购时间不固定,而每次订购的数量固定不变。具体办法是预先规定一个订货点量,当实际库存量下降到订货点时,就按预先规定的订购数量提出订货或采购,所以又称订货点法。

这种控制方式使库存量形象化,控制方法比较简便,适用于价格便宜、用量小、占用资金少的物料。

(3) 经济批量控制法

经济批量控制法,是从企业本身节约费用开支来确定物资经常储备的一种方法。它是侧重从提高企业本身经济效益的角度出发,来综合分析物料订购和库存保管费用的一种科学方法。

经济批量法从物资有关的费用来分析,主要有订购费用和保管费用两大类,从节约保管费来说,应增加订购次数,而减少每次订购数量。从节约订购费来说,应减少订购次数,而增加每次订购量。这表明,订购与保管费是相互制约的,互为消长的,客观上存在这样一种订购数量,使得按这种数量订购所需的订购费与保管费的总和最小,这个订购数量就是经济订购批量。

3. 库存物料的管理

物料按其价值高低依次排列,再以每个品种的库存资金占总库存资金的累计百分比为基础,将排好顺序的物料分为 A、B、C 三类。将品种数量少、价值高、占用资金多的物料,划为 A 类;将品种数量较少、价值中等的物料划为 B 类;将品种数量繁多,而价值较低的物料划为 C 类。

对 A、B、C 三类物料应分别采用不同的控制方法:

A 类物料品种最少而占用资金最大,对物料储备必须严加控制,尽量缩短采购周期,增加采购次数,以利于加速资金周转速度,从而达到在保证生产正常进行的前提下,最大限度地节约或减少资金占用。

B 类物料的品种数和占用资金数次之,一般可适当控制,根据供应条件和采购力量等情况,可以适当延长采购周期或减少采购次数,适当增加储备天数。

C 类物料其品种繁多复杂,占用资金的比重很少,在资金使用上可适当放宽控制,采购周期可更长一些,储备天数可更多一些,这样可以大大地降低这部分的采购和管理工作,而对企业整个资金的使用效果也不会有太大的影响。

针对 A、B、C 三类商品实施不同的控制与管理策略。A 类商品最重要,是管理的重点,B 类商品次之,C 类商品再次之。对三类库存商品控制的具体要求,见表 6-1 所示。

表 6-1 A、B、C 三类物料的库存控制

级别 项目	A类库存	B类库存	C类库存
控制程度	严格	适当	一般
管理形式	重点	一般	简单

续表

项目＼级别	A类库存	B类库存	C类库存
库存量确定	品种逐一核定 按最低量计算	综合核定 按最高量计算	综合核定 按最高量加保险计算
进出记录	详细	一般	简单
库存检查要求	密集	一般	较低
库存量	低	较大	大量

四、仓储管理

1. 仓储管理的含义

仓储管理，是对仓库及仓库内的物资所进行的管理，是仓储机构为了充分利用所具有的仓储资源，提供高效的仓储服务所进行的计划、组织、控制和协调过程。它包括仓储资源的获得、仓储商务管理、仓储流程管理、仓储作业管理、保管管理、安全管理多种管理工作及相关的操作。

仓储首先是一项物流活动，或者说物流活动是仓储的本质属性。仓储不是生产、不是交易，而是为生产与交易服务的物流活动中的一项。仓储系统是企业物流系统中不可缺少的子系统。物流系统的整体目标是以最低成本提供令客户满意的服务，而仓储系统在其中发挥着重要作用。

仓储活动能够促进企业提高客户服务水平，增强企业的竞争能力。现代仓储管理已从静态管理向动态管理产生了根本性的变化，仓储应该融于整个物流系统之中，应该与其他物流活动相联系、相配合。从这一点看与过去的"仓库管理"有较大区别。

仓库管理是指物品的入库、在库、出库等环节的管理是一种业务层面的管理；而仓储管理既包括战略层面管理如选址与建设，物料出入库、储存保管、分拣配送等业务层面管理。仓储管理的内涵随着其在社会经济领域中的作用不断扩大而变化。现代仓储管理的内涵远比仓库管理丰富。

2. 仓储管理的作用

(1) 物品存储

存储是指在特定的场所，将物品收存并进行妥善的保管，确保被储存的物品不受损害。

(2) 流通调控

由于流通的需要，决定了商品是储存还是流通。当交易不利时，将商品储存，等待有利的交易时机。流通控制的任务就是对货物储存还是流通作出安排，确定储存的时机，计划存放的时间及选择储存地点。

(3) 数量管理

仓储的数量管理就是对储存的货物进行数量的控制，配合物流管理的有效实施，同时向存货人提供存货数量的信息服务，以便客户控制存货。

（4）质量管理

根据收货时的仓储物的质量交还仓储物是保管人的基本义务。为了保证仓储物的原有质量，保管人需要采用先进的技术、合理的保管措施妥善地保管仓储物。

（5）交易中介

仓储经营人利用大量存放在仓库的有形资产，开展现货交易，有利于加速仓储物的周转和吸引仓储。这不仅给仓储经营人带来收益，还能充分利用社会资源，加快社会资金周转。交易功能的开发是仓储经营发展的重要方向。

（6）流通加工

随着满足消费的多样化、个性化，变化快的产品生产的发展，又为严格控制物流成本的需要，有些生产企业将产品的定型、分装、组装、包装等工序留到最接近销售的仓储环节进行，使仓储成为流通加工的重要环节。

（7）配送

设置在生产和消费集中地区附近的从事生产原材料、零部件或商品的仓储，根据生产的进度和销售的需要，由仓库不间断地、小批量地将仓储物送到生产线和零售商店或收货人手中。仓储配送有利于生产企业降低存货，减少固定资金投入，降低流动资金使用量，而且能够保证销售。

（8）配载

对于大多数运输转换仓储都具有配载的任务。货物在仓库集中集货，按照运输的方向进行分类仓储，当运输工具到达时，出库装运。而在配送中心就是在不断地对运输车辆进行配载，确保配送的及时进行和运输工具的充分利用。

3. 仓储管理与库存管理的区别

库存管理是对库存商品进行管理，是对物资本身量的管理控制。目的是为销售与采购服务，确保合理的库存保有量。处理库存分类账目与进出流水账，以单据的形式基本涵盖仓库的各种进出库业务。但并不能针对仓库的各种资源进行整合，也无法对仓储配送中的大量操作进行效率的优化。

仓储管理是对物资存放、形态、区域、布局等全方位的管理控制。它不仅对货物的常规库存管理，更重要的对货物所储存的仓库与配送中心的一切资源的管理。其目的在于整合这些资源，将大量的仓储操作活动如入库上架、订单拣选、车辆配载等进行高效、协调的规划，达到最优化的存储布局，将烦琐杂乱的进出库与库内作业安排有序，优化设备与劳动力的利用率，减少作业差错，降低作业成本，提高整体作业能力。

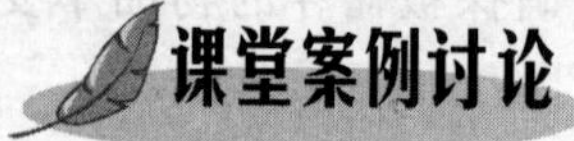

是多存货还是少存货？

海姆和罗博两人都是农资消费合作社的经理，他们都有储存农资商品的仓库。但对订购量和库存量他们却有完全不同的看法。

罗博：“海姆，你们的农资供应工作进行得怎么样？”

海姆：“还不错，我们仓库里的货都堆到房顶了。”

罗博：“噢，请问，出了什么问题啦？”

海姆:"出问题?你这是什么意思?我们的社员从来都是满意而归,我们的工作一帆风顺。"

罗博:"可能是这样,但储存这么多货你得花多少钱?"

海姆:"建筑仓库是要花钱,但我们销售农资商品给社员,盈利很大,我们从来没有因为无货供应而失去过一笔生意。"

罗博:"我们也想使社员高兴,但他们不仅对自己购买哪些商品感兴趣,对合作社总的开支也很关心。你知道储存商品是很费钱的。"

海姆:"你当然也知道价格一直在涨,所以我们一有可能就尽量多进货,以避免提价。"

罗博:"我们可不想把钱花在一大堆没卖出去的库存商品上,你知道存钱也是可以挣钱的。"

海姆:"我也不喜欢借钱,但任何时候,我宁愿要货,不要钱。你从来不知道买不到货的难处,所以只要有货,我们就购进。"

罗博:"你真要用的时候,我想东西不是发霉,就是被老鼠咬坏了。"

海姆:"那是有点麻烦,但还是值得的。我们的社员喜欢看到仓库堆得满满的。对我们来说,那在账目和资产负债表上更能说明问题。"

罗博:"可能是那样。但我喜欢能够随时买到额外的东西。如果仓库塞得满满的或资金都已占用的话,我就没法买了。"

海姆:"如果按我们这样做,即使对某种商品的需求突然增加,因为已有存货,我们仍能应付过去。"

罗博:"如果市场上出现了时兴的商品,你怎么办?"

海姆:"我推断,很多人总是要等到最后才买,由于我们进货量大,即使损失一些,还是能有不少钱的。我敢肯定,我们的运输费比你们花得少。"

罗博:"我认为多进几次货也花不了多少运费,在仓储上可以省不少麻烦。"

海姆:"可能你是对的,但办公费用和收货怎么样呢?我们订货的次数少,数量大,那就省了不少管理费,出错的机会少,数字也准确。"

罗博:"对偶然的差错,我没把握,但你们的仓库可是小偷的天堂。人家从一大堆货上拿走一两箱,也没人会注意到。"

海姆:"我们的商品是保了险的。"

罗博:"就算是吧。但我敢打赌,你们东西少了也不会知道。既然保险是按平均库存量算的,你们付的钱一定比我们多。"

资料来源:杜明汉.商贸实务训练.北京:中国商业出版社,2000

讨论题:罗博和海姆谁的看法是对的,依据是什么?

第三节 企业生产物流的管理

物料一旦进入生产过程即成为在制品,按照产品生产工艺的顺序,经过各个生产环节、各道工序的加工,由半成品变为制成品。企业的物料消耗费占产品成本的很大比例,在我国占到70%以上。生产阶段的物流管理是物流过程中非常关键的一环,控制物耗,充分发挥物料的效能直接决定着企业经济效益的高低。

企业生产物流是指制造企业在生产过程中原材料、在制品、半成品、产成品等的物流活动,即从工厂的原材料购进入库起,直到工厂产品库的产品发送为止这一全过程的物流活动。

生产物流是制造产品的企业所特有的,它需要与生产流程同步。原材料及半成品等按照工艺流程在各个加工点之间不停地移动、流转,形成了生产物流。因此,生产物流合理化对工厂的生产秩序和生产成本有很大的影响。

过去企业注重的是生产加工过程,现在企业同时也关注生产流程如何安排,如何做物流更合理,生产活动环节如何有效衔接,如何缩短生产的物流时间等。

一、物料消耗定额的概念和作用

物料随着时间进程不断改变自己的形态和场所位置,物料处于加工、装配、储存、搬运和等待状态,由原材料、外购件的投入开始,终止于成品仓库,物流贯穿于生产的全过程,实际上就是物料消耗的过程。

物料消耗定额是指在一定的生产技术组织条件下,生产单位产品或完成单位工作量所必需消耗的物料数量的标准。

科学合理的物料消耗定额对企业生产具有重要作用,它是编制物料供应计划的基础;是物料供应部门核算生产用料、组织限额发料的依据;是合理和节约使用物料,核算产品成本的重要手段;是促进企业技术水平、生产管理水平、工人生产技能提高的重要条件;是考核员工工作质量的主要依据。

二、物料消耗定额的构成及制定

(一)物料消耗定额的构成

正确制定物料消耗定额,必须分析物料消耗的构成。物料消耗是指车间为进行生产和维护生产设备、环境等所消耗的各种一般材料(不包括修理和劳动保护用材料)。物料消耗的构成是指从取得物料直到制成成品为止的整个过程中物料的消耗走向。以主要原材料为例,物料消耗的构成一般包括三部分内容。

(1) 产品净重的物料消耗,是指按图纸所要求的加工后零件净重。这部分属于材料的有效消耗,是物料消耗的主要部分。

(2) 工艺性损耗,是指产品在加工或准备加工的过程中,由于工艺技术上的原因而不可避免地产生的原材料损耗,如机械加工过程中的铁屑,木材加工过程中的木屑、刨花等。

(3) 非工艺性损耗,是指由于运输、保管、管理等工作的不善而造成的损耗。这种损耗属于人为造成的。

(二)物料消耗定额的制定

科学、准确、规范的物料定额,是编制物料供应计划的基础,是企业物料组织、物料控制、物料核算的依据,也是企业绩效考核、评比奖励的主要参照数据。物料定额,为物料使用提供了数量的控制标准,有了这个标准,物料的发放有了依据,才可能从源头上控制物料的浪费。没有物料定额,一切物控工作都将无从谈起。

(1) 产品小试后,有综合部技术中心提供数据,协助生产部制定物料的消耗定额。

(2) 产品试生产后,计算同种物料各批单耗的均值,作为该物料的消耗定额(初定)。

(3) 产品正式投产后,半年内,再制定实际平均先进水平的物料消耗定额。

(三)物料消耗定额的制定方法

主要原料消耗定额包括工艺性消耗定额和材料供应定额两种。前者作为向车间、班组发料和考核的依据;后者是核算物料需要量和采购量的依据。

1. 常用的物料消耗定额制定方法

(1) 技术分析法,是根据产品设计图纸和工艺要求,在工艺计算的基础上,充分考虑先进技术和先进经验制定定额的方法。

该方法主要是根据营运过程中物料消耗的实地定点的观察记录,通过对物料实际的消耗程度的测定,并且运用一定的技术分析方法对物料消耗量的确定,来制定企业物料消耗的定额度。这种方法比较科学、准确,但工作量大,技术性较强,适用于制定企业主要原材料的消耗定额。

(2) 统计分析法,是对原有的各种生产统计数据进行分析、归纳和综合,从而对物料的耗用情况进行推理演算的一种方法。

它根据以往生产中物料消耗的统计资料,并考虑计划期内生产技术组织条件等各方面的变化因素,通过分析和比较,再吸取先进技术和经验制定定额的方法。

该方法比较简单,但需要有详细可靠的统计资料。如对过去的耗用统计资料、产品图纸资料、生产工艺资料、仓库发料记录、物料控制标准的了解。

(3) 经验判定法,是根据技术人员和生产工人的实际经验,并参考有关的技术文件和产品实物,以及生产技术组织条件等因素来制定定额的方法。

经验是工作实践中长期积累的智慧的结晶,也是对客观事物的内在规律的认识。这一方法通俗易行,简捷方便,工作量小。采用这种方法,要求物料管理人员具有较丰富的实践经验,同时又具备一定数量的记录物料消耗的资料,这其中包含了对产品设计、工艺技术、作业过程的娴熟了解。但它的准确性较差,一般在缺少技术资料和统计资料的情况下才采用。

经验管理的隐患

一个怀藏珍宝的商人路遇强盗,狂奔逃命,却被一道激流阻挡了前进的道路。

商人仰天长呼:“天啊,天啊,你难道真的没有天理。当我这样无辜的人遇到危险的时候,你为什么不给我一条生路?”

一只青蛙听到了他的惨呼,跳出来安慰他:“不要埋怨老天,它其实对你是很慈悲的。这条小溪嘛,看起来很可怕,其实很浅的。我们天天都在这里游泳嬉戏。当年,我还小的时候,妈妈就在这里教我跳水。所以,你勇敢地下去吧,没有危险。”商人将信将疑,迫于强盗的追赶,只好冒险下水。果然,这条听起来响声大得吓人、看起来让人心惊的水流其实很浅。商人最后只不过虚惊一场。他渡过河流,感谢了青蛙,继续前行。没错,强盗也被这条激流吓住了,青蛙没有把河流的秘密告诉他们。但是,他们通过另外一条道路又找到了商人,仍在身后穷追不舍。

途中,商人又遇到了另外一条河,这条河平静而安宁,缓缓地在大地上流淌。他自言自语说:“那条河流看起来那么可怕,其实也不过如此;那么渡过这条河更应该是轻而易举的了。”他于是毫不迟疑地下了河。没想到,这条平静的河流却暗藏杀机。商人连呼救声都来不及出口便滑入流沙里,转眼被吞没得无影无踪。

资料来源:段衍.影响人一生的100个管理故事(第二版).北京:光明日报出版社,2010

上述几种方法各有优缺点,如图6-5所示,在实际工作中应根据企业的具体情况和管理水平而定。有时,也可以将几种方法结合起来运用。技术分析法比较精准,但工作量大。经验判定法和统计分析法不够精准,但简便易行。在制定物料消耗定额时,还要考虑一线工人的意见,这样制定出来的定额才先进和合理。

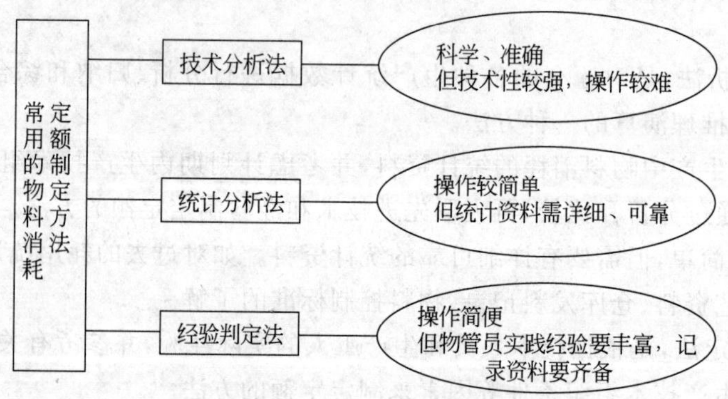

图6-5 常用的物料消耗定额制定方法

2. 辅助材料消耗定额的制定

辅助材料及其他物资消耗定额的制定,根据辅助材料的不同用途,可采用以下几种方法制定其消耗定额:

(1) 与主要原材料消耗呈正比例变化的辅助材料,可按主要原材料消耗量的一定比例计算确定其消耗定额。如炼钢时一吨生铁需加多少熔剂。

(2) 与产品产量成正比例变化的辅助材料,可按单位产品用量计算。如包装材料。

(3) 与设备开动时间有关的辅助材料,可按设备开动时间或工作日计算确定。如润滑油等。

(4) 与辅助材料本身使用期限有关的,可按规定的使用期限来确定。如劳保用品等。

某些难以直接换算的辅助材料，可根据统计资料或实际耗用情况加以确定其消耗定额。燃料和动力由于使用面广，需要量大，消耗定额应按不同用途分别规定。运作工具的消耗定额，可用运作某种产品所需用某种工具的总工时与该种工具的使用期限的比值来确定，也可根据统计资料来确定。

第四节 企业销售物流的管理

企业销售物流是企业为保证本身的经营效益，不断配合销售活动，将产品所有权转给用户的物流活动。企业销售物流通过包装、送货、配送等一系列环节实现物质销售。在现代社会中，市场环境是一个买方市场，因此销售物流活动便带有极强的服务性，以满足买方的要求，最终实现销售。销售往往以送达用户并经过售后服务才算终止。

企业销售物流是生产企业赖以生存和发展的条件，又是企业本身必须从事的重要活动，它是连接生产企业和消费者的桥梁。销售物流是包装、运输、储存等诸环节的统一。销售物流是企业物流的一部分，占据了企业销售总成本的20%。因此，销售物流的好坏直接关系到企业利润的高低。

一、企业销售物流的内涵

企业的产品只有经过销售才能实现其价值，从而创造利润，实现企业价值。企业销售物流是指企业为保证自身的经营利益，伴随销售活动将产品所有权转给用户的物流活动。是产品从生产地到客户的时间和空间的转移，是以实现企业销售利润为目的的。

对于生产企业来讲，一方面物流是企业的第三个利润源，降低销售物流是企业降低成本，依靠销售物流将产品不断运至消费者和客户；另一方面通过降低销售过程中的物流成本，间接或直接增加企业利润。

销售物流是以实现销售为目的的，它的所有活动及环节都是为了实现销售利润，因此物流本身所实现的时间价值、空间价值及加工价值在销售过程中处于从属地位。

二、企业销售物流的组织

企业销售物流的空间范围很大，这便是销售物流的难度所在。销售物流是企业物流与社会物流的衔接点，如图6-6所示，与企业销售系统相配合，完成产成品的流通。生产的最终产品将通过销售环节进入市场，这个环节需要合理组织形成销售物流。

企业销售物流的特点就是通过包装、配送等一系列物流实现销售，这就需要研究送货方式、包装水平及运输路线，并采用诸如少批量、多批次、定时及定量配送等特殊的物流方式达到目的。

专业批发业务的物流作业具有大进大出和快进快出的特点，它强调的是批量采购、大量储存及大量运输的能力。大型分销商需要大型的仓储和运输设施。另外，分销商属于

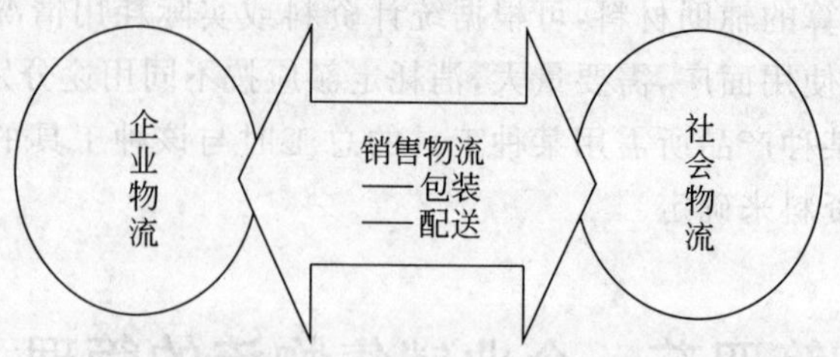

图 6-6 销售物流与企业物流及社会物流关系图

中间商,需要与上游和下游进行频繁的信息交换,需要具有良好的信息接口和高效的信息网络。

(一) 包装

包装是指为在流通过程中保护产品,方便储运,促进销售,按一定技术方法而采用的容器、材料及辅助物的总体名称。

产品的包装通常分为销售包装和运输包装。销售包装是与产品直接接触的包装,是企业销售工作的辅助手段,许多企业都通过产品的销售包装来进行新产品推销或企业形象宣传;而产品的运输包装主要是在产品的运输过程中起到保护作用,避免运输、搬运活动造成产品毁损的现象。企业可以选择在生产过程中对产品进行销售包装,而产品的运输包装则可以推迟到销售阶段,在决定运输方式以后再进行对产品的运输包装。

包装可视为生产物流系统的终点,也是销售物流系统的起点。包装具有防护功能、仓储功能、运输功能、销售功能和使用功能,是物流系统中不可缺少的一个环节。

因此,在包装材料、包装形式上,除了要考虑物品的防护和销售外,还要考虑储存、运输等环节的方便,包装标准化、轻薄化,以及包装器材的回收、利用等问题。

(二) 成品储存

成品储存是指商品从生产领域进入消费领域之前在流通领域内的暂时停留。仓储在整个物流系统中具有重要的作用。仓储是社会物资生产的必要条件,通过仓储可以创造一定的物流功能价值。仓储也被看做是创造物流利润的重要源泉之一;仓储是物流功能达到“利益均衡”的标志之一;仓储是直接影响物流系统质量和效益的重要环节。

但对于按照订单进行生产的企业而言,产成品直接进入市场流通领域,进行实际销售;而对于按照产品的需求制订计划,进行生产的企业,产成品进入流通前需经过在库储存阶段。

仓储包括仓储作业、物品养护和库存控制。改善仓储作业,提高作业质量及作业生产率;使用科学的物品养护方法;成品库存控制应以市场需求为导向。合理控制成品存储量,并以此指导生产。

(三) 销售渠道

销售渠道的结构有如下几种(见图 6-7):

(1) 生产者—消费者,销售渠道最短。

(2) 生产者—批发商—零售商—消费者,销售渠道最长。

(3) 生产者—零售商或批发商—消费者,销售渠道介于以上两者之间。

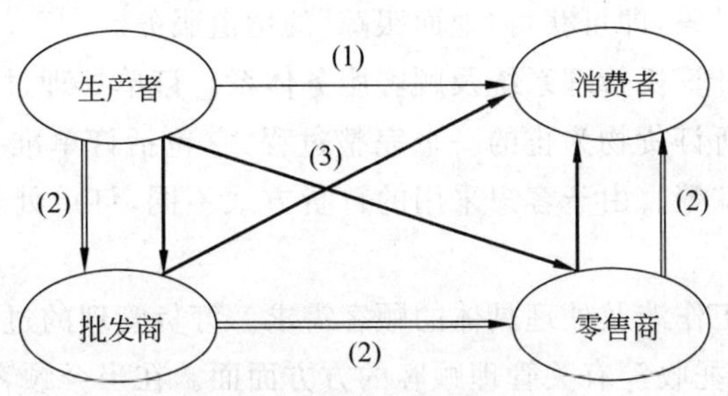

图 6-7　企业销售渠道结构图

影响销售渠道选择的因素有政策性因素、产品因素、市场因素和生产企业本身因素。生产企业对影响销售渠道选择的因素进行研究分析以后,结合本身的特点和要求,对各种销售渠道的销售量、费用开支、服务质量经过反复比较,找出最佳销售渠道。

销售物流的组织与产品类型有关,如钢材、木材等商品,一般选用第一种结构渠道和第三种结构渠道(生产者—零售商或批发商—消费者);而诸如日用百货、小五金等商品的销售渠道,则较多的选用第二、三种结构渠道。

正确运用销售渠道,可使企业迅速及时地将产品传送到用户手中,达到扩大商品销售、加速资金周转、降低流通费用的目的。

(四) 产成品的发送

产品发送以供给方和需求方之间的运输活动为主,是企业销售物流的主要管理环节。根据产成品的批量、运送距离、地理条件决定运输方式。对于第一种销售渠道,运输形式有两种,一是销售者直接取货;二是生产者直接发货给消费者。对于第二、三种销售渠道,除采用上述两种形式外,配送是一种较先进的形式,可以推广。

由生产者直接发货时,应考虑发货批量大小问题,它将直接影响到物流成本费用,要使发货批量达到"运输费用+仓储费用"最小的原则。同时,企业在进行产品发送过程中,还应重视产品在运输端点的搬运、装卸等活动,它是运输作业中不可缺少的重要组成部分,对运输产品的质量有直接影响。

(五) 信息处理

企业销售物流中的信息处理主要是指产品销售过程中对客户订货单的处理。完善销售系统和物流系统的信息网络,加强二者协作的深度和广度,并建立与社会物流沟通和联系的信息渠道。

现代信息技术的高速发展,为物流作业信息化奠定了基础。企业物流从 20 世纪 80 年代初开始大量引入条形码技术来改善物流效率,使用 EDI 进行企业间商务数据的传输。随着各种类型的电子扫描方式和传输技术的普及,物流作业几乎都融入了信息技术。到了 20 世纪 90 年代,企业已开始运用卫星通信技术进行物流作业信息的实时跟踪。美国联合速递公司,它使用条形码和扫描仪能每天 24 小时地跟踪和报告装运状况,顾客只需拨一个免费的电话号码,即可获得“地面跟踪”的增值服务。

建立订货处理的计算机管理系统及顾客服务体系。订单处理过程是从客户发出订货请求开始到客户收到所订货物为止的一个完整过程,它包括订单准备、订单传输、订单录入、订单履行、订单跟踪等。由于客户采用的订货方式不同,订单处理的环节也应随订货方式的不同而变化。

订货管理部门的工作涉及处理具体的顾客需求。订货管理的过程涉及从最初的接受订货到交付、开票以及托收等有关管理顾客的方方面面。在当今顾客全球化的趋势下,没有信息处理技术的支持是不可想象的。信息技术是连接各项物流作业的纽带,通过信息这根纽带,各种物流作业被视作物流信息系统的一个组成部分。

三、企业销售物流合理化

传统的销售物流是以工厂为出发点,将产品送到消费者手中。而从现代营销理念来看,销售物流应先从市场着手,首先要考虑消费者对产品及服务水平的要求,同时还必须了解其竞争对手所提供的服务水平,然后提供更好的服务。

许多企业把销售物流的最终目标确定为以最短的时间、最少的成本把适当的商品送达客户手中。但在实际工作中很难达到目标,因为很难既最大限度地满足客户的需求,又最大限度地减少销售物流成本。例如,如果客户要求及时不定量地供货,那么销售企业就要准备充足的库存,这样就会导致库存量高,库存费用增加,也使运输费用增加,从而使企业在销售过程中物流成本费用增加。若要降低销售物流成本,则必须选择低运费的运输方式和低库存,这样就会导致送货间隔长,而顾客的满意度则会降低。

1. 销售物流的职能成本与系统成本的矛盾

为了实现销售活动,仓储、运输、包装等各职能部门所投入的成本称为职能成本。系统成本则是整个销售物流活动过程中各职能成本的总和。

往往企业的物流系统已达到高效率库存、仓储和运输各部门经营良好,并且都能把各自成本降至低水平。然而,各部门之间无法互相协调,那么总系统成本也不一定最低,这就是各职能部门的成本与系统总成本的矛盾。

在不少企业,将物流运营权分割到几个协调性差的部门,就会使得控制权过于分散,而且还会使得各职能部门产生冲突。例如,运输部门只求运费最低,宁愿选用运费少的运输方式大批量运输;库存部门尽可能保持低库存水平,减少进货次数;包装部门则希望使用便宜的包装材料。企业销售物流系统的各职能部门具有高度的相关性,企业应从整个物流系统的成本考虑来制定物流决策,而不能仅考虑降低个别职能部门的成本。否则,可能会造成整个系统的全局利益受损。

小贴士

目标一致 利益一致 才能成功

一天,梭子鱼、虾和天鹅,同时发现路上有一辆车,车上有许多好吃的东西。于是,就想把车子从陆地上拖下来,三个家伙一起使出了吃奶的劲,但小车依然在原地没动。为什么会这样?原来他们三个使劲的方向不同,天鹅使劲往天上提,梭子鱼朝池塘拉,虾一步步向后拉。其主要原因就是他们的目标不一致。

为了一个共同的目标,大家只有同心协力,向一个方向形成合力去做才能把事情做好。

资料来源:王海民.十大管理哲理故事经典.北京:海潮出版社,2006

2. 制定系统方案,进行综合物流成本控制

(1) 直销方案的综合物流费用分析

把商品直接销售到消费者手中,这种方案因货物数量不大,且运输频率较高,因此,会耗费较高的物流成本费用。但是这种直销一旦延误,很有可能会失去客户。如果失去销售机会所损失的成本大于物流成本,则企业还是应采取直销方案。

(2) 中转运输方案的综合物流费用分析

如果企业将成品大批量运至销售地区仓库或中转仓库,再从那里根据订单送货给每一位客户的费用少于直接将货物送至客户,则可采用经中转再送货的方案。增建或租赁中转仓库的标准,一定是因增建或租赁仓库所节约的物流费用大于增建或租赁仓库所投入的成本。

(3) 配送方案的费用分析

配送是企业销售物流的重要环节。配送中心是企业为了更好地运行产品配送活动而建立的企业销售物流的运作结点。企业的配送就是将产品的包装、搬运、装卸、仓储、运输等相互独立又相互制约的销售物流环节组织在同一个物流运作系统中,通过这个系统合理地安排一系列的销售物流作业活动,实现物流运作的效率化。

配送价格是到户价格,与出厂价相比,它增加了部分物流成本,故略高于出厂价。与市场价相比,增加了市场到客户这一段运输的成本,因而也可能略高于或等于市场价。但是客户充分考虑从商场到他们手中的各种成本,发现配送价格更优越。

对于生产厂家,仅以出厂价交出货物,不再考虑以后到客户的各物流环节的投入,省去大量的人力、物力。配送方案可以使企业、配送中心、客户三方面分享规模化物流所节约的成本,因此,配送中心的代理送货将逐渐成为合理资源配置的一种方案。

3. 企业销售物流合理化的形式

销售物流合理化应该做到在适当的交货期,准时向顾客发送商品;对于顾客的订单,应避免商品缺货或者脱销;合理设置仓库和配送中心,保持合理的商品库存;使运输、装卸、保管和包装等操作简便省力;维持合理的物流费用;使从订单到发货的情报流动畅通无阻;将销售额等订货信息,及时提供给采购、生产和销售部门。

销售物流合理化的形式有大量化、计划化、商物分离化、差别化、标准化等多种形式,下面分别给予简单介绍。

(1) 大量化。这是通过增加运输量,实现规模经济,以便有效降低运输成本。通过延

长备货时间来提高配送装载效率。

(2) 计划化。通过管理好客户订货量,使发货均衡化,实行计划运输和计划配送。如按路线配送、按时间表配送、混装发货、返程配载等各种措施的合理使用。

(3) 商流、物流分离。订单活动与配送活动分离,即把自备载货汽车运输与委托运输乃至共同运输联系在一起,利用委托运输可以压缩固定费用开支,提高了运输效率从而节约运输费用。商流、物流分离把批发商和零售商从大量的物流活动中解放出来,把这部分力量集中到销售活动上,从而使企业的整个流通渠道得以通畅,物流效率得以提高,成本得到降低。

(4) 差别化。根据商品周转速度的快慢和销售对象规模的大小,周转较快的商品分散保管,周转较慢的商品尽量集中保管,以压缩流通阶段的库存,有效利用库存面积等。

还可依据销售对象决定物流方法,如供货量大的客户从工厂直接送货,供货量分散的配送中心供货;对于供货量大的客户每天送货,对于供货量小的集中配送等,灵活掌握配送次数。无论采取何种形式,在使用时,都应考虑到节约物流费用与提高服务水平。

(5) 标准化。以国际标准为销售物流的作业基础。同时,以销售批量规定订单的最低数量成套或整包装出售,会明显提高配送和库存管理效率。

4. 注重绿色物流

企业生产中对废旧物料进行回收利用的工作是利国利民的大事,它不仅可以减少生产过程中的资源消耗、弥补自然资源的不足,而且可以降低成本、提高经济效益。

社会对物流管理的日益重视以及人们环境保护意识的增强,政府部门对企业环保的要求也不断提高。绿色物流的概念正逐步被人们所认识,而作为与绿色物流密切相关的企业回收及废弃物流的管理也已逐渐成为社会经济生活中的一个重要问题,受到了社会各界的关注。

本章小结

1. 物流利用现代信息技术和设备,将物品从供应地移向接收地。物流活动包括:用户服务、需求预测、订单处理、配送、存货控制、运输、仓库管理、工厂和仓库的布局与选址、搬运装卸、采购、包装、情报信息。从物流的含义和活动内容说明物流管理的重要性和复杂性。

2. 物流从不同的角度可分为很多种类,如宏观物流与微观物流、国际物流和区域物流、社会物流和企业物流等,本章着重介绍企业物流。

3. 企业物流是从企业角度上研究与之有关的物流活动,是具体的、微观的物流活动的典型领域,它由企业供应物流、企业生产物流、企业销售物流、企业回收物流、企业废弃物物流几部分组成。

4. 从企业产品制造过程来看,首先,企业要进行供应物流管理,它包括采购管理、供应管理、库存管理、仓储管理等环节。企业供应物流不仅要保证供应的目标,而且要以最低成本、最少消耗、最大保证组织供应物流活动。

其次,企业要进行生产物流的管理,它主要是对物料消耗定额的构成及制定进行科学的管理。生产物流是制造产品的企业所特有的,它需要与生产流程同步。原材料及半成品等按照工艺流程在各个加工点之间不停地移动、流转,形成了生产物流。因此,生产物流合理化对工厂的生产秩序和生产成本有很大的影响。

最后，企业要对销售物流进行管理，主要是对企业销售物流合理化的管理。企业销售物流是生产企业赖以生存和发展的条件，又是企业本身必须从事的重要活动，它是连接生产企业和消费者的桥梁。销售物流的好坏直接关系到企业利润的高低。

思考与练习

一、填空题

1. 物流是指利用现代信息技术和设备，将物品从________向________的实体流动过程。

2. 场所价值又称地点价值或空间价值，是物质资料从供给者到需求者之间有一段________，供给者和需求者之间往往处于不同的场所，因改变物质资料的不同场所而创造的价值。

3. 定量库存控制法，是以________和________为基础的一种库存控制方法。

二、选择题

1. 常用的物料消耗定额制定方法是(　　)。
   A. 技术分析法　　B. 统计分析法　　C. 经验判定法　　D. 实际测定法
2. 物流的时间价值是指(　　)。
   A. 缩短时间创造价值　　B. 弥补时间差创造价值
   C. 延长时间差创造价值
3. 销售物流合理化的形式有(　　)。
   A. 大量化　　B. 计划化　　C. 标准化　　D. 差别化

三、判断题

1. 物流是发展企业的重要支撑力量，但与企业的质量无关。　(　　)
2. 物料储备定额是企业编制物料供应计划和组织采购订货的重要依据。　(　　)
3. 生产者——零售商或批发商——消费者，销售渠道最长。　(　　)

四、名词解释

1. 物流管理
2. 成品储存
3. 企业销售物流

五、简答题

1. 销售物流的组织包括哪几个方面？
2. 简述配送方案的费用分析。

工作导向标

杨阳的管库工作

杨阳物流管理专业毕业半年后，在一家企业做库管员。他日常工作如下：

(1) 生产领料。他严格根据车间开出的领料单发货，并要求领料人员签字。领料单一式三联:一联存根联,一联仓库联,一联物管联。

(2) 货物出库。货物出库他必须做到对未经审单不备货、未经复核不出库;在发货时要核实凭证、核对账卡、核对实物;并对单据和实物要进行品名、规格、包装、件数、重量5个方面的检查。

货物出库具体流程如下:

第一步,验单。他审核货物出库凭证,审核货物提货单或调配单内容,特别注意是否有被涂改过的痕迹。

第二步,登账。对审核无误的出库货物,他需按凭证所列项目进行登记,核销存储量,并在发货凭证上标注发货货物存放的货区、库房、货位编号及发货后的结余数等;同时,转开货物出库单,连同货主开制的商品提货单一并交仓库保管员查对配货。

第三步,配货。他对出库凭证进行复核,在确认无误后,按所列项目和标注进行配货。配货时应按"先进先出"、"易坏先出"、"已坏不出"的原则进行。

第四步,包装。在货物出库时,他需要对货物进行拼装、加固或换装。

思考题:请调查一家工厂,写出该工厂的仓库保管员的日常工作职责。

经典案例

沃尔玛的配送方式

沃尔玛公司共有六种形式的配送中心:第一种是"干货"配送中心,主要用于生鲜食品以外的日用商品进货、分装、储存和配送,该公司目前这种形式的配送中心数量最多。第二种是食品配送中心,包括不易变质的饮料等食品,以及易变质的生鲜食品等,需要有专门的冷藏仓储和运输设施,直接送货到店。第三种是山姆会员店配送中心,这种业态批零结合,有三分之一的会员是小零售商,配送商品的内容和方式同其他业态不同,使用独立的配送中心。由于这种商店1983年才开始建立,数量不多,有些商店使用第三方配送中心的服务。考虑到第三方配送中心的服务费用较高,沃尔玛公司已决定在合同期满后,用自行建立的山姆会员店配送中心取代。第四种是服装配送中心,不直接送货到店,而是分送到其他配送中心。第五种是进口商品配送中心,为整个公司服务,主要作用是大量进口以降低进价,再根据要货情况送往其他配送中心。第六种是退货配送中心,接收店铺因各种原因退回的商品,其中一部分退给供应商,一部分送往折扣商店,一部分就地处理,其收益主要来自出售包装箱的收入和供应商支付的手续费。

从案例中,我们可以看出,沃尔玛的配送中心有六种,每种配送中心都是为适应它不同的商品或连锁店的需要而成立。对于不同商品和连锁店严格区分配送方式,实行标准化管理。不仅大大提高了配送效率,还节约了采购成本,降低了管理和物流成本。与我们提倡的连锁经营三种原理之一——物流体系管理标准原理不谋而合。

资料来源:胡松评.向沃尔玛学供应链管理.北京:北京大学出版社,2006

第七章 现代企业质量管理

质量是维护顾客忠诚的最好保证。

——杰克·韦尔奇
通用电气公司总裁

引导语

汽车的质量涉及其全部，如发动机、底座、车身和电气设备等。忽略一个小环节、小部件，汽车的品质就大打折扣，汽车的质量管理就是如何使外形美观、色彩纯正、座椅舒适、功能完善、功率强大等。汽车质量的好坏直接影响其销售。企业质量管理包括产品及产品服务，就是如何通过质量目标、质量控制、质量改进等六个环节的把握和控制来实现产品及其服务的优质。产品质量是企业的生命，可见企业质量管理的重要性。

学习要点

1. 掌握质量管理的含义，熟知质量管理的六个过程。
2. 了解质量管理的发展过程，弄清全面质量管理对质量管理工作的影响。
3. 了解质量管理的基本术语，掌握 PDCA 质量循环的基本内容。
4. 了解质量管理标准的发展沿革。
5. 了解质量管理的原则的基本内容。
6. 掌握质量管理各核心过程的特点，重点掌握质量检验管理的内容。
7. 了解质量管理常用的统计方法，掌握抽样检验的基本概念与过程。
8. 掌握质量认证的概念，弄清产品认证与质量管理体系认证的区别与练习。

引导案例

知名企业为什么倒闭

20 世纪 80 年代初我国有不少非常红火的知名企业，如长城风衣雨衣厂、东风电视机厂、雪花电冰箱厂等在改革开放后期却都销声匿迹了。

在这些企业中有一个以生产门和床为主的木材厂。这个木材厂有着几十年的生产经验,工人师傅也具有熟练的技术。90 年代后期,市场上门和床流行新型材料,如塑钢、玻璃钢。但该厂没有及时更新产品,将新型材料运用到自己的产品中,以至于到 2000 年后工厂生产规模缩小、大幅度裁员,经营惨淡。

近年来,实木家具又受到人们的青睐。该厂本应抓住这一难得机会,利用技术优势生产出受消费者欢迎的产品。但该厂不注意质量管理,时常出现质量问题。比如产品设计尺寸与生产加工、实际安装尺寸不一致,致使现场难以安装或不能安装。许多客户伤心地表示今后绝不会再买他们的产品。最后,该木材厂不得不宣告倒闭。

资料来源:本书作者自编

请你带着以下问题阅读本章内容:

1. 案例中的木材厂为什么由一个知名企业变成了一个倒闭企业?
2. 请用质量管理的术语描述该木材厂在质量管理过程中的问题。
3. 请你对该木材厂的质量管理工作提出自己的建议。

第一节　质量管理概述

一、质量管理的含义

质量管理是企业管理的重要组成部分,也是经营管理的核心内容。质量管理是指在质量方面的指挥和控制活动。通常包括质量方针、质量目标、质量策划、质量控制、质量保证和质量改进六个过程,如图 7-1 所示。

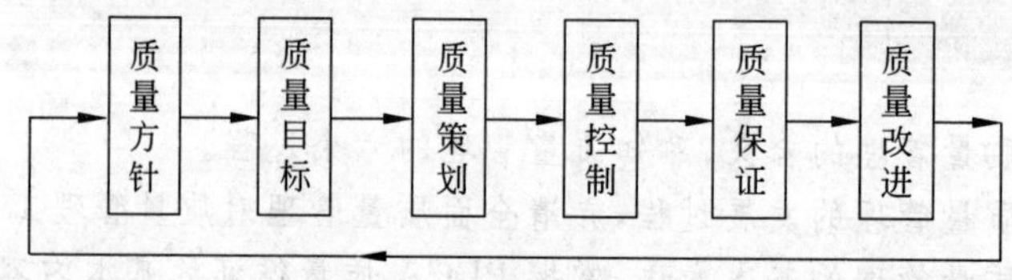

图 7-1　质量管理的内容

1. 质量方针

质量方针是指由组织的最高管理者正式发布的该组织总的质量宗旨和质量方向。质量方针体现组织在质量方面的追求,它反映产品的特点。

如某危险化学品运输公司的质量方针是为顾客提供安全、及时服务。这里的关于保障安全的承诺是针对是化学品的特点提出的。

2. 质量目标

质量目标是指企业在质量方面所追求的目的。质量目标可以包括产品质量目标和与产品有关的质量目标。这些与产品有关的质量目标包括产品的设计、材料的采购、设备管理、生产过程、安装、售后服务、人员管理等方面的目标。

如果我们把电视机看做是一个产品,电视机的画面清晰度、功能等就是产品的质量目标。上门安装与调试、电视机的保养与维修就是与产品有关的目标。

质量目标应是可测量的,它可以是定量的,也可以是定性的。在制定质量目标时应注意与质量方针相一致。

3. 质量策划

质量策划是指设定质量目标并规定必要的运行过程和相关资源,以实现其质量目标。

例如,我们要生产出合格的产品,那么要事先策划质量要求,需要哪些活动、资源、文件,必要时,对质量策划编制文件。

质量管理体系的建立在质量管理中起着重要作用。建立质量管理体系,应首先进行质量目标、组织机构、体系文件、过程的策划。

4. 质量控制

质量控制是指为达到质量要求对企业技术作业与相关活动所采取的控制。质量控制的方法可以包括检查、监控。比如,对生产过程进行质量检验、对过程的影响因素进行监控、分析、调整等。

质量控制贯穿于产品形成的全过程,对产品形成全过程的所有环节和阶段中有关质量的作业技术和活动都进行监督与控制。例如,对一个乳制品厂的质量控制工作,应该从奶牛喂养,产奶,奶制品生产与加工、包装、运输等全过程的监督与控制。

在引导案例中的质量控制方面存在问题,具体表现在产品设计尺寸与加工尺寸不一致,导致无法安装。从引导案例我们可以看出,产品形成过程之间的质量管理是密不可分的,就像多米诺骨牌,张张相连。

5. 质量保证

质量保证是指企业通过质量管理活动,如制度建立、规定人员职责,通过对产品设计、生产过程规范从而提供满足要求的信任的过程。质量保证的内涵不仅包括保证质量,还要保障顾客对质量的信任。客户的忠诚度是这种信任的指标。客户忠诚度是指客户因为接受了产品或服务,满足了自己的需求而对品牌或供应(服务)商产生的心理上的依赖及行为上追捧。

6. 质量改进

质量改进是指改进产品自身的缺陷,或是改进与之密切相关事项的工作缺陷的过程。质量改进目的是通过改进和提高满足质量要求的能力。质量改进包括产品、人员能力、设备、管理等方面的改进等。

小贴士

颜色改变命运

在我国,有一个做呢绒线绳的生产企业。有一次,50 岁左右的李总发现在建筑工地上有很多安全网。夜晚该工地上漆黑一片,时常报道有人在夜晚被安全网刮倒而摔伤。李总想,如果把绿色的安全网加上比较显眼的黄色,这样在夜晚人们也许就不会被刮倒了。他把这个想法告诉了施工企业并得到了认同。于是,李总组织人员进行生产工艺的研究,最终该厂的订单源源不断,改变了企业经营现状。

借此,李总又开发了织网,并和欧洲的环境组织联系,把织网用于保护植物免受动物侵害。这个例子说明,质量改进的重要性,组织应不断创新产品,满足客户要求,达到顾客满意,才能保持竞争力。

资料来源:本章作者自编

二、质量管理发展阶段

质量管理的产生和发展与社会发展同步,掌握质量管理发展阶段,有利于理解质量管理的内涵。一般认为质量管理经历了以下三个发展时期。

1. 传统的质量管理阶段

大约在20世纪30年代,随着生产力的发展,作坊生产逐步发展成为企业化大生产,产生了专门从事质量检验的岗位。这个时期产品质量检验作为质量管理的主要内容,起到很重要的作用。

小贴士

袋鼠"跳高"

一天,动物园的管理员突然发现园里的袋鼠跑出来了。大家认为是笼子过低,他们决定将笼子由1米加高到2米。

结果第二天,袋鼠还是跑到外面来,于是公园管理员又决定再加高到3米。没想到隔天,居然又看到袋鼠全跑到外面,于是决定将笼子的高度加高到4米!(其实是管理员忘记关门了。)

一天,长颈鹿和几只袋鼠在聊天。"你们想,这些人会不会再继续加高你们的笼子?"长颈鹿问。"很难说!"袋鼠说,"如果他们再继续忘记关门的话!"

关门是本,加高笼子是末。而在质量管理中,我们有些企业的负责人却舍掉改善工序过程这个"本",把希望完全寄托在"检验"这个末上。检验是一种既昂贵又不可靠的质量管理方式,是事后弥补。检验就是等于准备有次品,检验出来已经是太迟了,成本高而且效益低。

资料来源:http://zhidao.baidu.com/question/173214078.html

2. 统计质量控制管理阶段

统计质量控制起源于美国。统计质量控制主要应用于生产流程的工序质量控制。例如,通过使用控制图,分析过程的稳定性,判断是否有异常因素;通过使用抽样方案对原材料、半成品、成品进行质量控制。

3. 全面质量管理阶段

20世纪60年代之后,进入全面质量管理阶段。全面质量管理(TQM)是指企业为了保证和提高产品质量,综合运用从产品的研究、设计、制造和售后服务等一整套质量管理体系、手段和方法所进行的系统管理活动。

这个阶段的质量管理发生了一个质的飞跃。人们认识到产品质量的形成不是单靠最终产品检验得出来的，它涉及产品的设计、生产、检验和服务各个环节。

小贴士

老酸奶为何难买？

不少人吃过青海的老酸奶，都被其醇厚的奶香和酸甜适中的口感所折服。于是有北京人做起了老酸奶的生意，春节期间正式销售旺季，老酸奶却脱销了。原因是青海生产老酸奶的企业小，做不过来，所以受到了限制，另外，从青海到北京的过程，老酸奶的运输也需要时间。近期看到其他乳制品公司已经占据了北京的大部分市场，我们不由得为青海老酸奶生产企业感到悲哀。虽然制造和运输不是直接的销售环节，但这些环节直接影响销售，共同属于质量管理全过程。这就证明产品的质量管理是个全面的过程，包括顾客需求、成本、产品质量等。

资料来源：本案例由副主编根据新闻编辑

全面质量管理的核心价值观是：领导在质量管理中发挥作用，激励员工全员参与，以顾客为关注点，持续改进，达到顾客满意。

小贴士

优目眼镜店的成功

东北某城市有个优目眼镜店。针对残疾老人，眼镜店提供上门服务，为他们进行配镜前的测试验光，还为顾客免费清洗眼镜。这个举措不仅受到了残疾老人的欢迎，还在社会上赢得了极高的信誉，成为我国比较著名的眼镜店。这个例子体现了21世纪质量管理“满足并超越顾客满意”的思想。

资料来源：本章作者自编

第二节　质量管理相关术语概念

质量管理相关术语与概念是质量体系的基本单元。掌握术语与概念，对于质量管理体系的理解和运用具有重要意义。

1986年ISO国际标准化组织发布了ISO 8402《质量——词汇》；1994年补充修订成为ISO 8402《质量管理和质量保证——术语》；2005年ISO国际标准化组织发布的ISO 9000——2005《质量管理体系 基础和术语》，给出了84个词条和定义，我国在2008年等同转化了此项标准为GB/T 19000—2008《质量管理体系 基础和术语》，本节介绍其中的相关术语和概念。

一、与质量有关的术语

1. 产品

定义：过程的结果。

产品分为以下四种类型：

(1) 硬件——具有特定形状，如电视机、车床、房屋、汽车等。

(2) 流程性材料——将原材料转化成为某一种状态的产品。如液体的酒、固体的药，板状的钢材等。流程性材料通常生产加工过程是连续的，产品的交付时是以桶、盒、袋、瓶等形式交付。

(3) 软件——通过载体表达的信息，如程序、计算机软件等。

(4) 服务——为满足顾客需要，在供方和顾客之间接触的活动，以及活动产生的结果。服务是无形产品，也包括提供有形产品的部分。如餐厅提供的食品是有形的，服务的时间、卫生、周到、热情是无形的。

2. 质量

定义：一组固有特性满足要求的程度。

质量的固有特性是在产品的设计、生产过程中形成的，因此是产品本身所具有的固有特性。

不同的产品类型，其产品的特性不同。如硬件产品质量特性通常反映在其安全性、功能、使用寿命等方面；服务类型产品的质量则表现为在准时、服务的周到等方面。

质量具有时间性。在不同年代，顾客对质量要求不同。例如服装风格、颜色、质地都会随着时间的变化而不同。

质量具有广义性。例如管理工作的好坏也可以用质量进行描述。

小贴士

产品的分类

在质量管理体系中，产品分类的依据是它的主导成分，通俗地讲就是产品的主要特性。例如汽车生产厂的主导成分是汽车，属于硬件；而汽车4S店产品的主导成分包括汽车修理、保险、洗车等，属于服务。

资料来源：本章作者自编

3. 过程

定义：指将输入转化为输出的相互关联相互作用的一组活动。

例如采购过程包括确定货物质量、验收要求、供应商评价、采购计划制定、合同签订、采购产品验收、不合格品退货等活动。

任何过程中都有输入和输出。质量管理的任务就是对过程进行检查与监督，并对结果进行分析和改进。例如，采购过程的输入是客户要求、设计要求，输出是合格的采购产品，在这个过程中质量管理员通过采购验收及结果分析监视采购过程，如图 7-2 所示。

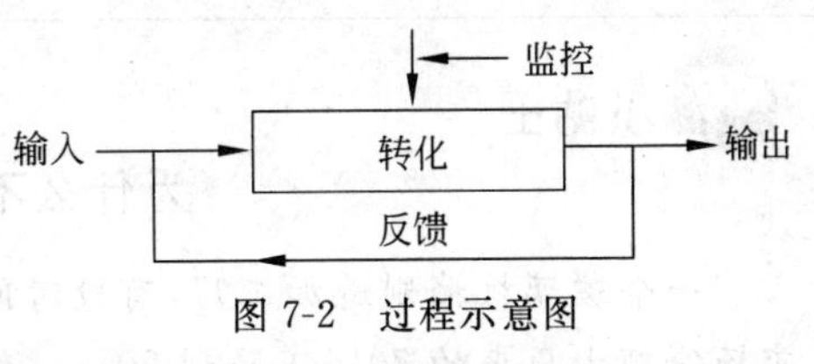

图 7-2　过程示意图

4. 质量管理体系

定义：在质量方面指挥和控制组织的管理体系。

质量管理体系是一个关于质量管理的系统，由质量管理的相关过程组成。这些过程包括管理承诺、资源、产品实现、监视测量、分析改进过程等。质量管理体系是组织结构、资源、文件、过程等组合体。

组织可以由环境管理体系、职业健康安全管理体系、财务体系、质量管理体系与其他管理体系共同组成。

二、PDCA 质量循环概念

戴明(E. Edwards Deming)博士最早提出 PDCA 循环的概念，又称为戴明环，由以下几个阶段组成(见图 7-3(a))：

(1) 计划阶段(Plan)的主要任务是策划方针目标、方案进度和实施计划。

(2) 执行阶段(Do)的主要任务是按计划、目标和措施的实施。

(3) 检查阶段(Check)就是把执行的结果与预定的目标对比，检查计划执行的情况是否达到预期的效果。

(4) 行动阶段(Action)对出现的情况加以处理，分析原因，采取对策。

PDCA 是一个循环性的工作。在企业中，各部门又都有各自的 PDCA、或者更小的 PDCA 管理循环，从而形成大环套小环的综合管理体系。在戴明环中，上一级的 PDCA 大循环是下一级 PDCA 小循环的依据；下一级 PDCA 小循环又是上一级 PDCA 大循环的具体化。通过大、中、小循环，把企业的质量活动有机地联系起来，彼此协调循环，互相促进。如图 7-3(b)所示，四个阶段犹如爬楼梯，周而复始地运转。每循环一次，就实现一定的质量目标，解决一批问题，质量水平就有新的提高。

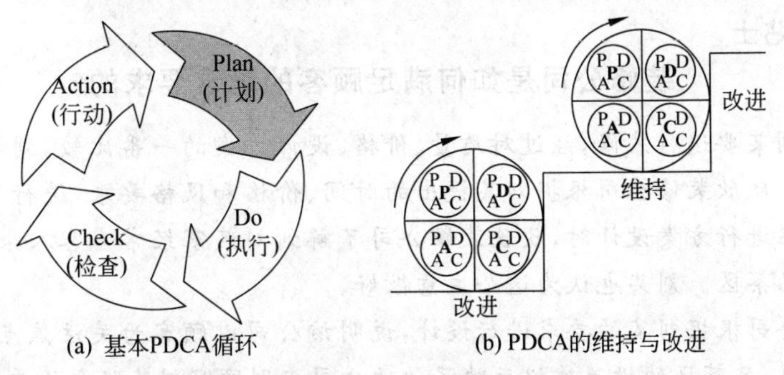

图 7-3　PDCA 循环

小贴士

为什么不能按时交货?

一个玻璃机械制造加工厂,有段时间产品总是不能按时交付,客户纷纷要求退货,市场份额由原来的70%下降到20%。经过调查发现,这个单位在接到客户订单时,没有对生产工艺进行策划和编制,而是凭着经验进行生产,所以经常出现不合格返工产品,最终不能按时交货。这个案例说明质量管理策划的重要性。

资料来源:本章作者自编

第三节 质量管理原则

质量管理原则是对世界质量管理经验的总结,也是对质量管理思想的高度概括。质量管理原则是质量管理应遵循的价值观,是质量文化的一部分。

质量管理原则是2000版和2008版质量管理标准的理论基础。ISO 9000《质量管理体系 基础和术语》标准包括了质量管理的八项原则的内容。

1. 以顾客为关注焦点

以顾客为关注焦点的原则是质量管理原则中最基本的原则,这个原则的出发点是满足顾客的需求。企业依存于顾客,因此企业应当理解、满足顾客要求,争取超越顾客期望。以顾客为关注焦点体现在以下几个方面:

(1) 识别企业的顾客,包括直接顾客和间接顾客。例如,小学教材辅导书的直接顾客是学生,间接顾客是学生家长。

(2) 识别顾客的当前的和未来的要求,明确的和隐含的要求。如顾客以合同、口头的形式,根据法律法规明确提出的要求属于明确的要求。例如,餐厅的开放时间属于明确要求;餐厅就餐时的卫生要求就是客户没有提出隐含的必须满足的要求。

小贴士

装修公司是如何满足顾客的隐含要求的?

客户刘某要进行装修,经过对质量、价格、设计方案的一番比较,刘某选择了欣欣装修公司。欣欣装修公司根据刘某提出的时间、价格和风格要求,进行了装修前的方案设计。在进行方案设计时,欣欣装修公司了解到刘某家经常有客人来访,就建议他设置一个品茶区。刘某也认为这个主意很好。

欣欣公司根据刘某的要求进行设计,说明该公司以顾客为关注焦点,满足了刘某的公开要求;品茶区的设置建议反映了欣欣公司识别顾客刘某隐含的要求。

资料来源:本章作者自编

(3) 企业应不断地满足并争取超越顾客期望。企业通过设计、生产、采购、服务等环节理解、满足并争取超越顾客的要求。例如,下雨的时候餐厅为没有带伞的顾客提供免费的借用雨伞,就属于超越顾客的要求的服务内容。

2. 领导者的作用

在质量管理过程中要重视领导者的作用。领导者的主要作用体现在为企业找出正确的方向,并在内部通过优秀企业文化,明确责任,不断提升员工的能力,建立激励机制,使员工充分参与实现企业目标的活动。领导者在质量管理过程中也扮演着重要的角色。在质量管理工作中,领导者的作用包括:

(1) 制定质量方针。

(2) 确保质量目标的建立和实施。

(3) 确保满足顾客要求。

(4) 法规要求。

(5) 建立实施持续改进质量管理体系。

(6) 定期对质量管理体系适宜性和有效性进行评价,及时提出问题进行改进。

(7) 创造和谐工作环境,提供资源等。

3. 全员参与

组织中的员工是质量管理工作的承载者,他们的工作态度与行为直接影响质量管理的成败。管理者应确保各级人员都得到相应的质量管理培训、明确在质量管理工作中的职责。企业应该建立激励机制,充分发挥员工对于质量管理工作的积极性。

4. 过程方法

质量管理工作不仅需要有优秀的管理者和员工,还需要科学的过程方法。过程方法就是将与质量管理相关的活动作为过程管理。

过程管理是质量管理的一项重要内容,是指对过程的策划、建立、连续监控和持续改进。

(1) 质量策划——确定质量目标、必要过程和相关资源并输出质量计划。

(2) 质量控制——采用监视、测量、检查及调控以达到质量要求。

(3) 质量保证——产品质量和服务质量满足现定要求,得到证实,取得本组织领导、上级特别是顾客的信任。

(4) 质量改进——其措施包括纠正、纠正措施、预防措施和改进措施。

引导案例中,木材厂的失败也可以看作对生产过程的资源、目标没有进行很好策划的后果。如果该木材厂在 2000 年以顾客对实木家具的需求为目标,对产品的设计和生产的尺寸进行严格的质量管理,也就不会沦落到倒闭企业的行列了。

5. 管理的系统方法

管理的系统方法是将相关的过程作为系统进行质量管理。系统的方法不仅可以提高工作效率,还有助于质量目标的实现。由于过程的复杂性,只有采用系统综合管理的方式才能得到期望结果。例如,现代化的城市交通管理,就是采用由制度、标识、设备、人员等组成的系统管理来实现的。

质量管理体系是企业质量管理的一个系统,这一体系的建立体现了系统管理方法。

例如,服装生产过程就可以看作是一个系统,从设计、裁剪、缝纫到休整过程都需要统一规划和管理。

6. 持续改进

持续改进是企业对于质量管理的基本态度,也是企业追求的永恒目标。持续改进的目的是增强企业满足客户要求的能力。持续改进的方法包括:分析问题,确定问题原因,制定改进措施,实施和验证改进措施。

7. 基于事实的决策方法

这一条管理原则主要思想是:决策需要实事求是。有效的决策应该尊重事实、以数据分析为基础。数据来自社会定性或定量的记录、文字、数字、符号,数据分析则是在此基础上加以归纳并寻找规律和结论。

无论是收集数据还是分析数据,都依赖于统计技术的使用。

8. 与供方互利关系

企业与供方是一种双赢关系,两者之间相互依存、互利的关系可以给双方带来利益。在现代企业管理中,为了提高效率和降低成本,企业有时会采用外包或外协的方式完成某些工作,外包单位就成了企业的供方。例如,宾馆对衣服清洗工作的外包,工厂对运输活动的外包。基于这种外包关系,清洗店有了固定的客户群和业务,宾馆也会因为具有此项服务而提高顾客的满意度。

以上八项是质量管理遵循的一般原则,是质量管理核心的价值观。

第四节 核心过程的质量管理

产品质量形成过程一般包括市场调研、产品设计开发、过程策划开发、采购、生产制造过程、质量检验、包装、储存、销售、售后服务等。

产品的核心过程是指在产品形成过程中的核心过程。这些过程包括产品设计开发、生产管理、质量检验过程。本节将阐述针对这些核心过程的质量管理。

一、设计开发过程的质量管理

设计开发是指将客户的需求转化为产品的过程,包括对产品要求的识别、策划与评价。

1. 产品要求的识别过程

与产品有关的要求包括:

(1) 顾客规定的要求,包括对交付及交付后活动的要求。

(2) 顾客虽然没有明示,但规定的用途或已知的预期用途所必需的要求。

(3) 适用于产品的法律法规要求。

(4) 组织认为必要的任何附加要求。

需要说明的是，与产品有关的要求包括顾客口头、文件等形式提出的明确要求，也包括顾客没有明确的必须用途要求，例如，使用的纸杯不能渗水，这些也许客户没有提出，但是应满足的要求；还包括适用的法律法规要求，如食品有关的法律法规、标签的要求也是产品要求一部分，这在设计之前应事先策划和确定。策划的文件通常可以体现在产品说明书或设计任务书中。

2. 设计策划过程

设计策划是指人们为了达成某种特定的目标，借助一定的科学方法和艺术手段，为决策、计划而构思、设计、制作策划方案的过程。

设计开发策划输出就是一般形成设计开发计划。设计输入是确定设计的要求和任务，有些单位在设计之前应编制设计任务书。

在设计策划过程中，必须确保设计输入的完整性；对设计的适宜性应进行评审，确保后期设计质量。

3. 评价过程

评价过程包括对产品设计的评审、验证、确认等子过程。

(1) 评审

评审是指对产品设计过程的审查，通常包括方案初步设计评审、技术设计评审、生产设计评审。

不同阶段的设计评审的内容是不同的。初步设计评审，主要是对产品适用性、技术水平、安全性、经济性进行分析；技术评审是对结构、经济技术分析、工艺分析、安全分析等进行的评审；生产阶段评审包括工序能力、安装、生产工艺性的评审等。

(2) 验证

验证是指通过提供客观证据对规定要求已得到满足的认定。设计验证是对设计输出满足设计输入的验证，包括：

① 用各种方法进行计算。

② 将新设计规范与已证实的类似设计规范进行比较。

③ 进行试验。

④ 召开评审会议等。

⑤ 设计验证的结果应保留记录，并对设计验证问题采取措施改进。

(3) 确认

确认是指通过提供客观证据对预期用途或应用要求已得到满足的认定。确认的目的是判断产品能否达到使用条件。

确认可以发生在产品生产的任何阶段，需要依具体情况而定。有些产品在最终交付阶段才能确认，如工业企业自动化系统使用性能，到了现场安装后才能确认。有的产品，如服装的样式在方案阶段就要确认。

确认人可以是顾客或顾客的代表或相关管理机构。如锅炉压力容器的设计最终确认人是相关国家质量主管机构。

小贴士

冰箱设计的质量控制

以冰箱为产品,设计开发质量控制与生产过程质量控制包括以下阶段:

(1) 市场调研,收集市场对款式和功能等要求。

(2) 确定冰箱有关的功能、性能、法律法规技术标准、以前产品使用的信息、安装等要求,根据以上要求一般应形成产品说明书或设计任务书。

(3) 对产品设计策划:明确设计阶段、任务分工、设计评审、验证确认时间方式等,编制设计开发计划。

(4) 对产品进行设计:包括方案阶段给出外形结构图、明确功能;对产品各部门如电、机械、软件部分进行详细设计;对零部件进行设计;明确包装和产品验收要求。

(5) 召开设计评审会,制作样机对产品进行设计验证,对设计结果进行功能确认。

(6) 收集使用信息,进一步改进产品。

资料来源:本章作者自编

二、生产制造过程的质量管理

生产制造过程的管理涉及生产制造过程的准备和生产制造过程。

1. 生产制造过程的准备

生产制造过程的准备包括以下步骤。

(1) 人员准备:包括确定人员能力要求,对人员进行培训、考核。

(2) 设备准备:包括设备、刀具、辅助工具准备。材料准备:制定采购计划、选择合格供应商、采购等。

(3) 检测仪器准备:包括配备适宜的监视和测量设备,对监视测量设备进行检定或校准。

(4) 生产工艺准备,工艺验证。

① 生产工艺准备是指对产品的设计工艺审查。

② 编制系统设计工艺文件如工艺路线图。

③ 确定关键质量特性。

④ 编制工艺规程、操作规程、检验指导书。

⑤ 工艺文件编制完成后对工艺文件进行设计验证。例如样品制作、检验等。

⑥ 对制造过程能力进行评审。

只有经评审后确定能力达标,才可以开始生产。

2. 生产制造质量控制

在生产制造过程中,实施产品质量控制及标准化作业,是确保质量一致性的非常重要的环节。主要标准化的文件有:

(1) 针对产品质量标准、合同、设计图纸的要求,编制工艺文件,规定每个工序部件的关键质量特性、加工的方法、使用的设备。

(2) 规定检验项目、检验频次的检验文件。

(3) 各种技术标准规范、材料、包装、加工技术要求等。

(4) 操作规程。

生产制造过程的质量控制包括：

(1) 通过对人员的培训确保生产出符合要求的产品。

(2) 对设备定期维护，确保设备满足要求。

(3) 对计量检测设备进行定期的检定校准。

(4) 对工艺执行情况进行检查。

(5) 依据策划的检验要求，开展产品质量检验。

(6) 确保产品适用的工作环境。

(7) 编制生产加工作业操作性指导书。

小贴士

冰箱制作生产过程质量控制活动

(1) 针对设计图纸，编制生产流程图。

(2) 分析产品关键部件、关键特性指标，编制生产工艺文件，如组装工艺文件、喷涂等关键工序文件。

(3) 由工艺文件确定生产设备、辅助设备、检测设备。

(4) 编制操作作业指导书，如设备使用规程，喷涂等操作规程。

(5) 组织供应商评价，编制采购计划，组织采购。

(6) 进行人员培训，对人员进行岗前能力评价。

(7) 编制生产计划，组织生产。

(8) 对生产过程的实施进行检查。

资料来源：本章作者自编

课堂案例讨论

有一旅游公司新开发了一条海滨旅游线路。市场开发人员编制了一个行程单、一份价目表、一份合同，把这些文件交给了营业部去实施。第一期旅游结束，售后服务部接到了大量的客户投诉，投诉的主要内容是：

(1) 旅游景点的安排顺序不好，到达海滨的时间太晚，以至于由于水凉，无法游泳。

(2) 旅游行程的路线安排不好，途中要经过一个正在施工的工地，堵车竟长达4个小时。

讨论与思考：

旅游公司在哪些环节可能出现了问题？如果你是该公司的市场策划人员，你应该如何做？

三、质量检验管理

质量检验管理，关键是要做好质量检验策划，做好检验人员培训、提供质量检测设备和适宜环境，定期对计量检测设备检定校准，对质量检验人员考核，对质量检测结果进行统计分析，及时采取措施、调整工艺。本节重点强调质量检验的策划。

1. 质量检验的含义

根据《ISO/IEC 指南 2》，检验是指通过观察、判断、结合测量试验做出的符合性评价。检验管理流程如图 7-4 所示。

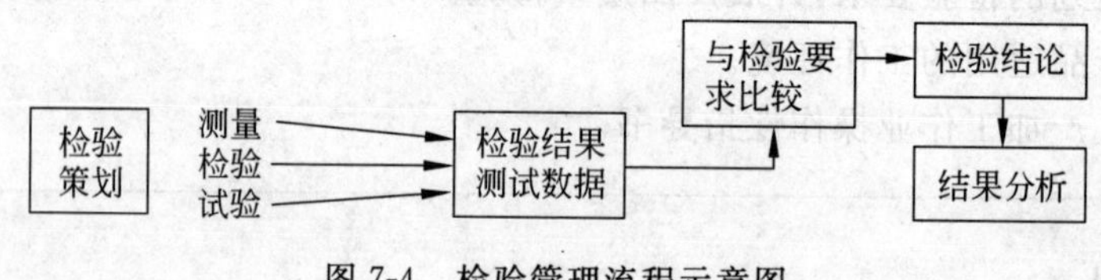

图 7-4 检验管理流程示意图

2. 检验的内容

检验的内容通常包括检验标准、检验判定依据、检验方法和检验记录。

(1) 检验标准

① 产品标准，产品标准分为国家、行业、地方、企业标准。

② 安全卫生标准。

③ 检验标准：如制定的工艺文件、抽样标准、检验指导书、验收大纲等。

④ 检验管理方面的要求如检验相关人员、设备、检验要求的管理制度。

(2) 检验判定依据

① 检验的质量特性（项目）的描述。

② 各种质量特性的标准值和允差范围。

③ 各种质量特性（缺陷）的重要性（严重性）规定。

(3) 检验方法

① 检验方法（目测、量测、试验等）。

② 抽样方案（计数或计量、样组大小、AQL、取样方法）。

③ 检查手段的精度、功能要求（如工具、仪器、量具等）。

④ 检验环境、设施要求（如温湿度、噪声、照明光线等）。

⑤ 检验人员的技能、资格要求。

⑥ 检验的步骤和具体操作方法。

(4) 检验记录

① 检验对象的记录，其产品名称、规格、批量、编号等。

② 检验环境、设备的记录；检验员、审核员记录：日期、时间记录。

③ 检验结果数据，如长度、温度、电阻、缺陷数等。

④ 判定结论的记录。

3. 检验的分类

根据检验方法、工序流程、检验责任、场所、检验的性质、检验的内容和检验数据的角度，可以将检验分成不同的类别。

(1) 按工序流程分类：首检、巡检、转序检验等。

(2) 按检验人责任分类：专检、自检、互检。

(3) 按检验场所分类：工序专检、线上巡检、外发检验、库存检验。

(4) 按检验性质分类：破坏检验、非破坏检验。

(5) 按检验内容分类：试制品检验、性能检验、可靠性检验、苛刻检验、分解检验。

(6) 按检验数据类别分类：计数检验、计量检验。

(7) 按检验数分类：全检、抽检。

这里特别介绍一下全检和抽检的适用范围。

全检是指对所有产品全面检查的过程。在以下情况下可以使用全检：

① 批量太小，失去抽检意义时。

② 检验手续简单，省时、省力。

③ 不允许不良品存在，该不良品对制品有致命影响时。

④ 工程能力不足，其不良率超过规定、无法保证品质时。

⑤ 为了解该批制品实际品质状况时。

抽检就是从一个批次的产品中抽出若干个作为样本，进行全部性能指标或部分性能指标的检验。在以下情况下可使用抽检：

① 产量大、批量大，且是连续生产无法作全检时。

② 破坏性测试。

③ 允许有某种程序的不良品存在时。

④ 欲减少时间和经费时。

⑤ 刺激生产者要注意品质时。

⑥ 满足消费者要求时。

小贴士

生产过程中的检验

生产过程中的检验可以是通过首件检验、管理人员巡检、工人自检、工人互检和质检人员专检来控制。

(1) 自检：生产人员自己按照要求进行的检查。

(2) 互检：下道工序对上一道工序进行的检查。

(3) 首件检验：首件指每个班次刚开始时或过程发生改变(如人员的变动、换料及换工装、机床的调整、工装刀具的调换修磨等)后加工的第一或前几件产品。对于大批量生产，"首件"往往是指一定数量的样品。在设备或制造工序发生任何变化时，以及每个工作班次开始加工前，都要严格进行首件检验。

(4) 巡回检验：适用于大批量生产，按照时间间隔进行路线检验。如纺织厂对所织布匹的检验。

(5) 专检：由质检人员所作的全数检验或抽检。

资料来源：本章作者自编

4. 质量检验管理部门的工作

质量检验管理工作包括：

(1) 明确责任部门，确定人员职责。

(2) 进行培训，对相关人员授权。

(3) 做好检验策划工作，编制检验管理制度，检验技术文件，抽样方案。

(4) 收集统计检验数据，及时采取纠正措施。

(5) 对检验人员进行考核，统计漏检和错检率。

(6) 检查检验合格、不合格、待检状态的标识以及合格证。

小贴士

质量检验文件

生产企业质量检验策划输出文件一般包括：

(1) 采购、外协产品验收规定。

(2) 工序检验流程图、质量特性表、工艺文件。例如，某厨具厂工序检验流程如下：

采购→检验→下料→重量检测→生产→检验→入库

(3) 成品出厂的检验规定。

(4) 质量检验管理制度。

资料来源：本章作者自编

第五节　质量管理常用的统计方法

质量管理活动中产生许多信息，应该通过对信息的分析，寻找发现质量变异的规律，及时采取措施，确保质量的不断提高。本节介绍几种常用的统计技术。

一、因果图

因果图又叫树枝图或鱼刺图。它是揭示质量特性波动与其潜在原因关系，即表达和分析因果关系的一种图表。例如，我们分析一台喷墨打印机的质量问题，得到一张如图 7-5 所示的因果图。

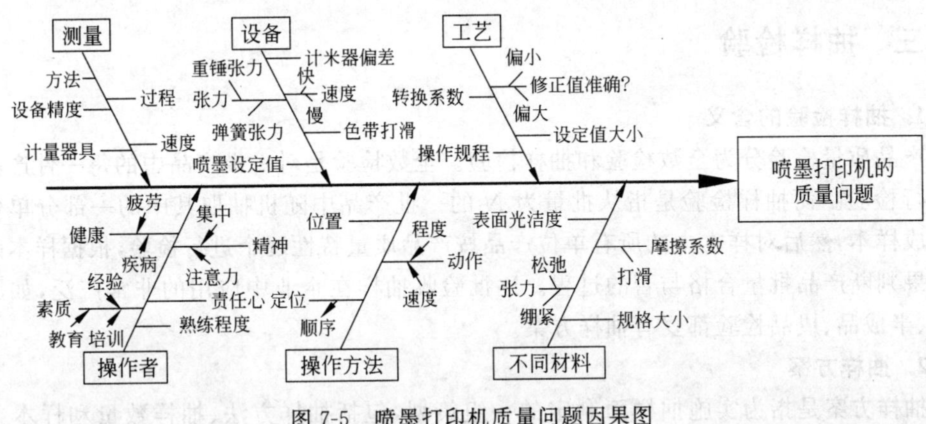

图 7-5　喷墨打印机质量问题因果图

在质量管理工作中，有些质量问题的原因明显，有些质量问题的原因不清晰。因果图的优势是按层次将问题的原因罗列出来，使得问题明朗、清晰可见。

二、质量控制图

控制图由两条坐标轴组成一个控制区域。控制区域以中心控制为基准，分为控制上限和控制下限。中心控制线、控制上限与控制下限分别用一条与 X 轴平行的直线表示。控制上限与下限分别位于中心控制线的上下两端。

控制图的主要作用是看工序质量是否稳定，如果不稳定应分析原因，采取措施，预防不合格品的发生。在控制区域标出生产工序质量的数值，分析生产工序的稳定状况。

在正常情况下，统计量相应点应分布于中心线的附近。分布在控制上、下限之内，这表明生产过程处于稳定状态。如果相应点落在控制上、下限之外，就表明出现了非正常因素。生产过程处于非稳定状态，需要及时调查原因，采取调整措施，确保生产过程达到稳定状态，如点 A、C、D、E，而点 B 就属于临界状态，如图 7-6 所示。

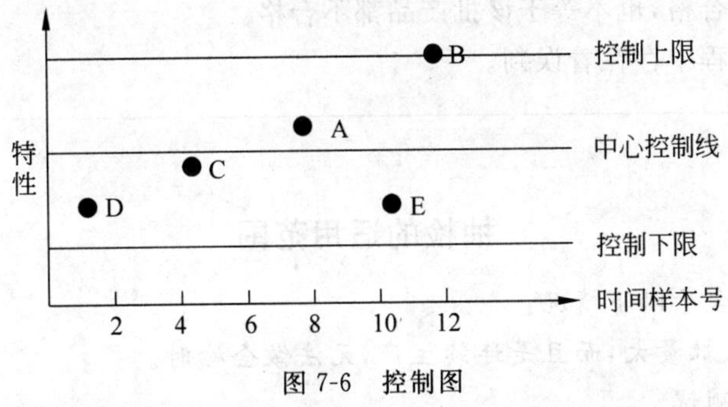

图 7-6　控制图

影响产品质量波动的原因可以是人、设备、材料、环境、方法等。控制图的种类很多，一般按数据的性质分成计量控制图和计数控制图两大类。

三、抽样检验

1. 抽样检验的含义

产品质量检验分为全数检验和抽样检验。全数检验是对一批产品中的每一件产品逐一进行检验。而抽样检验是指从批量为 N 的一批产品中随机抽取其中的一部分单位产品组成样本,然后对样本中的所有单位产品按产品质量特性逐个进行检验,根据样本的检验结果判断产品批量合格与否的过程。逐批验收抽样在企业中应用的非常广泛,如原料进货、半成品、成品检验都要有抽样方案。

2. 抽样方案

抽样方案是指为实施抽样而制定的一组策划,包括抽样方法、抽样数量和样本判断准则。

抽样方案分为一次性抽样检验、二次抽样检验和多次抽样检验。

一次抽样方案是指根据一次抽检的样本可以直接做出合格的判断。

二次和多次抽样适用的情况有:

(1) 当使用二次抽样方案时,如果该批在检验第一样本后,不能做出合格的判断,就再次抽取样本,根据检验的样本做出合格的判断。

(2) 当使用多次抽样方案时,如果该批在检验第一样本或第二样本后,不能确定合格与否,应再次抽样检查,直到确定合格判定。

3. 抽样检查方法分类

(1) 调整型:在连续生产的情况下,根据以往若干批次检验结果,改变抽样方案、调整检验的严格程度,称为调整型抽样检验。调整型抽样方案主要用于连续批量的检验,通过调整宽、严标准可促进厂方提高质量。

(2) 非调整型:不考虑产品的质量历史,使用不变的同一种规则。

4. 抽样检验的特点

(1) 检验批合格不等于批次中每一产品合格,检验批合格代表的是总体水平。

(2) 检验批不合格,也不等于该批产品都不合格。

(3) 在检验过程中存在着误判。

小贴士

抽检的适用范围

抽样检验适合于以下情况:

——产量大、批量大,而且是连续生产,无法做全检时。

——破坏性测试。

——允许有某种程序的不良产品存在时。

——想减少时间和经费时。

资料来源:本章作者自编

第六节　质量认证

认证是由第三方做出的评价和书面担保。作为一种评价的手段，认证在世界范围被广泛地应用。按照认证对象不同，认证可分为产品认证、体系认证。

一、产品认证

产品认证是指依据产品标准和相应的技术要求，经认证机构确认颁发证书和认证标志，来证明某产品符合相应标准和相应技术要求的活动。

在产品认证中，质量认证对象是产品，认证依据是产品标准和技术要求，认证结果是认证书和标志，产品认证标志可以使用在产品上。

产品认证可分为强制性产品认证和自愿性产品认证。强制性产品认证在我国称为3C认证，认证对象为列入国家强制产品认证目录中的产品。自愿性产品认证是企业自愿性的认证，如节能产品认证，环境标志认证等。

产品认证的程序包括提出申请、申请受理、产品检验、现场检验、颁发证书和监督检查，如图7-7所示。

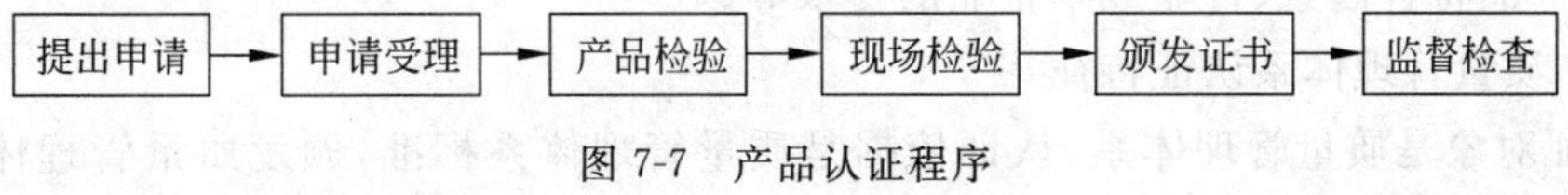

图7-7　产品认证程序

我国的产品认证形式

我国目前开展的产品认证可以分为国家强制性产品认证和非强制性产品认证。

强制性产品认证，又称“CCC”认证，简称3C认证。强制性产品认证制度，是各国政府为保护广大消费者人身和动植物生命安全，保护环境、保护国家安全，依照法律法规实施的一种产品合格评定制度，它要求产品必须符合国家标准和技术法规。强制性产品认证，是通过制定强制性产品认证的产品目录和实施强制性产品认证程序，对列入认证目录中的产品实施强制性的检测和审核。凡列入强制性产品认证目录内的产品，没有获得指定认证机构的认证证书，没有按规定施加认证标志，一律不得进口、不得出厂销售和在经营服务场所使用。

强制性产品认证制度要求产品认证必须按照《ISO/IEC导则65》认可评定，并应得到政府的授权。中国国家认证认可监督管理委员会（简称认监委）负责对产品认证进行监督检查，由中国合格评定国家认可委员会（简称CNAS）认可，由中国质量认证中心(简称 CQC)颁发证书,被认证的产品使用统一的"中国认证"标志(CCC 标志)。

非强制性产品认证,是对未列入国家认证目录内产品的认证,是企业的一种自愿行为,非强制性产品认证的诉求通常由企业自愿提出。我们可以将非强制性产品认证看做是企业对消费者在产品质量方面的承诺。中国质量认证中心也是非强制性质量认证的执行机构之一,中国质量认证中心认证的产品统一使用 CQC 标志+产品认证标志。

资料来源:由本书作者编写

二、体系认证

体系认证是指由第三方做出的认证,经认证机构确认,颁发质量体系认证证书。体系认证可以分为质量管理体系认证、环境管理体系认证和职业健康安全管理体系认证等。

(1) 质量管理体系认证条件

① 遵守相应的法律法规。

② 具备相应国家的资格要求。

③ 按照质量管理体系要求,建立和实施、持续改进质量管理体系,并进行了内部审核和管理评审。

④ 产品符合国家、行业或本企业的要求等。

(2) 质量管理体系认证特征

认证对象是质量管理体系,认证依据是质量管理体系标准,颁发质量管理体系认证证书。

(3) 质量管理体系认证流程

申请→受理→文件评审→现场审核→受审核方采取纠正措施→纠正措施验证→审定→颁发证书→监督审核→再认证

三、质量管理体系认证与产品认证的区别

质量管理体系认证与产品认证是质量认证中容易混淆的两个概念,两者都属于质量认证范围,又有其各自不同之处。

质量管理体系认证是指依据质量管理体系标准,由质量管理体系认证机构对质量管理体系实施合格评定,并通过颁发体系认证证书,以证明某一组织有能力按规定的要求提供产品的活动。

产品认证是指依据国家相关的行业产品认证标准和技术要求,按照国际上通行的产品认证规定与程序,经中国行业产品认证机构确认并通过颁布认证证书和节能标志,证明某一产品符合相应标准和行业要求的活动。

质量管理体系认证与产品认证的区别详见表 7-1。

表 7-1 质量管理体系与产品认证区别

	质量管理体系认证	产品认证
对象	质量管理体系	产品+质量管理体系
证书	质量管理体系认证证书	产品认证证书和标志
目的	确定质量管理体系符合性,是否具备获得证书的能力	确定产品是否符合国家或行业标准要求
流程方式	申请→受理→文件评审→现场准备→现场审核实施→纠正预防措施→认证决定→监督审核→再评价	申请→受理→文件评审→型式检验→现场评审→纠正预防措施→认证决定→监督审核(产品抽样检验)→再评价

第七节 质量管理主要工作

质量管理工作涉及很多方面,包括质量方针确定、质量目标制定、质量管理体系建立、数据分析、纠正措施、预防措施、内部审核、管理评审和标准化工作。在本章重点介绍质量管理体系的建立、持续改进的有关活动、标准化工作三方面的内容。

一、质量管理体系建立

质量管理体系建立是质量管理的一项重要工作。这项工作的依据是 GB/T 19001 质量管理体系要求。质量管理体系建立的步骤如下。

1. 对现有管理体系的自查

任何企业都有自身的质量管理体系,这个体系可能与标准要求具有一定的差别,我们称之为旧体系。在建立质量管理体系时应对旧体系的管理现状评估,找出问题,以便建立新的、完善的质量管理体系。《自查报告》是企业自查后对企业质量管理现状的总结报告。

2. 培训

按照标准建立质量管理体系的同时,应该对员工进行规范化管理,提高各级人员管理技能和质量意识。人员培训是完成这些任务的很重要的手段。

3. 质量管理体系策划

建立质量管理体系时必须要做好策划。经过充分策划的质量管理体系,才可能符合实际运作要求。策划内容包括:

① 组织结构的设计。

② 部门职能、部门职责、岗位职责的分配。

③ 识别流程。

④ 策划需要文件。

⑤ 策划质量方针、质量目标。

⑥ 策划所需的监视、测量、分析、适用的统计技术等。

监视测量分析管理过程包括产品的监视测量、内部审核、顾客满意监视、数据分析、不合格品控制、持续改进等活动。

小贴士

某服装厂的产品实现过程示意

市场调研→编制调研报告→设计策划→确定服装方案和要求→方案确认→制作样品→样品展示→签订订单→生产准备（采购—编制制作工艺）→制样板→排料→辅料→裁片→黏合→缝合→熨烫→定型→整理→检验→入库→交付。

资料来源：本章作者自编

4. 质量管理体系文件编制

质量管理体系文件是质量管理体系的法规，通常文件包括以下内容。

① 质量管理手册：概述质量管理体系过程活动的文件。

② 程序文件：规定过程活动途径的文件。

③ 作业指导书或规范，可以包括操作规程、规范、管理制度等。

5. 质量管理体系发布

质量管理体系文件编制后，经过充分的评审，批准后即可发布。

6. 质量管理体系文件改进

随着客户要求变化、产品变化、组织变化，应持续改进管理体系文件，确保文件与实际的一致性。

二、持续改进有关活动

持续改进的有关活动通常包括以下几个方面。

1. 质量管理体系信息统计分析

GB/T 19001—2008《质量管理体系　要求》8.4，要求组织应确定收集、分析数据；通过数据分析，持续改进质量管理体系；质量管理要做好信息收集策划，信息统计、信息分析，应用工作。

(1) 信息收集策划。质量管理体系的信息很多，组织应策划、收集和分析的信息，在策划时要考虑收集的内容、时间、方法，责任人，确定具体统计、分析信息的统计技术等。收集的信息可以是顾客满意、顾客反馈、产品质量、人员、设备运行、生产运行信息，例如计划完成、质量检验、原材料、库存、分包方、供方、目标完成情况等。

(2) 信息统计、分析。信息收集后，应进行统计归类。如产品质量信息可以按时间、按品种等进行统计，然后对这些信息进行分析，得出结论。

(3) 信息的应用。根据分析的结果，探讨问题的原因，制定纠正措施和预防措施。

2. 纠正措施和预防措施

(1) 纠正措施：为消除已发现的不合格的原因而采取的措施是纠正措施。

当出现产品不符合质量标准的状况时，应对不符合的原因进行分析，制定和实施纠正措施，防止不合格状况的再发生。例如，不合格品产生的原因是设备的精度问题，纠正措施就是对设备的维修。

(2) 预防措施：为消除潜在不合格的原因所采取的措施是预防措施。

预防措施是针对潜在的不合格原因采取的措施。如新员工技术不熟练，是产生不合格品的潜在不合格原因，上岗前对人员培训等措施就是预防措施。

3. 内部审核和管理评审

审核是指为了获得质量管理体系审核证据并与质量管理体系审核准则比较所进行的系统的、独立的形成文件的活动。

(1) 内部审核

内部审核是指由组织自己名义提出的对质量管理体系符合性、有效性的评价。内部审核流程包括：

① 内部审核方案策划：审核依据、审核时间、审核目的、审核频次、审核范围、审核人员等。

② 审核准备：编制审核计划、编制检查提纲、确定审核组成员。

③ 现场审核：首次会议、现场审核实施、审核组会议、与领导沟通、末次会议。

④ 审核后续活动：受审核部门不合格原因分析、制定纠正措施、审核组长对措施有效性验证、审核报告发放。

(2) 管理评审

管理评审的内容包括：

① 管理评审策划：确定评审时间、评审目的、准备资料、参加人员，编制评审计划。

② 管理评审准备：准备管理评审相关资料。

③ 召开管理评审会：宣读管理评审报告，对质量管理体系的适宜性、有效性、充分性评审，对持续改进建议做出决定。

(3) 内部审核与管理评审的区别(见表 7-2)

表 7-2　内部审核与管理评审的区别

	内部审核	管理评审
目的	确定质量管理体系符合性、有效性，找出问题进行改进	确定质量管理体系的适宜性、有效性、充分性，确定改进的方向
参加人员	内审员和全体人员	最高管理者和部分人员
结果	促使质量管理体系改进	促使质量管理体系改进

三、标准化工作

标准是指由一个公认的机构制定和批准的文件。标准化是对实际与潜在的问题做出的统一规定，以在预定的领域内获取最佳秩序和效益的活动。标准化工作任务是制定标准→实施标准→修订和再实施的过程。

标准化工作对象是实现技术标准化、管理标准化和工作标准化。

(1) 技术标准化,是对物的规定如材料、设备、环境、方法等。技术标准可以包括产品标准、工艺标准、材料标准、外协标准等。

(2) 管理标准化,是对事进行标准化,如组织包括采购、生产、检验、设备、环境管理等过程,建立相应的管理标准。

(3) 工作标准化,是对人的工作标准做出统一规定,比如操作规程、对人员行为、职责作出规定。

本章小结

1. 质量管理是指在质量方面的指挥和控制活动。通常包括质量方针、质量目标、质量策划、质量控制、质量保证和质量改进六个过程。质量目标是企业追求的目的,质量控制是质量管理的保障。

2. 通过质量体系认证,是一个企业达到企业质量管理标准的标志。质量管理相关术语与概念是质量体系的基本单元。掌握术语与概念,对于质量管理体系的理解和运用具有重要意义。质量认证体系认证是以企业是否达到质量管理的标准为前提的。质量管理的标准是指由国际标准化组织 ISO/TC176 技术委员会颁布的国际标准的总称,目前已发行的版本包括:1987 版、1994 版、2000 版和 2008 版。质量管理标准的代号为 ISO 9000,我国质量管理标准的代号为 GB/T 19000。

3. 质量管理必须遵守质量管理原则。ISO 9000《质量管理体系 基础和术语》标准包括了质量管理八项原则的内容。

4. 产品的核心过程是指在产品形成过程中的核心过程。这些过程包括产品设计开发、生产管理、质量检验过程。本章针对这些核心过程的质量管理进行了阐述。设计开发是指将客户需求转化为产品的过程,包括对产品要求的识别、策划与评价。生产制造过程的管理涉及生产制造过程的准备和生产制造过程。质量检验管理,关键是要做好质量检验策划,做好检验人员培训、提供质量检测设备和适宜环境,定期对计量检测设备检定校准,对质量检验人员考核,对质量检测结果进行统计分析,及时采取措施、调整工艺。

5. 在质量管理过程中需要使用一些统计学方法,常用的方法包括因果图、质量控制图、抽样检验等。

6. 质量认证是由第三方作出的关于企业质量方面的评价和书面担保。作为一种评价的手段,认证在世界范围被广泛地应用。按照认证对象不同,认证可分为产品认证、体系认证。

思考与练习

一、填空

1. 质量管理活动包括________。
2. ISO 9000 质量管理核心标准包括________。
3. 全面质量管理的核心价值观是________。

二、选择题

1. 计验证方法可以是(　　)。

A. 变换方法进行计算

B. 将新设计规范与已证实的类似设计规范进行比较

C. 进行试验(和演示)

D. A+B+C

2. 与产品有关的要求包括(　　)。

A. 顾客明确提出要求　　B. 应满足明确、隐含的预期使用要求

C. 适用的法律法规要求　　D. A+B+C

3. ISO 9000 标准可以(　　)。

A. 证实达到满足顾客和法律法规要求

B. 通过持续改进增强顾客满意

C. 确保产品 100%合格

D. A+B

三、判断题

1. 因果图用于分析问题原因。(　　)

2. 标准化工作任务是制定、实施、修订、再实施标准。(　　)

3. 质量管理体系标准是通用的,适合于不同类型产品、不同类型企业。(　　)

四、名词解释

1. 什么是质量管理,它包括哪些活动?

2. 什么是 ISO 9000?

3. 什么是过程方法?

五、简答题

1. 简述检验类型和方式。

2. 质量管理常用的统计方法有哪几种?各有什么作用?

3. 如何确保设计过程质量?

工作导向标

如何着手做质量管理认证工作?

雯雯是食品安全专业的大学生,一年前在旺旺食品公司做质量检查员。她的主要工作是负责食品的原材料、半成品、成品的质量检验工作,还负责检查人员操作、现场环境符合情况、设备运行状态,负责数据统计分析、及时提出问题。

前不久老板找她谈话,说是近期公司想申请质量管理认证,让雯雯给他提些建议。虽然雯雯是学习食品安全的,也知道质量管理认证是怎么回事,但是怎么结合旺旺食品公司的实际情况提建议,她心里一点儿谱儿也没有。她经过苦思冥想之后,把需要做的工作一一列出来,渐渐形成了基本的工作思路。其工作提纲如下:

1. 了解质量管理认证是怎么回事。怎么了解?可以通过网络查找,去图书馆查文

献,给质量管理公司打电话咨询。

2. 了解食品行业对于质量管理体系建立的要求。方法同上。

3. 了解旺旺食品公司在食品质量管理过程中的主要工作,撰写自查报告。

4. 准备参加质量认证的文件和资料。

请你思考一下,如果你不是旺旺食品公司的职员,而是做其他管理工作,你能为旺旺食品公司的质量管理体系认证提供些什么?你该怎么做?

丰田召回事件始末

日本丰田汽车公司一系列召回行动给公司经营和品牌造成重大损失,而事件隐患多年前就已埋下。以下是2000年以来丰田召回事宜相关脉络。

2000年,丰田实施“打造21世纪成本竞争力”战略,计划把180个核心零部件的成本削减30%,2005年前节省成本100亿美元。

2004年,在美国国家公路交通安全局协助下,丰田把有关汽车突然加速的调查范围局限于瞬间加速案例上,排除突然加速超过数秒或司机有踩刹车动作案例。

2006年,随着全球范围召回案例猛增,时任丰田公司总裁渡边捷昭为“质量小故障”道歉。

2007年3月,美国国家公路交通安全局启动对丰田汽车油门踏板嵌顿问题的调查。同年9月,丰田召回5.5万个脚垫。

2007年下半年,美国州农场保险公司通报国家公路交通安全局,称丰田汽车相关的事故“显著增加”。

2009年11月26日,丰田在美国召回420万脚垫有问题的汽车。12月15日,美国国家公路交通安全局官员前往日本,敦促丰田迅速采取行动。

2010年1月16日,丰田通报国家公路交通安全局,美国零部件供应商CTS集团生产的油门踏板存在缺陷。1月21日,丰田宣布召回美国市场8款230万汽车。1月27日,应国家公路交通安全局要求,丰田进一步召回110万辆脚垫缺陷汽车。

2010年1月29日,国家公路交通安全局启动对CTS所产油门踏板的调查。2月4日,美国国家公路交通安全局开始调查针对普锐斯刹车问题的100多起投诉。2月5日,“雪藏”近两周后,丰田举行新闻发布会,宣布成立质量监理小组。2月9日,丰田宣布召回近50万辆普锐斯及雷克萨斯混合动力车。2月10日,丰田开始修补普锐斯的制动系统。

资料来源:人民网.国内新闻.http://news.sohu.com/20110310/n279753426.shtml(有删减)

讨论与思考:

1. 丰田汽车出了什么问题?这个过程出自于质量管理的哪个过程?

2. 分析一下,召回事件对丰田有哪些不良影响?

3. 本案例的质量管理涉及哪几个质量管理原则?哪些部门?这些部门之间有何联系?

4. 通过本案例的学习,你如何看待质量管理是一个贯穿于产品形成这个问题?

第八章 现代企业财务管理

不断地增加股东价值是对我们所走的每一步的最基本要求。

——Roberto Goizueta

可口可乐公司前首席执行官

引导语

现代企业财务管理，就是对资金的管理。如果资金流由于管理不善而断流，就如同汽车的汽油干枯而无法启动。资金的断流将使企业各部门无法正常运行，甚至导致破产。

学习要点

1. 了解财务管理中资金运动的内容。
2. 掌握股票的种类、企业债券的发行程序。
3. 了解投资的基本概念，掌握投资决策的基本方法。
4. 掌握流动资产管理、成本管理、销售收入管理的基本内容及方法。
5. 了解财务报表的种类、财务报表的作用，并掌握财务报表分析方法。

引导案例

韩国大宇集团为何倒闭

一、背景材料

韩国第二大企业集团大宇集团1999年11月1日向新闻界正式宣布，该集团董事长金宇中以及14名下属公司的总经理决定辞职，以表示"对大宇的债务危机负责，并为推行结构调整创造条件"。韩国媒体认为，这意味着"大宇集团解体进程已经完成"，"大宇集团已经消失"。大宇集团于1967年开始奠基立厂，其创办人金宇中当时是一名纺织品推销员。经过30年的发展，通过政府的政策支持、银行的信贷支持和在海内外的大力购并，大宇成为直逼韩国最大企业——现代集团的庞大商业帝国。1998年年底，总资产高达640亿美元，营业额占韩国GDP的5%；业务涉及贸易、汽车、电子、通用设备、重型机械、化纤、造船等众多行业;国内所属企业曾多达41家,海外公司数量创下过600家的纪录,鼎盛时期,海外雇员多达几十万,大宇成为国际知名品牌。据报道,1993年金宇中提出“世界化经营”战略时,大宇在海外的企业只有15家,而到1998年年底已增至600多家。1997年年底韩国发生金融危机后,其他企业集团都开始收缩,但大宇仍然我行我素,结果债务越背越重,尤其是1998年年初,韩国政府提出“五大企业集团进行自律结构调整”方针后,其他集团把结构调整的重点放在改善财务结构方面,努力减轻债务负担。大宇却认为,只要提高开工率,增加销售额和出口就能躲过这场危机。因此,它继续大量发行债券,进行“借贷式经营”。1998年大宇发行的公司债券达7亿韩元(约58.33亿美元)。1998年第4季度,大宇的债务危机已初露端倪,在各方援助下才避过债务灾难,此后,在严峻的债务压力下,大梦方醒的大宇虽然作出了种种努力,但为时已晚。1999年7月中旬,大宇向韩国政府发出求救信号;7月27日,大宇因“延迟重组”,被韩国4家债权银行接管;8月11日,大宇在压力下屈服,割价出售两家财务出现问题的公司;8月16日,大宇与债权人达成协议,在1999年年底前,将出售盈利最佳的大宇证券公司,以及大宇电器、大宇造船、大宇建筑公司等,大宇的汽车项目资产免遭处理。“8月16日协议”的达成,表明大宇已处于破产清算前夕,遭遇“存”或“亡”的险境。由于在此后的几个月中,经营依然不善,资产负债率仍然居高,大宇最终不得不走向本文开头所述的那一幕。

二、分析大宇集团破产的原因

大宇集团这么大规模的企业为什么会陷入困境?近年各种文章资料从多个方面将大宇集团作为典型案例作了多角度的分析。下面从财务管理的角度对此进行分析原因:一是大宇公司的业务模式及方向失误,业务涉及贸易、汽车、电子、通用设备、重型机械、化纤、造船等众多行业。其潜在隐患有三个方面:①公司涉足的行业之间缺乏明显的关联性。②不同的行业有不同的利润变动周期,盲目的多行业扩张而忽视不同行业利润变动周期的客观规律。③主要利润的产生完全集中在少数产品中,过多的扩张至少在相当长的时间内只可能为公司带来过高的资源消耗。二是大宇公司的财务危机应对思路有误。它继续大量发行债券,进行“借贷式经营”。由于前期公司的业务摊子铺得过大,导致成本已经堆积过高,单纯依靠提高产品销售与财务借贷制造现金流,忽视产品利润率与财务成本的因素,必然导致销售额越高负债及成本提升越多,最终在“金融危机”带来的本国货币升值中崩盘。

资料来源:王宏.韩国大宇集团的兴衰史.管理学培训网.http://course.hzu.edu.cn/glx/n170c55.stml,2009-9-24

从此案例,我们意识到企业不能盲目地扩张经营规模,必须保障资金运动的通畅、必须偿还到期债务,这关系到企业能否正常运营,甚至影响到企业的生死存亡。通过资金运动,怎样实现企业的财富价值最大化,就是我们这一章所要探讨的问题。

现代企业的财务管理是对企业财务活动的管理。企业财务活动是企业再生产过程中资金运动以及企业财务关系。现代企业必须研究企业财务活动的内容和企业资金运动所形成的各方面的经济关系。

资金运动有以下五个方面:

一是资金筹集。企业筹集资金时可以用自有资金,通过吸收投资、发行股票的方式筹集资金;也可以通过向银行借款、发行债券、应付账款等方式吸收资金。

二是资金投放。一方面进行固定资产投资;另一方面使用货币资金购进原材料、燃料等存货,形成企业的固定资产和流动资产。

三是资金耗费。企业在生产过程中经过劳动生产出新产品,同时耗费各种材料,损耗固定资产,支付职工工资和其他费用。成本是生产经营过程中的资金耗费。

四是资金收入。企业在销售过程中企业按照产品的价格取得销售收入,企业取得销售收入,实现产品的价值,不仅可以补偿产品成本,也可以实现企业的利润,企业自有资金数额随之增大。资金收入是资金运动的关键环节。

五是资金分配。企业所取得的产品销售收入弥补生产耗费和各种税金以后其余部分是企业的营业利润。企业的利润按照国家的规定缴纳所得税后提取公积金,企业利润作为投资收益分配给投资者。资金分配是资金运动的过程的终点,又是下一次资金运动的始点。

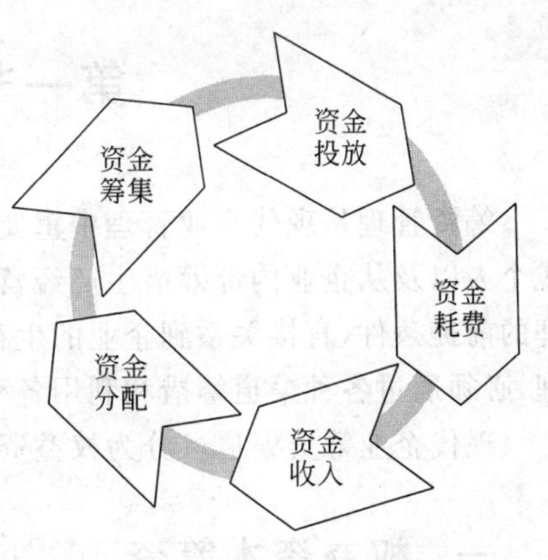

图 8-1 企业资金运动图

资金运动的五个环节是互相联系、紧密配合的,如图 8-1 所示。某个环节管理不当都会造成企业资金的短缺,进而影响到企业的运营。如何以最小的成本筹集资金;如何使企业的投资收益最大化;如何合理利用资金最大限度地降低资金的耗费;如何让资金收入更加提高;如何使利润分配更加合理,保证资金运动的连贯性和有序性,以求达到预期的理财目标,实现企业价值最大化。这就是企业财务管理的内容和实质。

现代企业财务管理通过资金运动,利用资金、成本、收入等价值指标来组织企业价值的形成、实现和分配,并处理这种价值实现运动中的各种经济关系,从而尽可能地准确分析企业经营状况和经营成果。企业财务管理的内容主要包括:筹资管理、投资管理、资产经营管理和财务分析四个部分。

小贴士

死海的故事——关注现金流

很久以前,有许多河流注入死海,所以死海的水位一直在不断地上涨。由于有活水流入,死海也显得生气勃勃。可是它却感到十分恼火,因为它觉得自己的海水原本是甘甜可口的,就是由于这些河流的汇入,才使水里盐的浓度增加,所以它就对这些河流抱怨道:“我的水本是甘甜可口的,是你们将我变得很涩且不可饮用。”

河流知道它是有意来责难的,便说:“那我们从此以后就再也不会流到你这里来了,你也就不会变咸了。”

从此以前流向死海的河流都改道了,可死海的水非但没有因此而变得甘甜可口,反而更咸了。而且现在更为致命的是,由于没有河流的不断注入,死海的水位开始下降,这时它才明白那些看起来让他生气的河流给予了自己生命,可是为时已晚。

投资理财活动也是如此,我们要时刻关注自己的现金流,有了现金流的不断注入,财富才有不断增加的可能。

要记住,只有现金流才能消除我们损失金钱的恐惧,所以要尽可能地去投资于资产,以增加收益,而不是增加负债。财富积累的全部秘密就在于掌握好现金流的流向。

资料来源:翟文明.影响人一生的100个财富寓言.第二版.北京:光明出版社,2010

第一节 筹资管理

筹资管理是现代企业管理中重要的部分,现代企业筹集资金主要是向外部有关单位或个人以及从企业内部筹措生产经营所需资金的一项财务活动。企业资金是企业经营管理的前提条件,直接关系到企业的生存和发展。现代企业为扩大经营业务和健全内部管理,必须通过各种渠道筹措和利用各种资金。

现代企业筹资渠道可分为权益资本筹资和债务资本筹集两个方面。

一、权益资本筹资

权益资本筹资的方式,又称股权性投资,主要有吸收投入资本、发行股票和企业内部积累,如图 8-2 所示。

(一)吸收投入资本

吸收投入资本是指非股份制企业以协议等形式,吸收国家、其他企业、个人和外商等直接投入的资本,形成企业投入资本的一种筹资方式。

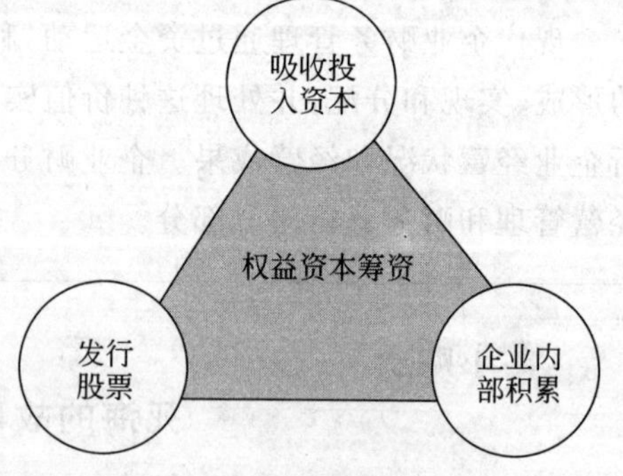

图 8-2 权益资本筹资主要方式

1. 吸收投入资本种类

(1)国家直接投资主要为国家财政拨款,由此形成企业的国有资本。

(2)其他企业、事业单位等法人的直接投资,由此形成企业的法人资本。

(3)本企业内部职工和城乡居民的直接投资,由此形成企业的个人资本。

(4)外国投资者和我国港澳台地区投资者的直接投资,由此形成企业的外商资本。

2. 吸收投入资本的出资形式

(1)现金投资。用货币资金对企业投资是直接投资中最重要的出资方式。企业有了货币资金,可以购买各种生产材料,支付各种费用,有很大的灵活性。我国《有限责任公司规范意见》规定，货币出资额不得少于公司法定注册资本最低限额 50%，但目前尚无普遍性的规定，其他各种组织形式的企业则需再投资过程中由出资各方协商确定。

(2) 实物投资。实物投资是指以房屋、建筑物、设备等固定资产和原材料、燃料、商品等流动资产所进行的投资。实物投资应符合以下条件：一是适应企业生产、经营、科研开发等的需要；二是技术性能良好；三是作价公平合理。

(3) 无形资产投资。无形资产投资有专利权、商标权、商誉、非专利技术、土地使用权等形式的投资。在吸收此项投资时，要进行周密的可行性研究，分析其先进性、效益性和技术更新的速度，并合理作价，以免吸收以后在短期内就发生明显的贬值。

(二) 发行股票

股票是股份有限公司为筹措自有资本而发行的有价证券，是持股人拥有公司股份的凭证。它代表持股人在企业中拥有的所有权。股票持有人为企业的股东。企业股东作为出资人按投入公司的资本额享有所有者的资产受益、企业重大决策和选择管理者的权利，并以其所持股份为限对企业承担责任。股票筹资是股份有限公司筹措权益资本的基本方式。

1. 股票的种类

(1) 按股东权利和义务不同分类

① 普通股。它是企业发行的，代表股东权利、义务，不加特别限制，股利不固定的股票。普通股是最基本的股票，通常股份公司只发行普通股。普通股的股东享有公司的经营管理权，其股利分配在优先股之后进行，并根据企业盈利状况而定。企业解散清算时，普通股股东对企业剩余财产的请求权位于优先股之后，企业增发新股时普通股股东具有认购优先权。

② 优先股。它是较普通股有优先权同时也有一定限制的股票。其优先权表现在：优先获得股利；优先分配剩余财产。但优先股股东在股东大会上无表决权，在参与企业经营管理上受到一定限制。

(2) 按票面价值分类

① 记名股票是在股票票面上记载股东的姓名或名称的股票，股东姓名或名称要记入公司的股东名册。记名股票一律用股东本名，其转让、继承需要办理过户手续。

② 无记名股票是在股票票面上不记载股东的姓名或名称的股票，股东姓名或名称也不记入公司的股东名册，公司只记载股票数量、编号及发行日期。无记名股票的转让、继承无须办理过户手续，即实现股权的转移。

(3) 按投资主体的不同分类

① 国家股。它是为有权代表国家投资部门或机构以国有资产向公司投资形成的股份。国家股由国务院授权的部门或机构，或根据国务院的决定由地方人民政府授权的部门或机构持有，并委派股权代表。

② 法人股。它是为企业法人以其依法可支配的资产向公司投资形成的股份。

③ 个人股。它是为社会居民或本公司职工以个人合法财产投入公司形成的股份。

④ 外资股。它是为外国投资者和我国港澳台地区投资者以购买人民币特种股票形式向公司投资形成的股份。

(4) 按发行对象和上市地点分类

① A股即人民币普通股票,是由我国境内的公司发行,供境内机构、组织和个人以人民币认购和交易。

② B股是人民币特种股票,以人民币表明价值,以外币认购和进行交易,在境内(上海、深圳)证券交易所上市交易。其投资人一开始限于:外国和我国港澳台地区的机构、组织和个人,定居在国外的中国公民,后来2001年规定境内公民也可以投资B股。

③ H股是注册地在内地,上市地在中国香港的外资股。

2. 股票发行程序

公司发行股票,分为设立发行和增资发行两种。

(1) 设立发行原始股的程序

公司设立发行原始股的基本程序如下:

第一,发起人认定公司的注册资本,并认缴股款。

第二,提出发行股票的申请。

第三,公告招股说明书,制作认股书,签订承销协议。

第四,招认股份,缴纳股款。

第五,召开创立大会选举董事会、监事会,办理公司设立登记,交割股票。

(2) 公司增资发行新股的程序

公司增资发行新股的基本程序如下:

第一,作出发行新股的决议。

第二,提出发行新股的申请。

第三,公告招股说明书,制作认股书,签订承销协议。

第四,招认股份,缴纳股款,交割股票。

第五,改选董事、监事,办理变更登记。

(三) 企业内部积累

企业内部积累是企业税后利润进行分配所形成的公积金。企业的税后利润并不全部分配给投资者,而应按规定的比例提取法定盈余公积,有的企业还可提取任意盈余公积。一般情况下,企业的盈余公积可用以扩大再生产。因此,税后利润的合理分配也关系到企业筹资问题。企业内部积累是补充企业资金的重要来源。利用这种筹资方式不必向外部单位办理各种手续,简便易行,而且不必支付筹资、用资的费用,非常经济合理。

二、债务资本筹集

债务资本是企业向银行、其他金融机构、其他企业单位等吸收的资本。企业债务资本的筹资方式,又称债务性筹资,主要有银行借款、企业债券、融资租赁、商业信用等。

(一) 银行借款

银行借款是企业根据借款合同向银行借入的需要还本付息的款项。利用银行的长期和短期借款，是企业筹集资金的一种重要方式。企业办理长期借款和短期借款的程序基本相同，但时间上有一定的差别。

企业借款步骤有以下五个方面(见图 8-3)。

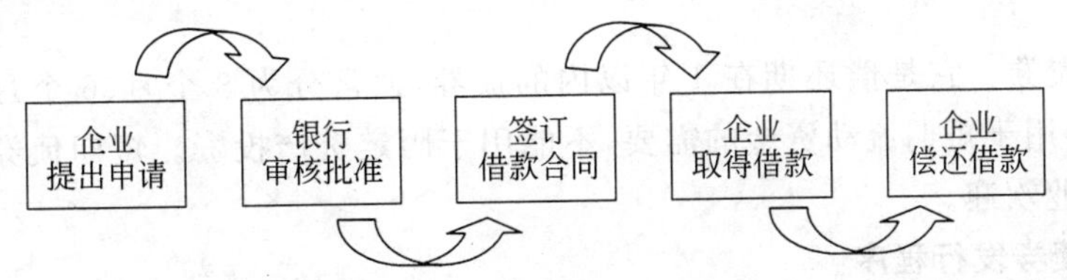

图 8-3 企业向银行借款流程

(1) 企业提出申请。企业申请借款必须符合贷款原则和条件。第一次申请长期借款时，应先写书面申请，经银行对企业状况和借款理由初审同意后，再写正式的借款申请书。

(2) 银行审核批准。银行对企业的借款申请，按照有关政策和贷款条件进行审查，依据审批权限，核准企业申请的借款金额和用款计划。

(3) 签订借款合同。借款合同分担保借款合同、抵押借款合同、信用借款合同等形式。借款合同通常一式三份至四份，其内容有：分期借款和还款计划；利息计算方式；借款延期的手续；借款方的抵押品情况；担保人的责任；借贷双方违约时的处理方法。

(4) 企业取得借款。借款合同生效后，银行可在核定的贷款指标范围内，根据用款计划和实际需要，一次或分次将贷款转入企业的存款结算户，以便企业支用借款。

(5) 企业偿还借款。企业按借款合同规定偿还本息。偿还借款的方式有：到期一次偿还、分期等额偿还、分期偿还等三种形式。借款企业如因暂时财务困难，需延期偿还贷款时应向银行提交延期还贷计划，经银行审查核实，续签合同。

银行借款是企业常用的一种筹资方式，其优点是筹资速度快、筹资成本低、借款弹性好等，但银行借款有财务风险大、限制条件多、筹资数额有限等缺点。

(二) 企业债券

企业债券是企业依照法定程序发行的、约定在一定期限内还本付息的有价证券。它是持券人拥有企业债权的证书，代表持券人同公司之间的债权债务关系。持券人可按期取得固定利息，到期收回本金，但无权参与公司经营管理，也不参加分红，持券人对企业的经营盈亏不承担责任。

1. 企业债券种类

(1) 按有无抵押担保分类

① 抵押债券。它是以发行债券企业的稳定财产为担保品的债券。如果企业债券到期不能偿还债务时，持券人可以行使其抵押权，拍卖抵押品作为补偿。

② 担保债券。它是有一定保证人作担保而发行的债券。当企业没有足够的资金偿还债券时，债权人可要求保证人偿还。

③ 信用债券。它是凭企业自身的信用发行的、没有抵押品作抵押或担保人作担保的债券。在公司清算时，信用债券的持有人因无特定的资产作担保品，只能作为一般债权人

参与剩余财产的分配。为了保护债权人的利益,发行信用债券往往有一定的条件。

(2) 按偿还期不同分类

① 长期债券。它是偿还期超过 1 年的债券。又可以根据时间的长短,分为中期债券和长期债券。

② 短期债券。它是偿还期在 1 年以内的债券,通常分为 3 个月、6 个月和 9 个月三种。短期债券用于短期流动资金的需要,不能用于固定资产投资。短期债券的发行比较灵活,颇受企业欢迎。

2. 企业债券发行程序

企业发行债券的基本程序如下。

(1) 作出发行债券的决议。企业发行债券由董事会制定方案,股东会作出决议,提出发行债券的申请。企业发行债券应当按规定程序报请国务院证券管理部门批准。

(2) 公告企业债券募集办法。企业发行债券的申请批准之后,应当向社会公告债券募集办法,之后印制债券。

(3) 委托证券经营机构发售。发行公司与承销团签订承销协议。承销方式有代销和包销两种。代销是指承销机构代为推销债券,在约定期限内未售出的余额可退还发行公司,承销机构不承担发行风险。包销是由承销团先购入发行公司拟发行的全部债券,然后再售给社会上的投资者,如果约定期限内未能全部售出,余额要由承销团负责认购。

(4) 发售债券,收缴债券款,登记债券存款簿。

(5) 按期还本付息。债券本金和利息按时偿还,偿还的方式有定期偿还和随时偿还两种方式。

发行企业债券是企业筹措资金的重要方式,发行债券的优点有:资本成本低、具有财务杠杆的作用和保障企业控制权等,但发行债券有使企业的财务风险提高、资金使用的限制多、筹资额有限等缺点。

(三) 融资租赁

租赁是出租人以收取租金为条件,在契约或合同规定的期限内,将资产租让给承租人使用的一种交易行为。企业资产的租赁按其性质有经营租赁和融资租赁两种,如图 8-4 所示。

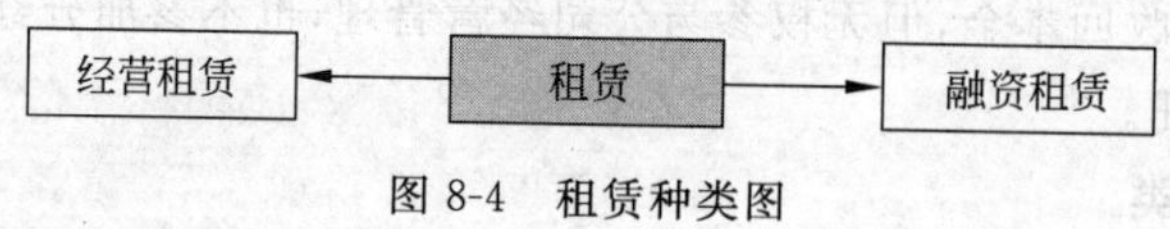

图 8-4 租赁种类图

经营租赁是由租赁公司向承租单位在短期内提供设备,并提供维修、保养、人员培训等的一种服务性业务。经营租赁的主要目的是解决企业短期的、临时的资产需求问题,也有短期筹资的作用。

融资租赁是由租赁公司按承租单位要求出资购买设备,在较长的契约或合同期内提供给承租单位使用的信用业务,是以融资为主要目的的租赁。一般银行借贷的对象是资金,而融资租赁的对象是实物,融资租赁是融资与融物相结合的,带有商品销售性质的借贷活动，是企业筹集资金的一种新方式。

（四）商业信用

商业信用是指商品交易中以延期付款或预收货款方式进行购销活动而形成的借贷关系，是企业之间的直接信用行为。企业之间商业信用的形式有以下几种（见图 8-5）。

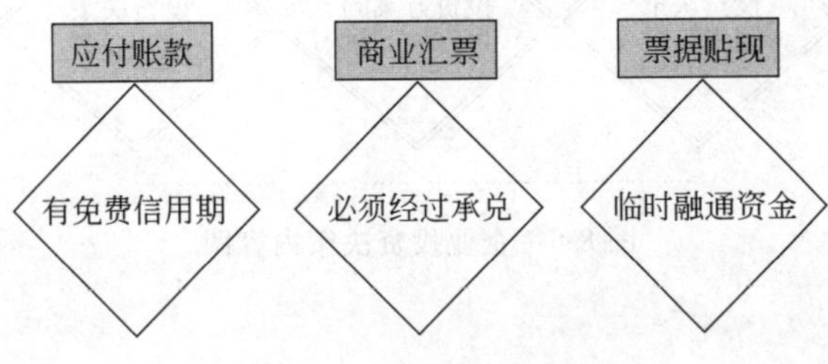

图 8-5 商业信用示意图

（1）应付账款。就是赊销商品，它是一种典型的商业信用形式。应付账款有免费信用期，免费信用期内企业无须支付任何代价或费用。超过免费信用期需要支付一定的费用。

（2）商业汇票。它是单位之间根据购销合同进行延期付款的商品交易时，开具的反映债权债务关系的票据，是现行的一种商业票据。商业汇票可由销货单位签发，也可由购货单位签发，到期日由持票人要求付款。商业汇票必须经过承兑，即由有关方在汇票上签章，表示承认到期付款。

（3）票据贴现。它是持票人把未到期的商业票据转让给银行，贴付一定的利息以取得银行资金的一种借贷行为。银行在贴现商业票据时，所付的金额要低于票面价值，其差额为贴现息。采用票据贴现的形式，企业一方面给予购买单位以临时资金融通；另一方面在本身需用资金时又可及时得到资金，这有利于企业搞活经营业务，灵活运用资金。

筹资的方式是多种多样的。利用别人的钱，然后提供分红或支付利息的方式，如股票上市、职工参股等。利用不同的筹资方式，使企业以较小的代价筹集资金，是企业持续发展的基础。

第二节 投资管理

现代企业在维持简单再生产和扩大再生产前提下，把筹集到的资金投放到收益高、回收快、风险小的项目中去，从而不断地创造新产品，提高企业未来的投资收益。这样对企业的生存和发展是十分必要的。现代企业只有通过一系列投资活动，才能扩大经营规模并增强企业自身的实力，才能不断地提高企业的价值。

企业投资管理是指企业对某一项目预期将来能有收益的一种当前支出，而这种收益延续的时间通常在 1 年以上。如购置生产设备、建筑物及设备的改造或更新，人才培训，研究开发，广告费用支出等内部投资；还有，股票投资、债券投资、基金投资等证券投资的外部投资。企业投资决策所包含的内容十分广泛，如投资决策因素分析、投资方案的可行性研究和投资决策的编制等,如图 8-6 所示。

图 8-6 企业投资决策内容图

一、投资决策的概述

(一) 投资决策的因素

企业投资与日常经营管理费用支出有明显的区别,主要表现在收益延续时间的长短不同。日常经营费用是当前支出,并在短期内获得收益;企业投资也是当前支出,其收益却可以延续数年甚至几十年之久。所以,投资决策与日常经营决策相比,有两个重要的特点。

(1) 投资决策必须考虑货币的时间价值。企业的投资支出是现值,投资收益却在投资以后陆续产生，是终值。终值与现值是不同性质的价值量，两者不能直接比较，只有把终值化成现值以后，才能相互比较。这就必须要考虑货币的时间价值。

(2) 投资决策必须考虑风险因素。投资决策所面临的主要是未来环境,而未来环境无法预测产品的需求、价格和成本、政府管制、行业竞争等,这些往往是不确定的，也很难进行准确的预测。这就使投资决策具有很大的风险。为了使企业的投资决策减少风险,采取多种投资策略,优化组合投资项目,化解风险防患于未然。

小贴士

摔坏鸡蛋的农妇——谨慎选择理财组合

农妇家里养了几十只鸡,由于喂养得当,每只鸡都要下很多的蛋,很快她就积攒了许多鸡蛋。听说邻村的集市上鸡蛋的价格很高,她就想拿自家的鸡蛋到市场上出售。

农妇想,该用什么东西来装这些鸡蛋呢?她找到一个很大的篮子,心想这下好了,一次就可以全装进去。

于是,她把所有的鸡蛋放到了篮子里面。正要出去时,她丈夫看见了,建议她不要用这么的大篮子装这么多鸡蛋,换小点的篮子多装几次。

农妇不以为然,她想,这篮鸡蛋才有多重,去年秋天,自己还背过比这更沉的东西呢。她丝毫也不理会丈夫的建议,提起篮子,就要出发。

谁知这个篮子好长时间不用,篮子上许多处的藤条已经快断掉了,哪里承受得了这么多鸡蛋的重压。经她这么猛地一提,篮子的底部一下子就豁开了,所有的鸡蛋都掉在了地上,全摔碎了。

把鸡蛋放在一个篮子里固然可以减少运输的成本,但是潜在的风险也加大了,一旦篮子承受不了所有鸡蛋的重量,损失就是巨大的。

经济学中,常用"不要把鸡蛋放在同一个篮子里"来警示企业和个人要对自己的投资项目进行优化组合,投资决策前一定要充分考虑风险性,否则就会有像农妇一样的结局。

资料来源:翟文明.影响人一生的100个财富寓言.第二版.北京:光明出版社,2010

(二)投资决策的编制程序

投资决策的编制与企业的一切经营管理活动相关,有三个基本步骤(见图8-7)。

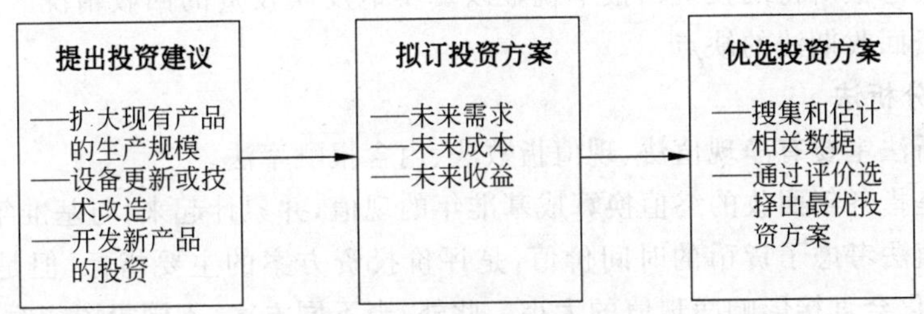

图8-7　投资决策的编制程序

(1) 提出投资建议。投资建议是指有关投资领域或投资项目的建议和主意。如扩大现有产品的生产规模;设备更新或技术改造,开发新产品;废品的控制和治理以及劳动保护设施的投资等。

(2) 拟订投资方案。各种投资方案都必须考虑未来需求、未来成本、未来收益三个基本问题,这就需要企业在搜集过去和现在数据的基础上,着重对未来数据作出基本的估计,从而为拟订投资方案提供依据。

(3) 优选投资方案。投资方案拟订以后,就需要进行评价,通过评价选择出最优投资方案。这个过程也需要搜集和估计各种数据资料,并运用科学的评价方法。

(三)投资决策的可行性分析

1. 投资决策分析方法的类型

常用的投资决策分析方法有三类:

(1) 投资回收期法,就是用投资回收期限的长短来评价投资决策方案。

(2) 投资报酬率法,就是用投资收入与投资支出的比率高低来评价投资方案。

(3) 投资回收额法,就是用投资方案的经济寿命期内所能获得的总收入的大小来评价投资决策方案。

一般来说,投资回收额越大,回收期就越短,报酬率也就高。对投资者来说,首先要考虑回收期的长短,他们总希望能在最短的时间内收回投入资本。其次要考虑回收额和报酬率,这是决定投资方向的主要依据。

上述三类方法在应用时,如果不考虑货币的时间价值就称为静态分析法;如果考虑货币的时间价值,就称为动态分析法。

2. 静态分析法

静态分析法主要有投资回收期法和投资回报率法。

投资回收期表示某项投资全部收回所需要的时间,这个指标的时间越短,投资效果越好。这个指标的优点是计算简单,易于理解,但未考虑时间价值,其结果也就不太准确。

投资回报率一般指投资项目达到设计能力后的正常生产年份的年利润与投资总额的比率。投资回报率反映投资与报酬之间的关系,常用的指标有:投资回报率和年平均报酬率。投资回报率法没有考虑到投资方案的经济寿命,并且假定每年的投资回报是相等的。但实际上,投资方案的经济寿命有长有短,如果投资回报率较高,但投资的经济寿命较短,那么,投资的总收入还是比较少。同时,如果各年的投资回报有较大差异,用年利润总额除以投资总额所得的投资回报率就难以真实地反映投资的回收情况。此外,这种方法还包含投资回收期法的缺点。

3. 动态分析法

动态分析法主要有净现值法、现值指数法、内含报酬率法。

净现值是指各年回收的终值换算成基准年的现值,并累计起来,与基准年的总支出的差额。净现值法考虑了货币的时间价值,是评价投资方案的主要指标,但是利率难以确定,利率的变化会直接影响净现值的大小。此外,当不同方案、不同投资额时,单纯看净现值就无法做出正确的评价,必须用现值指数来衡量。

现值指数是指净现值与全部投资现值之比。假定其他条件相同,现值指数越高投资方案就越好。

内含报酬率是指投资方案的经济寿命周期内各年净现值等于零时的贴现率。如果内含报酬率大于金融市场上预期的资金成本时,投资方案可以采纳;否则予以否定。

二、内部长期投资管理

企业把资金投放到企业内部生产经营所需的长期资产上,称为内部长期投资。内部长期投资主要包括固定资产投资和无形资产投资。

(一) 固定资产投资管理

1. 固定资产含义

固定资产是指使用年限在1年以上,单位价值在规定的标准以上,并且在使用过程中保持原来物质形态的资产。如厂房、机器设备、运输设备等。

固定资产投资的特点有以下几个方面:

(1) 固定资产投资的回收期较长。

(2) 固定资产投资的变现能力较差。

(3) 固定资产投资的资金占用数量相对稳定。

(4) 固定资产投资的实物形态与价值形态可以分离。

2. 固定资产折旧管理

固定资产在使用寿命内要不断损耗，固定资产因损耗而转移到产品上去的那部分价值，叫固定资产折旧。每项固定资产经过全部使用寿命年限后完全损耗掉，需要以新的固定资产来替换。计算固定资产折旧额可以采用的方法包括：年限平均法、工作量法、双倍余额递减法和年数总和法。

(1) 年限平均法。年限平均法是根据固定资产的原始价值、清理费用和残余价值，按照其使用寿命年限平均计算的。

年限平均法计算简便，易于理解。年限平均法把固定资产的全部损耗价值在其使用寿命年限内平均计提折旧，故在使用寿命年限内无论使用与否都要发生损耗的固定资产，以及常年均衡使用的固定资产都可以采用年限平均法，如房屋、建筑物、机器设备等。

(2) 工作量法。企业专业车队的客货运汽车、大型设备，可以采用工作量法。工作量法是以固定资产折旧总额除以预计使用寿命期内可以完成的总行驶里程或总工作小时，求得单位里程或单位小时折旧额的方法。

使用这种方法时，每单位里程或每小时的折旧额是相同的。根据每单位折旧额，即可计算出各时期应计提的折旧额。

(3) 双倍余额递减法。这种方法根据年初固定资产折余价值乘以双倍余额递减法折旧率，确定年折旧率。双倍余额递减法可按年限平均法的标准加倍计算。随着固定资产折余价值的逐年减少，每年计提的折旧额亦随之减少。

按双倍余额递减法计算折旧，不可能将折旧摊尽，因此在最后两年时改用年限平均法，每年平均计提折旧。

(4) 年数总和法。这种方法根据折旧总额乘以递减分数(折旧率)，确定年度折旧额。折旧总额系原始价值加上清理费用，减去残余价值后的余额。

双倍余额递减法和年数总和法都属于加速折旧法。加速折旧法的特点在于，在固定资产使用寿命年限内，折旧费先多分摊、后少分摊。企业有权按现行企业财务制度规定，选择具体的折旧方法和使用寿命年限，在开始实行年度前报主管财政机关备案。

3. 固定资产项目投资管理

固定资产投资是企业作为投资主体对某一固定资产项目所进行的投资。固定资产投资项目投资数额较大、施工期比较长、投资回收期长等特点。

要进行固定资产项目投资，首先必须核定固定资产的需用量。核定固定资产需用量，应注意结合生产技术和生产组织的特点，重点抓好生产设备需用量的核定工作。生产设备需用量一般按以下步骤核定：

(1) 计算生产设备的生产能力。

(2) 计算完成生产任务需用设备工时定额。

(3) 生产能力与生产任务的平衡。

各类固定资产的需用量核定之后，可编制企业年度的固定资产需用量计划，计划中按固定资产类别以原价列示计划年度的固定资产总值。

4. 财务部门对固定资产的管理

企业财务部门负责组织和推动全厂固定资产的管理工作,对固定资产的安全保管和有效利用进行全面监督,对固定资产管理负总的责任。财务部门组织固定资产的核算工作,掌握固定资产的增减变动和分布情况,按照计划计提折旧,积极支持技术革新、监督固定资产更新改造和修理的正常运行。财务人员要加强同资产管理人员的协作,共同管理好财产。

(1) 新增固定资产,要参加验收。在新增固定资产时,财务人员要协同财产管理人员深入现场,根据固定资产的交接凭证,认真搞好固定资产的验收和交接工作。

(2) 调出固定资产,要参加办理移交。调出固定资产时,财务人员要与资产管理人员加强协作,到现场参加办理移交。

(3) 报废固定资产,要参加鉴定清理。对待固定资产的报废,要严格掌握慎重处理。要坚持勤俭节约办企业的方针,对于申请报废的固定资产,凡是能够修复的修复,尽量延长使用年限,只有确实不能使用时才进行报废。在提出申请报废时,财务人员要会同资产管理人员到现场参加鉴定,做好清理工作。

(4) 清查固定资产,要到现场清点实物。在固定资产清查中,财务人员应抓好两个方面工作:一是查物点数,核对账目。财务人员深入现场逐项清查固定资产,核对每台设备的实存数与账存数是否一致;二是检查固定资产的保管、使用和维护情况。要了解固定资产有无长期闲置、使用不当的情况,有无维护不当、保管不当的情况,要建议及时修复,保证设备完好,对存在的问题要提出改进意见。

(二) 无形资产投资管理

无形资产是企业拥有或者控制的没有实物形态的可辨认非货币性资产。无形资产应满足以下两个条件:一是与该无形资产有关的经济利益很可能流入企业;二是该无形资产的成本能够可靠的计量。

无形资产包括专利权、非专利技术、商标权、著作权、土地使用权、特许权、商誉。

无形资产的受益期长,购置无形资产的支出是资本性支出。无形资产按照取得时的实际成本计价。

无形资产成本即为入账价值,在无形资产受益期内以无形资产摊销的形式计入成本,一般采用直线法摊销。

无形资产投资时按评估价确认或按合同、协议约定的价值作为投资额。这一数额与无形资产账面净值的差额作为资本公积处理。

三、对外投资管理

对外投资是企业在满足其内部需要的基础上仍有余力,在内部经营范围之外,以现金、实物、无形资产方式向其他单位进行的投资,以其在未来获得投资收益的经济行为。

对外投资具有以下目的:

一是企业扩张的需要。为了参与被投资企业的经营决策,控制被投资企业的业务,以实物、商标、专有技术等作为投资入股，扩大企业产品的销售，实现企业生产规模的扩大等目的。

二是资金调度的需要。将暂时闲置的资金用于短期证券投资，谋求高于银行存款利息的收益，同时有保持较强的变现能力。

三是满足特定用途的需要。企业为了将来归还长期借款而建立偿债基金，为将来更新厂房、生产设备而设立的专款，将预留的款项投资于证券和被投资企业，既使资金保值，又能得到一定的收益。

对外投资有很多种，主要介绍股票投资、债券投资、基金投资三种。

1. 股票投资

股票投资是企业通过认购股票成为公司股东并获取股利收益的投资。其特点主要表现为：

(1) 从投资收益来看，股票投资收益不能事先确定，具有较强的波动性。

(2) 从投资风险来看，债券投资按事先约定还本付息，收益较稳定，投资风险小，股票投资因股票分红收益的不肯定性和股票价格起伏不定，成为风险最大的有价证券。

(3) 从投资权利来看，在各种投资方式中，股票投资者的权利最大，投资者作为股东有权参与企业的经营管理。

2. 债券投资

债券投资是指企业购买各种债券，获取债券利息的投资行为。债券投资既可以在一级市场进行，也可以在二级市场进行；既可以短期投资，也可以长期投资。债券投资有以下特点：

(1) 从投资时间来看，不论长期债券投资，还是短期债券投资都有到期日，债券必须是按期还本。

(2) 从投资种类来看，因发行主题身份不同，分为国家债券投资、金融债券投资、企业债券投资。

(3) 从投资收益来看，债券投资收益具有较强的稳定性，通常在一级市场上投资的债券是事前预定的。

(4) 从投资风险来看，债券要保证还本付息，收益稳定，投资风险较小。

(5) 从投资权利来看，在各种投资方式中债券投资者的权利最小，无权参与被投资企业经营管理，只有按约定取得利息，到期收回本金的权利。

债券投资在获得未来投资收益的同时，也要承担一定的风险。风险与报酬是对应的，高风险意味着高收益，低风险则意味着低收益。因此，风险与报酬的分析是债券投资决策必须考虑的重要因素。债券投资要承担的风险主要有违约风险、利率风险、流动性风险、通货膨胀风险和汇率风险等。

3. 基金投资

投资于基金的行为叫基金投资。基金投资是一种金融信托方式，它由众多不同的投资者出资汇集而成，然后交给专业投资机构进行投资管理，专业投资机构再把集中起来的资金投资于各种产业和金融证券领域，获得的收益按基金证券的份额平均分配给投资者。

基金投资的特点如下：

(1) 基金可以为投资者提供更多的投资机会。

(2) 基金投资只需支付少量的管理费用，就可获得专业化的管理服务。

(3) 基金种类众多，投资者可以根据自己的偏好，选择不同类型的基金。

(4) 基金的流动性好，分散风险功能强。

基金投资的种类可分为封闭式基金和开放式基金。

封闭式基金是指基金的发起人在设立基金时，限定了基金单位的发行总额，筹集到这个总额后，基金即宣告成立，并进行封闭，在一定时期内不再接受新的投资。基金单位的流通采取在交易所上市的办法，通过二级市场进行竞价交易。

开放式基金是指基金发起人在设立基金时，基金单位的总数是不固定的，可视经营策略和发展要追加发行。投资者也可根据市场状况和各自的投资决策，或者要求发行机构按现期净资产值扣除手续费后赎回股份或受益凭证，或者再买入股份或受益凭证，增加基金单位份额的持有比例。

基金投资的最大优点是能够在不承担太大风险的情况下获得较高收益。原因在于投资基金具有专家理财优势，具有资金规模优势。但基金投资无法获得很高的投资收益。基金在大盘整体大幅度下跌的情况下，投资人可能承担较大风险。

第三节　资产经营管理

在企业资产经营管理中营运资金占有相当大的比重，而且周转期短、形态易变，所以是财务管理工作的一项重要工作。资产经营管理是企业利用营运资金，运营日常生产的经营管理过程。

营运资金有以下几个方面特点：

第一，营运资金的周转具有短期性，通常1年或一个营业周期内收回。

第二，营运资金的实物形态具有易变现性。流动资产具有较强的变现能力，如果企业遇到资金周转不灵等情况时，便可迅速变卖资产获取现金。

第三，营运资金数量具有波动性。流动资金的数量随着企业的内外条件的变化而变动，波动性大。随着流动资产的数量的变动，流动负债的数量也会相应发生变动。

第四，营运资金的实物形态具有变动性。营运资金的实物形态是经常变化的，一般是在现金、材料、在产品、产成品、应收账款、现金之间顺序转化。

企业资产经营管理包括流动资产管理、成本核算管理、销售收入管理、利润及利润分配管理，如图8-8所示。

一、流动资产管理

流动资产是指企业在1年或超过1年的一个营业周期内变现或耗用的资产。流动资产主要包括现金、应收账款和存货，它们占用流动资金的70%以上。流动资产在企业生

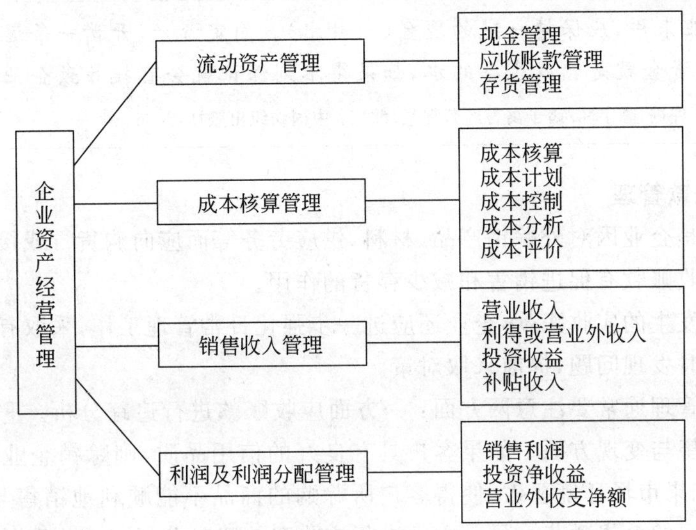

图 8-8 企业资产经营管理内容示意图

产过程中不断地流转，是企业生产过程中不可缺少的一部分。

1. 现金管理

现金是指在生产过程中暂时停留在货币形态的资金。它包括库存现金、银行存款、银行本票、银行汇票等。现金是变现能力最强的资产，可以用来满足生产经营开支的各种需要，也是购买流动资产和履行纳税义务的保证。因此，企业必须合理确定现金持有量，使现金收支不但在数量上，而且在时间上相互衔接，以便在保证企业经营活动所需现金的同时，尽量减少企业闲置的现金数量，提高资金收益率。

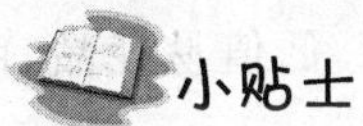

枯鱼之肆——注意现金周转顺畅

庄子家里穷，有一阵子，实在是揭不开锅了，他就去向富人监河侯借一口袋粮食。监河侯说："行是行，但是你干吗不等上一段时间呢？等到秋后我收了地租，就借给你300两黄金，你看行么？"庄子见监河侯不愿意马上借粮，有点生气，脸色都变了，但有求于人，不能发脾气，于是他给监河侯讲了个故事："我昨天来您这儿的时候，听到路上有个声音在呼唤我。我回头寻找，看见车轮碾过的轮印里积了一小滩水，里面有一条小鱼，在淤泥里挣扎。我问：'小鱼啊，你在这儿干什么呢？'小鱼说：'我是从东海来的，被困在这儿好几天了，眼看水就要干了，我性命不保呢。你能不能给我一升水？那样我就可以活命了。'我说：'一升水有什么好要的呢？你不如等我去游说吴国和越国的国王，请他们联手开凿一条运河，把长江的水引过来救你。你看可以吧？'小鱼生气地说：'现在我被困在这儿，只要有一升水或者一斗水就可以活命，现在像你这么说，等你去游说完了，还是到卖鱼干的铺子里去找我吧！'"

对于企业来讲,应保持一定的现金(一升水)。固定资产(开凿一条运河)再多也救不了急,可用资金就是赖以生存的水,如果得不到保证就会直接导致企业的失败。

资料来源:许进,陈宇峰.诸子寓言经营智慧.北京:中国纺织出版社,2006

2. 应收账款管理

应收账款是企业因对外赊销产品、材料、供应劳务等而应向购货方或接受劳务单位收取的款项。应收账款有促进销售和减少存货的作用。

对于已经发生的应收账款,企业还应进一步强化日常管理工作,采取有力的措施进行分析、控制,及时发现问题,提前采取对策。

应收账款管理通常要注意两方面:一方面应收账款进行追踪分析。重点分析应放在赊销商品的销售与变现方面。如果客户具有良好的信用品质,则赊销企业能够足额地收回应收账款;如果市场环境恶劣,使得客户所赊购的商品不能顺利地销售与变现,就意味着应收账款收回的希望渺茫。另一方面进行应收账款账龄分析。应收账款的账龄结构是应收账款账龄的余额占应收账款总计余额的比重。一般应收账款的逾期时间越短,应收账款收回的可能性越大,发生坏账损失的程度相对越小;反之,收账的难度加大,并发生坏账损失的可能性也就越大。通过应收账款账龄分析,财务管理人员应重视过期款项,进一步研究与制定适用的信用政策。

3. 存货管理

存货是指企业在日常活动中持有以备出售的产成品或商品、处在生产过程中的在产品、在生产过程或提供劳务过程中耗用的材料和物料等。企业持有存货的主要功能是:防止停工待料,适应市场环境变化,降低进货成本,维持企业再生产。

存货的种类有以下几种:

(1) 按照其经济内容,存货分为材料、在产品、自制半成品、包装物、低值易耗品、商品、产成品。

(2) 按照存货的存放地点,存货可分为库存存货、在途存货、在制存货、寄存存货、委托外单位代销存货。

存货成本管理主要有以下三个内容:

① 进货成本。进货成本主要由存货买价、采购费用构成。存货买价是存货本身的价值,是采购单价与采购数量的乘积;采购费用又称订货成本,是企业为组织进货而开支的费用。

② 储存成本。指企业为持有存货而发生的费用。

③ 缺货成本。指因存货不足而给企业造成的停产损失、延误发货的信誉损失及丧失销售机会的损失等。

存货日常管理经常采用存货的 ABC 管理办法。为了控制存货事先测定好标准,把重要的存货划为 A 类,把一般存货划为 B 类,把不重要的存货划为 C 类。在制造业企业采用 ABC 存货管理方法来控制存货,能够减少存货的库存成本,提高企业经济效率。

二、成本核算管理

企业在制造业生产过程中，生产各种产成品、自制材料、自制工具、自制设备以及供应非工业性劳务要发生各种耗费，这些耗费称为生产费用。为生产一定种类和数量的产品所发生的全部生产费用，称为产品成本。

（一）成本的种类

为满足一定目的而对成本管理对象的细化，成本可以分为以下种类。

按成本的经济用途分为制造成本和非制造成本。制造成本包括直接材料、直接人工、制造费用；非制造成本分为销售费用、管理费用和财务费用。

按成本与特定产品的关系分为直接成本和间接成本。直接成本是直接计入某产品成本的成本项目，是可追溯成本；非直接成本是需要按照某种标准在几种产品之间分配的成本。

在成本管理中，有成本核算、成本计划、成本控制、成本分析、成本评价等几方面内容。其中，成本核算是按照国家的法规、制度和经营管理的要求，对生产经营过程中实际发生的各种劳动耗费进行计算，并进行相应的账务处理，提供真实、有用的成本信息。成本核算是企业经营管理的最重要组成部分。

（二）成本计算方法

在产品成本计算中，有三种基本方法和两种辅助方法。

1. 产品成本计算基本方法

（1）品种法。产品成本计算的品种法是指以产品品种为成本计算对象计算成本的一种方法。它适用于大量大批的单步骤生产。另外，管理上不要求分步骤计算成本的多步骤生产，也可采用品种法。

（2）分批法。产品成本计算的分批法是按照产品批别计算产品成本的一种方法。它主要适用于单件小批类型的生产，如精密仪器、专用设备等，也可用于一般制造企业中的新产品试制或试验的生产、在建工程以及设备修理作业等。

（3）分步法。产品成本计算的分步法是按照产品的生产步骤计算产品成本的一种方法。它主要适用于大量大批的多步骤生产，如冶金、纺织、造纸以及大量大批生产的机械制造等。分步法是不按产品的批别计算产品成本，而是按产品的生产步骤计算产品成本。

2. 产品成本计算辅助方法

（1）分类法。分类法是按产品类别归集生产费用，计算产品成本的一种方法，主要适用于产品的品种繁多、产品规格繁多的制造业企业。分类法的特点是按照产品的类别归集生产费用并计算成本，类内不同品种的产品成本按照一定的分配方法分配确定，从而简化成本计算工作。

（2）定额法。定额法是事前制定产品的消耗定额、费用定额和定额成本，生产费用发生时计算定额成本和脱离定额成本的差异,然后计算产品的实际成本的方法。定额法有利于成本的定期考核和分析,能够节约成本,降低成本的作用。

三、销售收入管理

销售收入是企业在生产经营过程中,对外销售商品或提供劳务所取得的各项收入。在市场经济条件下,企业是独立的商品生产者和经营者,为了在激烈的市场竞争中立于不败之地,必须要增加营业收入,提高经济效益。销售收入管理是企业财务管理的一个重要方面,它关系到企业的生存和发展,加强销售收入管理对企业具有重要的意义。

一般来说,收入有广义和狭义之分。广义的收入是指所有经营和非经营活动的所得,通常包括四大类:一是企业经营活动有关的收入,即营业收入,如销售商品收入;二是与企业经营活动没有直接关系的收入,即利得或营业外收入,如罚款收入;三是投资收入,如股利收入、投资分得的收入;四是补贴收入,如国家拨入的亏损补贴、增值税退还等。狭义的收入仅指生产经营活动有关的营业收入。

营业收入主要由主营业务收入和其他业务收入构成。主营业务收入是指企业持续的、主要的经营活动所取得的收入。主营业务收入在企业收入中所占的比重较大,它对企业的经营效益有着举足轻重的影响。其他业务收入是指企业在主要经营活动以外从事其他业务活动而取得的收入,它在企业收入中所占的比重较小。影响营业收入的影响因素有以下几个方面:一是价格与销售量,二是销售退回,三是销售折扣,四是销售折让。

在市场经济条件下,销售收入是企业补偿生产经营耗费的资金来源,销售收入又是企业的主要经营成果,使得企业现金流入,是企业取得利润的重要保障。加强销售收入管理,增加销售收入,提高经济效益,使得企业在市场竞争中立于不败之地。因此,加强销售收入管理对企业具有重要的意义。

四、利润及利润分配管理

1. 利润管理

利润是企业在一定时期生产经营活动所取得的主要财务成果。从企业来看,取得利润是企业生存与发展的必要条件,也是评价一个企业生产经营状况的一个重要指标。企业的利润总额由销售利润(营业利润)、投资净收益和营业外收支净额组成。其计算公式为:

利润总额=销售利润+投资净收益+营业外收支净额

其中,销售利润及营业利润是指企业从事各种经营活动所取得的利润;投资净收益指企业对外投资所取得的投资收益扣除投资损失后的净额;营业外收支净额是指营业外收入扣除营业外支出后的数额。

以上计算的是企业的利润总额,如果计算企业的净利润,还应减去所得税。其计算公式为:

净利润=利润总额-所得税

2. 利润分配管理

利润分配是财务管理的重要内容,有广义的利润分配和狭义的利润分配两种。广义的利润分配是指对企业收入和利润进行分配的过程。狭义的利润分配则指对企业净利润的分配。

企业在进行利润分配时,应遵循以下基本原则:①依法分配原则;②兼顾各方面利益原则;③分配与积累并重原则;④投资与收益对等原则。

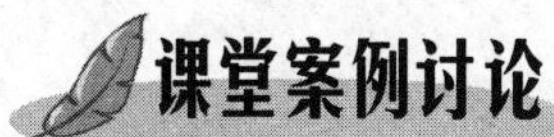

从节约每一分钱做起

在福特公司的一个车间里有一道工序是印模操作,在这道工序中,有6英寸的圆铁片被切掉,然后扔进了碎屑中。清洁工每天都要清扫出很多这样的废料,工人们觉得很心疼。后来他们想出办法把它当成圆盘使用,发现这种铁片的大小和形状正好适合做散热器罩,但是这种铁片却不够厚,于是他们把铁片的厚度增加一倍,结果发现他们这样制作的罩子比用一块铁片制作出来的要更硬些。这样福特公司每天就可以得到15万只这样的盘子。通过废物利用,就不用购买新的盘子,每只能节约10美元。

福特公司需要大量的煤。那些焦炭从焦炭炉里通过机械传送装置送到高炉里。低挥发性气体被从高炉里送往电厂的锅炉中,这些气体和锯屑、刨木花一起燃烧。锯屑和刨木花是从车体厂送来的,另外那些焦炉烟气,即炼焦时的灰尘,也被当作燃料了。这样蒸汽电站便完全是用废物作燃料。

焦炭炉的另一种副产品是煤气。这些煤气可用作热处理,即用于搪瓷炉等地方,从而不必再去买煤气。

阿摩尼亚硫酸盐可用于制作肥料。苯可以用作汽车燃料。焦炭的碎末不适合高炉用,便卖给工人,以比市场价低得多的价格送到他们家里。

不光如此,福特还从很多方面进行节约,运输、发电、煤气、铸造成本等。福特的原则是,从节约每一分钱做起。因为这里攒一分那里攒一分,一年就能凑成一笔大数目。

有很多企业一直都在讲降低成本,可到头来,好像并没有降低多少。原因就在于,这些企业总认为节省这一点儿不会改变什么。可事实上,正是这点点滴滴、一分一分才构成了企业降低成本的基础。学一学福特的做法。从能够节省的每一分钱做起,日积月累,便是一笔可观的数目了。

讨论题:企业可从福特公司的做法中获得哪些启示?

资料来源:中世.让狗吐出骨头——1分钟财务管理故事.北京:西苑出版社,2005

第四节 财务分析

财务分析是以企业的财务报告等会计资料为基础,对企业的财务状况和经营成果进行分析和评价的一种方法。财务分析是财务管理的重要方法之一,它是对企业一定期间的财务活动的总结,为企业进行下一步的财务预测和财务决策提供依据。因此,财务分析在企业的财务管理活动中具有重要的作用。

通过财务分析,可以评价企业一定时期的财务状况,揭示企业生产经营活动中存在的问题,总结财务管理工作的经验;通过财务分析,可以为投资者、债权人和其他有关部门和人员提供系统、完整的财务分析资料,便于了解企业财务状况和经营成果,为他们作出经济决策提供依据;通过财务分析,可以检查企业内部各职能部门和单位完成财务计划指标的情况,考核各部门和单位的工作业绩,以便解释管理中存在的问题,总结经验教训,提高管理水平。

一、财务报告

财务报告是反映企业财务状况和经营成果的总结性书面文件。按照现行财务通则和会计准则的规定,财务报告包括资产负债表、损益表、现金流量表、有关附表以及财务情况说明书(见图 8-9)。

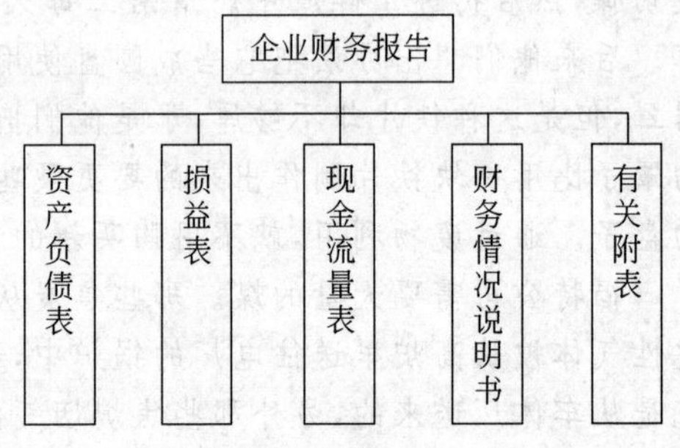

图 8-9 企业财务报告构成

(一)资产负债表

资产负债表是反映企业在某一特定日期财务状况的报表。资产负债表是根据“资产=负债+所有者权益”这一会计平衡公式,依照一定的分类标准和一定的次序,把企业在一定日期的资产、负债和所有者权益项目予以适当安排,并按照规定的要求编制而成的。企业通过编制资产负债表可以了解企业资产的构成和来源;可以了解企业偿还债务的能力;可以了解企业所负担的债务;可以了解企业投资者在企业所持有的权益;可以了解企业未来的财务方向。

资产负债表属于静态的财务报表,它所反映的是公司在某一时点上资产和负债存量的数据。按现行制度规定,企业编制的报表可分为月报、季报和年报。月报以每月月末为截止期,反映月末这一天公司拥有的资产、债务和资本。季报则反映季末这一天公司的财务情况。年报反映的是年末这一天企业的财务情况。

资产负债表所反映的是一个月末或一年末公司资产负债的情况,并不反映企业在一个月或一年内资产负债的变动情况。如果需要了解变动情况,就需要编制一张动态报表,将不同时期的资产负债表进行比较,从而可以对企业权益结构、所有者权益和偿债能力等情况进行动态分析。

在资产负债表中,资产方应分别将流动资产、长期投资、固定资产、无形资产及其他资产各类内所有项目的数据进行分类合计,然后计算资产总额。负债及所有者权益方也应分别将流动负债、长期负债和所有者权益各类内所有项目的数据进行分类合计,然后计算负债及所有者权益总额。资产总额应等于负债及所有者权益总额。

资产负债表的格式见表 8-1。

表 8-1 资产负债表(简表)

编制单位：××××　　2010 年 12 月 31 日　　(单位：千万元)

资 产	行次	金额	负债及所有者权益	行次	金 额
现金	1	800	流动负债	6	3300
应收账款	2	2400	长期负债	7	6700
存货	3	3800	实收资本	8	3600
固定资产原值	4	10400	公积金	9	1000
减：累计折旧	5	2400	未分配利润	10	400
资产总额		15000	负债及所有者权益总额		15000

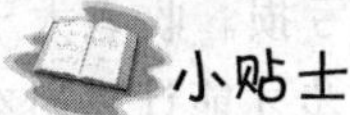

醉酒的猴子——资产和负债

有一天，一群猴子在树林中玩耍，看到一个猎人走进树林。这些猴子就躲在叶子浓密的树枝上，偷偷地看着。这时，猎人感觉到有点口渴，就从背囊中拿出水壶喝水。就在猎人要将水壶放回背囊的瞬间，一只小猴子眼疾手快地抓住树枝荡了过来，抢走了猎人的水壶。这群猴子也像猎人那样轮流地喝水。

第二天，这群猴子在树林中玩耍时，又看到昨天的猎人挑了两桶水来到这片树林，坐在一棵大树底下，还盛了一碗水喝，然后离开了树林。这群猴子高兴坏了，你争我抢地喝起来。这时，昨天抢水壶的那只小猴子高声叫道："别喝了，这不是水!"其他猴子都哈哈大笑，嘲笑它说："不是水是什么？你看它不是和水一样吗，也是无色，透明的。"它们也不理会这只小猴子的话，不一会儿，两桶水就见底了。只见这群猴子一只只开始东倒西歪地倒在地上，原来桶里装的是酒。

这时，猎人拿着口袋来到树林中，除了那只小猴子外，其他的猴子都被猎人装走了。

寓言中将有益的水比作资产，而将看似与水一样的酒却会导致猴子们晕厥比作负债。企业对资产和负债都可以利用。但负债利用之后是有成本的。就像猴子喝了水(资产)解了渴，而喝了酒(负债)就会晕厥(偿还利息等)。

资产和负债就像寓言中的水和酒一样，不容易区分，所以，企业如果在投资理财时，错把负债当作资产加以购买，其结果自然就像寓言中的猴子一样，错把酒(负债)当作水(资产)，最终由于醉酒而被猎人生擒活捉。这足以说明如果错把负债当成资产的话，后果将是不堪设想的。

资料来源：翟文明. 影响人一生的 100 个财富寓言. 第二版. 北京：光明出版社，2010

(二) 损益表

损益表是反映公司在一定期间的经营成果及其分配情况的报表。损益表能反映某一时期内的经营成果，展示企业在一个会计期间的经营成果。损益表有助于预计企业在现有资源基础上产生现金流量的能力和预计新增资源可能取得的收益。同时,通过对损益表中指标的分析,可以了解企业实现利润的构成、影响利润增减变动的原因和盈利水平。

损益表是通过同一会计期间的营业收入与同一会计期间的营业费用的相互配比,从而求出报告期的利润总额的。损益表所反映的收入与费用之间的平衡关系,可用下列四个关系式来表示:

销售毛利 = 商品销售收入 − 商品进价成本

销售利润 = 销售毛利 − 商业流通费用

营业利润 = 销售利润 − 销售税金及附加 + 其他业务利润

利润总额 = 营业利润 + 营业外收支净额

损益表的格式一般有两种:一种是单步式损益表,即将本期所有的收入和收益相加在一起,再把本期的支出也相加在一起,两者相减,一次性计算出利润或亏损。收入大于支出为利润,收入小于支出为亏损。另一种是多步式损益表,即通过若干步才能计算出本期的损益,如前面所列的先计算毛利、销售利润、营业利润等指标,最后才能计算出利润(或亏损)总额。多步式损益表见表 8-2。

表 8-2 损 益 表

编制单位:×××× 2010 年 1 月 1 日至 2010 年 12 月 31 日 (单位:千万元)

项 目	行次	本月数	累计数
一、销售净额	1	150000	1650000
减:销售成本	2	60000	700000
二、销售毛利	3	90000	950000
减:期间费用	4	34000	400000
其中:销售费用	5	5000	60000
管理费用	6	20000	220000
财务费用	7	9000	120000
三、营业净收益	8	56000	550000
四、营业外净收支	9	7000	35000
其中:其他业务收入	10	5000	15000
营业外收入	11	2000	20000
五、利润总额	12	63000	585000
减:所得税	13	15750	146250
六、净利润	14	47250	438750

二、财务报表分析方法

利用财务报表及其相关资料,可以对企业的经营情况进行分析,经营分析的方法主要有:比较分析法和比率分析法。

(一) 比较分析法

比较分析法是通过经济指标的对比,来确定指标间差异,并进行差异分析的一种方法。比较分析法可运用绝对数和相对数两种指标，前者反映差异的数量，后者反映差异的程度。

绝对数指标：差异数＝实际数－参照数

相对数指标：差异程度＝差异数/实际数×100％

在实际运用时，由于参照数的不同使比较分析法有多种表现形式。如本期实际数与计划数对比；本期实际数与前期(上年同期或历史先进水平)数对比；本企业实际数与同行业先进水平对比；不同决策方案的对比；相互关联的不同指标之间的对比等。

(二) 比率分析法

比率分析法是根据经济指标之间的关联性，通过计算各种比率，以说明公司经营状况的一种分析方法。根据现行制度，常用的比率有如下四类。

1. 偿债比率

偿债比率是用于分析公司企业对短期债务的清偿能力的比率，常用的有流动比率和速动比率。

流动比率是企业在某一时点上，流动资产总额与流动负债总额之比，即用以清偿每一元短期负债企业所具有的流动资产额。其比率越高，流动性越好；比率越低，流动性越差。一般认为2∶1才足以表明公司财务状况稳妥可靠。但如果此比率过高，可能产生闲置资本，会影响企业的创利能力。

速动比率是企业在某一时点上，速动资产总额与流动负债总额之比，即用以清偿每一元流动负债企业所具有的速动资产额。企业的银行存款、短期投资、应收票据、应收账款等能立即或在较短时期内变为现金的流动资产称为速动资产。速动资产其实就是流动资产减存货和预付费用，这两项资产都不能立即变现，形成支付能力。因此，速动比率比流动比率更能表明公司的短期偿债能力。

2. 权益比率

在资产负债表中，企业的权益可分为债权人权益和所有者权益两大类：以总负债(短期负债和长期负债)表示公司的债权人权益；以净资产表示公司的所有者权益。

权益比率就是各类权益与企业的总资产之比。常用的权益比率有：资产负债率和股东权益比率。

(1) 资产负债率是企业某一时点上负债总额与资产总额之比，即每一元资产中所承担的债务数额。

资产负债率反映企业偿还债务的综合能力，这个比率越高，企业偿还债务的能力越差；反之，偿还能力越强。对于资产负债率，企业的债权人、股东和企业经营者有不同的评价。

从债权人的角度来看，他们最关心的是带给企业资金的安全性。如果这个比率过高，说明在企业的全部资产中，股东提供的资本所占的比重太低，这样企业的财务风险就主要由债务人负担，其贷款的安全也缺乏可靠的保障，所以债权人希望企业的负债比率低一些。

从企业股东的角度来看，其关心的主要是投资收益的高低，企业借入的资金与股东投入的资金在生产经营中发挥同样的作用,如果企业负债所支付的利率低于资产报酬率,股东就利用举债经营取得更多的投资收益。因此,股东所关心的是资产报酬率是否超过了借款的利率。股东可以利用举债经营的方式,得到企业的控制权,并得到举债经营杠杆效益。

从经营者的角度来看,既要考虑企业的盈利,也要考虑企业所承担的财务风险。资产负债率作为财务杠杆既反映企业的长期财务状况,也反映企业管理方向。因此,经营者不希望资产负债率过高,由此带来的财务风险较大,一般50%以下对企业是比较安全。资产负债率一旦超过1,则说明企业资不抵债,濒临倒闭的危险。

(2) 股东权益比率又称所有者权益比率,是股东权益与资产总额之比,它表示公司自有资本占总资产中的比例。

资产负债率和股东权益比率之和等于1。因此,股东权益比率越高,表示该公司的举债数额较少,偿债能力较强,债权人的风险较小。一般来说,企业的股东权益比率在50%以上是比较合适的。

3. 营运比率

营运比率是企业分析和考察营运资金使用和控制情况的比率。常用的有存货周转率和应收账款周转率。

(1) 存货周转率。存货周转率是企业一定时期内的销售成本与存货平均余额之比。它表示公司在一定时期内存货的周转次数。一般来说,存货周转率越高,说明存货的周转速度越快,资金的利用效率越高;反之,存货周转率越低,说明存货的周转速度越慢,资金的利用效率越低。

但必须注意,不同类别的企业因生产经营的商品或经营方式的不同,存货周转率在客观上存在着一定的差异;在同一企业的不同经营时期,存货周转率也有可能在客观上存在着差异;存货周转率较高也有可能是存货水平太低或库存量时常中断所致。因此,分析存货周转率应根据实际情况进行研究。

(2) 应收账款周转率。应收账款周转率是企业一定时期内应收账款平均余额与销售净额之比。应收账款周转率表示企业在一定时期内应收账款的周转次数。应收账款周转率反映企业应收账款的管理水平和应收账款的平均变现速度。一般来说,应收账款周转率越高越好,它说明收款迅速,资产的流动性好,坏账损失的可能性较小。

4. 获利比率

获利比率是分析和评价企业获利能力的指标。常用的有:资产报酬率、股东权益报酬率、销售净利率等。

(1) 资产报酬率。资产报酬率是企业在一定时期内税后利润与资产总额之比。

资产报酬率是主要衡量企业利用资产获取利润的能力,它反映了企业总资产的利用效果。企业的资产报酬率低,说明该企业资产利用效率较低,经营管理存在问题应该调整经营管理方法。

(2) 股东权益报酬率。股东权益报酬率是指企业一定时期的净利润与股东权益平均总额的比率。

股东权益报酬率是评价企业获利能力的一个重要指标,它反映企业股东获取投资额报酬的高低。该比率越高，说明企业的获利能力越强。

（3）销售净利率。销售净利率是企业净利润与销售收入净额的比率。

销售净利率说明了企业净利润占销售收入的比例，它可以评价企业通过销售赚取利润的能力。销售净利率表明企业每一元销售收入可实现的净利润是多少。该比率越高，企业通过扩大销售获取收益的能力越强。

总之，通过财务报表分析可以看出，企业的财务指标是在企业管理中最重要的分析内容。通过指标了解企业的投资规模、销售规模、资产管理、盈利能力、偿债能力等因素，这些因素构成一个完整的系统，系统内部因素之间相互作用，只有协调好内部各因素之间的关系，才能使得企业的利润得到提高，从而实现企业财富最大化的理财目标。

本章小结

在现代企业管理中财务管理中，企业的资金运动是管理的中心内容。本章以资金的筹集、投放、耗费、收入和分配为框架，展开财务管理的理论问题及业务方法。

筹资管理是现代企业管理中重要的部分。企业资金是企业经营管理的前提条件，直接关系到企业的生存和发展。现代企业为扩大经营业务和健全内部管理，必须通过各种渠道筹措和利用各种资金。现代企业将筹集到的资金无论是维持简单再生产还是扩大再生产，企业筹集到的资金投放首先应考虑收益高、回收快、风险小的项目。现代企业只有通过一系列投资活动，才能创造增强实力，才能不断地提高企业的价值。投资管理是企业对某一项目预期将来能有收益的一种当前支出，而这种收益延续的时间通常在 1 年以上。企业投资决策所包含的内容也十分广泛，如投资环境分析，投资方案的可行性研究，投资预算的编制等。

在企业资产经营管理中营运资金占有相当大的比重，而且周转期短，形态易变，所以是财务管理工作的一项重要工作。资产经营管理是企业利用营运资金，运营日常生产的经营管理过程。企业资金管理是企业日常的经营管理，企业筹集资金以后，根据确定的投资项目，购买材料、利用固定资产，开始生产出产品，然后再出售的过程。经过一系列供产销之后，进行核算利润，之后把利润采用一定的方法进行分配。企业资金管理中有流动资产管理、成本管理、营业收入管理、利润及其分配管理等内容。

财务分析是以企业的财务报告等会计资料为基础，对企业的财务状况和经营成果进行分析和评价的一种方法。财务分析是财务管理的重要方法之一，它是对企业一定期间的财务活动的总结，为企业进行下一步的财务预测和财务决策提供依据。因此，财务分析在企业的财务管理活动中具有重要的作用。

财务报告是反映企业财务状况和经营成果的总结性书面文件。按照现行财务通则和会计准则的规定，财务报告中主要包括资产负债表、损益表、现金流量表。本章内容中主要介绍资产负债表和损益表，再有报表的分析方法。利用企业报表分析方法，能够简单分析企业的经营状况和经营成果。

思考与练习

一、填空题

1. 权益资本筹资的方式，又称股权性投资，主要有________、发行股票、________。企业债务资本的筹资方式，又称债务性筹资，主要有________、发行债券、________、商业信用等。

2. 投资决策的分析方法有静态分析法和动态分析法。静态分析法有________、________，动态分析法有________、________、________。

3. 财务报表包括________、________、现金流量表、有关附表以及财务情况说明书。

二、选择题

1. 股票分为国家股、法人股、个人股、外资股的依据是（　　）。

A. 股票的发行对象　　B. 股票的投资对象

C. 股票的上市地点　　D. 股东权利义务

2. 关于基金投资，表述正确的有（　　）。

A. 基金不能为投资者提供较多的投资机会

B. 基金的流动性差，分散风险的能力不强

C. 基金投资一般可分为封闭式基金和开放式基金

D. 基金的种类不多

3. 企业原来的速动比率为0.9：1，月末又出售了一批存货，则速动比率将会（　　）。

A. 提高　　B. 下降　　C. 保持不变　　D. 可能提高也可能下降

三、判断题

1. 债券是股份有限公司为筹措自有资本而发行的有价证券，是持股人拥有公司股份凭证。（　　）

2. 对外投资具有三个目的：企业扩张的需要，偿还债务的需要，控制被投资企业的需要。（　　）

3. 存货周转率是企业一定时期内的销售成本与存货平均余额之比。一般来说，该比率越高，说明资金的利用效率越高；反之，资金的利用效率越低。（　　）

四、名词解释

1. 融资租赁

2. 债券投资

五、简答题

1. 某中小企业财务主管因急需为本企业筹集一笔少量资金，从而选择了银行借款中短期借款的筹资方式。试说明：

(1) 选择该筹资方式的理由。

(2) 利用该方式筹资的基本程序。

2. 利用企业投资决策的分析方法，如何进行投资项目的可行性研究？

工作导向标

李灿的出纳工作

李灿会计专业毕业后，在一家企业做出纳工作已半年。她作为出纳，日常的主要工作是：一是理现金收付工作；二是负责银行存款管理；三是负责报销差旅费的工作。

李灿工作认真负责，她在现金收付工作中严格按制度办事。每次现金收付时，她都当面点清金额，并注意票面的真伪，发现假币予以没收。现金一经付清，她马上在原单据上加盖“现金付讫章”，从没出现多付或少付金额的现象。每日收到的现金及时送到银行，绝不现金“坐支”，并每日做好日常的现金盘存工作，做到账实相符。遇到大面额现金的支付业务，她采用银行转账或汇兑手续来办理。

在银行存款管理中，她详细登记银行日记账做到日清月结。每日结出各账户存款余额，以便总经理及会计了解公司资金的收付情况及其银行账户余额，以调度资金。每日下班之前填制结报单，并保管好各种空白支票，不随意乱放。公司账务章平时由她保管，每日下班前，她及时把账务章上交给会计。

职工出差借款时，无论金额多少，她都认真审核是否有总经理签字。无总经理批准的借款，不予办理。职工办理借款时，她要求经办人必须填写借款单，然后交总经理审批签名，再由会计审核，确认无误后，她才发款。职工出差回来报销差旅费时，她审核支付证明单看支付证明单上的经办人是否签字；支付证明单后的原始票据是否有涂改；正规发票是否与收据混贴；支付证明单上填写的项目是否超过三项等；大小写金额是否相符；报销内容是否属于合理范围内的报销；是否有证明人和总经理签名，最后经会计审核后她才给予报销。

思考题：请参考上面和相关资料，写出出纳员的日常工作流程。

经典案例

宝钢的财务管理模式创新

宝钢经过多年的探索和实践，逐步建立了一整套具有宝钢特色的、适应生产经营管理需要的财务管理模式，它的核心内容主要包括以下五个方面。

一、以企业价值最大化为导向

宝钢通过几年的价值管理实践，形成了公司的核心价值观：追求企业价值最大化，即追求为股东、用户、员工、社会及其他利益相关者持续不断地创造价值，促使各利益相关者协调平衡、共同发展，使整个供应链价值最大，最终实现企业价值最大化。价值是公司一切活动的衡量标准和出发点。价值管理引导企业及其各职能部门都以为企业创造价值作为工作的根本出发点，坚持所有工作以价值创造作为评判标准。

二、以全面预算管理为龙头

预算是对企业预算期内经营形势的判断及未来经营形势货币化语言的描述。在宝钢，预算是公司经营思想的具体体现，在生产经营的各个方面都发挥着重要作用，并已成为宝钢财务控制体系的龙头。通过预算的编制、对预算管理执行过程的跟踪和监控、对预算执行结果的分析和对比以及对策的提出,使得价值管理贯穿于企业生产经营的方方面面,并使企业生产经营活动得以有序地运行。

1. 预算体系架构。战略预算侧重于对规划期经营活动进行描述,经营预算是企业对年度内经营活动所作的预算和计划。战略预算通过经营预算来实现,并在经营预算中设置相应的战略指标,以实现公司的长期目标。预算体系以企业战略、经营规划为导向,以滚动预算为控制手段。年度预算则由总预算、制造成本预算和期间费用预算组成,是公司生产经营的基本目标和控制标准。

2. 全面预算管理的控制体系。预算管理是建立在企业现有的结构、业务流程、管理模式和管理水平基础之上的,它的控制也是通过公司现有的管理模式来进行的,并针对自身的特点和要求对企业管理进行改进和完善。预算管理首先着眼于企业整体效益,其目标是确保企业整体效益和价值的最大化。

预算管理注重过程控制,预算目标的分解、落实、考核等一系列的活动都要传递到公司各种管理活动过程中,通过各种管理活动自身的管理和控制,从而达到预算总体目标的实现。在预算执行过程中,由于前提条件和经营情况的变化,在宝钢已建立了预算调整和追加的流程,保证预算控制既有刚性,又有弹性。在预算控制中,为保证预算目标实现,不仅建立了完整的预算考核体系,还强调了内部稽查功能,即审查公司内部有关预算管理制度、财务制度的执行情况,确保公司内部活动的安全和有效运行。

3. 公司各二级部门均是价值中心。对于生产辅助部门来说:**价值增量=(当季预算成本-当季实际成本)-本工序资产增量×资本成本率**;对于产品生产部门来说:**价值增量=(当季预算成本-当季实际成本)×30%+(当季实际边际贡献-当季预算边际贡献)×70%-本工序资产增量×资本成本率**;对于采购部门来说:**采购价值贡献增量=采购价格贡献×50%+采购物化成本贡献×50%-采购部门资产增量×资本成本率**;对于销售部门来说:**销售价值贡献增量=销售价格贡献×50%+(当季实际边际贡献-当季预算边际贡献)×50%-销售部门资产增量×资本成本率**。通过这样的评价方法倡导价值增值,协调部门与公司利益目标,实现企业价值最大。

三、以标准成本管理为基础

标准成本制度是运用标准成本与实际成本的对比,揭示差异并进行分析的方法,实施对成本的事前、事中和事后控制,通过对成本中心成本绩效衡量,着力于成本改善,并运用标准成本服务于经营决策的成本管理体系。标准成本以管理创新和技术进步为动力,通过成本达标、挖潜,推进成本的持续改良,对成本实行全过程控制,全面提升产品的成本竞争力。

1. 标准成本制度功能架构。标准成本制度是将成本的前馈控制、反馈控制及核算功能有机结合而形成的一种成本控制系统。其架构是一个 PDCA 管理控制循环。

2. 成本差异分析。实际成本与标准成本之间的差额,称为成本差异。成本差异是反映实际成本脱离预定标准程度的信息。**成本差异=实际成本-标准成本**,负差为有利差异,正差为不利差异。为了消除这种偏差,要对成本差异进行分析,找出原因和对策,以便采取措施加以纠正。对于生产性成本中心,主要揭示和分析消耗差异,消耗差异反映的是生产部门的业绩。对于采购部门，主要揭示和分析价格差异，价格差异反映的是采购部门的业绩。接受产品或服务的价格差异反映提供产品或服务部门的业绩。

3. 标准成本制度的特点。标准成本制度推进的过程即推进全员成本管理的过程，其特点包括：便于分清责任，衡量业绩；便于确立成本管理的系统观和全局观；便于加强成本过程控制；便于优化资源配置，指导营销决策。

四、以现金流量控制为核心的资金集中统一管理

融资权的集中，即统一确定融资规模、结构和渠道。调度权的集中，即实行统一调度，银行账户开设、变更或注销由资金管理部门统一办理。运作权的集中，即统一协调机构，避免资金分散运作，实现规模资金保值、增值运作。宝钢高度重视控制应收账款风险，为此采取了预收货款、定期对账、密切跟踪客户财务状况变化、货款互抵等多种措施清理欠款，强化货款回笼。公司的货款回笼率一直保持在近100%，保证了充足的现金流量，夯实了效益基础。为降低货币资金存量占用，提高资金使用效率，宝钢建立了一系列管理制度，提高流动资金周转速度，引入了规模票据贴现和采购出票付款，扩大了自身商业信用，加速了营运资金周转。此外，宝钢追求经营项目下的外汇收支平衡，运用金融衍生工具，规避外汇利率、汇率风险，适度调控外币资产、负债规模，优化外币资产、负债结构。

五、以信息技术为支撑

宝钢经过长期探索，吸取世界先进企业信息化建设的先进理念，开发出符合自己需要的特大型企业信息管理系统——宝钢整体产销信息管理系统，即宝钢的企业资源计划(ERP)系统，由销售管理、质量管理、生产管理、出厂管理、成本管理、统计管理和管理等子系统组成。该系统于1998年1月顺利投运成功。它的投运，对于完善宝钢化管理、缩短生产周期、加快资金周转、降低成本、提高服务水平、增强竞争实力、实现企业价值最大化具有深远的意义。同时，宝钢通过信息技术这一强有力的支撑，真正创建了一个完整的、集成的、实时的、公司级的成本会计管理系统。该系统能快速反映企业的运作结果，并将结果反馈到各业务部门，促使业务不断优化整合，最终形成了PDCA管理控制循环，构成了宝钢完整的现代化财务控制体系，极大地提升了企业的价值创造能力。

资料来源：范松林. 宝钢的财务管理模式创新. 财会月刊，2004(B12)：73—74

第九章 现代企业人力资源管理

争天下者必先争人。

——管子

引导语

现代企业人力资源就如同一辆汽车的驾驶员，汽车驾驶员是一个人，而企业的驾驶员(人力资源)却是一个整体。它包括企业中上至董事长、总经理，下至普通的每个员工。只有充分发挥企业中每个员工的能动性，企业才能更好地发展。调动企业中每个员工的能动性就是现代企业人力资源管理的目标。

学习要点

1. 了解人力资源的基本含义与特征。
2. 熟知人力资源管理的概念。
3. 认识人力资源管理的作用。
4. 理解工作分析、人力资源规划、招聘、培训、绩效及薪酬管理等相关的内容与任务。

引导案例

小裁缝知遇大总裁

一天，法国艾尼制衣公司的总裁心事重重地在街上走，他的公司因业绩不佳，困难重重，几乎面临破产。在无意之间，他走进了路旁的一个小裁缝店。令他惊奇的是，在他进去以后竟然遭到了裁缝的讥讽，说他堂堂制衣公司的总裁，衣着品位竟如此之差。

总裁很奇怪，为什么这个小店的裁缝会认识自己？好奇之余，他仔细看了看这个裁缝设计的服装，发现他的设计非常新颖。如果这些样式拿到自己的服装公司去卖，一定会畅销的。他觉得这个人肯定不是一个普通的裁缝。回去之后，立刻派人打听。一问才知道，原来这人名叫西蒙尼，是个服装设计的奇才，曾在法国最大的服装公司当过设计师。只是这个人性格不太好，不善于与人相处，老是和同事处不好关系，受人排挤，他又受不了这份闲气,一气之下辞职,自己开了个小裁缝店。

在了解这些之后,总裁决定亲自去请西蒙尼来自己的服装公司当设计师。第一次去请,西蒙尼没有理他,因为他的店虽小,但毕竟是自己的店,且因为西蒙尼的设计和手工均很出色,所以生意也很好。第二次去请,西蒙尼还是没答应。第三次去请,西蒙尼终于被打动了。他成为艾尼制衣公司的首席设计师,拿着丰厚的薪水,住着公司提供的豪华公寓,且工作时间非常自由,主要由他自己安排。西蒙尼在享有这一切后,感念总裁的知遇之恩,心境好,思维不受局限,创作的灵感源源不断。由于他的设计集实用性和美观性于一身,既有个性又高雅,产品一经投放市场就供不应求,订单源源不断,从而挽救了艾尼制衣公司。

资料来源:案例来自余凯成,程文文,陈维政编著《人力资源管理》(大连理工大学出版社,2006年)

从此案例可看出人力资源的宝贵,人力资源管理的重要性。

第一节 人力资源管理概述

当今科学技术飞速发展,企业间的竞争、国与国之间的角逐日益激烈,这种竞争的核心是科学技术与管理的竞争,归根结底是人才的竞争,而决定企业中人力资源水平的因素是人力资源管理。

一、人力资源管理的基本含义

(一) 人力资源的含义

所谓人力资源,是与自然资源、物质资源或信息资源相对应的概念,有广义与狭义之分。广义的人力资源,是指以人的生命为载体的社会资源,凡是智力正常的人都是人力资源。

狭义的人力资源,是指智力和体力劳动能力的总称,也可以理解为创造社会物质文化财富的人。换句话说,人的各种能力是人力资源的重要因素,如果管理者能够开发和引导人的这种能力或称潜能,就会成为现实的劳动生产力。劳动生产力的质量高低直接影响组织绩效的好坏,而提高组织绩效是管理者的首要目标。

(二) 人力资源管理的含义

人力资源管理是指运用现代化的科学方法,对与一定物力相结合的人力进行合理的培训、组织和调配,使人力、物力经常保持最佳比例;同时对人的思想、心理和行为进行恰当的诱导、控制和协调,充分发挥人的主观能动性,使人尽其才,事得其人,人事相宜,以实现组织目标。

（三）人力资源管理工作的内容和任务

在人力资源管理活动中，吸引员工、留住员工、激励员工是人力资源管理的三大目标，人力资源管理的所有工作都是围绕着这三大目标展开的。一般而言，人力资源管理工作包括以下几个方面。

1. 制订人力资源规划

人力资源规划是人力资源管理的首要工作。就是根据组织的发展战略和经营计划，评估组织的人力资源现状及发展趋势，收集和分析人力资源供给与需求方面的信息和资料，预测人力资源供给和需求的发展趋势，制订人力资源招聘、调配、培训、开发及发展计划等政策和措施。

2. 人力资源费用核算工作

人力资源管理离不开人力资源成本的核算。人力资源管理部门应与财务等部门合作，建立人力资源会计体系，开展人力资源投入成本与产生效益的核算工作。

3. 工作分析和设计

工作分析和设计是人力资源管理的基础。对组织中的各个工作岗位进行分析，确定每一个工作岗位的具体要求，包括技术及种类、范围和熟练程度，学习、工作与生活经验，身体健康状况，工作的责任、权利与义务等方面的情况。

4. 人力资源的招聘与配置

招聘是指利用各种方法和手段，如受推荐、刊登广告、举办人才交流会、到职业介绍所登记等从组织内部或外部吸引应聘人员；并且经过资格审查，从应聘人员中初选出一定数量的候选人；再经过严格的考试，确定最后录用人选。

招聘后的员工经过岗前培训就可以安排到相应的岗位，这就是人力资源的配置。

5. 雇用管理与劳资关系

员工一旦被组织聘用，就与组织形成了一种雇用与被雇用的关系，有必要就员工的工资、福利、工作条件和环境等事宜达成一定协议，签订劳动合同。在履行劳动合同的过程中，常常会出现分歧甚至是纠纷，这就需要人力资源管理部门进行沟通、协商与协调。

6. 员工的职业管理

人力资源管理者使用职前教育与在职培训、工作轮换等方法，对员工进行不断地培养。

7. 绩效考核

绩效考核有利于发现工作设计中的问题，便于管理者改进工作，可以使组织和员工了解员工的实际工作能力。考核结果是员工晋升、接受奖惩、发放工资、接受培训等人力资源管理的有效依据，它有利于调动员工的积极性和创造性以及检查和改进人力资源管理工作。

通过绩效考核，组织可以了解员工的工作能力与成效，同时为合理、科学的薪酬与福利体系的设计提供了可能。

8. 薪酬与福利管理

薪酬与福利管理关系到企业中员工队伍的稳定与否。人力资源管理部门要从员工的资历、职级、岗位、表现和工作成绩等方面，为员工制订相应的、具有吸引力的工资报酬与福利标准和制度。

9. 建立员工信息管理系统

为了便于完成其他各项人力资源管理工作，人力资源管理部门有责任保管员工加入组织后的个人基本信息以及工作表现、工作成绩、工资报酬、职务升降、奖惩、接受培训和教育等方面的记录材料，为员工的职业发展与组织的晋升、选干、调工资、培训等工作提供基本信息。

二、人力资源管理的职能及基本原理

（一）人力资源管理的职能

现代人力资源管理，是以组织中的人为对象的管理，在某种意义和程度上，它至少涉及以下五种基本职能。

1. 吸引与保持

吸引是指人力资源管理工作有为组织吸纳优秀人才的职能。保持是指员工具有一定的工作满意度，愿意留在组织中工作。

2. 开发

通过教育、培养、训练等手段，促进员工知识、技巧、能力和其他方面素质的提高，不断保持和增强员工在工作中的竞争地位的过程。

3. 评价

对员工的工作成果、劳动态度、技能水平以及其他方面，做出全面考核和鉴定；对组织气氛、管理状况及员工士气等进行调查、分析、评价。

4. 整合

使员工认同组织的目标与价值观，接受群体规范，使员工和睦相处，调节与化解矛盾与冲突。整合通常是通过组织文化与行为规范的建立而实现的。

5. 调控

通过评价员工绩效，如晋升、调动、奖惩、离退、解雇等手段对员工进行动态管理。

五种职能相互关联、相互影响。这五种职能的实现都是以工作分析为基础的，因为工作分析是围绕着组织目标的实现展开的，它是对完成组织目标的各项任务的具体描述。图 9-1 反映了人力资源管理的五种职能与工作分析之间的关系。

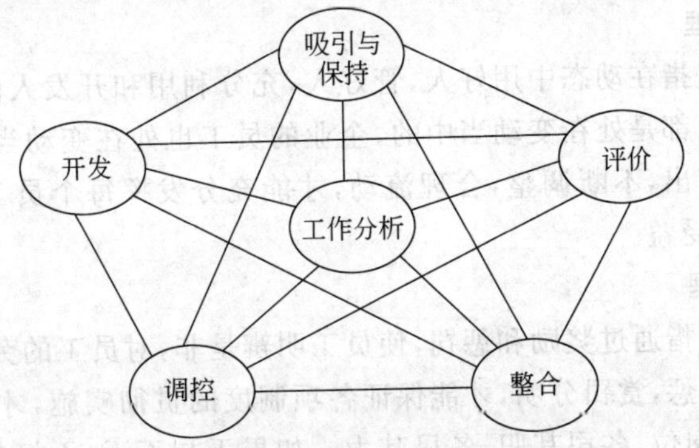

图 9-1　人力资源管理的五种职能与工作分析之间的关系

要有效地实现这些职能,还必须健全和完善以下各种基础工作,如合理的劳动分工与协作、各种适用的规章制度、劳动定额定员等各种劳动标准;畅通的信息沟通渠道和系统等。

(二) 人力资源管理的基本原理

人力资源的基本原理是以适当的人力资源成本,使组织绩效最大化,主要体现在以下几个方面。

1. 同素异构原理

同素异构本来是指具有同样化学成分的事物由于结构上的差异而产生质的变化。在人力资源管理中,同素异构是指同样数量和素质的一群人,由于排列组合不同,产生的效应也不同;在生产过程中,同样数量和素质的劳动力,因组合方式不同,其劳动效率高低也不同。想象一下,如果管理者让一个性格内向、认真负责的人做财务管理工作,活泼开朗的另一个人负责宣传工作,会有什么样的效果;如果将这两个人的工作调换一下,又会怎么样呢?

小贴士

请你思考

为什么同样的音符可以组成优美的旋律,也可能组合成令人难以忍受的噪音?

2. 能岗匹配原理

能岗匹配原理是指在人力资源管理活动中,根据人的才能,把人安排到相应的职位上,保证工作岗位的要求与人的实际能力相对应、相一致。

能岗适合度越高,说明能岗匹配越适当,位得其人,人适其位。这不但可以有效发挥员工的潜能,带来高效率,还可以提高员工的工作满意度,有利于组织留住优秀人才。

3. 互补增值、协调优化原理

互补增值、协调优化原理是指充分发挥每个员工的特长,采用协调与优化的方法,扬长避短,聚集团体的优势。

4. 动态优势原理

动态优势原理是指在动态中用好人、管好人,充分利用和开发人的潜能和聪明才智。社会一切事物和现象都是处在变动当中的,企业的员工也处在变动当中。员工要有上有下,有升有降,有进有出,不断调整,合理流动,才能充分发挥每个员工的潜力、优势和长处,使企业和个人都受益。

5. 奖惩强化原理

奖惩强化原理是指通过奖励和惩罚,使员工明辨是非,对员工的劳动行为实现有效激励。对员工要有奖有惩,赏罚分明,才能保证各项制度的贯彻实施,才能使每个员工自觉遵守劳动纪律,严守岗位,各司其职,各尽其力。如果干与不干、干好与干坏都一样,那就不利于鼓励先进、鞭策后进、带动中间,企业的各项工作也很难搞好。

6. 相互竞赛原理

相互竞赛原理是指采用比赛、竞争的手段，调动员工的积极性、主动性和创造性。在企业中，为了促进生产任务的完成，鼓励员工在生产数量、质量、技术操作等各方面相互比赛、相互竞争，使人才得到充分开发和利用。

随着经济、政治与文化的发展，人力资源管理的内涵、社会对人力资源管理的需要也将呈不断变化和日趋复杂的趋势。如何面对不断的挑战，满足社会对人力资源管理的需求，是管理者必须重视并认真思考的问题。

三、工作分析与设计

工作分析是开展人力资源管理工作的基础。做好了工作分析就为企业设计组织结构、制订人力资源规划、人员招聘、员工培训与发展、绩效管理、薪酬管理等工作提供了一个依据。

在日常工作中，如市场营销部经理的职责和权限是什么？这个职位与其他部门经理在权限上是怎样界定的？什么样的人才能担任这一工作？他们的工作绩效怎样评估？等等一些问题，要从本质上解决就只能依靠科学的工作分析。

（一）工作分析的概述

1. 工作分析的含义

工作分析也称职位分析或岗位分析，它是确定完成各项工作所需的技能、责任和知识的系统过程。它需要对每项工作的内容进行清楚准确地描述，对完成该工作的职责、权力、隶属关系、工作条件提出具体的要求，并形成职务说明书。

工 作 职 责

英国学者 J. S. 密尔在《代议制政府》一书中写道："通常，每一种行政职务，不论高低，应该是委派给某个特定个人的职责。这对凡是做过工作并由于过错而未完成某些工作的人来说应该是明显的。当任何人都不知道谁应负责的时候责任就等于零。"

2. 工作分析的作用

工作分析是人力资源管理的基础性工作，它在整个人力资源管理系统中占有非常重要的地位，发挥着非常重要的作用。工作分析在人力资源管理中的作用如图 9-2 所示。

工作分析是现代人力资源管理所有职能的基础和前提。因此，全面、深入地进行工作分析，形成高质量的工作说明书，可以使组织充分了解工作的具体特点和对员工的要求，为组织做出相关正确决策提供保证。具体地说，工作分析有以下九个方面的作用。

（1）确保组织机构设计的科学和合理。

（2）准确制订人力资源规划。

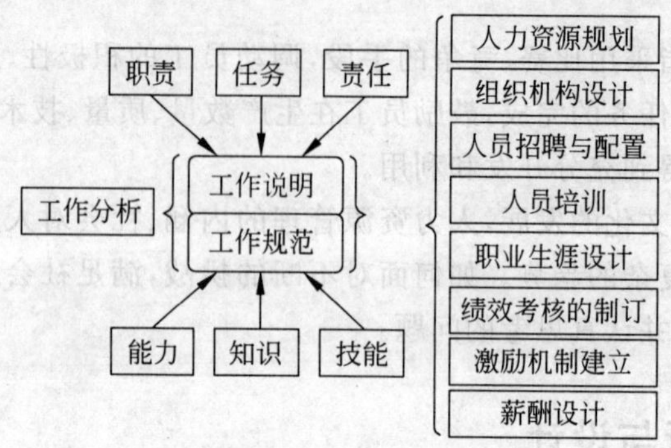

图 9-2 工作分析在人力资源管理中的作用

(3) 有效核定人力资源成本,正确做出相关的管理决策。

(4) 让组织及所有员工明确各自的工作职责和工作范围。

(5) 组织有效招聘、选拔及合理配置人员。

(6) 制订合理的员工培训、发展规划。

(7) 制订考核标准及方案,科学开展绩效考核工作。

(8) 设计出公平合理的薪酬福利及奖励制度方案。

(9) 为员工提供科学的职业生涯发展咨询。

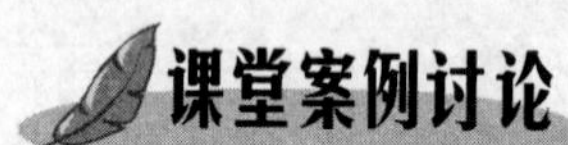

清洁工作该由谁做?

一名机床操作工把大量的液体洒在机床周围的地板上。车间主任让操作工把洒掉的液体清扫干净。操作工拒绝执行,理由是工作说明书里没有清扫的条文。车间主任便找来一名服务工来清扫。但服务工同样拒绝,理由也是工作说明书里没有包括这一类工作。车间主任威胁说要把他解雇,因为服务工是分配到车间来做杂务的临时工。服务工勉强同意,但是干完之后立即向公司投诉。

有关人员看了投诉后,审阅了机床操作工、服务工和勤杂工三类人员的工作说明书。机床操作工的工作说明书规定:操作工有责任保持机床的清洁,使之处于可操作状态,但并未提及清扫地板。服务工的工作说明书规定:服务工有责任以各种方式协助操作工,如领取原料和工具,随叫随到,即时服务,但也没有包括清扫工作。勤杂工的工作说明书中确实包含了各种形式的清扫,但是他的工作时间是从正常工作下班后开始。

资料来源:案例来自余凯成,程文文,陈维政编著《人力资源管理》(大连理工大学出版社,2006 年)

讨论题:

1. 究竟该谁干?为什么会发生操作工和服务工拒绝清扫这样的问题?
2. 你认为怎样才能避免这样的问题发生?

3. 工作分析的程序

工作分析是一个全面的评价过程,由一系列活动组成。这个过程可以分为六个阶段:

分析前的准备阶段、计划和方案的设计阶段、信息收集与分析阶段、分析结果的描述阶段、结果运用阶段、运行控制阶段。这六个阶段关系十分密切，它们相互联系、相互影响。

(1) 分析前的准备阶段

① 确定所获取工作信息的使用目的。

② 成立工作分析小组。

③ 建立良好的工作关系。

④ 制订规范用语。

(2) 计划和方案的设计阶段

① 建立工作分析计划。

② 选择分析的目标职务。

③ 信息来源的选择。

④ 信息收集方法的选择。

(3) 信息收集与分析阶段

这一阶段的任务是按照规定的程序和方法收集工作信息，信息收集的内容应根据前面已确定的工作分析目的而定。一般来说，工作信息包括工作内容、工作职责、有关工作的知识、灵巧程度、经验和适应的年龄、所需教育程度、技能训练的要求、学习要求、与其他工作的联系、工作环境、作业对身体的影响、所需的心理品质、劳动强度等。

(4) 分析结果的描述阶段

① 工作分析信息的整理。

② 工作分析报告的编写。

(5) 结果运用阶段

就是对工作分析的验证。只有通过实际的检验，才知道工作分析是否具有可行性和有效性，并且发现问题，从而不断地完善工作分析的运行程序。

(6) 运行控制阶段

控制活动贯穿着工作分析的始终，是一个不断调整的过程。其目的是控制和纠正可能出现的各种偏差。

4. 工作分析的方法

工作分析的方法是指工作分析过程中信息的收集方法。选择适当的工作分析方法，对信息的准确性与可靠性非常重要。选择什么方法取决于分析的对象、分析的内容、任务及目标。没有一种方法能提供非常完善的信息，在实践中，往往是将各种方法综合运用。这些方法包括：

(1) 工作实践法；

(2) 观察法；

(3) 面谈法；

(4) 问卷调查法；

(5) 关键事件法；

(6) 工作日志法。

(二) 工作说明书

工作说明书又称职务说明书或岗位说明书,它是对每一工作的性质、任务、责任、环境、处理方法及对工作人员的资格条件的要求所做的书面记录。

工作说明书由工作说明和工作规范两部分组成。工作说明是对有关工作职责、工作内容、工作条件以及工作环境等工作自身特性所进行的书面描述。而工作规范则描述了工作对人的知识、能力、品格、教育背景和工作经历等方面的要求。当然,工作说明和工作规范也可以分成两个文件来写。

工作说明书的编写并没有绝对固定的统一模式,需要根据具体的工作特点、目的和要求来选择。在实践中,通常有以下三种形式供我们选择。

(1) 叙述式工作说明书。

(2) 表格式工作说明书,如表 9-1 所示。

(3) 复合式工作说明书。

表 9-1 工作说明书

编号		级别		工作名称	
工作内容					
一、职责总述:					
二、所受监督:					
三、所施监督:					
四、工作举例:					
五、任职条件:					
六、晋升:					
七、与其他工作者的关系:					
八、工作评价结果:					
九、工作时间:					
十、工作环境和条件:					
十一、其他事项:					

(三) 工作设计

工作设计与工作分析两者联系紧密,相辅相成。工作分析的目的是确定某一项工作的任务及其性质,并从技能和经验的角度分析哪一些人能适合从事这一项工作;而工作设计则是要求明确工作的内容和方法,确定从技术和组织上能够满足的工作与员工及社会和个人方面所要求的工作之间的关系。因此,工作设计必须考虑两个方面的要求,组织和员工的要求。对工作要求、人员要求和个人能力的了解是工作设计的前提。

1. 工作设计的含义

工作设计就是对工作完成的方式以及某种特定工作所要求完成的任务进行界定的过程。其目的是有效地达到组织目标，合理有效地处理人与工作的关系，对于满足工作者个人需要有关的工作内容、工作职能和工作关系进行特别处理。

2. 工作设计的内容

(1) 工作内容

工作内容包括两方面：一是工作所包含的需要员工完成的特定任务、员工的义务和责任；二是工作要求的员工的行为。

小贴士

会说话的小狗

有一户人家，全家人都非常懒惰。爸爸叫妈妈做家务，妈妈不想做就叫大姐做，大姐不想做就叫妹妹做，妹妹也不想做就叫小狗做。

有一天，家里来了一个客人，发现小狗在做家务。客人很惊讶，问小狗："你会做家务呀？"小狗就说："他们都不做，就叫我做！"客人更加惊讶："你会说话呀？"小狗说："嘘！小声点儿！让他们知道我会说话，又该叫我去接电话了！"

(2) 工作职能

工作职能是指每件工作的基本要求与方法，包括工作责任、工作权限、信息沟通方式、工作方法以及协作配合等方面。

小贴士

老鼠偷油

三只老鼠一同去偷油。它们决定叠罗汉，大家轮流喝。而当其中一只老鼠刚爬到另外两只的肩膀上，"胜利"在望之时，不知什么原因，油瓶倒了，引来了人，它们落荒而逃。

回到鼠窝，它们开了一个会，讨论失败原因。最上面的老鼠说："因为下面的老鼠抖了一下，所以我碰倒了油瓶。"中间的那只老鼠说："我感觉到下面的老鼠抽搐了一下，于是，我抖了一下。"而最下面的老鼠说："我好像听见猫叫，所以抽搐了一下。"原来如此——谁都没有责任。

在管理中，划清每个员工和每个小团队的责任界限是非常重要的。大家都有责任，就等于大家都没有责任。

(3) 工作关系

工作关系是指个人在工作中发生的人与人之间的关系，包括在工作中与其他人相互联系及交往的范围、建立友谊的机会以及工作班组中的相互协作和配合等方面。

(4) 工作结果

工作结果是指工作的绩效与效果的高低。它包括标志工作的完成所要达到的具体标准(如产品的产量、质量和效益等),以及工作者的工作感受与反应(如满意感、出勤率、缺勤率和离职率等)。

(5) 结果反馈

结果反馈包括两个方面:一是对工作本身的客观反馈;二是来自别人对工作结果的反馈,如同事、上级和下级对工作的评价。

第二节　人力资源的招聘与甄选

一、人力资源规划

人力资源规划是人力资源管理的重要构成部分,也是组织战略规划的重要内容之一。它处于整个人力资源管理活动的统筹阶段,为整个人力资源管理活动制定目标、原则和方法。有效的人力资源规划工作不但使企业获得合理的人力资源,而且能使企业的人力资源得到有效的利用和开发。

(一) 人力资源规划的含义及作用

1. 人力资源规划的含义

人力资源规划是根据企业的发展规划,科学地预测、分析自己在环境变化中的人力资源供给和需求状况,对职务编制、人员配置、教育培训、人力资源管理政策、招聘和选择等内容进行的人力资源部门的职能性计划。

2. 人力资源规划的作用

"人无远虑,必有近忧。"在现代管理中,人力资源规划越来越显示出其重要作用,具体表现在以下几个方面。

(1) 确保组织在生存发展过程中对人力资源的需求

企业需要不断地开发新产品,引进新技术,才能确保在竞争中立于不败之地。新产品的开发和新技术的引进引起企业机器设备与人员配置比例的变化,这需要企业对其所拥有的人力资源不断进行调整,以保证新产品和新技术条件下工作对人的需要以及人对工作的适应性。

(2) 可以为组织的人事决策提供依据和指导

人力资源规划作为企业的战略决策,是企业制订各种具体人事决策的基础。人事决策对组织管理影响巨大,且持续时间长,调整困难。为了避免人事决策的失误,准确的信息是至关重要的。而人力资源规划能够为组织人事决策提供准确及时的信息。如通过人力资源信息库,为招聘、晋升、调动等人事决策提供第一手资料。

例如,一个企业在未来某一段时间内缺乏某类有经验的员工,而这种经验的培训又不可能在短期内实现,那么企业该如何处理这种情况呢?如果从外部招聘,需要很多费用,而且经过短时间的培训，走上岗位也未必能熟悉和胜任工作。如果本企业培养就需提前培训。由此可见，企业通过人力资源规划，使得人员招聘计划、培训开发计划、薪酬计划和激励计划等人力资源管理具体计划能相互协调和配套。

(3) 它是有效控制人工成本的重要工具

人力资源规划还可以控制企业的人员结构、职务结构，从而避免企业发展过程中的人力资源浪费而造成的人工成本过高。企业人工成本中最大的支出项目是工资，而企业工资总额在很大程度上取决于组织中的人员分布状况。

如通过制订招聘计划，能够有效节约组织招聘成本，提高招聘效率。运用该工具，可以对组织未来的人力资源进行较准确的预测，从而估算出未来的人工成本，以便组织采取针对性措施来控制成本上升，提升利润空间。

(4) 有助于满足员工需求和调动员工的积极性

企业人力资源管理要求在实现企业目标的同时，也实现员工个人目标。如企业为了实现效益最大化，要求员工在工作上付出更多的努力，那么企业也要从员工的待遇、员工的职业生涯发展规划方面给予更多的考虑。在人力资源规划的情况下，职工对自己在企业中的发展方向和努力方向是已知的，从而在工作中表现出积极性和创造性。

(二) 人力资源规划和组织规划的关系

组织的人力资源规划是组织整体规划的重要组成部分，而且人力资源规划要适应整个组织的整体规划。

1. 人力资源规划是组织整体规划的重要组成部分

组织的整体规划包括营销、生产、技术、人力资源、财务等部门规划，是在各职能规划的具体目标统一协调的基础上，对各项职能规划的综合平衡。组织整体规划不是各职能计划的简单集合，组织的其他职能规划与人力资源规划作为组织整体规划的有机组成成分，存在着相互影响、相互制约的紧密联系。

例如，新技术采用会使组织的劳动生产率大幅提高。如此一来，组织的人员配置状况需要随之进行调整，减少对普通人员的需求；增加对适应新技术的人员的需求。因此，人力资源部门必须制订人力资源规划，对人力资源的数量、质量、结构等方面进行长期、动态的管理。

2. 人力资源规划要适应组织规划

组织规划共分为三个层次：战略规划、经营计划和预算方案。组织的战略规划是确立目标和决定为实现目标所需要采取的行动的过程。它对组织具有长期影响。

要使人力资源规划发挥效力，就应该将它与以上三个层次的组织规划联系起来，相应的人力资源规划也分为三个层次：人力资源战略规划、人力资源战术计划和行动方案。

人力资源规划实际上是组织规划的保证。因为通过对组织目标的变化和组织人力资源的现状分析，预测人力资源的供需，采取必要的人力资源政策，平衡人力资源的供给与需求，可以为组织发展所需的人力资源在数量上和质量上提供保障。

三个层次的组织规划与人力资源规划的关系，如图 9-3 所示。

(三) 人力资源规划的内容

人力资源规划包括总体规划与各项业务计划。总体规划是指在计划期内人力资源管

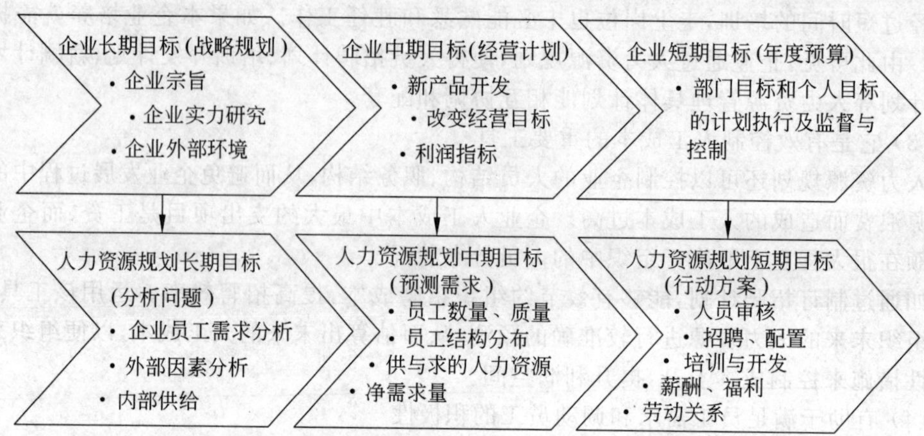

图 9-3 三个层次的组织规划与人力资源规划的关系

理的总目标、总政策、实施步骤和总预算的安排。业务计划则是总体规划的展开和具体化,包括人员补充计划、分配计划、提升计划、教育培训计划、工资计划、保险福利计划、劳动关系计划、退休计划等。这些业务计划围绕总体规划而展开,其最终结果是保证人力资源总体规划的实现,是总体规划的具体化。

1. 总体规划

人力资源总体规划,指在规划期内对人力资源管理的总目标、总政策、实施步骤和总预算的安排。

2. 业务计划

人力资源业务计划,指总体规划的具体实施和人力资源管理具体业务的部署。人力资源业务计划包括职位编制计划、人员补充计划、人员配置计划、晋升计划、教育培训计划、薪酬计划、保险福利计划、劳动关系计划、退休计划等。

二、员工的招聘

现代组织都在想方设法并不惜代价地吸收和留住有竞争力的、有价值的人力资源——优秀人才,并将其配置到合适的岗位。拥有富于竞争力的人力资源,关系着一个组织兴衰存亡,而人员招聘是"获取"这一人力资源的关键环节。

(一)员工招聘的概述

1. 员工招聘的含义

员工招聘是指组织根据人力资源规划和工作分析的数量和质量要求,将与组织发展目标和文化价值观以及业务需要相一致的,且具有一定素质和能力的应聘者吸引并选拔到组织空缺职位上的持续不断的过程。

2. 员工招聘的重要性

市场竞争归根到底是人才的竞争,企业经营战略发展的各个阶段必须有合格的人才作为支撑点,而员工流动率的问题是当代企业面临的共性问题。有人员流动就有人员招聘。

(1) 员工招聘关系到企业的生存和发展

在激烈竞争的社会里,没有素质较高的员工队伍和科学合理的人事安排,企业很难有所发展,甚至将面临被淘汰的后果。一个企业只有招到合格的人员,把合适的人安排到合适的岗位上,并在工作中注重员工队伍的培训和发展,才能确保员工队伍的素质。

找对人,才能做对事。人人都不相同,管理者在平凡之中发现每个人的优点和长处,然后让他们到最适合的岗位去做最适合他们做的事情。

小贴士

动物之战

狮子与邻国开战。出征前安排大象驮运军需用品,熊冲锋厮杀,狐狸出谋策划当参谋,猴子则充当间谍深入敌后。有动物建议说:"驴子反应慢,野兔会动摇军心,让他们走。"

"不!不能这样办,"狮子说,"驴可做司号兵,它发出的号令一定会使敌人闻风丧胆;野兔奔跑迅捷,可以在战场上做联络员和通信员,发挥至关重要的作用。"

后来在战争中果然是每个动物都发挥出了最大的用处,取得了胜利。

(2) 员工招聘能够提高企业效益

成本是企业的生命,成本的大小将决定企业最后在市场上的竞争力。人力资源管理活动的任务之一,就是控制人工成本。频繁的人员流动将给企业带来巨大的成本支出,包括人员获取成本、开发成本和离职成本等。

(3) 员工招聘是企业人力资源管理的基础

招聘是企业人力资源工作的基础,如果这一工作做得好,将会使后续的培训等工作创造一个良好的条件。

(4) 员工招聘有利于树立企业良好形象

员工招聘能够扩大企业知名度,树立企业的良好形象。组织进行员工招聘要通过媒体做大量的广告,扩大组织知名度,让更多外界了解本组织。企业通过招聘工作的运作和招聘人员的素质向外界展现,不仅能招到组织急需的高素质人才,而且是对组织形象的极好宣传,有利于品牌价值的积累。例如,深圳华为公司通过经常性广告吸收了大量的人才,同时也提高了企业的知名度。

3. 员工招聘的原则

没有规矩,无以成方圆。由于员工招聘成功与否对企业生存和发展非常重要,为了人员招聘工作的顺利展开,应该遵循以下几个原则。

(1) 遵纪守法与维护国家利益

在招聘过程中,企业应严格遵守我国《劳动合同法》及相关的劳动法规。坚持平等就业、互相选择、公平竞争,反对种族歧视、性别歧视、年龄歧视、信仰歧视,照顾弱势群体、少数民族和残疾人等特殊群体,坚持先培训、后就业的原则。

小贴士

申请表中的项目

有的国家规定：种族、性别、年龄、肤色、宗教等不得列入申请表内。据悉，美国一些企业为避免种族歧视、性别歧视的嫌疑，不要求应聘者贴照片。

(2) 职能匹配原则

招聘时，应坚持所招聘的人的知识、素质、能力与岗位的要求相匹配。俗语说："骏马能历险，犁田不如牛。"同时要"任人唯贤"不"任人唯亲"；要"以事设岗"而不"以人设位"；做到量才使用、人适其职、用其所长、人尽其才。

小贴士

"只选对的，不选贵的"

招聘人员就如同一句广告语："只选对的，不选贵的。"20世纪60年代美国某企业招聘门卫，要求高中学历(当时高中学历是较高的学历)，有高中学历的门卫不出1个月都纷纷离职，原因是他们不能满足于此岗位。这就说明最优秀的不一定是最适合的。

(3) 效率优先原则

效率优先原则是指力争用尽可能少的招聘费用，录取到高素质、适应企业需要的人员。依据不同的招聘要求，灵活选用合适的招聘程序和选拔方法。如对高级管理人员的招聘选拔运用多种测试手段进行鉴别，确保选出的人选符合高级管理职位的要求。但对普通岗位人员的招聘、选拔，就不必选用复杂的测评系统，可采用简单的面试或现场试用观察的方式，如打字人员的招聘、保安人员的选拔等。这样既可以保证任职人员的质量，同时也节约了招聘费用。

(4) 平等竞争原则

组织招聘工作应对所有应聘者一视同仁，不能因地域、户籍等因素限制平等竞争。靠"伯乐相马"、靠在"马厩"里"选马"，靠领导的直觉、印象来选人，往往带有很大的主观片面性。只有采用"赛马"的方法公平竞争才能使人才脱颖而出，同时激励其他人员积极向上。

(5) 内部优先的原则

当企业中的工作出现空缺时，应当首先考虑提拔或调动原有的内部职工。如果从企业内部招聘员工，内部员工会很快适应工作，这样招聘既可以降低招聘成本，又可以调动员工的积极性。否则如果只考虑从外部招聘员工，往往会引起很多不满的情绪。因企业内部员工的升迁无望，往往会辞职；或在工作中宣泄不满，人为制造矛盾，从而产生不利的影响。但是应该注意内部优先招聘，可能会导致人际关系复杂化，经营思想保守，墨守成规的后果。所以招聘工作要内部优先，同时对一些部门要实行内外兼顾的原则。

（二）员工招聘的基本流程

在组织进行人员配置的过程中，要通过一系列的手段选拔出合格的求职者并录用，达到不断充实组织各个岗位的目的。员工招聘工作的基本程序如图 9-4 所示。

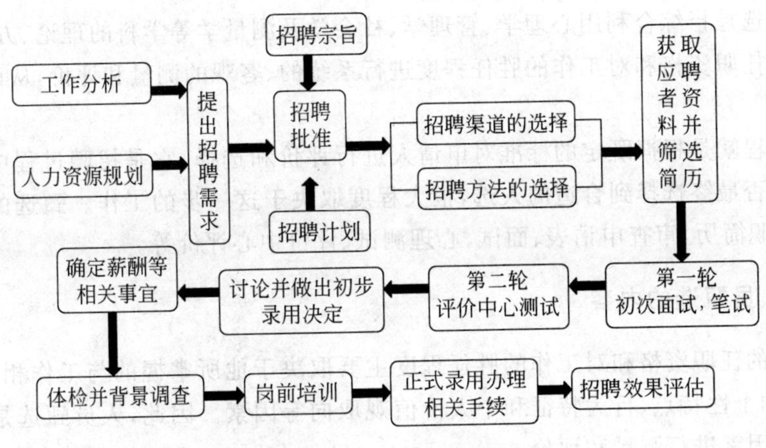

图 9-4 招聘工作的基本流程

（三）员工招募渠道的选择

所谓招募，是指通过各种信息传播渠道，把既具有一定能力，又对本企业感兴趣的人吸引到企业来应聘的过程。人员招聘主要是由招募、甄选、录用、评估等一系列活动构成。其中人员招募是招聘的一个重要环节，其主要目的是吸引更多的人来应聘，使得企业有更大的人员选择余地，同时也可使应聘者更好地了解企业，减少因盲目加入企业而又不得不离职的可能性。

根据招募方式的不同，可以将招募模式分为内部招募和外部招募两种。在实践中，选择外部招募方式还是内部招募方式，要综合考虑招募人员的性质、层次、类型及组织的规模、人才市场的供求情况及公司的战略规划、业务内容、招聘预算、人力资源稀缺程度等一系列因素后才能做决策。

1. 内部招募

内部招募是指吸引现在正在企业任职的员工，填补企业的空缺职位。它也是企业重要的招募来源，特别是对于企业管理职位来说，它是最重要的来源。如在美国，抽样调查资料显示，90％的管理职位是由内部招募来填补的。

2. 外部招募

企业在内部招募选择范围有限，往往无法满足组织用人的需要，必须借助于外部的劳动力市场。广告可以通过各种媒介更大范围地传达企业需要人才的信息。通过广告招聘成功的关键是广告载体选择的针对性要强，在合理考虑费用的前提下，有的放矢地选择合适的媒体刊登广告。

三、人员甄选

(一) 人员甄选的含义

人员甄选是指综合利用心理学、管理学、社会学及测量学等学科的理论、方法和技术,对候选人的任职资格和对工作的胜任程度进行系统的、客观的测量和评价,从而做出录用决策。

甄选过程就是根据既定的标准对申请人进行评价和选择,它是招聘过程中的重要阶段。企业能否最终选择到合适的人选,很大程度取决于这一步的工作。甄选的方法主要有:审查求职简历、审查申请表、面试、心理测试、评价中心评价等。

(二) 人员甄选的内容

候选者的任职资格和对工作的胜任程度主要取决于他所掌握的与工作相关的知识、技能,个人的个性特点、行为特征和个人价值观取向等因素。因此,人员甄选是对候选者的这几方面因素进行测量和评价。

1. 知识

知识是系统化的信息,可分为百科知识和专业知识。百科知识考试又称广度或者综合知识考试,内容包括天文地理、自然知识、数理化、外语、体育、文艺等。百科知识考试的目的主要是考察求职者对基本知识全面了解的程度。

专业知识又称深度知识。内容主要是和应聘职位有直接关系的专业知识,以了解应聘者相关专业知识的程度和水平。

2. 能力

能力是引起个体绩效差异的持久性个人心理特征。如教师具有良好的语言表达能力,司机敏锐辨别方向的能力是个体绩效差异的重要因素。

3. 个性

个性是指一个人比较稳定的心理活动特点的综合。个性可以包括性格、兴趣、爱好、气质、价值观等。这些特征决定着特定的个人在各种不同情况下的行为表现。个性特点与工作绩效密切相关。例如,性格急躁的人不适合做需要耐心精细的工作,如会计;而性格内向、不擅长表达的人不适合做公关工作。个性特征常采用自陈式量表或投射测量方式来衡量。

4. 动力因素

动机是行为的内在原因,它由需求而产生,为行为提供能量,具有目标指向性。

员工要取得良好的工作绩效,不仅取决于他的知识、能力水平,还取决于他做好这项工作的强烈欲望和动机,即是否有足够的动力促使员工努力工作。如餐厅招收女服务员,大多注重年轻美貌。其实经过下岗过程的挫折和痛苦后待业的女工,工作欲望更强烈,更加珍惜工作机会,在工作中更有成绩和效率。所以,企业在招聘员工时有必要对应聘者的价值观等动力因素进行鉴别测试。动力因素通常采用问卷测量的方法进行。

（三）人员甄选的方法

员工甄选常采用个人申请表审查、笔试、面试、心理测验和评价中心等方法对应聘者的知识、能力、个性和动力因素进行评价，判断其是否胜任工作岗位。人力资源部门将符合要求的应聘者名单与资料移交给用人部门，由用人部门进行初步选择。初选工作的主要任务是从合格的应聘者中选出参加面试的人员。

1. 个人申请表审查

申请表和履历表是在招聘中被采用最广泛的一种形式，也是企业人力资源部门在招聘工作中应该事前准备好的规范表格。通过应聘者的填写，企业可以了解个人基本信息、应聘者的背景材料、个人健康状况等信息。

2. 笔试

笔试主要用来测试应聘者的基本知识、专业知识、管理知识、综合分析能力和文字表达能力。现在有些企业也通过笔试来测试应聘者的性格和兴趣等。

3. 面试

面试是通过主考官与应聘者面对面的信息沟通，考察应聘者是否具备与职位相关的能力和个性品质的一种人员甄选技术。面试具有直观、深入、灵活、互动的特点，获取候选人的直接第一手材料。

4. 心理测验

心理测验是通过观察人的少数具有代表性的行为，依据一定的原则或通过数量分析，对贯穿于人的行为活动中的能力、个性、动机等心理特征进行分析推论的过程。

5. 评价中心评价

评价是由几种工作模拟方法组合而成，利用现场测试或演练，由评价人员观察候选人的具体行为，并给予评分。评价中心是近几十年来在西方企业中流行的选拔和评估管理人员，尤其是中高层管理人中的一种人员素质测评体系。

评价中心的形式，如图 9-5 所示。

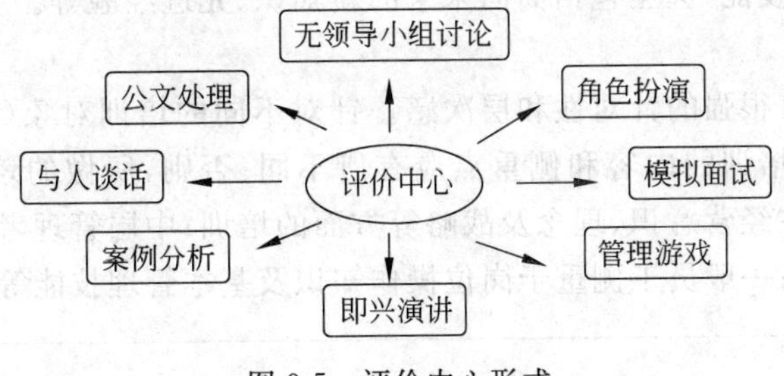

图 9-5 评价中心形式

评价中心这种方法通常是根据工作岗位的特点、性质和要求，设计一种与岗位工作近似的情境，让应聘者置身其中处理和协调有关事务，由多个评价者观察被评价者在这种模拟工作情境中的行为表现，用来识别被评价者未来的工作潜能。因此，这种方法有时也被称为情境模拟的方法。评价中心所采用的情境性测验包括多种形式，主要有公文处理（文件筐测验）、无领导小组讨论、角色扮演、管理游戏、即兴演讲等。

第三节　员工培训与开发

一、员工培训概述

培训是一个包括获取技能、观念、规则和态度以提高员工绩效的学习过程。在现代企业的众多资源中，惟人力资源是能动的可开发再生的资源。通过培训能够有效提高员工的知识、技能水平，更大程度地实现其自身价值，提高工作满意度，增强对企业的归属感和责任感。而对企业来说，员工的培训和发展是企业的一种投资。有效的培训可以减少事故，降低成本，提高工作效率和经济效益，从而增强企业的市场竞争能力，使其在竞争中始终立足于不败之地。

(一) 员工培训的含义及特点

1. 员工培训的含义

员工培训是指企业通过采用一定方式有计划、系统地对全体人员进行培养和训练，使员工获得或改进与工作有关的知识、技能、态度、行为，增进其绩效，最终实现企业整体绩效提升的一种活动。

随着企业竞争的加剧，人力资本的重要性不断提高，培训作为人力资本的增值方式而备受企业青睐。

2. 员工培训的特点

员工培训的对象是在职人员，其性质属于继续教育的范畴，它具有鲜明的特征。

(1) 广泛性

培训的广泛性，一方面是指组织内全体人员，不论是决策层管理者还是一般员工都要接受培训；另一方面是指培训的内容和方法的广泛性，不仅涉及企业经营活动一般管理知识，还有岗位所需的技能，甚至包括面向未来的新知识、先进经验等。

(2) 针对性

员工的培训具有很强的针对性和层次感。针对不同的培训对象(员工个体差异)、不同的工作岗位需求，培训的内容和侧重点应有所不同；否则，所做的培训可能是无效的。高层决策者重点应在经营意识、理念及战略等方面的培训；中层管理者主要是加强沟通能力，管理技能的培养；一般员工侧重于岗位操作知识及基本管理技能等的训练。

小贴士

选　课

森林里的动物们开办了一所学校。开学第一天，来了许多动物，有小鸡、小鸭、小鸟，还有小兔子、小山羊、小松鼠。而学校为它们开设了5门课程：唱歌、跳舞、跑步、爬山和游泳。

当老师宣布今天上跑步课时，小兔子兴奋地一下从体育场地跑了一个来回，并自豪地说：我能做好我天生就喜欢做的事！而再看看其他小动物，有撅着嘴的，有耷拉着脸的。

第二天一大早，小兔子蹦蹦跳跳来到学校。老师宣布今天上游泳课，小鸭也兴奋地一下跳进了水里。天生恐水的小兔子傻了眼，其他小动物更没了招。小兔子根本不是学游泳的料，即使再刻苦它也不会成为游泳能手；相反，如果训练得法，它也许会成为跑步冠军。

(3) 培训形式和方法的灵活性、多样化

员工培训是一种多学科、多层次、多形式的教育训练活动。它的组织形式和实施方法应依需要来定，并根据实际情况及时调整。时间可长可短。形式既可职前教育，也可岗位培训；既可在职培训，也可脱产培训；既可定期培训，也可不定期的临时培训等。方法要根据受训者个体情况及岗位需求，灵活运用多种方法，包括讲座、视听技术、角色扮演、商业游戏及案例教学法等。

(4) 协调性

员工培训是组织开展的有目的、有计划、有针对性、有步骤的系统管理行为。要想取得实效，它需要组织各个部门的配合，培训的各环节、培训项目相协调。应根据企业发展的规模、速度和方向，合理确定受训者的人数与结构。最后，还要根据员工的岗位要求选择培训讲师、设计课程内容、选择培训方法等，所有这些都需要统筹安排。

(5) 长期性和速成性

随着经济和科学技术日新月异，新情况、新问题层出不穷，人们必须不断接受新的知识，不断学习，这就意味着员工的培训将是长期的、不断的。员工学习的主要目的是为企业工作，许多培训是随经营的变化，为革新项目急需的知识和技能、为将攻关的课题以及为强化企业内部管理急需的技能而设置的。所以，培训针对性较强、周期短、具有速成的特点。

(6) 实践性

培训根据员工的生理、心理以及一定工作经验等特点，在教学上注重实践教学方法。针对工作实际，多采用启发式、讨论式、研究式以及案例式的教学，使员工培训有较好的效果。

（二）员工培训的意义及原则

就企业来说，市场的竞争是产品的竞争，产品的竞争归根结底是人才的竞争。社会在发展，知识在不断更新，企业要想处于不败之地，员工培训必是“终生教育”、“终生学习”。

据美国教育机构统计，企业对培训投入 1 美元，产出达 3 美元。一位管理专家曾经说：“员工培训是企业风险最小、收益最大的战略性投资。”

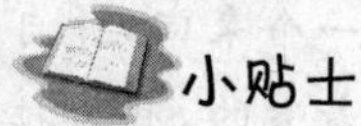
小贴士

农夫的遗言

有个老农有俩儿子。一天老农病倒了,他对儿子说:"我怕是不行了。我必须把家交给你俩中能干的来管。明天早上去砍柴,中午回来,谁砍的柴多,家就交给他。"第二天早上,父亲拿出两把钝柴刀。哥哥拿起砍刀,二话没说就砍柴去了。弟弟拿起砍刀后就去磨刀。中午回来,哥哥砍了一捆半柴,双手都是伤口,衣服也撕破了,人也精疲力竭。弟弟砍了两捆柴还多,磨好的刀闪闪发光,人也神采奕奕。哥哥看到闪闪发光的砍刀,顿时明白了。父亲说:"你们两个都看到了吧。磨刀不误砍柴工。"

针对企业来说磨刀就是培训,为此开展全员培训被看做为获取竞争优势的工具。

1. 员工培训的意义

(1) 提高职业技能与员工素质的重要手段

只有通过不断地进行各种形式的技术训练与职业培养,通过员工不断的学习,使其在知识、技能、工作态度、工作方法等方面得到增强才能使其适应时代的要求。培训是给员工的一种福利,是一张长期饭票。

多学一些东西,就会多一条出路。不断地学习实在是管理者们获得竞争力的有力保证。企业能否持续发展,取决于管理者和员工的素质及能力。管理层对企业能否健康与长远地发展,起着关键性的作用。而各级员工的素质及能力,更直接地影响着企业运作和发展的成效,因此,培训及拓展人才,已成为具备远见的现代企业不可或缺的共识和需求。

小贴士

鼠与猫的较量

在一个漆黑的晚上,大老鼠带着小老鼠出外觅食。在一家厨房内,垃圾桶中有很多剩余的饭菜。正当一大群老鼠在垃圾桶准备大吃一顿时,突然传来了一只大花猫的叫声。它们四处逃命,但大花猫穷追不舍,终于有两只小老鼠被大花猫捉到,正要吞噬它们之际,突然从垃圾桶后面传来一连串凶恶的狗吠声,令大花猫手足无措,狼狈逃命。

大花猫走后,只见大老鼠从垃圾桶后面走出来说:"我早就对你们说,多学一种语言有利无害,这次我就是如此救了你们一命。"

(2) 提高劳动生产率和工作效率的重要途径

有效的培训工作能够帮助员工提高知识和技能,改变其工作态度,明确其工作职责、任务和目标,提高人际交往能力、沟通协调能力,增进他们对企业战略、经营目标、规章制度以及工作标准等的理解,从而有助于提高员工的工作质量和工作效率。

(3) 实现员工职业生涯发展的必要措施

随着经济的发展,员工自身的发展需求也日益强烈。他们不仅希望获得较高的报酬和待遇，更希望不断充实自己、完善自己，使自己的素质不断获得提升，充分发挥自己的潜力，实现自我价值。通过培训，给员工以新的学识和技能，使之能够接受具有挑战性的工作与任务，实现自我成长和自我价值。

事实上，国内不少企业都非常重视把对员工的培训与发展同员工的个人发展及组织的发展有机地结合起来。如海尔集团不仅始终贯彻"以人为本"的人力资源管理思想，而且建立了一套有效的培训机制。该集团在培训机制中建立了个人职业生涯培训，上至集团高层领导，下至车间操作工人，集团均根据每个人的职业生涯为其制订个性化的培训计划，构建个性化的发展空间，提供了充分的培训机会，并实行了培训与上岗相结合的政策。

小贴士

麦当劳的管理者要从员工做起

麦当劳的管理人员95%要从员工做起。每年麦当劳北京公司要花1200万元用于培训员工。麦当劳在中国有3个培训中心，老师全是公司有经验的营运人员。餐厅部经理以上人员要到汉堡大学学习。北京50家连锁店已有100多人在汉堡大学学习过。

培训就是要让员工得到尽快发展。麦当劳的人才体系像棵圣诞树，如果你能力足够大，就会让你升一层，成为一个分支，再上去又成一个分支，你永远有升迁的机会。

(4) 为新员工打好工作基础的重要环节

新员工上岗培训是培训工作中的一个重要环节。因为新员工对企业完全陌生，企业通过员工培训，可以使员工逐步理解并且接受企业的文化，理解企业的经营战略意图，提高和增强员工对组织的认可和归属感。

通过员工培训，可以调整员工的价值观、信念、工作作风及习惯，使其行为有利于组织的运转，并使组织和员工融为一体，共同求得生存和发展。

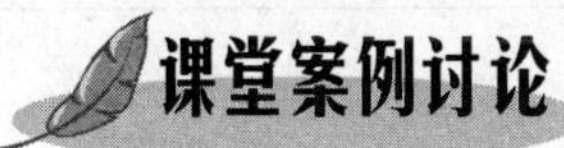

课堂案例讨论

亚细亚的培训缺失

我们还清楚地记得，1998年8月10日在亚细亚，300多家供货厂家代表堵在商场门口，要求"还我货款"。虽然这场风波最终平息了，但亚细亚还是债台高筑，举步维艰。

"郑州亚细亚怎么了？为什么会匆匆滑落？销售额由1995年的4.71亿元跌至1997年的2.05亿元？"当时许多人提出疑问。据行内专家分析，无资金保证、盲目扩张是一原因。更重要的是内部的管理不善，尤其是员工培训机制不健全。当时亚细亚已开业9年，各部门的经理频繁更换，每一任都未经过正式培训，草草上任，又草草卸任。

在亚细亚大举扩张的时候，大批业务骨干源源不断向外输送，而后备干部却严重缺乏，以致许多重要的岗位都没有合适的人选。1995年年底，广州、上海等地"仟村"要开业，亚细亚领导只好从西安招回数百名青年，短期培训后即委以重任。派往开封亚细亚的经理是一名未经培训，而且以前从未从事过商业的郑亚歌舞团的年轻报幕员，不懂成本如

何控制,不懂财务如何管理,运作不足两年,赔了7000万元。由于培训不到位,亚细亚很快就葬送了自己的光明前程。

资料来源:案例来自吕叔春编著《破解企业人力资源风险》(中国纺织出版社,2005年)

讨论题:此案例说明了什么?

2. 员工培训的原则

组织在实施培训活动时,应当遵循以下几项基本原则,这样才能保证并充分发挥培训的效果。

(1) 激励原则

培训是一种重要的人力资本投资方式。它既可满足组织发展需要,也可使受训者个人受益。组织可把培训与员工个人的任职、晋升、奖惩、工资福利等结合在一起。当员工受训完毕达到预期效果后,可通过增加报酬或职务晋升来鼓励员工,让员工充分体会培训对自己的益处,进一步调动员工的积极性、主动性和创造性,最大限度地发挥自身潜能。

(2) 服务企业战略和规划的原则

战略和规划作为组织的最高经营纲领,对企业各方面的工作都具有指导意义。实施培训,应从组织未来的发展出发,不能仅仅关注眼前的问题。只有立足长远的发展,才能保证培训工作的积极主动,为组织持续稳定地发展提供人力资源。

(3) 注重实效的原则

由于培训的目的在于使员工个人和企业的绩效提高,因此培训应当注重实效。培训要有明确的针对性,以组织发展需要和岗位要求为培训目标。培训的内容应当结合实际,为受训者提供实践操作的机会,从实际操作中提高能力。尤其是一些涉及工作技能的培训,要注重培训成果的转化,学以致用。

训练部属的能力,不能仅仅有按部就班的课堂培训,也不能让他们在实践中慢慢积累,而是应不拘一格,提高实践的难度和意外"事件"出现的频率,以提高员工的应变能力和解决问题的能力,加快人才成长的速度。

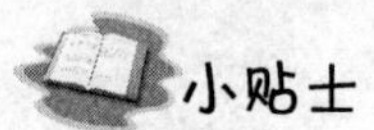
小贴士

用贼训练员工的反扒能力

日本一百货公司因扒手太多,损失很大。增设监视人员、多装电视摄像机等效果都不甚理想。一位顾问说:"这好办,把扒手们雇用进来就行了。"

没过几天,店员中就出现了这样的对话:"昨天我们在柜台上抓住了两个扒手,已经送到经理那儿去了。""哎呀!我们在柜台上也抓了一个呢。"这话一传开,所有的营业员都百倍地警惕起来,睁着老鹰抓小鸡的眼睛严密监视,结果许多柜台都抓住了扒手。这时受雇的盗窃头头找经理说:"店员们监视越来越严,已经完全没法下手了。"

原来,那位顾问出的主意是:雇请盗窃集团来店里扒东西,并同他们约定:扒了东西要交回,交换条件是抓住了不送警察局,而且还给予一定的报酬。"雇用扒手治扒手",这种特别的训练方法使得全体店员练就了一双火眼金睛,个个成了抓贼高手,扒手也就给制住了。

(4) 因材施教原则

组织内工作岗位众多，不同的岗位的性质及要求有差异。而员工自身的知识水平、经验、能力等方面也存在明显的个体差异。培训的目的是要改善员工的工作业绩，因此，在培训时应当根据员工的实际水平及所处职位确定不同的培训内容，进行个性化的培训，这样的培训才更有针对性。

二、员工培训的种类及方法

(一) 员工培训的种类

员工培训的类别多种多样。企业应该根据自身的发展状况、所处阶段的实际情况，选择合适的培训。按照不同的培训功能，可以将企业培训工作划分为不同的类型，如图 9-6 所示。

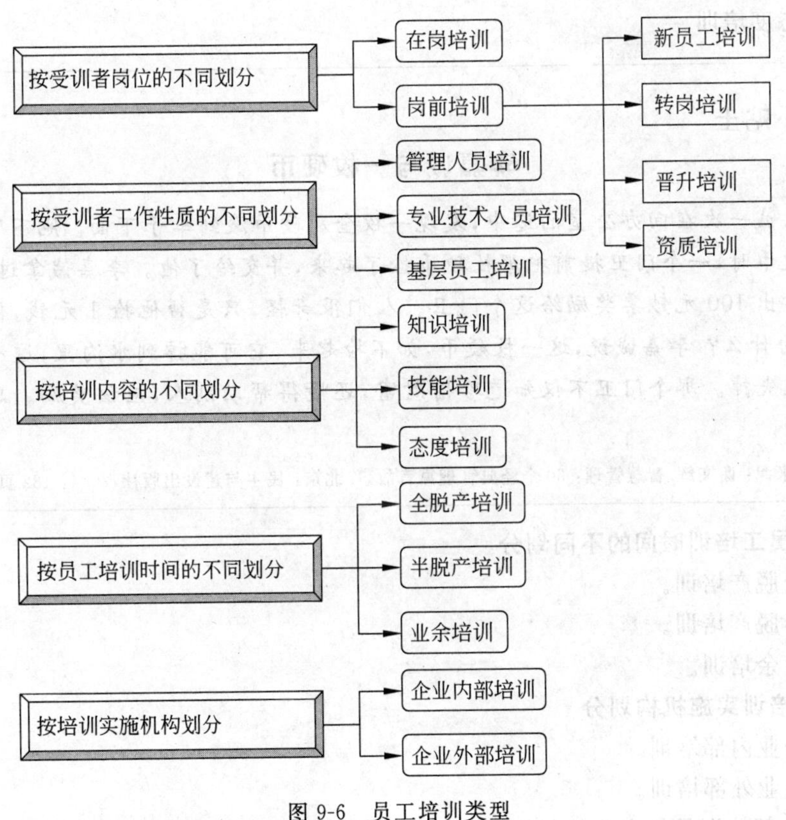

图 9-6　员工培训类型

1. 按受训者岗位的不同划分

(1) 岗前培训

岗前培训是指上岗前为了适应工作的需要而进行的各种训练活动，目的是提高从业人员的素质，使之走上工作岗位后能适应工作岗位的需要，从而促进企业的发展。

(2) 在岗培训

在岗培训是对现职职工进行的以提高本岗位工作能力为主的不脱产的培训活动。企业中每个岗位都需要不断更新知识、提高技能(能力),因此,对在职员工进行定期或不定期的培训是非常有必要的。在内容上比岗前培训更深一层次,主要是更新知识、掌握新技能的培训和提高绩效的培训。在岗培训是岗前培训的继续和发展,应贯穿于员工管理的全过程。

2. 按受训者工作性质的不同划分

(1) 管理人员培训。

(2) 专业技术人员培训。

(3) 基层员工培训。

3. 按培训内容的不同划分

(1) 知识培训。

(2) 技能培训。

(3) 态度培训。

小贴士

李嘉诚与一枚硬币

李嘉诚一次在回办公室的途中,发现一枚金属硬币滚到车子下面。他下了车在弯腰要捡硬币时,一个门卫提前把那枚硬币捡了起来,并交给了他。李嘉诚拿过硬币,从口袋里拿出100元钞票奖励给这个门卫。人们很奇怪,只是帮他捡1元钱,他却给了100元,为什么?李嘉诚说,这一枚硬币,如不捡起来,它可能掉到水沟里,这个社会财富就会流失掉。那个门卫不仅知道珍惜财富,还懂得帮助别人,应该奖励。思想态度决定行动。

资料来源:谢文辉.智慧管理:60个经典管理寓言故事.北京:民主与建设出版社,2004:182页

4. 按员工培训时间的不同划分

(1) 全脱产培训。

(2) 半脱产培训。

(3) 业余培训。

5. 按培训实施机构划分

(1) 企业内部培训。

(2) 企业外部培训。

企业外部培训是指企业外包给社会培训或教育机构对企业员工进行的培训,包括由企业付费的学历教育。在实施外部培训的过程中,企业的培训管理部门要参与培训计划的设计,并与承办培训的社会机构保持密切的联系与配合。

(二) 员工培训的方法

培训方法是指为了有效地实现培训目标而采用的手段和方法。作为一名培训者或培

训管理者，在选择培训方法时必须与培训需求、培训课程、培训目标相适应。

1. 讲授法（课堂教学法）

讲授法是通过培训者的语言表达，系统地向受训者传授知识的一种最普遍的员工培训方法，是成本最低的培训方法之一。

2. 直接传授法

直接传授法即传统的"学徒"法，由培训师（主管上级或是资深员工）在现场给予受训人员示范及协助，也就是通过工作现场的实地演练，帮助受训者迅速掌握相关的工作技能。师傅通常采用口授、示范、练习、反馈的方式教导徒弟。

3. 研讨会

通过受训者之间的语言交流来解决疑难问题，巩固和扩大学习的知识。这种方法适用于人数较少群体的培训。

4. 视听教学法

视听教学法是指运用电影、幻灯、录像、录音等视听材料为主要培训手段进行训练的方法。

5. 多媒体培训

把视听培训和计算机培训结合在一起的培训方法。这种培训以计算机为基础综合了文字、图表、动画及录像等视听手段。

6. 模拟训练法

模仿现实生活场景，让受训者用其在工作中将要使用的设备或模拟设备进行学习的一种培训方法。

7. 案例分析法

把实际工作中出现的问题作为案例，通过向培训对象提供相关的背景资料，让其进行分析并提出合适的解决方法。

小贴士

海尔的技能培训

海尔技能培训时重点是通过案例——"即时培训"模式来进行。具体说，是抓住实际工作中随时出现的案例（最优事迹或最劣事迹），当日利用班后的时间立即在现场进行案例剖析，针对案例中反映出的问题或模式，来统一人员的动作、观念、技能。然后利用现场看板的形式在区域内进行培训学习，并通过提炼在集团内部的报纸《海尔人》上进行公开发表、讨论，达成共识。

8. 网络培训法

以多媒体和互联网技术为媒介，依靠单机、局域网或互联网提供的交互式环境进行员工培训。

三、员工职业生涯规划

(一)职业生涯规划的含义

职业生涯是一个人在其工作生活中所经历的一系列职位、工作或职业,以及与之相关的价值观、工作态度、工作动机的变化过程的统称。

职业生涯规划是指组织或者个人把个人发展与组织发展相结合,对决定个人职业生涯的个人因素、组织因素和社会因素等进行分析,制订个人一生中事业发展上的战略设想与计划安排。职业生涯规划对于员工的个人发展与组织的发展都具有重要的意义,是人力资源开发的重要内容,与培训有着密切的关联。

(二)职业生涯规划的作用

1. 职业生涯规划对个人的作用

在职业生涯中,自我变革的重要手段就是职业生涯规划,它是每个员工充分开发自己的潜能,并自觉地进行自我管理的有效工具。只有善于对自己所从事的职业进行自我规划的人,才能有正确的前进方向及有效的行动措施,才能充分发挥自我管理的主动性,充分开发自身的潜能,保证在事业上取得更大的业绩。

具体地说,职业生涯规划对个人有以下一些作用。

(1) 能帮助个人确定职业发展目标。

(2) 能鞭策个人努力工作。

(3) 有助于个人把握工作重点。

(4) 能使个人认识和发挥潜能。

(5) 能评估目前工作成绩。

2. 职业生涯规划对企业的作用

(1) 能保证企业未来人才的需要。

(2) 能使企业留住优秀人才。

(3) 能使企业人力资源得到有效的开发。

第四节 绩效管理与薪酬管理

绩效管理作为人力资源管理的一个重要的、不可或缺的环节,在员工管理中起着承上启下的作用。因为,如果说工作分析、招聘、培训等环节是告诉员工应该干什么、怎么干,那么绩效管理则是告诉员工他们干的怎么样、存在哪些问题、以后应如何改进,而薪酬管理则是以绩效管理结果为依据对员工行为的反馈。因此,科学有效的绩效管理体系直接涉及企业能否把员工的努力转化为企业不断提升的业绩表现。

在劳动关系中,薪酬始终是劳资双方争议的焦点,也是劳动纠纷的根源。对于员工来说，获得公平合理的报酬是加入组织的基本动力；而对于资方来说，对员工支付的报酬是人力资源的主要成本，这种成本影响产品的价格，从而直接影响组织的竞争力。

一、绩效管理的内涵

谈到考核，只要在企业工作过的人几乎没有不知道的，但讲到"绩效"，可能有相当一部分人感到有些模糊。绩效的内涵到底是什么，恐怕每个人心里都有自己的看法。再进一步讲到"绩效管理"，就恐怕很多人并不理解它的意义，否则不会有这么多企业的管理者会抵制绩效管理或应付了事了。因此，在具体讲述绩效管理之前，我们有必要先澄清和明确几个与绩效管理有关的含义。

（一）绩效

绩效是个体或组织（团队、部门、企业）完成任务的效率和效能。效率强调结果，效能强调过程的有效性。绩效的含义如图 9-7 所示。

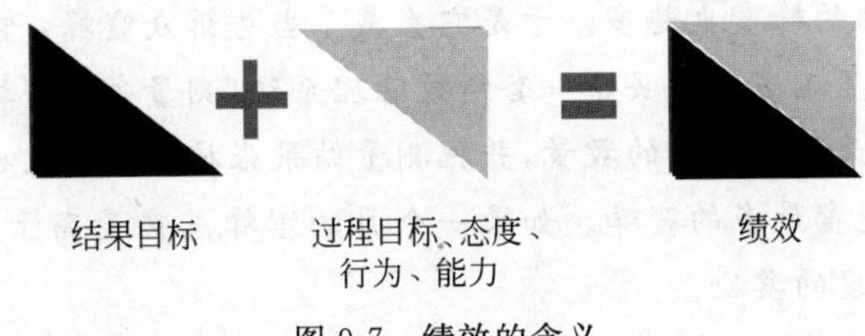

图 9-7 绩效的含义

尽管完整的绩效包含结果目标和过程目标，但在实际中，由于考核的对象、考核目的等不同，会使企业在考核时有所侧重。如对销售人员的考核可能会更多地侧重于结果目标的考核，对研发人员则更多地侧重于过程目标的考核，用于晋升的考核会更多地侧重于能力的考核，用于奖金发放的考核可能会更多地侧重于结果的考核。

（二）绩效考核

绩效考核是指考核主体对照工作目标或绩效标准，采用科学的考核方法，评定员工的工作任务完成情况、工作职责履行程度和员工的发展情况，并且将评定结果反馈给员工的过程。

（三）绩效管理

绩效管理是指为了达成组织的目标，通过持续开放的沟通过程，形成组织目标所预期的利益和产出，并推动团队和个人做出有利于目标达成的行为。因此，绩效管理是确保员工工作活动以及工作产出与组织目标保持一致的过程，是通过对人的管理以提高个人和组织整体绩效的方法。在现实中，人们常常把绩效管理狭隘地理解为绩效考核，认为绩效管理就是要把员工的业绩分出三六九等来。

绩效管理的最终目标是提高个人和组织的绩效，而提高的途径是通过协商与员工就目标以及达到目标的方式达成一致,并通过收集各种绩效信息发现员工在工作过程中出现的各种问题,帮助员工解决这些问题以提高绩效。

小贴士

黑熊和棕熊的采蜂蜜比赛

黑熊和棕熊喜食蜂蜜,都以养蜂为生。它们各有一个蜂箱,养着同样多的蜜蜂。有一天,它们决定比赛看谁的蜜蜂产的蜜多。

黑熊想,蜜的产量取决于蜜蜂每天对花的"访问量"。于是它买来了一套昂贵的测量蜜蜂访问量的绩效管理系统。在它看来,蜜蜂所接触的花的数量就是其工作量。每过完一个季度,黑熊就公布每只蜜蜂的工作量;同时,黑熊还设立了奖项,奖励访问量最高的蜜蜂。但它从不告诉蜜蜂们,它是在与棕熊比赛,它只是让它的蜜蜂比赛访问量。

棕熊与黑熊想得不一样。它认为蜜蜂能产多少蜜,关键在于它们每天采回多少花蜜——花蜜越多,酿的蜂蜜也越多。于是它直截了当告诉众蜜蜂:它在和黑熊比赛看谁产的蜜多。它花了不多的钱买了一套绩效管理系统,测量每只蜜蜂每天采回花蜜的数量和整个蜂箱每天酿出蜂蜜的数量,并把测量结果张榜公布。它也设立了一套奖励制度,重奖当月采花蜜最多的蜜蜂。如果一个月的蜜蜂总产量高于上个月,那么所有蜜蜂都受到不同程度的奖励。

一年过去了,两只熊查看比赛结果,黑熊的蜂蜜不及棕熊的一半。黑熊的评估体系很精确,但它评估的绩效与最终的绩效并不直接相关。黑熊的蜜蜂为尽可能提高访问量,都不采太多的花蜜,因为采的花蜜越多,飞起来就越慢,每天的访问量就越少。另外,黑熊本来是为了让蜜蜂搜集更多的信息才让它们竞争,由于奖励范围太小,为搜集更多信息的竞争变成了相互封锁信息。蜜蜂之间竞争的压力太大,一只蜜蜂即使获得了很有价值的信息,比如某个地方有一片巨大的槐树林,它也不愿将此信息与其他蜜蜂分享。

而棕熊的蜜蜂则不一样,因为它不限于奖励一只蜜蜂。为了采集到更多的花蜜,蜜蜂相互合作。嗅觉灵敏、飞得快的蜜蜂负责打探哪儿的花最多、最好,然后回来告诉力气大的蜜蜂一齐到那儿去采集花蜜,剩下的蜜蜂负责储存采集回的花蜜,将其酿成蜂蜜。虽然采集花蜜多的能得到最多的奖励,但其他蜜蜂也能捞到部分好处,因此蜜蜂之间的竞争远没有到人人自危相互拆台的地步。

资料来源:刘松.管理智慧168.北京:机械工业出版社,2005:169页

(四)绩效考核与绩效管理的区别

绩效管理与绩效考核(或称绩效考评、绩效评价、绩效评估)的概念,既有明显的区别,又存在十分密切的联系。表9-2列出了两者的几个明显的区别。

表 9-2 绩效考核与绩效管理的区别

绩效考核	绩效管理
判断式：重在收集信息并做出绩效评判	计划式：重在绩效计划的制订和执行
评价表：对照绩效评价表做出判断	过程：包括计划、辅导、评价、反馈四个环节
寻找员工的错误，扣发工资、奖金	解决问题：寻找并解决问题以改进绩效
有赢家、输家	双赢：组织和个人共同提高
主要关注结果的考核	同时关注结果和行为
威胁性：我会考核你，干不好会扣工资、解雇你	推动性：我会帮助你找到问题然后一起解决
关注过去绩效：你过去干得好不好	关注未来绩效：我们如何提高未来的绩效

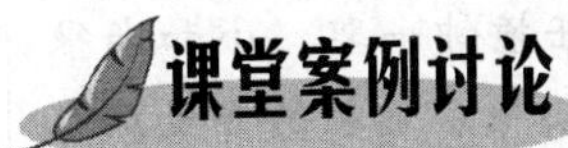

绩效考核伤了小李的心

在公司的2009年度员工绩效考核工作中，小李绩效被评了个A(考核分五级，A—杰出；B—良好；C—正常；D—需改进；E—淘汰)，小李很高兴，毕竟自己的工作得到了领导的认同和肯定。

绩效考核是由各部门经理对员工2009年工作绩效、任职状况、工作态度等方面的全面评价，结果会影响员工职位及薪级调整，非常重要。小李自认为很好地完成了本职工作：全年没有明显失误，尤其前一段时间经常加班到晚上9点多，很多节假日不休息，表现还是对得起领导的评价。

但是当他听到一个消息后这种喜悦感就没有了，反而愤愤不平给女友诉苦："下午生产部的一个同事告诉我，他们部门的小张考核也得了个A，大家都觉得不公平。我听了很惊讶，第一感觉是不是搞错了，我并不是嫉妒他而是觉得太不可思议了。这个小张每天都利用单位座机给女朋友打电话聊天，一天要打上三四次有时长达半个小时之久，公司规定用单位座机打私人电话每次不能超过3分钟。另外，他还经常上班玩游戏，其实在不忙的时候上上网，看看新闻公司是允许的，可要是玩游戏就不成了。你说就这样的员工不得个D就算不错了，竟然能被评为A，是不是有些不公平。还有天天上网炒股的小刘，最后被评了个B；而有的人全年表现都不错，只是出现过小错误就被评为D。我加班加点努力工作的考核是A，他们天天打私人电话聊天，玩游戏也是A，考核制度岂不形同虚设？"

资料来源：孟怡昭. 绩效考核伤了小李的心. http://www.emkt.com.cn/article/358/35868.html(节选)

讨论题：请从绩效考核指标的确定、标准和量化的角度，分析小李及公司分别存在哪些问题？

二、如何确定绩效考核指标

(一) 考核指标的来源

绩效管理的内容是通过考核指标来表现的。企业有效运行需要哪些支撑要素,然后运用合适的方法从这些支撑要素中提取考核指标就可以了。一般来说,企业有效运行需要战略的有效落地、流程的有效运转、职位职责的有效履行、存在问题的有效解决四个方面的支撑。

小贴士

和尚撞钟的标准

有一个小和尚担任撞钟一职,半年下来,觉得无聊至极,“做一天和尚撞一天钟”而已。有一天,主持宣布调他到后院劈柴挑水,原因是他不能胜任撞钟一职。小和尚很不服气地问:“我撞的钟难道不准时、不响亮?”老主持耐心地告诉他:“你撞的钟虽然很准时也很响亮,但钟声空泛、疲软,没有感召力。钟声是要唤醒沉迷的众生,因此,撞出的钟声不仅要洪亮,而且要圆润、浑厚、深沉、悠远。”

本故事中的主持犯了一个常识性管理错误,“做一天和尚撞一天钟”是由于主持没有提前公布工作标准造成的。如果小和尚进入寺院的当天就明白撞钟的标准和重要性,我想他也不会因怠工而被撤职。工作标准是员工的行为指南和考核依据。缺乏工作标准,往往导致员工的努力方向与公司整体发展方向不统一,造成大量的人力和物力资源浪费。

资料来源:王海民.十大管理哲理的故事经典.北京:海潮出版社,2006:60页

(二) 如何提取考核指标

知道了考核指标的来源,接下来要思考的问题是如何从以上四个来源提取考核指标。目前,实践中已经有很多成熟的提取考核指标的方法。

1. 从战略提取考核指标

(1) KPI法

KPI是关键绩效指标(key performance index)的简称,就是首先确定企业的战略并对战略进行分析,找出战略成功的关键因素,为了培养这些关键因素,企业需要关注哪些工作,然后把这些定性描述的工作转化为具体的、定量的指标,分配到各部门和职位中去。因此KPI法可以用于提取部门和个人的考核指标,如图9-8所示。

KPI最后必须以在实践中能够计测的、准确定义的、定量指标的形式出现。

(2) 目标分解树法

目标分解树法是另一种从战略角度提取考核指标的常用方法,与KPI法相比,它更常用于量化指标的提取。其基本逻辑是从企业的战略出发,然后将战略层层分解到部门、团队、职位中去,具体过程如图9-9所示。

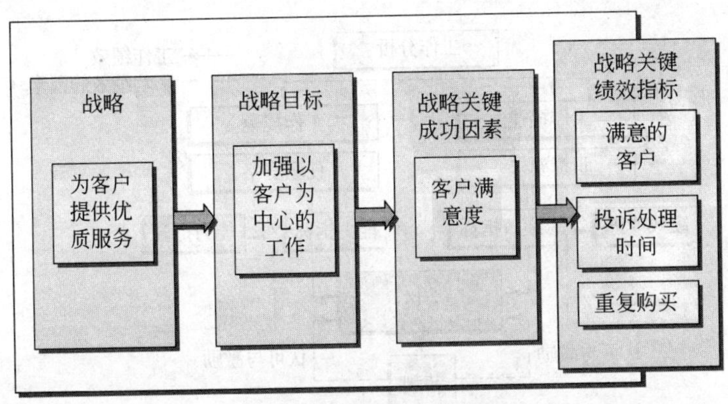

图 9-8 KPI 提取过程举例

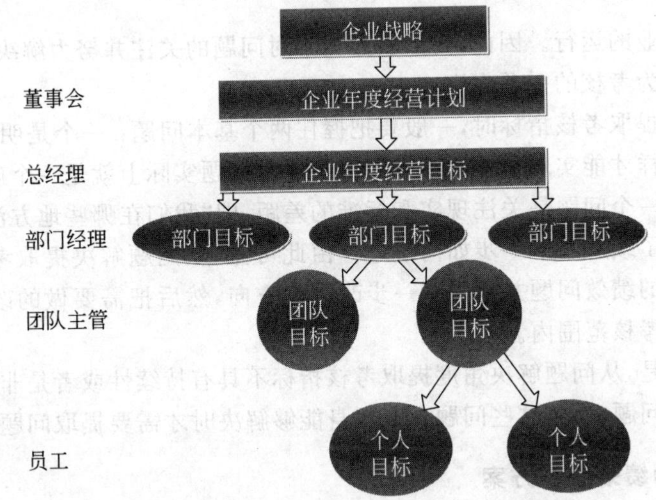

图 9-9 运用目标分解树法从战略提取考核指标

2. 从流程提取考核指标

战略提取考核指标是将企业战略纵向分解，提供的是一种纵向考核的思路。而从流程提取考核指标则提供一种横向的考核思路。企业所有的任务都是由整个流程中的各个环节完成的，各环节不仅要做好本职的工作，而且还要进行本环节与其他相关环节的任务协调和传递。

3. 从职位提取考核指标

从职位提取考核指标，不仅要包含员工完成岗位职责情况的考核指标，而且包含对员工态度、行为、能力进行考核的指标。这两方面的要求其实已经整合在人力资源管理最基础的职位说明书之中了，且分别对应着职位说明书中的工作描述和工作规范这两块内容，为我们基于职位的考核提供了指标来源。因此，我们可以通过阅读各岗位的工作说明书，从工作描述中提取岗位职责指标，从工作规范中提取与岗位职责对应的能力指标。具体思路如图 9-10 所示。

4. 从问题解决提取考核指标

任何企业在任何时候都会存在这样或那样的问题，这些问题如果不及时解决，久而久

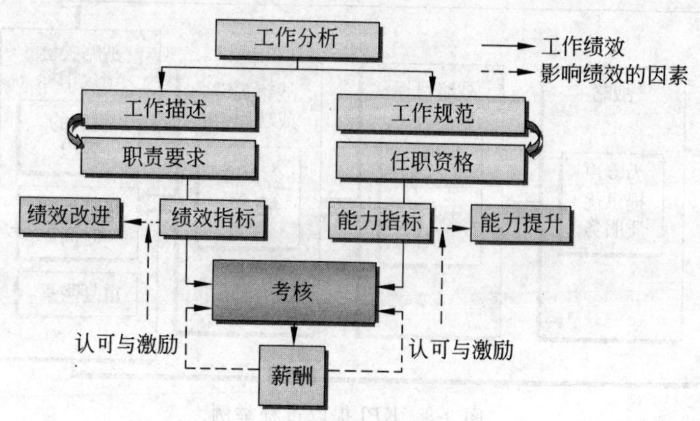

图 9-10　从职位提取考核指标

之肯定会影响企业的运行。因此,为了引起员工对问题的关注并努力解决它,我们可以直接把问题解决作为考核的一项内容。

从问题解决提取考核指标时,一般要把握住两个基本问题:一个是明确“什么样的绩效是好绩效?怎样才能实现这样的绩效?”回答这个问题实际上就是一个确立标准和提出要求的过程。另一个问题是关注现实和标准的差距,即“我们在哪些地方没做好?哪些地方出了问题影响了绩效?下一步如何改进?”由此可见,从问题解决提取考核指标实际上是确认目前存在的绩效问题并提出下一步改进的方向,然后把需要做的改进作为考核指标纳入下一轮的考核范围内。

需要指出的是,从问题解决角度提取考核指标不具有持续性或者是非例行的,只有企业出现不良绩效问题,而且这些问题企业本身能够解决时才需要提取问题解决考核指标。

(三) 常用的绩效考核方案

常见的考核方法有很多。在现实中,由于我们考核指标体系中包含了各类指标,对不同类型的考核指标,其考核方法也是不同的,如对定量指标我们可以运用目标管理法,定性指标我们可以用交替排序法、配对比较法、关键事件法、行为锚定法、目标管理法、强制分布法。下面我们将分别作介绍。

1. 交替排序法

交替排序法是一种较为常用的排序考核法。常用于对定性指标进行简单相对排序的考核。

2. 配对比较法

配对比较法是一种更为细致的通过排序来考核绩效水平的方法,也主要用于人数较少的组织对定性指标进行简单相对排序的考核。

3. 关键事件法

关键事件法是一种通过员工的关键行为和行为结果(事件)来对其绩效水平进行考核的方法。主要用于行为、态度、能力等定性指标的考核。

4. 行为锚定法

行为锚定法与关键事件法一样,都是基于对被考核者的工作行为进行观察、考核,从而评定绩效水平的方法。

5. 目标管理法

目标管理法是一种以目标为导向的绩效考核方法,其内在的假设认为绩效的全部意义在于目标的实现和完成。

6. 强制分布法

强制分布法主要适用于整体考核,是在考核进行之前就设定好绩效水平的分布比例,然后将员工的考核结果安排到分布结构里去。

三、薪酬管理

对于人力资源管理来说,如何客观、公正、公平地为作出贡献的员工提供合理的劳动报酬,发挥薪酬和福利的激励作用,调动员工的积极性,从而吸引人才、留住人才、用好人才,是组织生存与发展的关键。

(一) 薪酬管理的内涵

1. 薪酬

从本质的意义上说,薪酬是对人力资源的成本与吸引和保持员工的需要之间进行权衡的结果,是对员工为企业提供劳动而支付的报酬。

广义的薪酬包括两方面:一是直接货币报酬,如工资、奖金、津贴等;二是以其他间接的货币形式支付给员工的奖励,包括福利、保险和带薪休假等。

(1) 奖金

奖金是对员工超工作标准贡献的一种奖励,也是员工薪酬的一个重要组成部分。例如超额奖、节约奖、全勤奖。

(2) 津贴

津贴是根据岗位、绩效和相关政策的情况设定的报酬。例如岗位津贴、地区津贴、外勤津贴、野外工作津贴。

(3) 福利

福利是间接货币的报酬形式,是社会保障的内容之一。它的形式多样,例如失业保险、工伤补偿、养老保险等。

狭义的薪酬主要指工资。企业中的工资往往包括基础工资、绩效工资与福利。基础工资包括基本工资与津贴。基本工资通常高于国家低保线。图 9-11 是薪酬示意图。

国家对于津贴与基本福利也有相关规定。企业能够掌握与控制的部分就是绩效工资。绩效工资与劳动者付出的劳动直接相关,是工资的主要收入部分,也可以说工资的高低差别往往就体现在绩效工资上。绩效工资往往包括岗位工资与奖金,它体现了多劳多得的原则。

2. 薪酬管理

薪酬管理是组织在国家宏观控制分配政策容许范围内,根据其内部管理制度和相关规定,按照一定的分配原则和制定的各种激励措施对员工进行分配的过程。通常,薪酬管

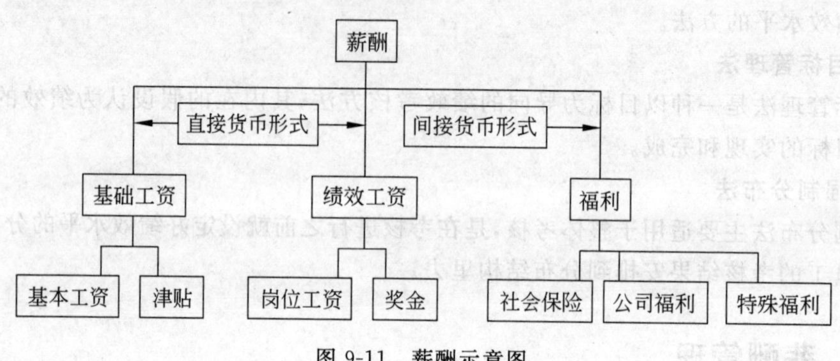

图 9-11 薪酬示意图

理包括薪酬策略与制度的制定与执行工作,包括确定薪酬的额定、建立薪酬体系与结构、薪酬的支付工作以及福利的管理等。

(二)影响薪酬政策和水平的主要因素

1. 政策法规

由于劳动者享有公民的权利,所以要求人力资源管理必须符合法律的要求,这一点也反映在薪酬管理工作。例如,2008 年 1 月 1 日实施的新《劳动合同法》规定:工资分配应当遵循按劳分配原则,实行同工同酬,工资水平在经济发展的基础上逐步提高,国家对工资总量实行宏观调控。用人单位根据本单位的生产经营特点和经济效益,依法自主确定本单位的工资分配方式和工资水平。国家实行最低工资保障制度。最低工资的具体标准由省、自治区、直辖市人民政府规定,报国务院备案。用人单位支付劳动者的工资不得低于当地最低工资标准。

2. 社会平均工资水平和平均增长率

随着经济的增长和人们生活水平的提高,员工的工资也在快速增长。社会平均工资的快速增长使各企业薪酬水平也必须随行就市而增长,否则将难以跟上市场水平而处于落后状态,削弱企业对人才的吸引力,削弱企业的竞争优势。

3. 劳动力供求关系

同其他资源一样,人力资源也存在一个市场,也有价格,这个价格就是雇主支付给雇员的薪酬。当经济处于高速增长时期,市场对人才的需求增加,进而造成员工工资的上升;相反,在经济处于低迷的时候,人员过剩,市场不再需要那么多的人,所以不仅员工的薪酬会随之减少,还会使一部分人失业。

4. 劳动力价格的地区和行业区别

经济发展的差别往往会造成不同国家、地区、行业形成不同的劳动力价格。例如,从地区来看,厦门专业人才的价格要低于上海、广州、深圳等地,但要高于江西、湖南等地;从行业来看,近年来,电信行业的劳动力价格一直名列我国各行各业之前茅。

5. 劳动强度和危险性

一般说来,劳动强度和危险性越高,其工资与福利的水平也越高。如一般来说,出租车司机平均月收入要高出同地区或城市职工平均月收入的一倍乃至数倍,但他们中的大多数人通常每天工作时间也要超过 8 小时，而且工作性质相对危险。所以较高的工资收入水平是对那些愿意拼命工作和富有冒险精神的人所付出代价的补偿。

6. 高层管理者的态度和组织的支付能力

组织的支付能力是影响薪酬的重要因素，但是高层管理者的态度决定了薪酬设计的导向。例如，是实行计件制还是计时制，是按贡献付酬还是按知识付酬都反映了组织文化，而组织文化反映了高层领导者的态度。

7. 员工的公平观

对组织发展的追求可能是决定工资率的最重要因素。工资率指单位时间的劳动报酬。工资率一方面取决于企业的发展情况；另一方面取决于是否能吸引与留住员工，那么公平就显得格外重要。

这里提出两种类型的公平：外部公平和内部公平。外部公平就是同其他组织的工资水平相比，支付的工资必须是优厚的，否则就会发现难以吸引和留住你的雇员。内部公平是指同组织内其他人所得到的工资相比，应让每个员工认为自己的工资是公平的。

（三）薪酬设计

薪酬设计是人力资源管理的一项重要工作。薪酬的高低，决定着组织的人力资源薪酬的成本，还决定了员工的满意度。

通常薪酬设计包括以下几个步骤：工作评价、薪酬调研、工资分级和定薪、工资管理制度、奖金管理。

1. 工作评价

工作评价是薪酬管理的基础工作，薪酬设计的原理是根据组织中岗位的价值分配不同额度的工资。

2. 薪酬调研

为了确定企业分配制度的可行性，企业还须对其他临近、工作性质相似，或人力资源相同的企业对同样职务雇员支付薪酬的情况进行调查。

薪酬调研的目的是搜集行业薪酬水平的详细资料，为本企业制定工资表提供参考，以确保企业在市场上的竞争力。

3. 工资分级和定薪

(1) 影响工资等级数目的因素

工资等级数目指划分多少个等级的工资标准。等级数目的确定与下列因素有关：①劳动复杂程度；②劳动熟练程度；③工资级差。

(2) 工资等级线的确定

工资等级线是指在工资等级表规定的等级数目，各职务、岗位或工种的起点等级和最高等级线之间的跨度线。工资等级线是反映某项工作内部劳动差别程度的标志。

(3) 工资级差的确定

工资级差是指工资等级中相邻两级工资标准之间，高等级工资标准与低等级工资标准的相差数额，表明不同等级的劳动，由于其劳动复杂程度和熟练程度不同而有不同的劳动报酬。

4. 工资管理制度

工资定薪的方法有很多种，这里我们主要介绍现在比较普遍试用的几种分配制度。

(1) 绩效工资制度

绩效工资制度的前身是计件工资,但它不是简单意义上的工资与产品数量挂钩的工资形式,而是建立在科学的工资标准和管理程序基础上的工资体系。

绩效工资制度的基本特征是将雇员的薪酬收入与个人业绩挂钩。业绩是一个综合的概念,比产品的数量和质量内涵更为宽泛,它不仅包括产品数量和质量,还包括雇员对企业的其他贡献。

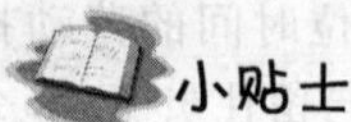小贴士

绩效与工资

根据美国1991年《财富》杂志对500家公司的排名,35%的企业实行了以绩效为基础的工资制度,而在10年以前,仅有7%的企业实行这种办法。

(2) 计件工资制

计件工资是直接以一定质量的产品数量和计件单位计算员工劳动报酬的一种工资形式,是计时工资的一种转化形式,只是在工资表现形式和计算方法上有所不同。

(3) 职务工资制

职务工资制是首先对职务本身的价值做出客观的评估,然后根据这种评估的结果赋予担任这一职务的从业人员与其职务价值相当的工资的一种工资制度。

(4) 年薪制

年薪又称年工资收入,是指以企业会计年度为时间单位计发的工资收入,主要用于公司经理、企业高级职员的收入发放,称为经营者年薪制。

5. 奖金管理

奖金是一种补充性薪酬形式,它是对雇员超额劳动或者增收节支的一种报酬形式。劳动者在创造了超过正常劳动定额以外的劳动成果之后,企业以物质的形式给予补偿。其中,以货币形式给予的补偿就是奖金。

小贴士

霍尼韦尔公司的奖励制度

美国霍尼韦尔公司为提高全球5000名员工的士气,制定了一系列奖励制度。例如,行政总监 Machael Bondignore(迈克)每年都亲自给员工颁发几个主席成就奖,员工可互相提名,奖金为100美元。另外,公司每年还设有最佳经理奖(奖金为3000美元)、最佳销售员奖(免费度假旅游)和最佳技术服务员奖(奖金为1000美元)。

四、福利管理

员工的福利是薪酬管理的另一项内容,与薪酬共同构成了一个组织公平的、有竞争力

的薪酬体系。随着我国经济的发展与劳动力市场的成熟，福利在吸引人才、留住人才方面扮演着越来越重要的角色。

福利的种类与形式繁多，主要包括集体福利、个人福利。

1. 集体福利

集体福利是企业举办或者通过社会服务机构举办的、供雇员集体享用的福利性设施和服务，是主要的雇员福利形式。包括：

(1) 住宅；

(2) 集体生活设施和服务；

(3) 享受休假及旅游待遇。

2. 个人福利

雇员个人福利主要是指由雇员福利基金开支的、以货币形式直接支付给雇员个人的福利补贴，是雇员福利的非主要形式。主要包括：

(1) 两地分居的雇员享受探亲假期、工资补贴和旅费补贴待遇；

(2) 上下班交通费补贴；

(3) 冬季宿舍取暖补贴；

(4) 生活困难补助；

(5) 生活消费品价格补贴、婚丧假和年休假工资。

雇员个人福利从法律意义上讲，只具有任意性规范的性质，意为这些规定如果在集体合同、内部劳动规则和劳动合同中被规定，就具有约束力，否则没有法律效力，主要由雇员和企业决定。

第五节 劳动合同管理

一、劳动合同概述

(一) 劳动合同含义

劳动合同是劳动者和用人单位之间确立、变更和终止劳动权利和义务的协议。

在我国新《劳动合同法》的第十六条中规定："劳动合同由用人单位与劳动者协商一致，并经用人单位与劳动者在劳动合同文本上签字或者盖章生效。劳动合同文本由用人单位和劳动者各执一份。"

根据劳动合同，劳动者加入组织从事某种工作，遵守国家法律与组织的劳动规则和制度，用人方按照劳动的数量和质量支付劳动报酬，依法提供劳动条件，保障劳动者依法享有劳动保护、社会保险等合法权利。

(二) 劳动合同制度的意义

在劳动合同管理中离不开劳动合同制度，它在劳动合同的管理中有着至关重要的作用，其意义表现在以下几个方面：

(1) 劳动合同制度是形成劳动关系的基本制度。

(2) 劳动合同制度是企业人力资源管理的重要手段和工具。

(3) 劳动合同制度是处理劳动争议的法律依据和基本手段。

(4) 劳动合同制度是建立和维护劳动关系的协调机制。

(三) 劳动合同的内容及原则

1. 劳动合同的内容

劳动合同的内容,就是指双方当事人通过协商一致并达成的关于劳动权利和义务的具体规定。劳动合同的内容是通过具体条款体现的。劳动合同内容分为法定内容和商定内容,如图 9-12 所示。

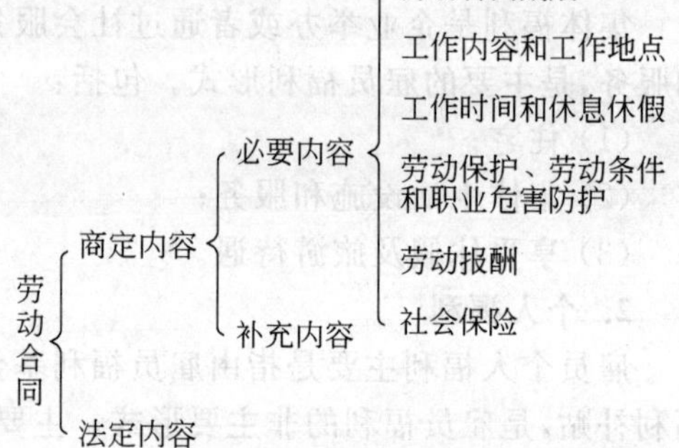

图 9-12 劳动合同的内容

(1) 法定内容

法定内容是《劳动法》规定的劳动合同当事人必须遵照执行的规定。例如,法定的工作时间和休息休假时间、最低工资标准、劳动安全卫生标准、社会保险待遇等。

(2) 商定内容

商定内容是双方当事人协商规定的劳动合同内容。商定内容又分为必要内容和补充内容。

① 必要内容。通常必要内容包括:劳动合同期限;工作内容;劳动保护和劳动条件;劳动报酬;劳动纪律;社会保险;劳动合同终止的条件;违反劳动合同的责任。

固定工制度与劳动合同制度的比较

在我国计划经济时期,绝大多数用人单位都采用固定工制度。进入市场经济阶段,我国的企业从固定工制度向劳动合同制度转化。以下是对两种制度的比较,见表 9-3。

表 9-3 固定工制度与劳动合同制度的比较

固定工制度	劳动合同制度	比较的结论
用人单位没有录用职工的自主权,职工无权选择最适合自己条件的岗位	用人单位真正行使用人自主权,劳动者有权选择自己的职业	实行劳动合同制度可以促进劳动力资源合理配置
劳动者在就业上没有任何压力,到一定年龄即可就业,没有竞争	用人单位择优录用,劳动者就业通过竞争实现	建立劳动合同制度可以增加劳动者的竞争意识和促进劳动者自身素质的提高
就业后劳动者的劳动报酬与经济责任不发生直接联系,劳动者手捧"铁饭碗",吃"大锅饭"	劳动者岗位的延续需要通过竞争实现,劳动报酬与经济责任发生联系,按劳付酬,没有"大锅饭"和"铁饭碗"	实行劳动合同制度有利于调动劳动者的积极性和创造性,体现劳动者主人翁地位

② 补充内容。补充内容并非劳动合同成立必须具备的内容，缺少它劳动合同依然成立。用人单位与劳动者可以约定试用期、培训、保守秘密、补充保险和福利待遇等其他事项，例如，用人单位是否向劳动者提供住房、班车、托儿所、幼儿园和其他生活福利设施等。

2. 制定劳动合同的原则

(1) 平等自愿。

(2) 协商一致原则。

(3) 合法性原则。

(4) 互利互惠原则。

小贴士

有关新《劳动合同法》试用期的一个案例分析

2008 年 3 月，某餐饮有限公司因为公司业务发展的需要，决定招聘部分职工，以扩大公司的经营。在公司的招聘过程中，王女士也参加了应聘，经过公司的考核，认为王女士基本符合公司的招聘条件，该餐饮有限公司决定招用王女士。在签订劳动合同时，该餐饮有限公司提出：按照公司的规定，凡是新招用的职工要先签订 3 个月的试用合同，在试用合同履行期间，所有的试用员工的月工资为 500 元，待试用合格以后再与员工签订正式的劳动合同，每月工资 1500 元。王女士提出签订一年期的劳动合同，公司认为只能先签订试用合同，试用合格后才能签订正式的劳动合同，不能直接签订劳动合同。当事人双方就劳动合同的签订问题发生争议。

(1) 在本案例中，某餐饮有限公司提出只能先签订 3 个月的试用合同，试用合格后再签订正式的劳动合同是否合法？为什么？

(2) 在本案例中，如果王女士与某餐饮有限公司签订了一年期的劳动合同，试用期应当是多长时间？

(3)对于劳动者在试用期内的工资支付标准问题，《劳动合同法》是如何规定的？

案例分析：

(1) 不合法，用人单位与劳动者的劳动合同有且只有唯一生效的一个，试用期没有单独的试用期合同，因为试用期也是包含在合同期内的。况且用人单位应该自用工之日一个月内就与劳动者签订劳动合同，此为正式的劳动合同。（参阅法条：《劳动合同法》第七条、第十条、第十九条）

(2)劳动合同在一年以上不满三年的，试用期不超过两个月，此处的一年以上应该包含一年，所以王女士的试用期不得超过两个月。（参阅法条：《劳动合同法》第十九条）

(3)劳动者在试用期内的工资应不得低于正式工资的 80%，并不得低于当地最低工资标准。此处有个双重限制。（参阅法条：《劳动合同法》第二十条）

资料来源：鹤壁市人力资源和社会保障局. http://www.hahb.lss.gov.cn/news/show.php? id=2969

(四)劳动合同的签订

劳动合同签订过程包括:用人单位拟订劳动合同草案→劳动者与用人单位协商劳动合同内容→签字盖章→鉴证。

用人单位拟定的劳动合同草案必须以《合同法》为基础,不得违反国家的相关政策。例如,法定条款应该包括劳动期限、工作内容:工种和岗位、工作地点和场所、劳动保护和劳动条件、劳动报酬、劳动纪律、劳动合同终止的条件、违约责任;商定条款应该包括:试用期、培训、保守商业秘密、补充保险和福利待遇等。

在正式签订合同之前,劳动者有权利与用人单位就相关条款进行协商修改。需要注意的是,在双方签字盖章之后,劳动合同的签订还没有结束,需要对合同进行签证。

劳动合同鉴证是劳动行政主管部门根据劳动合同当事人的申请,依法审查、证明劳动合同的合法性、真实性、完备性和可行性的一项行政监督和服务措施。

二、劳动合同的变更、终止与解除

(一)劳动合同的变更

由于社会环境、用人单位的经营与发展情况,可能导致劳动合同的变更。例如,A企业由于经营不善可能被B企业兼并,而工人C与A企业签订的劳动合同还未到期,这时,A企业就可以与员工C通过补充协议的形式将变化后双方的责、权、利加以说明。

用人单位与劳动者协商一致,可以变更劳动合同约定的内容。变更劳动合同,应当采用书面形式。变更后的劳动合同文本由用人单位和劳动者各执一份。

(二)劳动合同的终止

劳动合同的终止是指终止劳动合同的法律效力。从狭义上讲,劳动合同的终止是指劳动合同的双方当事人按照合同所规定的权利和义务都已经完全履行,且任何一方当事人均未提出继续保持劳动关系的法律行为。广义的劳动合同终止包括劳动合同的解除。

劳动合同订立后,双方当事人不得随意终止劳动合同,只有在劳动法律、法规允许的情况下,当事人才可以终止劳动合同。

新《劳动合同法》规定有下列情形之一的,劳动合同终止。第一,劳动合同期满的;第二,劳动者开始依法享受基本养老保险待遇的;第三,劳动者死亡,或者被人民法院宣告死亡或者宣告失踪的;第四,用人单位被依法宣告破产的;第五,用人单位被吊销营业执照、责令关闭、撤销或者用人单位决定提前解散的;第六,法律、行政法规规定的其他情形。

(三)劳动合同的解除

严格地说,企业劳动合同的解除是劳动合同终止的一种形式。劳动合同的解除是指劳动合同签订以后,尚未履行完毕之前,由于一定事由的出现,提前终止劳动合同的法律行为。

劳动合同的解除可分为两大类型：双方解除和单方解除。双方解除是指协商解除或协议解除，是指劳动合同双方当事人通过协商达成协议解除劳动合同，法律不加以限制。单方解除，即一方通过行使解除权而解除劳动合同，不以对方当事人是否同意为转移。

根据我国《劳动合同法》规定，劳动合同的单方解除又可分为用人单位解除劳动合同和劳动者解除劳动合同。通常我们称用人单位单方解除劳动合同为辞退或解雇，劳动者解除劳动合同为辞职。

新《劳动合同法》规定，劳动者提前30日以书面形式通知用人单位，可以解除劳动合同。劳动者在试用期内提前3日通知用人单位，可以解除劳动合同。用人单位未依法为劳动者缴纳社会保险费的，劳动者可以解除劳动合同。

1. 用人单位可单方解除合同

劳动者有下列情形之一的，用人单位可以解除劳动合同：

(1) 在试用期间被证明不符合录用条件的。

(2) 严重违反用人单位的规章制度的。

(3) 严重失职，营私舞弊，给用人单位造成重大损害的。

(4) 劳动者同时与其他用人单位建立劳动关系，对完成本单位的工作任务造成严重影响，或者经用人单位提出，拒不改正的。

(5) 以欺诈、胁迫的手段或者乘人之危，使对方在违背真实意思的情况下订立或者变更劳动合同的；用人单位免除自己的法定责任、排除劳动者权利的；违反法律、行政法规强制性规定的。

(6) 被依法追究刑事责任的。

2. 用人单位不得解除劳动合同的情况

劳动者有下列情形之一的，用人单位不得解除劳动合同：

(1) 从事接触职业病危害作业的劳动者未进行离岗前职业健康检查，或者疑似职业病病人在诊断或者医学观察期间的。

(2) 在本单位患职业病或者因工负伤并被确认丧失或者部分丧失劳动能力的。

(3) 患病或者非因工负伤，在规定的医疗期内的。

(4) 女职工在孕期、产期、哺乳期的。

(5) 在本单位连续工作满十五年，且距法定退休年龄不足五年的。

(6) 法律、行政法规规定的其他情形。

小贴士

华为应对新《劳动合同法》万名员工自选去留

《21世纪经济报道》2007年10月29日报道，记者丘慧慧　2008年1月1日实施的新《劳动合同法》规定：劳动者在满足“已在用人单位连续工作满十年”的条件后，可以与用人单位订立“无固定期限劳动合同”，成为永久员工。华为为了应对这一规定，近日要求所有工作满八年的近万名华为员工在2008年元旦之前，先后办理主动辞职手续，再与公司签订1～3年的劳动合同。

新《劳动合同法》第十四条增补后规定：用人单位与劳动者协商一致，可以订立无固定期限劳动合同。有下列情形之一，劳动者提出或者同意续订劳动合同的，应当订立无固定期限劳动合同：(一)劳动者已在该用人单位连续工作满十年的；(二)用人单位初次实行劳动合同制度或者国有企业改制重新订立劳动合同时，劳动者在该用人单位连续工作满十年且距法定退休年龄不足十年的；(三)连续订立二次固定期限劳动合同且劳动者在没有严重失职、营私舞弊等前提下，用人单位必须与其续订劳动合同的。

新《劳动合同法》的规定显然给企业用人加了一道紧箍咒。以华为为例，针对在华为工作服务即将满十年的员工，公司将更为谨慎地考虑是否与之续签合约问题，该员工能否在此后的服务年限中保持与公司发展同步？一旦公司未来出现经营调整，新用工制度会否对企业带来过重成本压力？以后出现劳动纠纷，企业如何规避法律风险？

华为随之还要应对的一个新问题是：在这些老员工之外，一名连续两次签订一年合同期限的员工，在其第二次合约到期后是否长期留用这名员工？

资料来源：节选自《21世纪经济报道》，2007年10月30日

3. 劳动者单方解除劳动合同

用人单位有下列情形之一的，劳动者可以解除劳动合同：

(1) 未按照劳动合同约定提供劳动保护或者劳动条件的。

(2) 未及时足额支付劳动报酬的。

(3) 未依法为劳动者缴纳社会保险费的。

(4) 用人单位的规章制度违反法律、法规的规定，损害劳动者权益的。

(5) 因《劳动合同法》第二十六条第一款规定的情形致使劳动合同无效的。

(6) 法律、行政法规规定劳动者可以解除劳动合同的其他情形。

用人单位以暴力、威胁或者非法限制人身自由的手段强迫劳动者劳动的，或者用人单位违章指挥、强令冒险作业危及劳动者人身安全的，劳动者可以立即解除劳动合同，不需事先告知用人单位。

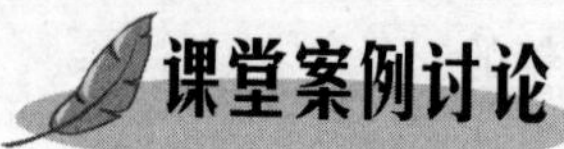

新劳动合同法案例——不服调动被解职对吗？

柯先生在南京一家电子设备公司从事销售，这些年来他的业绩在公司里一直名列前茅，可是去年单位的一纸调令让他感到无法理解。原来，单位声称要拓展外地业务，将柯先生调往河南担任销售负责人，并且每年给300万元的销售任务。

“一起被派到其他省的还有几个同事，我们的共同特点是年纪大了。”柯先生说，“我是南京人，小孩也快高考了，这时让我到外地去开拓，心理上难以接受。根据公司的实力，到

一个新地方一年销售300万元，简直是不可能完成的任务。”由于对公司的通知不服，公司随即以不接受安排为由与他解除劳动合同。柯先生于是申请了劳动仲裁，最后上了法院。

资料来源：新劳动法案例——不服调动被解职对吗?. http://z.caihao.com/zixun/anli/3912.html(徐州人才网),2009-09-22

讨论题：公司是否能与柯先生单方解除劳动合同?

三、违反合同的赔偿责任

违反劳动合同的责任是指违反劳动合同约定所应承担的责任。新《劳动合同法》第七章的“法律责任”对用人单位和劳动者双方当事人违反劳动合同应承担的责任，作了详尽的规定。

四、劳动争议与处理

（一）劳动争议的含义及种类

1. 劳动争议的含义

劳动争议也叫劳动纠纷，它是指劳动关系的双方主体及其代表之间在实现劳动权利和履行劳动义务等方面所产生的争议或纠纷。

企业劳动争议的内容是多方面的。综合起来说，这些基本内容具体涵盖以下10个主要方面。

(1) 有关工资、津贴和奖金等问题。

(2) 有关集体合同的执行、解除和终止以及重新谈判等问题。

(3) 有关个人劳动合同的执行、解除、变更和终止等问题。

(4) 有关工人的录用、辞退、辞职和工作变动等问题。

(5) 有关工会的成立、运作管理和代表权的承认等问题。

(6) 有关工作安全和劳动卫生等问题。

(7) 有关工作时间和休息、休假等问题。

(8) 有关就业培训和职业训练等方面的问题。

(9) 有关劳动保险、劳动福利以及女职工、未成年劳工特殊保护等方面的问题。

(10) 有关社会宏观因素和企业外部环境等问题，如通货膨胀、失业、社会保障投资、政治因素和税率等。

2. 劳动争议的种类

(1) 去职纠纷

去职纠纷又称终止劳动关系的劳动争议，是指企业开除、除名、辞退职工或职工辞职、离职而发生的劳动争议。

(2) 管理纠纷

管理纠纷常常涉及执行劳动法规的劳动争议，是指企业和职工之间因执行国家有关工资、保险、福利、培训、劳动保护规定而发生的争议。

（3）待遇纠纷

待遇纠纷是指因执行国家及单位自身的有关工资、保险、福利、养老金、医疗费、培训及劳动保护等规定发生的争议。

（4）劳动合同纠纷

劳动合同纠纷又称履行劳动合同的劳动争议，是指企业和职工之间因执行、变更、解除劳动合同而发生的争议。

（二）劳动争议的管理机构

《劳动合同法》第七十七条规定："劳动者合法权益受到侵害的，有权要求有关部门依法处理，或者依法申请仲裁、提起诉讼。"也就是说，我国把劳动争议的处理程序分为调解、仲裁和诉讼三个阶段。

与此相应的机构是：企业劳动争议调解委员会；依法设立的基层人民调解组织；在乡镇、街道设立的具有劳动争议调解职能的组织；人民法院。

（三）处理劳动争议的原则

一般的劳动争议发生后，我国的处理机制是这样的：当事人双方可以协商解决；不愿协商解决或者协商不成的，可以向本企业劳动争议调解委员会申请调解；调解不成的，可以向劳动争议仲裁委员会申请仲裁；对仲裁裁决不服的，除《劳动合同法》另有规定的外，可以向人民法院提起诉讼。

根据《中华人民共和国劳动争议调解仲裁法》（以下简称《劳动争议调解仲裁法》）第三条的规定："解决劳动争议，应当根据事实，遵循合法、公正、及时、着重调解的原则，依法保护当事人的合法权益。"

小贴士

下班途中被非机动车撞伤不算工伤案件简述

2009年2月4日，某研究所职工王某骑自行车下班途中被电动车撞伤，向北京朝阳区劳动保障行政部门提出工伤认定申请，并提交了相关材料。其中《简易程序处理交通事故认定书》中记录的交通方式为"两轮电动车"。朝阳区劳动保障行政部门随即到亚运村公安交通大队进行了调查了解，亚运村公安交通大队出具的书面《答复》是"致使王某受伤的肇事车辆为两轮电动车，按非机动车管理"。劳动保障行政部门根据《工伤保险条例》第14条第6项规定，于当年4月1日作出了"非工伤认定结论"，认定王某受伤不属于工伤。

王某对认定结论不服，向上一级政府法制机构申请行政复议，上一级政府法制机构作出了维持"非工伤认定结论"的行政复议决定。王某遂诉至一审法院，一审法院也维持了劳动保障行政部门作出的"非工伤认定结论"。王某对判决结果不服，再次向二审法院提起上诉，二审法院维持了一审法院的行政判决、驳回了王某要求撤销劳动保障行政部门"非工伤认定结论"的诉讼请求。

案件评析：从此案中不难看出存在两个焦点问题。

1. 肇事车辆是机动车还是非机动车

《工伤保险条例》第14条第6项规定："在上下班途中，受到机动车事故伤害的"，应当认定为工伤。对于肇事车辆属于机动车还是属于非机动车的准确判断，应当依据车辆管理的相关法律，结合涉案车辆的具体情况进行。

本案中，王某虽然是在下班途中发生了交通事故，但是将其撞伤的肇事车辆为"两轮电动车"，公安交通部门出具的书面《答复》明确"按非机动车管理"。机动车按机动车管理，非机动车按非机动车管理，这是交通部门在车辆管理上的划分，也是大家都能理解的常识。因此劳动保障行政部门根据《答复》意见，认定王某在下班途中被非机动车撞伤，不符合《工伤保险条例》的规定。而王某在劳动保障行政部门调查过程中，以及行政复议申请书中称该车应属于机动车的陈述缺乏事实和法律依据，其伤害应认定为工伤的主张不能成立。

2. 工伤认定案件举证责任应当如何承担

王某在诉状中提出劳动保障行政部门负有举证责任。部门劳动保障行政部门只是在诉讼阶段负举证责任，而在工伤认定调查阶段，王某对其自己的主张"认为肇事车辆是机动车"负举证责任。但在此案工伤认定调查过程中王某并没有提交出该肇事车辆是机动车的证据，因此，劳动保障行政部门调取的交通部门出具的书面《答复》成为了认定王某是否属于工伤的关键证据。

资料来源：http://www.bjld.gov.cn/tszl/ldzcalydp/201102/t20110214_25552.html(北京市人力资源和社会保障局)，2011-02-14

（四）劳动争议的解决方法

1. 协商

协商是争议双方当事人在自愿、平等的基础上，自行协商解决争议。《劳动争议调解仲裁法》第四条规定，"发生劳动争议，劳动者可以与用人单位协商，也可以请工会或者第三方共同与用人单位协商，达成和解协议。"

2. 调解

调解是指劳动争议当事人，在本单位劳动争议调解的主持下，查明事实，分清是非，明确责任，用民主协商的方法解决争议。《劳动争议调解仲裁法》第五条规定，"发生劳动争议，当事人不愿协商、协商不成或者达成和解协议后不履行的，可以向调解组织申请调解。"根据劳动合同法律法规的规定，调解必须遵循自愿原则。当事人有权不申请调解，或者在调解过程中拒绝调解，或者达成调解协议后反悔，有权选择仲裁与诉讼途径解决劳动争议。

《劳动争议调解仲裁法》第十条规定，发生劳动争议，当事人可以到下列调解组织申请调解：

(1) 企业劳动争议调解委员会；

(2) 依法设立的基层人民调解组织；

(3) 在乡镇、街道设立的具有劳动争议调解职能的组织。

企业劳动争议调解委员会由职工代表和企业代表组成。职工代表由工会成员担任或者由全体职工推举产生,企业代表由企业负责人指定。企业劳动争议调解委员会主任由工会成员或者双方推举的人员担任。

3. 仲裁

劳动仲裁是指由劳动争议仲裁委员会对当事人申请仲裁的劳动争议居中公断与裁决。在我国,劳动仲裁是劳动争议当事人向人民法院提起诉讼的必经途径。

按照《劳动争议调解仲裁法》第二十七条规定,"劳动争议申请仲裁的时效期间为一年。仲裁时效期间从当事人知道或者应当知道其权利被侵害之日起计算。"即提起劳动仲裁的一方应在劳动争议发生之日起一年内向劳动争议仲裁委员会提出书面申请。除非当事人是因不可抗力或有其他正当理由,否则越过法律规定的申请仲裁时效的,仲裁委员会不予受理。《劳动争议调解仲裁法》第二十九条规定,"劳动争议仲裁委员会收到仲裁申请之日起五日内,认为符合受理条件的,应当受理,并通知申请人;认为不符合受理条件的,应当书面通知申请人不予受理,并说明理由。对劳动争议仲裁委员会不予受理或者逾期未作出决定的,申请人可以就该劳动争议事项向人民法院提起诉讼。"对仲裁裁决无异议的,当事人必须履行。

4. 法律诉讼

当事人不服仲裁裁决的,自收到仲裁裁决书之日起 15 日内,可以向人民法院起诉。审判是法院依照司法程序对劳动争议进行审理并做出判决的诉讼活动。人民法院审理劳动争议实行两审终审制。当事人不服地方人民法院第一审判决的,可以在判决书送达之日起 15 日内向上一级人民法院提起上诉。到期不上诉的,一审判决生效。第二审人民法院做出的判决是终审判决、生效判决。

此外,根据《中华人民共和国民事诉讼法》关于审判监督程序的规定,当事人对已经发生法律效力的判决、裁定,认为在事实和适用法律上是错误的,可以向原审人民法院或者上一级人民法院申请再审,但不应停止裁定的执行。

本章小结

1. 人力资源管理是指运用现代化的科学方法,对与一定物力相结合的人力进行合理的培训、组织和调配,使人力、物力经常保持最佳比例。同时对人的思想、心理和行为进行恰当的诱导、控制和协调,充分发挥人的主观能动性,使人尽其才,事得其人,人事相宜,以实现组织目标。

2. 工作分析是人力资源管理的基础。对组织中的各个工作岗位进行分析,确定每一个工作岗位的具体要求,包括技术及种类、范围和熟练程度,学习、工作与生活经验,身体健康状况,工作的责任、权利与义务等方面的情况。

3. 人力资源的招聘与配置是指利用各种方法和手段,如受推荐、刊登广告、举办人才交流会、到职业介绍所登记等从组织内部或外部吸引应聘人员;并且经过资格审查,从应聘人员中初选出一定数量的候选人,再经过严格的考试,确定最后录用人选。招聘后的员工经过岗前培训就可以安排到相应的岗位，这就是人力资源的配置。

4. 雇用管理与劳资关系是指员工一旦被组织聘用，就与组织形成了一种雇用与被雇用的关系，有必要就员工的工资、福利、工作条件和环境等事宜达成一定协议，签订劳动合同。在履行劳动合同的过程中，常常会出现分歧甚至是纠纷，这就需要人力资源管理部门进行沟通、协商与协调。

5. 员工的职业管理是指人力资源管理者使用职前教育与在职培训、工作轮换等方法，对员工进行不断的培养。

6. 绩效管理是指为了达成组织的目标，通过持续开放的沟通过程，形成组织目标所预期的利益和产出，并推动团队和个人做出有利于目标达成的行为。绩效管理有别于传统的绩效考核，其突出特点是不仅从员工的工作动机、能力与工作结果中寻找绩效的问题，还强调通过对员工绩效的考核发现工作设计、流程等方面的问题，从工作设计出发，根本地解决管理中的问题。

7. 薪酬与福利管理

薪酬与福利管理关系到企业中员工队伍的稳定与否。人力资源管理部门要从员工的资历、职级、岗位、表现和工作成绩等方面，为员工制订相应的、具有吸引力的工资报酬与福利标准和制度。

思考与练习

一、填空题

1. 工作分析也叫做________或者________，它是确定完成各项工作所需的技能、责任和知识的系统过程，它需要对每项工作的内容进行清楚准确的描述，对完成该工作的职责、权力、隶属关系、工作条件提出具体的要求，并形成职务说明书的过程。

2. 员工招聘是指组织根据________和________的数量和质量要求，将与组织发展目标、文化价值观以及业务需要相一致的，且具有一定素质和能力的应聘者吸引并选拔到组织空缺职位上的持续不断的过程。

3. ________是劳动者与用人单位确立劳动关系，明确双方权利和义务的协议。

二、选择题

1. 员工招聘应该遵循(　　)。

A. 遵守国家的有关法律、政策和维护本国利益

B. 效率优先原则

C. 平等竞争原则

D. 内部优先的原则

2. 绩效考核指标的来源主要有(　　)。

A. 战略　B. 流程　C. 职位　D. 问题解决　E. 能力

3. 广义薪酬主要包括(　　)。

A. 工资　B. 奖金　C. 津贴　D. 分红　E. 各种福利

三、判断题

1. 绩效考核和绩效管理是一回事。　(　　)

2. 能力是引起个体绩效差异的持久性个人心理特征。 ( )

3. 员工在疾病治疗期内,用人方不得将其辞退。 ( )

四、名词解释

1. 人力资源业务计划

2. 集体福利

五、简答题

1. 简述绩效考核与绩效管理的区别。

2. 个人福利包括哪几方面?

工作导向标

盛夏莉的人力资源管理员工作

盛夏莉学的是人力资源,由于实习时工作认真负责,毕业后留在了实习单位。这是一家中型企业。盛夏莉在人力资源部主要负责单位员工社保的办理。

每月20日之前,她需到管辖她所在企业的社保中心为企业员工办理社保,办理社保前她需要填写一系列的表,主要是对"在职职工增减异动明细表"的调整。

她在规范的表格中,严格按身份证中信息填写本单位员工的"姓名"、"性别"、"出生年月"、"个人账户(身份证号)"。

将"新增"、"续保"、"本市转入"、"市外转入"分别填写相关的表格或申请,再到社保管理部门办理手续。

思考题:请具体到某个公司,写出主要负责社保工作人员的工作职责。

宝安集团的人才故事

深圳宝安集团从一个类似县属企业的基础起家,不到10年,发展成一个拥有几十亿元资产、多元化和跨国经营的大型企业集团,主要靠的是什么?集团董事局副主席兼总经理陈政立说,原因可以归结为十条百条,但最重要的是,始终如一地重视人才的引进、培养和使用。创业的时候如此,大发展以后也如此;困难的时候如此,顺利的时候也如此。下面是发生在宝安集团的几个有趣的故事。

故事一:大街上抢来一个总会计师

在宝安集团,大家都知道总会计师王英凤来"宝安"的一段颇带戏剧性的故事。

王英凤搞了几十年财务,是个颇为精细的理财能手。她以前一直在紫金县粮食局工作,1984年,通过组织程序调动到宝安县粮食局。这天,她提着行李揣着调令到宝安县粮食局报到,可巧,人家中午休息,于是她就在楼下等着。此时,宝安集团一个出纳员路过此地,因两人有过一面之缘,因此便打了个招呼。当出纳员得知她是调来到县粮食局当会计时,忽然想起眼下集团急需有经验的会计,于是请她站住别动,自己匆匆跑回集团汇报。集团领导得知王英凤是位经验丰富、业务水平高超的会计,毫不犹豫地说快把她请来。当王英凤坐在宝安集团经理室，听完这个集团艰苦创业的历史和目前急需高级财会人员的现状后，立刻被这个集团蒸蒸日上的事业所激励，被集团求才若渴的精神所感动，于是同意加入这支队伍。这以后当然还有与粮食局的反复协商，但最终王英凤来到了“宝安”，而且干得相当出色。1990 年，在全国财务系统评选表彰活动中，她被评为“全国先进会计师”，这个称号在深圳市只有一个。

今天，60 岁的王英凤，仍然在总会计师的岗位上默默工作着。不过。她偶尔也想过：当时人家粮食局要是中午不休息呢?!

故事二：“三顾茅庐”请来一个总工程师

林孟新毕业于广东工学院土木工程系，后分配到肇庆地区高要县水电局工作。1985 年，宝安集团开展房地产开发工作，急需专业人才，于是辗转把他借调来。两年过去了，林孟新干得很出色，并被任命为房地产公司经理，可他的关系还在高要县，原单位不放他。集团领导指示人事部，有多大困难也要把林孟新调来。

于是人事部副部长刘伟雄三到高要县，软的、硬的，嘴皮子都快磨破了。原来的单位指责林孟新无组织、无纪律，说：“林孟新是干部，别忘了组织约束。”刘伟雄争辩道：“干部是国家所有制，不是地区所有制。放在哪里最能发挥作用，就放在哪里。”对方又说：“我们要处分他。”刘伟雄又争辩说：“林孟新现在深圳，在为党工作，而且工作得很好，并没有犯什么错误。”刘伟雄代表宝安集团情真意切地向人家表示：“我们感谢你们多年来对林孟新的培养。林孟新到深圳，也不会忘了你们，他那里可以作为你们一个落脚点，我们整个公司都是你们的落脚点。”

这事终于办成了。林孟新现在是宝安集团总工程师，还兼着深圳桓安房地产开发有限公司总经理。公司上下现在还都把这段故事叫做“三顾茅庐”。虽然不太贴切，但意思还是明白的。

故事三：博士生要回上海，行李都发运走了，硬是给追了回来

叶季雄毕业于上海第一医学院，当过湖南一个制药厂副厂长，后来到深圳一家公司当总经济师。他一直关注着国内外医药界最新动态。当他知道宝安集团要发展自己的高科技产品后，便到“宝安”毛遂自荐，谈了自己对生物工程的想法。“宝安”第二天就定了，请他来创办生物工程企业。陈政立对他说：这一摊子交给你，搞什么你定。该买的厂房要买，而且高科技企业最好办在市区。关键的设备可以进口。至于人才，也由你去挖。

这以后，叶季雄四处打听生物工程方面的人才。一位熟人向他介绍，上海复旦大学博士生刘坚，在读博士期间的研究课题是 PCR 系列诊断试剂盒，现已基本成功。几个月前刘坚携带这一成果来深圳与一家公司合作开发。但据反映刘坚书生气较足，不大容易合作，因此未能继续。目前刘坚已准备返回上海。

叶季雄马上向陈政立汇报，倾向于把刘坚留下来。但叶季雄心里也有点发毛，自己刚来四五天，又要推荐一个有争议的人，这能行吗？谁想陈政立听后立即拍板：要！并说哪有一丁点毛病都没有的人才呢！

此时，刘坚已联系好上海一家单位，人家已为他安排好了住房，行李也已托运走了。叶季雄代表公司恳切挽留他，并马上随他飞到上海办理有关手续。

现在，这种具有国内先进水平的 PCR 系列诊断试剂盒已投入批量生产，并已在广东省和深圳市一些大医院推广应用,取得了良好的社会效益和经济效益。

故事四:一位外贸经理率部"跳槽"到宝安的经历

李琦,深圳宝安进出口公司副总经理,来"宝安"以前,是内地一个进出口公司驻海南分公司的经理。他说:分公司成立3年,向上边交了2000多万元利润。原先签了合同,完成承包基数后,每超过100万元奖励2万元。大家拼着命地干,年底一算下来,要奖励我们海南分公司100多万元。上边这可犯了难,总经理、党委书记都来海南做工作,说是如果按照合同奖,那就与内地总公司的收入悬殊太大了。最后,只奖了我们几千元。顺便说一句,原先那合同还是经过公证了的。这还算小事,最气人的是,我们创造了那么多利润,却频频受到各种调查、审计,最多的时候一年接待过五花八门的17个调查组。有一次开车陪调查人员去玩,因为太困,迎面撞上一辆大卡车,在医院昏迷了好几天,竟有人说这是畏罪自杀。

宝安集团知道我们的处境后,表示愿意把我们收到麾下。这样,我们连公司带骨干便转到"宝安",整个手续一个星期就办完了。来"宝安"后,没有那么多乱七八糟的事干扰你,可以放开手脚,完完全全地扑到工作上。我们是做进出口贸易的,而且主要是远洋贸易。公司转到"宝安"一年,已创汇1000多万美元,这在海南各进出口公司更是名列前茅的。去年下半年我们上缴利润300多万元,今年的指标是800万元,现在就已超过了。最近,我们又被评为海南省信得过的企业。

资料来源:根据张岩松,李健编著《人力资源管理案例精选精析》(经济管理出版社,2005)改编。

讨论题:

1. 结合本案例谈谈人才在企业发展中的作用。

2. 从本案例讲述的几个故事中可以看出宝安集团在人力资源管理中坚持了什么原则?

3. 在本故事中,外贸经理为何率部"跳槽"来宝安?其原单位在人力资源管理上存在什么问题?

第二版参考文献

[1] 蔡瑞林.现代企业管理基础与实务.南京：东南大学出版社,2010

[2] 孙金霞.现代企业经营管理——理论、事物、案例、实训.北京：高等教育出版社,2010

[3] 徐沁.现代企业管理——理论与应用.北京：清华大学出版社,2010

[4] 全国经营师执业资格认证培训教材编审委员会.企业经营管理实务(双证教材).北京：清华大学出版社、北京交通大学出版社,2007

[5] 刘芳.企业管理.合肥：合肥工业大学出版社，2010

[6] 王永芳,吕书梅.企业管理实务.大连：大连出版社，2011

[7] 刘炳南.现代企业管理.西安：西安交通大学出版社，2010

[8] 姚莉.现代企业管理.武汉：武汉大学出版社，2010

[9] 彭加平.新编现代企业管理.北京：北京理工大学出版社，2010

[10] 李家林,林岳儒.生产管理流程设计与制度范本.北京：化学工业出版社，2011

[11] 张霁明,康贤刚.物流管理.武汉：华中科技大学出版社，2011

[12] 刘晓军.连锁企业物流管理实务.北京：对外经济贸易大学出版社，2010

[13] 蓝海林.企业战略管理.北京：科学出版社，2011

[14] 孙磊.质量管理实战全书.北京：人民邮电出版社，2011

[15] 孙跃兰.ISO 9000 族质量管理标准理论与实务.北京：机械工业出版社，2011

[16] 于燕.市场营销.北京：北京师范大学出版社，2011

[17] 刘菊.市场营销实务.上海：立信会计出版社，2011

[18] 杨勇,束军意.市场营销：理论、案例与实训.北京：中国人民大学出版社，2011

[19] 姚小风.生产管理咨询工具箱.北京：人民邮电出版社，2010

[20] 王宏江,陈振飞.制度管理.北京：中国水利水电出版社，2008

[21] 刘松.管理智慧 168.北京：机械工业出版社,2005

[22] [美]大卫·鲁南,梁捷译.伊索寓言与 CEO.上海：学林出版社,2006

[23] 王海民.十大管理哲理故事经典.北京：海潮出版社,2006

[24] 樊丽丽.趣味管理案例集锦.北京：中国经济出版社,2005

[25] 许进,陈宇峰,诸子寓言经营智慧.北京：中国纺织出版社,2006

[26] 谢文辉.智慧管理.北京：民主与建设出版社,2004

[27] 赵宁.故事中的管理学.北京：地震出版社,2005

[28] 段衍.影响人一生的 100 个管理寓言.第二版.北京：光明出版社,2010

[29] 陈书凯.小故事妙管理.北京：中国纺织出版社,2005

[30] 尤建新.企业管理理论与实践.北京：中国纺织出版社,2009

[31] 高海晨.现代企业管理.北京：北京师范大学出版社,2009

[32] 王化成,李相国.财务管理学.北京：中国财政经济出版社,2006

[33] 于富生,王俊生,黎文珠.成本会计学.北京：中国人民大学出版社,2005

[34] 田钊利主编,企业财务管理.北京：中国人民大学出版社,2010

[35] 陈捷,王丹.现代企业管理教程.北京：清华大学出版社,2008

[36] 张余华.现代物流管理.第二版.北京：清华大学出版社，2010

[37] 马士华,林勇编著.供应链管理.第三版.北京：机械工业出版社,2010

第一版参考文献

1. [美]H. 詹姆斯·哈林顿,詹姆斯·S. 哈林顿.全面改进管理.北京：中国财政经济出版社,2002
2. [美]L.J.布儒瓦,艾琳·M.杜海米等.战略管理.北京：中信出版社,2004
3. [美]彼得·圣吉. 第五项修炼. 第二版.上海：上海三联出版社,1998
4. [美]斯蒂芬·P.罗宾斯著,柯江华译.组织行为学精要.北京：机械工业出版社,2003
5. [美]斯蒂芬·P.罗宾斯,玛丽·库尔特著,孙健敏,黄卫伟,王凤彬等译. 管理学. 第七版.北京：中国人民大学出版社,2004
6. [美]约翰·A. 皮尔斯二世,小理查德·B.鲁滨逊著,王丹等译.战略管理——制定、实施和控制. 北京：中国人民大学出版社,2005
7. [美]詹姆斯·C.范霍恩,小约翰·M.瓦霍维奇著,郭浩译.现代企业财务管理.北京：经济科学出版社,2002
8. H.James Harrington 著,于增彪等译.业务流程改进.北京：中国财政经济出版社,2002
9. Ravi Anupindi 等著,梅绍祖,蒋梨利译.企业流程管理.北京：清华大学出版社,2003
10. [英]埃迪·奥本.现代企业诊断.北京：机械工业出版社,2000
11. 北京经纪人协会.企业登记代理常用法规
12. 布鲁斯·A.汉德生,乔拉·L.拉科著,孙强毅等译.精益企业.上海：上海科学技术文献出版社,2000
13. 代义国.公司用人方略.北京：中国经济出版社,2005
14. 戴淑芬.管理学教程. 第三版.北京：北京大学出版社,2006
15. 方虹主编.国际企业管理.北京：首都经济贸易大学出版社,2006
16. 冯国英,朱海松.海尔背后.广州：广东经济出版社,2004
17. 甘华鸣主编.业务流程.北京：中国国际广播出版社,2002
18. 高程德.现代公司理论.北京：北京大学出版社,2000
19. 顾天辉,杨立峰,张文昌.企业战略管理.北京：科学出版社,2004
20. 郭京生.人员培训实务手册.北京：机械工业出版社,2005
21. 郭咸纲.企业文化扩张模式.北京：清华大学出版社,2005
22. 何永芳.现代公司制度——前沿问题研究.成都：西南财经大学出版社,2006
23. 黑尔里格尔等著,岳进等译.组织行为学.北京：中国社会科学出版社,2001
24. 侯贵松.人力资源管理.北京.中国纺织出版社,2006
25. 胡世强,王谊,邓康林.市场营销实务.成都：西南财经大学出版社,2006
26. 胡世强等.小企业市场营销实务.成都：西南财经大学出版社,2006
27. 蒋志青.企业业务流程设计与管理.北京：电子工业出版社,2002
28. 荆新,王化成主编.财务管理学.北京：中国人民大学出版社,2003
29. 兰苓,刘志敏.市场营销学. 第二版.北京：中央广播电视大学出版社,2006
30. 兰苓.市场营销学.北京：中央广播电视大学出版社,2000
31. 郎志正.质量管理及其技术和方法.北京：中国标准出版社,2003
32. 李枫林编著.企业业务流程管理.武汉：武汉大学出版社,2006
33. 李剑.人力资源管理实务必备手册.北京：中国言实出版社,2004

34. 李珑. 管理心理学. 北京：北京科学技术出版社，2006
35. 李为柱，李学方，周韵笙编著. 2000 版 ISO 9000 族标准理解与应用. 第二版. 北京：企业管理出版社，2003
36. 刘志敏. 市场营销学教师手册. 北京：中央广播电视大学出版社，2006
37. 罗钢. 人力资源管理实务教程. 北京：机械工业出版社，2005
38. 罗国英，林修齐主编. 2000 版 ISO 9000 族标准质量管理体系教程. 北京：中国经济出版社，2003
39. 罗争玉. 企业的文化管理. 广州：广东经济出版社，2004
40. 毛振华. 资本化企业制度论. 北京：商务印书馆，2001
41. 牛国良编著. 现代企业制度. 北京：北京大学出版社，2002
42. 佩帕德，罗兰著，高俊山译. 业务流程再造. 北京：中信出版社，1999
43. 芮明杰，钱平凡. 再造流程. 杭州：浙江人民出版社，1997
44. 史璞编. 管理咨询理论方法与实务. 北京：机械工业出版社，2004
45. 孙健敏，李原编著. 组织行为学. 上海：复旦大学出版社，2005
46. 孙念怀. 精细化管理(Ⅲ)——操作方法与策略. 北京：新华出版社，2005
47. 孙焱林，陈雨良，李彤. 实用现代管理学. 北京：北京大学出版社，2004
48. 汪中求，吴宏彪，刘兴旺. 精细化管理. 北京：新华出版社，2005
49. 汪中求. 细节决定成败. 北京：新华出版社，2005
50. 王基建，白玉. 现代企业管理. 武汉：武汉理工大学出版社，2005
51. 王培荣主编. 企业改制的基本做法. 北京：中国经济出版社，2005
52. 王玉荣. 流程管理. 北京：机械工业出版社，2002
53. 温德诚. 精细化管理(Ⅱ)——执行力升级计划. 北京：新华出版社，2005
54. 文理. 企业战略管理(原理·实例·分析). 合肥：中国科学技术大学出版社，2004
55. 吴晓求主编. 证券投资学. 北京：中国人民大学出版社，2004
56. 吴照云. 管理学. 北京：经济管理出版社，2003
57. 徐茂魁. 现代公司制度概论. 北京：中国人民大学出版社，2001
58. 颜建军，胡泳. 海尔中国造. 海口：海南出版社，2001
59. 杨明刚. 市场营销 100 个案与点析. 上海：华东理工大学出版社，2004
60. 杨琼，龚振. 市场后营销学(修订版). 北京：科学出版社，2004
61. 杨永平. 公司招聘面试录用与培训. 北京：中国商业出版社，2005
62. 叶祥松. 国有公司产权关系和治理结构. 北京：经济管理出版社，2000
63. 应焕红. 公司文化管理——永续经营的动力源泉. 北京：中国经济出版社，2001
64. 尤建新，蒋景楠，雷星晖等. 企业管理概论. 第三版. 北京：高等教育出版社，2006
65. [美]詹姆斯·R. 埃文斯，小詹姆斯·W. 迪安. 全方位质量管理. 北京：机械工业出版社，2004
66. 张德主编. 企业文化建设. 北京：清华大学出版社，2003
67. 张仁德，霍洪喜主编. 企业文化概论. 天津：南开大学出版社，2001
68. 中国认证人员国家注册委员会编. 质量管理体系国家注册审核员预备知识培训教程. 天津：天津社会科学院出版社，2001
69. 中国认证人员与培训机构国家认可委员会编. 质量管理体系认证咨询培训教程. 北京：中国计量出版社，2005
70. 中国职业经理人培训中心编，刘伟，刘国宁主编. 质量管理. 北京：中国言实出版社，2005
71. 中国注册会计师协会编. 财务成本管理. 北京：经济科学出版社，2006
72. 周三多，蒋俊，陈传明. 管理原理. 南京：南京大学出版社，1998